आर. गुप्ता® कृत

पॉपुलर मास्टर गाइड

राष्ट्रीय मिलिट्री स्कूल प्रवेश परीक्षा

— (कक्षा VI के लिए) —

नवीनतम् परीक्षा पद्धति के अनुसार

2018
EDITION

रमेश पब्लिशिंग हाउस, नई दिल्ली

प्रकाशकः ओ॰पी॰ गुप्ता, **रमेश पब्लिशिंग हाउस**

प्रशासनिक कार्यालय

12-H, न्यू दरियागंज रोड, ऑफिसर्स मेस के सामने,
नई दिल्ली-110002 ✆ 23261567, 23275224, 23275124
E-mail: info@rameshpublishinghouse.com
Website: www.rameshpublishinghouse.com

विक्रय केन्द्रः

• बालाजी मार्किट, नई सड़क, दिल्ली-6 ✆ 23253720, 23282525
• 4457, नई सड़क, दिल्ली-6, ✆ 23918938

© सर्वाधिकार प्रकाशकाधीन हैं।

इस पुस्तक में प्रयुक्त समस्त सामग्री के सभी व्यावसायिक अधिकार प्रकाशक के पास सुरक्षित हैं। अतः इस पुस्तक या इसके किसी भी अंश का पुनर्मुद्रण या व्यावसायिक पुनर्प्रस्तुतीकरण अवैधानिक माना जायेगा।

Indemnification Clause: This book is being sold/distributed subject to the exclusive condition that neither the author nor the publishers, individually or collectively, shall be responsible to indemnify the buyer/user/ possessor of this book beyond the selling price of this book for any reason under any circumstances. If you do not agree to it, please do not buy/accept/use/possess this book.

Book Code: R-208

ISBN: 978-93-5012-823-7

HSN Code: 49011010

अनुक्रमणिका

पिछले प्रश्न-पत्र (हल सहित) 1-24

विवरणिका 1-16

बुद्धिमत्ता परीक्षा 1-96

English 1-88

गणित 1-88

सामान्य ज्ञान 1-80

साक्षात्कार 1-8

R. GUPTA'S®
Sainik/ACC/Navodaya/NTSE Books

Book Name	Code	Price
जवाहर नवोदय विद्यालय प्रवेश परीक्षा गाइड (कक्षा VI)	R-1000	270
Jawahar Navodaya Vidyalaya Entrance Exam (Class VI)	R-1001	290
Jawahar Navodaya Vidyalaya (Class IX)	R-1138	280
जवाहर नवोदय विद्यालय परीक्षा (कक्षा IX) गाइड	R-1057	270
राष्ट्रीय प्रतिभा खोज परीक्षा (कक्षा VIII)	R-932	390
NTSE Exam (Class VIII) Guide	R-931	495
NTSE Exam (Xth Class) Guide (Big Size)	R-1551	480
राष्ट्रीय प्रतिभा खोज परीक्षा (कक्षा X) गाइड (बड़ा आकार)	R-1552	470
Sainik School Entrance Test (Class VI) Guide	R-951	280
सैनिक स्कूल प्रवेश परीक्षा (कक्षा VI) गाइड	R-722	280
Sainik School Admission Test Guide (Class IX)	R-955	460
सैनिक स्कूल प्रवेश परीक्षा गाइड (कक्षा IX)	R-778	440
Rashtriya Military School Entrance Exam Guide	R-207	150
राष्ट्रीय मिलिट्री स्कूल प्रवेश परीक्षा गाइड	R-208	150
RIMC Entrance Exam Guide	R-216	230
Rajkiya Pratibha Vikas Vidyalaya (RPVVS) Entrance Exam (Class VI)	R-1023	160
राजकीय प्रतिभा विकास विद्यालय (RPVVS) प्रवेश परीक्षा (वर्ग VI)	R-825	160
ACC Guide (Big Size)	R-1329	460
ACC Entrance Exam Guide	R-279	230
ACC (Army Cadet College)—Previous Papers (Solved)	R-968	150

Ramesh Publishing House
12-H, New Daryaganj Road, Opp. Officers' Mess, Delhi-110002
For Online Shopping: www.rameshpublishinghouse.com

पिछले प्रश्न-पत्र (हल सहित)
राष्ट्रीय मिलिट्री स्कूल प्रवेश परीक्षा

भाग–I : English

Directions (Qs. 1 to 5) : *Spell the word correctly.*

1. Gram ....
   - A. mor
   - B. mar
   - C. mer
   - D. mre

2. Indivi ....
   - A. dual
   - B. duel
   - C. dull
   - D. dule

3. Emba ....
   - A. rrass
   - B. rass
   - C. rras
   - D. rase

4. Necess ....
   - A. ety
   - B. aty
   - C. ity
   - D. tty

5. Apolo ....
   - A. gise
   - B. gize
   - C. jies
   - D. jise

Directions (Qs. 6 to 10) : *Read the following passage and answer questions based on passage.*

Alexander on his way back, met a saint. The saint was sitting on a coarse grass mat and basking in the sunshine. Alexander stood in front of him and hoped that the saint would pay respect to him, but he did not. Instead, he said, "Please stand aside. Let the sunshine come to me."

Alexander asked angrily, "Do you know who am I?"

The saint did not reply.

"I am an emperor–Alexander the Great", said Alexander, "I have conquered half of the world."

To this the saint said calmly, "The emperors do not roam restlessly like you. Go and try to conquer the hearts of the people by love."

Alexander bowed and walked away.

6. The saint asked Alexander to stand aside because ....
   - A. he was not a devotee.
   - B. he was blocking the sunshine.
   - C. he wandered restlessly.
   - D. he did not seek permission.

7. Which of the following words means conquer?
   - A. Lose
   - B. Win
   - C. Tell
   - D. Bow

8. What do the emperors usually not do?
   - A. Visit a saint
   - B. Rule an empire
   - C. Roam restlessly
   - D. Bow to saints

9. Which of the following does not describe an emperor?
   - A. A ruler
   - B. A king
   - C. An employee
   - D. A conqueror

10. Hearts of the people can be won by ....
 A. Love B. Money
 C. Power D. Sword

Directions (Qs. 11 to 15) : *Choose the correct option.*

11. .... I was twelve I left my village.
 A. Where B. When
 C. Why D. How

12. Don't talk on a mobile phone .... driving.
 A. while B. why
 C. where D. what

13. I opened the window .... it was very hot.
 A. but B. so
 C. or D. because

14. He is always so nice .... his parents.
 A. two B. too
 C. by D. to

15. Water boils .... 100°C.
 A. in B. at
 C. for D. on

Directions (Qs. 16 to 20) : *Fill in the blanks with the suitable alternatives.*

16. I don't have .... money in my pocket.
 A. any B. some
 C. little D. a little

17. I want to read .... more books.
 A. the little B. some
 C. a little D. any

18. Raj is .... intelligent than Rohan.
 A. much B. very
 C. more D. most

19. This is the .... church.
 A. elder B. eldest
 C. older D. oldest

20. I can come some .... day.
 A. other B. later
 C. latter D. new

Directions (Qs. 21 to 25) : *Choose the correct answer.*

21. He's .... doctor of law.
 A. an B. the
 C. a D. one

22. .... she like chocolates?
 A. Does B. Has
 C. Is D. Do

23. The student is .... papers.
 A. writing
 B. writes
 C. write
 D. is wrote

24. He .... to see his mother yesterday.
 A. went
 B. goes
 C. is going
 D. has been

25. Their grades are .... than ours.
 A. more good
 B. most good
 C. better
 D. gooder

Directions (Qs. 26 to 30) : *Read the passage and answer the questions that follows:*

There are two types of camels in the world. One has a single hump, and the other has two. The dromedary camel has a single hump, and has domesticated in Arabia over 4,000 years ago. They are also found in North Africa, India, Pakistan and Australia. The size of the hump varies, becoming smaller and leaning to one side during times of starvation. The lips of dromedary camels are thick to allow them to eat coarse and thorny desert plants. Their long legs keep their bodies high off the ground to avoid the baking heat of the desert's surface.

Bactrian camels have two humps, and are found in the deserts of Central Asia. They are extremely adept at withstanding wide variations in temperature–from freezing cold to blistering heat. They can survive without water for months at a time, but when water is available, they may drink up to 57 litres at once. When well fed, the humps are plump and erect.

26. What types of camel are there in the world?
   A. Dromedary
   B. Bactrian
   C. Both (A) and (B)
   D. None of the above

27. Single hump camels are found in ....
   A. India and Pakistan
   B. India and Sri Lanka
   C. Pakistan and Nepal
   D. Australia and Nepal

28. One unique characteristics of Dromedary camel to avoid the baking heat of the desert's surface is
   A. thick lips
   B. thick hump
   C. long neck
   D. long legs

29. Bactrian camels have .... humps.
   A. one
   B. two
   C. three
   D. four

30. The feature that make Bactrian camels unique is
   A. Adept at various temperatures
   B. Adept only at freezing temperature
   C. Adept only at hot temperature
   D. None of the above

Directions (Qs. 31 to 35) : *Select correct meaning of the following sentences.*

31. A person who plays the piano.
   A. cellist
   B. flautist
   C. organist
   D. pianist

32. One who writes dramas.
   A. drama queen
   B. artist
   C. playwright
   D. actor

33. One who is trained in the art of cooking.
   A. cook
   B. kitchen king
   C. chef
   D. cooker

34. A medicine given for building immunity against diseases.
   A. injection

B. medicine
C. therapy
D. vaccination

35. A place where items of historical and cultural value are displayed.
    A. library
    B. exhibition
    C. museum
    D. planetarium

Directions (Qs. 36 to 40) : *Choose the correct tense form from the options given below.*

36. Oily food is not good for health.
    A. Simple present tense
    B. Simple past tense
    C. Simple future tense
    D. Past perfect tense

37. I have just reached office.
    A. Present perfect tense
    B. Past perfect tense
    C. Simple past tense
    D. Past perfect continuous tense

38. The carnival will last for 10 days.
    A. Simple present tense
    B. Simple past tense
    C. Simple future tense
    D. Past perfect tense

39. When he stepped inside, he was crying.
    A. Past continuous tense
    B. Simple past tense
    C. Both (A) and (B)
    D. None of them

40. I wash my hands before having a meal.
    A. Simple present tense
    B. Simple past tense
    C. Simple future tense
    D. Past perfect tense

भाग–II : सामान्य ज्ञान

निर्देश (प्र. सं. 41 से 90 तक) : *निम्नलिखित प्रश्नों के सही उत्तर दीजिए।*

41. इनमें से किस नदी का उद्गम भारतीय सीमा से नहीं होता?
    A. महानदी
    B. ब्रह्मपुत्र
    C. रावी
    D. चिनाब

42. भूमण्डलीय तापवर्धन में कौन-सी गैस प्रमुख रूप से जिम्मेदार है?
    A. कार्बन-डाई-ऑक्साइड
    B. कार्बन मोनोऑक्साइड
    C. नाइट्रस ऑक्साइड
    D. नाइट्रोजन पेरोऑक्साइड

43. निम्नांकित में से कौन अपारंपरिक ऊर्जा स्रोत का प्रयोग करता है?
    A. मिट्टी के तेल का दीपक
    B. मोमबत्ती
    C. सौर लालटेन
    D. टॉर्च

44. बिजली की क्षमता वाली लोहे की छड़ पर इनमें से किस का लेप किया होता है?
    A. टिन   B. शीशा
    C. जिंक   D. क्रोमियम

45. धरती पर कठोरतम पदार्थ क्या है?
A. प्लेटिनम
B. डायमंड
C. क्वार्टज
D. सोना

46. कपड़े धोने वाले सोडे का साधारण नाम क्या है?
A. कैल्शियम कार्बोनेट
B. कैल्शियम बाईकार्बोनेट
C. सोडियम कार्बोनेट
D. सोडियम बाईकार्बोनेट

47. आई पी एल कप किस खेल से जुड़ा है?
A. फुटबाल
B. बैडमिंटन
C. हॉकी
D. क्रिकेट

48. ए.एम. का पूर्ण रूप क्या है?
A. एंटी मैरीडियन
B. एंटी मूवमेंट
C. आफ्टर मैरीडियन
D. एड्जैसेंट मैरीडियन

49. मानचित्र व लेखा कौन बनाता है?
A. रेडियोग्राफर
B. कार्टोग्राफर
C. सिसमोग्राफर
D. कोई भी नहीं

50. स्टैथोस्कोप का आविष्कार किसने किया था?
A. रैने लिनैक
B. डेनियल फैरनहाइट
C. गुटेनबर्ग
D. कन्फ्यूशियस

51. पहला हृदय प्रतिरोपण किसने किया?
A. अलेक्जेंडर फ्लेमिंग
B. रोनट्जेन
C. डॉ. क्रिश्चियन बर्नार्ड
D. एरिस्टोटल

52. मलेरिया विनाशक कुनीन ...... वृक्ष से मिलता है।
A. सिंकोना
B. रबर
C. हिबिस्कस
D. एलोवीरा

53. किसे नर्मदा बचाओ आंदोलन के लिए जाना जाता है।
A. पार्वती देवी
B. मेधा पाटकर
C. रमा बाई
D. गौरा देवी

54. जीव जंतुओं पर आधारित कहानी जो कुछ शिक्षा देती है उसे .... कहते हैं।
A. सिमिली
B. महाकाव्य
C. लघुकाव्य
D. फेबल

55. बांदीपुर अभयरण्य किस राज्य में स्थित है?
A. तमिलनाडु
B. उत्तर प्रदेश
C. कर्नाटक
D. मध्य प्रदेश

56. लीप वर्ष में .... दिन होते हैं।
A. 265
B. 365
C. 266
D. 366

57. शाम 4 बजे सूर्य ..... दिशा में होगा।
A. दक्षिण
B. उत्तर
C. पूर्व
D. पश्चिम

58. गांधीजी ने 1919 में सत्याग्रह आंदोलन किसके विरोध में शुरू किया?
A. रॉलट एक्ट
B. नमक कानून
C. 1909 के एक्ट के विरोध में
D. जलियाँवाला बाग नरसंहार

59. बैंकिंग क्षेत्र में ए.टी.एम. से क्या अभिप्राय है?
A. ऑटोमेटड टैलिंग मशीन
B. ऑटोमेटिक टैलर मशीन
C. ऑटोमेटड टोटलिंग मशीन
D. ऑटोमेटड ट्राँजैक्सन मशीन

60. यह बीमारी एडीज मच्छर से फैलती है?
A. डेंगु
B. रिंगवार्म
C. हैपेटाइटस
D. काला अजार

61. किस नदी को दक्षिण गंगा कहते हैं?
A. कावेरी
B. गोदावरी
C. पेनगंगा
D. नर्मदा

62. गौतम गंभीर का संबंध .... से है।
A. फुटबाल
B. क्रिकेट
C. हॉकी
D. बैडमिंटन

63. यह भारत का सबसे ऊँचा बांध है।
A. राणा प्रताप सागर
B. भाखड़ा नांगल
C. दामोदर घाटी
D. रिहंद

64. भारत के किस राज्य में 'ग्रामीण ओलंपिक्स' का आयोजन प्रत्येक वर्ष होता है?
A. हिमाचल प्रदेश
B. पंजाब
C. हरियाणा
D. उत्तर प्रदेश

65. कराटे में सबसे बड़ा दर्जा 'ब्लैक बेल्ट' है। इसका प्रारंभिक दर्जा क्या है?
A. पीली बेल्ट
B. सफेद बेल्ट
C. हरी बेल्ट
D. नीली बेल्ट

66. 'एपिसेंटर' किससे संबंधित है?
A. भूकंप
B. भूचाल
C. चक्रवात
D. भूकेंद्र

67. टेलिग्राफ (तार) का आविष्कार किसने किया?
A. मारकोनी
B. गैलीलियो
C. सैमुअल मोस
D. कोल्ट

68. इसने भारत के लिए समुद्री रास्ता खोजा।
A. टालेमी
B. वाल्टर स्काट
C. वास्को डा गामा
D. मैगीलन

69. किसने स्वराज के लिए अंग्रेजों के विरुद्ध सहायता के लिए विदेशी भ्रमण किया और वन्दे मातरम नामक समाचार पत्र निकाला।
   A. मैडम भीका जी कामा
   B. इन्दिरा गाँधी
   C. सरोजिनी नायडू
   D. विजय लक्ष्मी पंडित

70. 'फ्रंटियर गाँधी' किसे कहते हैं?
   A. सर सैयद अहमद खान
   B. भगत सिंह
   C. सी. राजगोपालाचारी
   D. खान अब्दुल गफ्फार खान

71. भारतीय राष्ट्रीय काँग्रेस के किस अधिवेशन में सबसे पहले वंदे मातरम गाया गया?
   A. 1892
   B. 1896
   C. 1904
   D. 1886

72. 'दिल्ली चलो' का नारा किसने दिया?
   A. डॉ. राजेन्द्र प्रसाद
   B. सुभाष चन्द्र बोस
   C. मौलाना अब्दुल कलाम
   D. सरदार पटेल

73. कम्प्यूटर क्षेत्र में 'ओ एस' का अर्थ क्या होता है?
   A. ऑर्डर ऑफ सिगनीफिकेन्स
   B. ओपन सॉफ्टवेयर
   C. ऑपरेटिंग सिस्टम
   D. ऑप्टिकल सेंसर

74. कहावत पूर्ण कीजिए। टू मैनी कुक्स स्पोईल द .....
   A. फ्रॉथ   B. क्लोथ
   C. फ्रॉग   D. ब्रॉथ

75. किसे 'भारतीय अंतरिक्ष कार्यक्रम का पिता' माना जाता है?
   A. आर्यभट्ट
   B. डॉ. माधवन
   C. विक्रम साराभाई
   D. इनमें से कोई नहीं

76. हमारे शरीर की सबसे मजबूत मांसपेशियाँ यह होती हैं।
   A. आँख की मांसपेशियाँ
   B. हृदय की मांसपेशियाँ
   C. फेफड़े की मांसपेशियाँ
   D. गर्दन की मांसपेशियाँ

77. वैष्णो देवी मंदिर .... में स्थित है।
   A. जम्मू-कश्मीर
   B. हिमाचल प्रदेश
   C. पंजाब
   D. उत्तर प्रदेश

78. बैरोमीटर ..... नापता है।
   A. वायुमंडल दबाव
   B. रक्तचाप
   C. टायर प्रेशर
   D. ब्लड शुगर

79. कौन-सा विटामिन हमारी आँख की रोशनी बढ़ा सकता है?
   A. विटामिन डी
   B. विटामिन ए
   C. विटामिन सी
   D. विटामिन एच

80. पोलियो ...... से होता है।
   A. टेप वर्म (चपटे कृमि)
   B. राउंड वर्म (गोल कृमि)
   C. प्रोटोजोआ
   D. वाइरस

81. बल्ब का फिलामेन्ट किसका बना होता है?
   A. स्टील
   B. टंगस्टन
   C. मरकरी
   D. बेरियम

82. वायुमंडल में सबसे अधिक कौन-सी गैस है?
   A. ऑक्सीजन
   B. ऑर्गन
   C. हाइड्रोजन
   D. नाइट्रोजन

83. दक्षिण भारत के प्रायद्वीप का अन्तिम छोर कन्याकुमारी की स्थिति ...... में है।
   A. कर्क रेखा के उत्तर
   B. भूमध्य रेखा के दक्षिण
   C. मकर रेखा के दक्षिण
   D. भूमध्य रेखा के उत्तर

84. किस दुर्घटना में कल्पना चावला की मौत हो गई?
   A. अपोलो II
   B. कोलम्बिया
   C. ईगल
   D. वोस्टोक

85. भारत में सर्वाधिक वर्षा वाला स्थान ...... है।
   A. नामची, सिक्किम
   B. चुरु, राजस्थान
   C. मॉवसिनराम, मेघालय
   D. चम्बा, हिमाचल प्रदेश

86. भारत में शिक्षक दिवस ...... तारीख को मनाया जाता है।
   A. 5 सितम्बर
   B. 8 सितम्बर
   C. 5 मई
   D. 8 मई

87. मशरूम (खुम्बी) क्या है?
   A. फंगस
   B. सदाबहार वनस्पति
   C. कैक्टस
   D. जड़

88. मानचित्र तथा ग्लोब में एक-दूसरे को काटती रेखाओं को क्या कहा जाता है?
   A. अक्षांश
   B. देशांतर
   C. भौगोलिक ग्रिड
   D. इनमें से कोई नहीं

89. 'अशोक चक्र' कब दिया जाता है?
   A. शत्रु के समक्ष वीरता का प्रदर्शन
   B. बच्चों द्वारा प्रदर्शित बहादुरी
   C. साहित्य में श्रेष्ठतम योगदान
   D. शत्रु की उपस्थिति में जल-थल या वायु में अतुलनीय बहादुरी या बलिदान के लिए

90. भारतीय संविधान द्वारा कितनी भाषाओं को मान्यता दी गई है?
   A. 21
   B. 17
   C. 22
   D. 24

भाग–III : बुद्धिमत्ता परीक्षा

निर्देश (प्र. सं. 91 से 95 तक) : निम्न शृंखलाओं में दिए गए अंक/अंकों अक्षर/अक्षरों के दिए गए क्रम/व्यवस्था को ध्यान में रखते हुए, दिए गए चारों विकल्पों में से वह एक विकल्प को खोजें जिससे शृंखला पूरी हो जाएगी।

91. A, C, ?, G, I
    A. E   B. D
    C. F   D. B

92. MAAL, AALM, ALMA, LMAA, ?
    A. AMLA   B. MAAL
    C. AAML   D. LAAM

93. J14, L16, ?, P20, R22
    A. S24   B. N18
    C. M18   D. T24

94. 9, 11, 20, 31, ?, 82
    A. 71   B. 60
    C. 51   D. 41

95. 4, 7, 3, 6, 2, 5, ?
    A. 6   B. 5
    C. 3   D. 1

निर्देश (प्र. सं. 96 से 100 तक) : निम्न में से प्रश्नवाचक चिह्न (?) की जगह क्या आएगा?

96. RmpL : LpmR :: ? : AcdG
    A. PQrw   B. GdcA
    C. GcAd   D. GcdA

97. 4 : 9 :: ? : 25
    A. 16   B. 18
    C. 20   D. 14

98. 5, 13, ?, 109, 325, 973
    A. 39   B. 36
    C. 37   D. 35

99. 6, 9, 18, 21, 42, 45, ?
    A. 93   B. 90
    C. 98   D. 96

100. 5 : 8 :: 15 : ?
    A. 19   B. 20
    C. 18   D. 2

निर्देश (प्र. सं. 101 से 105 तक) : निम्न में से कौन-सा शब्द/अक्षर भिन्न है?

101. A. चंडीगढ़   B. केरल
     C. मणिपुर   D. आंध्र प्रदेश

102. A. येन   B. लीरा
     C. डॉलर   D. आउंस

103. A. त्रिकोण   B. लम्ब
     C. वर्ग   D. समांतर चतुर्भुज

104. A. कृष्णा   B. कावेरी
     C. गोदावरी   D. नैनी

105. A. मई   B. जुलाई
     C. अगस्त   D. सितम्बर

निर्देश (प्र. सं. 106 से 110 तक) : समान संबंध वाले शब्द ज्ञात करें।

106. नाव : चप्पू :: साईकिल : ?
     A. सड़क   B. पहिया
     C. सीट   D. पैडल

107. पेन : इंक :: पेंसिल : ?
     A. चाकू   B. लिखना
     C. ग्रेफाइट   D. शॉर्पनर

108. मोतियाबिंद : आँख :: पीलिया : ?
     A. जीभ   B. यकृत
     C. नाक   D. आमाशय

109. डॉक्टर : नर्स :: अनुसरणार्थी : ?
   A. नेता   B. नियोक्ता
   C. संघ   D. कर्मचारी

110. मोची : जूते :: बढ़ई : ?
   A. फर्नीचर B. बूचर
   C. पेंटिंग   D. कलाकार

निर्देश (प्र. सं. 111 से 115 तक) : निम्न प्रश्नों में पहले शब्द के लिए कोड को पहचान कर दूसरे शब्द का अर्थ निर्धारित करें।

111. यदि QLMU का अर्थ SNOW है तो JGQR का अर्थ
   A. KTIS   B. SILT
   C. TIST   D. LIST

112. यदि UNQQR का अर्थ SLOOP है तो ETCOR का अर्थ
   A. DQZNO
   B. BSZNP
   C. CRAMP
   D. ERBNP

113. यदि PKQM का अर्थ RISK है तो FCQR का अर्थ
   A. IZTQ   B. GZRP
   C. HASP   D. JBSQ

114. यदि CCKP का अर्थ DENT है तो VGPD का अर्थ
   A. VJTI   B. UKSG
   C. XHTH   D. WISH

115. यदि MRPW का अर्थ POST है तो EDKG का अर्थ
   A. BANG
   B. NAND
   C. HAND
   D. SAND

निर्देश (प्र. सं. 116 से 120 तक) : यदि '+' = '×', '−' = '+', '×' = '÷' और '÷' = '−' है तो इसके आधार पर नीचे दिए गए प्रश्नों के उत्तर दीजिए।

116. $21 \div 8 + 2 - 12 \times 3 = ?$
   A. 14   B. 9
   C. 13.5   D. 11

117. $6 + 7 \times 3 - 8 \div 20 = ?$
   A. −3   B. 7
   C. 2   D. 1

118. $15 \times 5 \div 3 + 1 - 1 = ?$
   A. −1   B. −2
   C. 3   D. 1

119. $9 - 3 + 2 \div 16 \times 2 = ?$
   A. 7   B. 5
   C. 9   D. 6

120. $15 \times 6 + 4 = ?$
   A. 8.5   B. 10
   C. 12   D. 17

निर्देश (प्र. सं. 121 से 125 तक) : उस आकृति को छांटिए जो समूह से भिन्न है।

121. A B C D

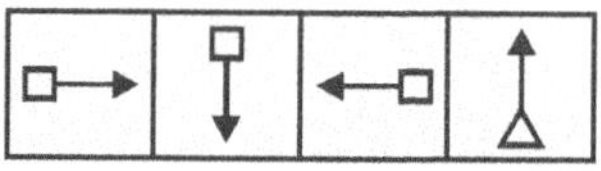

122. A B C D

123. A B C D

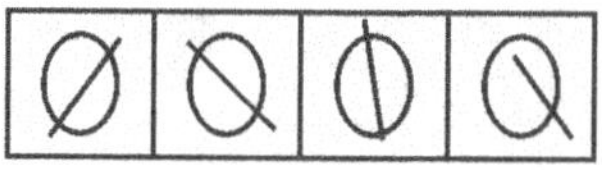

124. A B C D

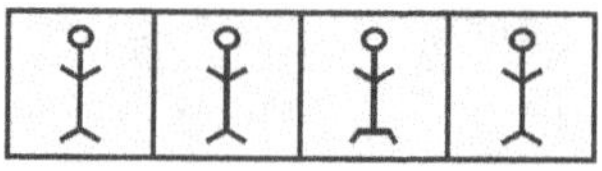

125.

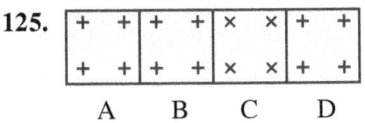

A B C D

निर्देश (प्र. सं. 126 से 128 तक) : *संकेतों के क्रम को ध्यानपूर्वक देखते हुए पैटर्न को पहचानिए।*

126. प्रश्न आकृतियाँः

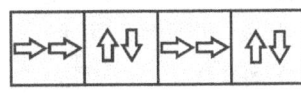

उत्तर आकृतियाँः

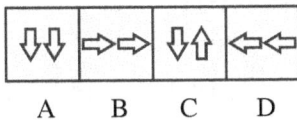

A B C D

127. प्रश्न आकृतियाँः

उत्तर आकृतियाँः

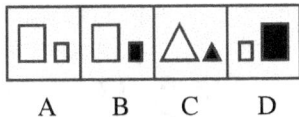

A B C D

128. प्रश्न आकृतियाँः

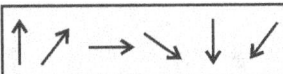

उत्तर आकृतियाँः

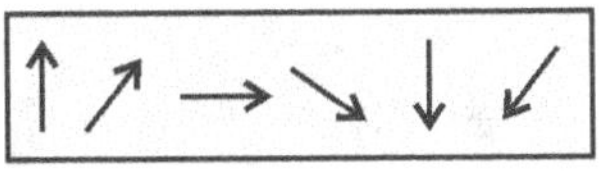

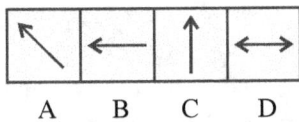

A B C D

निर्देश (प्र. सं. 129 से 132 तक) : *उत्तर आकृतियों में से सही आकृति चुनें जो प्रश्नचित्र में (?) के स्थान पर आए।*

129. प्रश्न आकृतियाँः

उत्तर आकृतियाँः

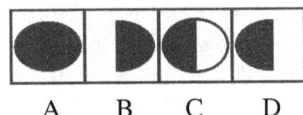

A B C D

130. प्रश्न आकृतियाँः

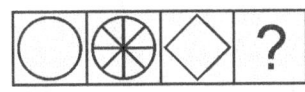

उत्तर आकृतियाँः

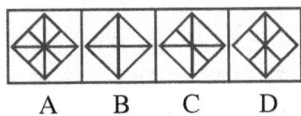

A B C D

131. प्रश्न आकृतियाँः

उत्तर आकृतियाँः

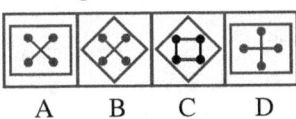

A B C D

132. प्रश्न आकृतियाँः

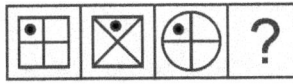

उत्तर आकृतियाँः

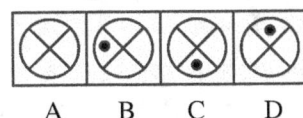

A B C D

निर्देश (प्र. सं. 133 से 140 तक) : *निम्नलिखित प्रश्नों के उत्तर दीजिए।*

133. नीचे दी गई आकृति में कुल कितने त्रिभुज हैं?

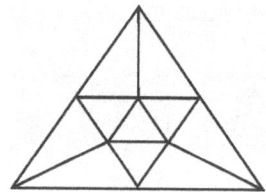

A. 16
B. 15
C. 14
D. 13

134. कुछ लड़के एक पंक्ति में बैठे हैं। बाएं से चौदहवें स्थान पर P है और Q दायें से सातवाँ है। यदि P और Q के बीच चार लड़के हैं तो पंक्ति में कुल कितने लड़के बैठे होंगे?

A. 25
B. 23
C. 15
D. 19

135. मंजू ने प्लेटफॉर्म पर एक महिला को इंगित करते हुए बताया, ''वह मेरी माँ के लड़के के पिता की बहन है।'' वह महिला मंजू की कौन है?

A. माँ
B. बहन
C. बुआ
D. भतीजी

136. छः लड़के एक वृत्त में इसके केंद्र की ओर मुख करके खड़े हैं। आलोक प्रभात के बाँयीं ओर है। अशोक और विकास के मध्य सुनील है। आलोक और अशोक के मध्य हरि है। विकास के बाँयी ओर कौन है?

A. प्रभात
B. हरी
C. अशोक
D. सुनील

137. पिछले कल से पहले शनिवार था तो अगले कल कौन-सा वार होगा?

A. शुक्रवार
B. सोमवार
C. मंगलवार
D. बुधवार

138. यदि A भाई है B के पुत्र के पुत्र का तो A का B से क्या संबंध है?

A. पुत्र
B. भाई
C. चचेरा भाई
D. पोता

139. यदि घड़ी में समय 2 बजकर 45 मिनट हैं और मिनट की सूई उत्तर-पूर्व दिशा की ओर है तो घंटे की सूई किस दिशा में होगी?

A. दक्षिण-पश्चिम
B. दक्षिण-पूर्व
C. उत्तर-पश्चिम
D. उत्तर-पूर्व

140. एक सुबह राम और श्याम एक-दूसरे की तरफ मुख करके खड़े बातचीत कर रहे थे। यदि श्याम की छाया राम के ठीक दायीं तरफ है तो बताइए कि श्याम का मुख किस दिशा की तरफ है?

A. दक्षिण
B. पूर्व
C. पश्चिम
D. उत्तर

भाग–IV : गणित

निर्देश (प्र. सं. 141 से 180 तक) : *निम्नलिखित प्रश्नों के सही उत्तर दीजिए।*

141. 5, 0, 8, 9, 2 से बनी बड़ी-से-बड़ी व छोटी-से-छोटी संख्या का जोड़ क्या होगा?
    A. 20589
    B. 98520
    C. 101109
    D. 77931

142. मान ज्ञात करो—
    $2.5 \div 0.5 \times 0.1 - 0.05$
    A. 0.45
    B. 49.95
    C. 0.25
    D. 100

143. 10 तथा 25 के बीच की सभी अभाज्य संख्याओं का जोड़ कितना होगा?
    A. 72
    B. 83
    C. 66
    D. 70

144. जूस के 6 डिब्बों का मूल्य ₹ 210 है तो जूस के 4 डिब्बों का मूल्य ₹ ..... होगा।
    A. 40
    B. 140
    C. 35
    D. 145

145. वह बड़ी-से-बड़ी संख्या ज्ञात करो जिससे 33, 61 व 75 को भाग देने पर 5 शेष बचे।
    A. 7
    B. 14
    C. 28
    D. 45

146. $1 + \frac{1}{10} + \frac{1}{100} + \frac{1}{1000}$ को दशमलव भिन्न में बदलो।
    A. 1.0001
    B. 1.111
    C. 1.001
    D. 0.1111

147. 5 घंटे में कितने सेकंड होते हैं?
    A. 18000 सेकंड
    B. 18500 सेकंड
    C. 1800 सेकंड
    D. 20000 सेकंड

148. वर्ग की एक भुजा 3 से.मी. है। इसकी परिमिति क्या है?
    A. 12 से.मी.
    B. 10 से.मी.
    C. 11 से.मी.
    D. 13 से.मी.

149. एक विद्यार्थी कुल 250 अंक में से 30% अंक प्राप्त करता है। अगर वह 25 अंक से फेल हो जाता है तो पास होने के लिए कितने अंक चाहिएं?
    A. 50
    B. 75
    C. 100
    D. 125

150. एक व्यक्ति ₹ 550 में एक घड़ी खरीदता है। वह इसे कितने में बेचे कि उसे 10% लाभ मिले?
    A. ₹ 560
    B. ₹ 600
    C. ₹ 605
    D. ₹ 575

151. 25.1 के समान दशमलव वाली संख्या है...
     A. 25.10
     B. 25.01
     C. 25
     D. 2.51

152. 16 मी. लम्बे व 14 मी. चौड़े आयताकार फर्श को पक्का करने के लिए 20 से.मी. लम्बी तथा 14 से.मी. चौड़ी कितनी ईंटों की जरूरत होगी?
     A. 8000
     B. 11200
     C. 10000
     D. 2800

153. एक टैंक जिसकी लम्बाई, चौड़ाई तथा ऊँचाई 7 मी., 6 मी. तथा 5 मी. है। इस टैंक की पानी भरने की क्षमता ज्ञात करें।
     A. 210 घनमीटर
     B. 320 घनमीटर
     C. 300 घनमीटर
     D. 350 घनमीटर

154. एक गाड़ी 75 कि.मी. प्रति घंटा की गति से चल रही है। 350 कि.मी. दूरी तय करने में वह कितना समय लेगी?
     A. 4 घंटे
     B. 5 घंटे
     C. 4 घंटे 30 मिनट
     D. 4 घंटे 40 मिनट

155. 10 कि.ग्रा. चीनी की कीमत ₹ 250 है। 15 कि.ग्रा. चीनी की कीमत ज्ञात करो।
     A. ₹ 375
     B. ₹ 350
     C. ₹ 275
     D. ₹ 315

156. 55° का पूरक कोण ज्ञात करो।
     A. 125°
     B. 135°
     C. 45°
     D. 35°

157. एक त्रिभुज के दो कोणों का योग 130° है। तीसरे कोण का मान ज्ञात करो।
     A. 50°
     B. 65°
     C. 40°
     D. 60°

158. 0.045 को प्रतिशत में बदलो।
     A. 4.5%
     B. 5%
     C. 0.45%
     D. 0.045%

159. 27 से कम उन सभी अंकों का योग ज्ञात करो जो 9 से विभाजित होते हैं।
     A. 27
     B. 54
     C. 18
     D. 36

160. 3.2 + 8.395 − 5.45 =
     A. 6
     B. 6.135
     C. 6.145
     D. 6.125

161. कुछ राशि में से महेश ने पहले दिन 2/3 भाग तथा बाकी बची राशि का 1/6 भाग दूसरे दिन खर्च किया। अब उसके पास ₹ 250 शेष हैं तो बताओ शुरू में उसके पास कितनी राशि थी?
     A. ₹ 600
     B. ₹ 800
     C. ₹ 900
     D. ₹ 1000

162. एक दर्जन कापियों की कीमत ₹ 252 है तो 10 कापियों की कीमत क्या होगी?

A. 210
B. 200
C. 189
D. 168

163. 15 से कम सभी विषम प्राकृतिक संख्याओं का औसत ज्ञात करो।
A. 6
B. 8
C. 7
D. 10

164. एक स्कूल में 1200 विद्यार्थी हैं। उनमें से 40% लड़कियाँ हैं तो लड़कों की संख्या क्या है?
A. 720
B. 480
C. 620
D. 600

165. किसी राशि का 30% 900 के बराबर है तो राशि ज्ञात करो।
A. 6000
B. 2000
C. 3000
D. 4000

166. किरन ने एक मोबाईल ₹ 6000 में खरीदा तथा ₹ 5400 में बेच दिया। उसकी हानि प्रतिशत ज्ञात करो।
A. 20%
B. 10%
C. 15%
D. 30%

167. चार अंकों की बड़ी-से-बड़ी संख्या बताओ जो 66 से पूर्ण भाज्य हो।
A. 9966
B. 6666
C. 9933
D. 9000

168. 0.001/0.01 का मान ज्ञात करो।
A. 0.01
B. 0.001
C. 0.011
D. 0.1

169. 0.01 + 0.1 + 0.02 + 0.003 का मान ज्ञात करो।
A. 13.3
B. 1.23
C. 1.33
D. 0.133

170. 0.1 × 0.01 – 0.01 × 0.001 का मान ज्ञात करो।
A. 0.00099
B. 0.00199
C. 0.00001
D. इनमें से कोई नहीं

171. एक आयत की परिधि 280 मी. है तथा लम्बाई व चौड़ाई का अनुपात 5:2 है। आयत का क्षेत्रफल ज्ञात करो।
A. 8000 वर्ग मी.
B. 2800 वर्ग मी.
C. 3000 वर्ग मी.
D. 4000 वर्ग मी.

172. 2/4 ÷ 3/4 =
A. 0.664
B. 6.666
C. 0.665
D. 0.666

173. मान ज्ञात करो।
7789 × 48 + 7789 × 52
A. 19846372
B. 407524
C. 778900
D. इनमें से कोई नहीं

174. संख्या 874213 में 7 का स्थानीय मान ज्ञात करो।

A. 70000
B. 10000
C. 7
D. 74213

175. ₹ 55 = ... पैसे
    A. 5150
    B. 5050
    C. 5500
    D. 5005

176. 180° कोण को क्या कहते हैं?
    A. साधारण कोण
    B. तीक्ष्ण कोण
    C. समकोण
    D. मंदकोण

177. 250 का 5% =
    A. 12.4
    B. 12.6
    C. 1.25
    D. 12.5

178. एक विभाजन के सवाल में, अगर भाजक 51, लब्धि 16 तथा शेष 27 है तो अंश क्या होगा?
    A. 843
    B. 483
    C. 94
    D. 1393

179. मोहन के पास शाम से 20% राशि अधिक है। अगर शाम के पास ₹ 500 हैं तो मोहन के पास कितने रुपये हैं?
    A. ₹ 600
    B. ₹ 520
    C. ₹ 400
    D. इनमें से कोई नहीं

180. 240 का 2/5% + 180 का 3/5% =
    A. 2.03
    B. 2.04
    C. 3.04
    D. 20.4

उत्तरमाला

1	2	3	4	5	6	7	8	9	10
B	A	A	C	A	B	B	C	C	A
11	12	13	14	15	16	17	18	19	20
B	A	D	D	B	A	B	C	D	A
21	22	23	24	25	26	27	28	29	30
C	A	A	A	C	C	A	D	B	A
31	32	33	34	35	36	37	38	39	40
D	C	C	D	C	A	A	C	A	A
41	42	43	44	45	46	47	48	49	50
B	B	C	C	B	C	D	A	B	A
51	52	53	54	55	56	57	58	59	60
C	A	B	D	C	D	D	A	B	A
61	62	63	64	65	66	67	68	69	70
B	B	B	C	B	A	C	C	A	D

71 B	72 B	73 C	74 D	75 C	76 D	77 A	78 A	79 B	80 D
81 B	82 D	83 D	84 B	85 C	86 A	87 A	88 D	89 D	90 C
91 A	92 B	93 B	94 C	95 D	96 B	97 A	98 C	99 B	100 C
101 A	102 D	103 B	104 D	105 D	106 D	107 C	108 B	109 A	110 A
111 D	112 C	113 C	114 D	115 C	116 B	117 C	118 D	119 A	120 B
121 D	122 B	123 D	124 C	125 C	126 B	127 B	128 B	129 D	130 A
131 B	132 D	133 B	134 A	135 C	136 A	137 C	138 A	139 A	140 D
141 C	142 A	143 B	144 B	145 B	146 B	147 A	148 A	149 C	150 C
151 A	152 A	153 A	154 D	155 A	156 A	157 A	158 A	159 A	160 C
161 C	162 A	163 C	164 A	165 C	166 B	167 A	168 D	169 D	170 A
171 D	172 D	173 C	174 A	175 C	176 A	177 D	178 A	179 A	180 B

कुछ चुने हुए प्रश्नों के व्याख्यात्मक उत्तर

91.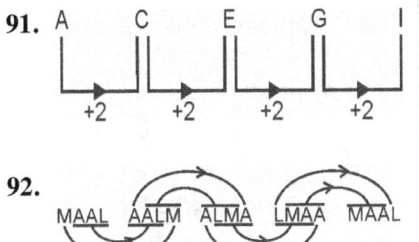

92.

93.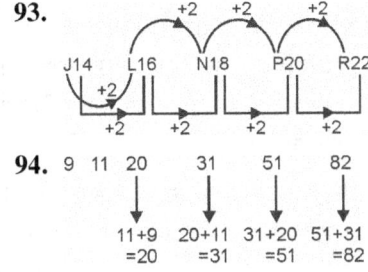

94. 9 11 20   31   51   82
            ↓   ↓   ↓   ↓
         11+9 20+11 31+20 51+31
          =20   =31   =51   =82

95.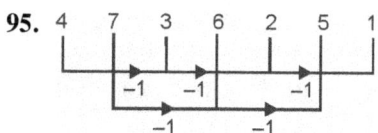

96.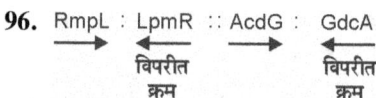

97. 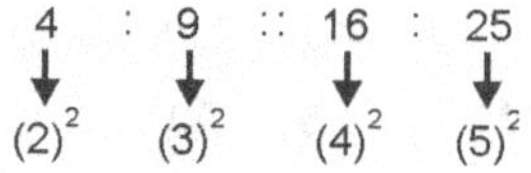 4 : 9 :: 16 : 25
   $(2)^2$ $(3)^2$ $(4)^2$ $(5)^2$

98.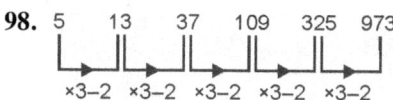

99.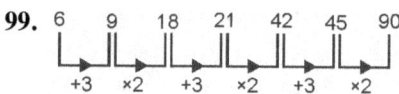

100. 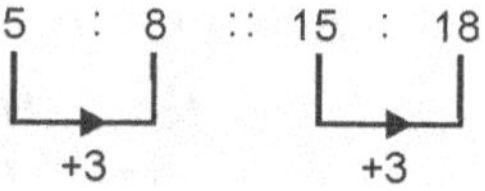 5 : 8 :: 15 : 18
    +3   +3

101. चंडीगढ़, हरियाणा व पंजाब राज्य की राजधानी है जबकि केरल, मणिपुर और आंध्र प्रदेश भारत के तीन अलग-अलग राज्य हैं।

102. येन, लीरा और डॉलर विश्व के तीन देशों की मुद्रा है जबकि आउंस किसी वस्तु/व्यक्ति की भार मापने की इकाई है।

103. त्रिभुज, वर्ग और समानांतर चतुर्भुज ज्यामितीय आकृतियां किसी क्षेत्रफल को दर्शाती हैं जबकि लम्ब एक रेखीय आकृति है।

105. मई, जुलाई और अगस्त महीनों में 31 दिन होते हैं जबकि सितम्बर में 30 दिन होते हैं।

111.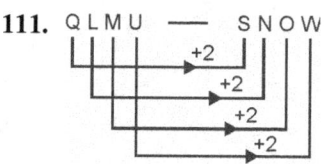

इसी प्रकार,

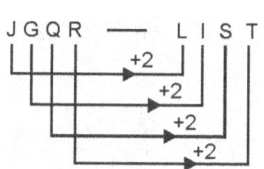

112.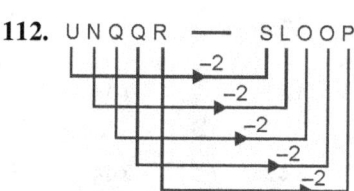

इसी प्रकार,

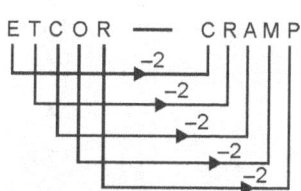

113.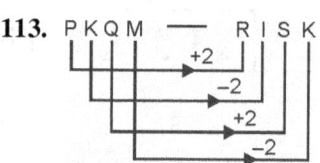

इसी प्रकार,

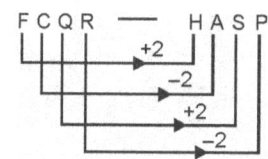

114.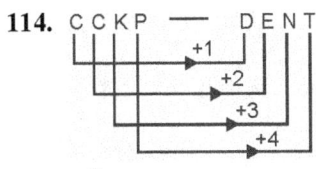

इसी प्रकार,

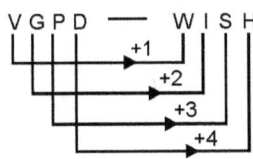

115.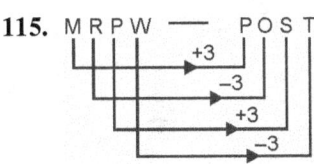

इसी प्रकार,

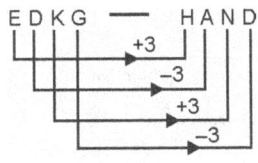

116. $21 - 8 \times 2 + 12 \div 3$
    $= 21 - 16 + 4 = 9.$

117. $6 \times 7 \div 3 + 8 - 20$
    $= 14 + 8 - 20 = 2.$

118. $15 \div 5 - 3 \times 1 + 1$
    $= 3 - 3 + 1 = 1.$

119. $9 + 3 \times 2 - 16 \div 2$
    $= 9 + 6 - 8 = 7.$

120. $15 \div 6 \times 4 = 10.$

121. पहली तीन आकृतियों में दिए गए किरण के अंत के छोर पर वर्ग जुड़ा है जबकि चौथी आकृति में दिए गए किरण के अंत छोर पर त्रिभुज जुड़ा है।

122. चित्र (B) को छोड़, सभी चित्रों में शीर्ष बिन्दु निहित हैं।

123. चित्र (D) को छोड़, बाकी चित्रों में प्रतिच्छेदी रेखा वृत्त को दो अलग-अलग बिंदुओं पर काटती है।

128. प्रत्येक बाद का चित्र, अपने ठीक पहले के चित्र से 45° कोण से घड़ी की सूई की दिशा में घूम जाता है।

133.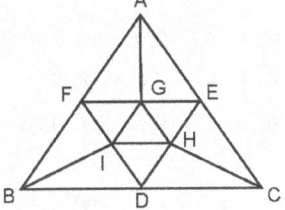

सबसे अंदर का त्रिभुज = $\triangle GHI$

कक्षा 2 के त्रिभुज
   = $\triangle FGI, \triangle EGH, \triangle HID, \triangle DEF$

कक्षा 3 के त्रिभुज
   = $\triangle AFG, \triangle AEG, \triangle CEH, \triangle CDH, \triangle BID, \triangle BIF, \triangle AEF, \triangle CDE, \triangle BDF$

बाह्य त्रिभुज = $\triangle ABC$

त्रिभुजों की कुल संख्या
   $= 1 + 4 + 9 + 1 = 15.$

134. बच्चों की कुल संख्या
    $= 14 + 7 + 4 = 25.$

136. वृत्तीय आकार में बच्चों का व्यवस्था क्रम

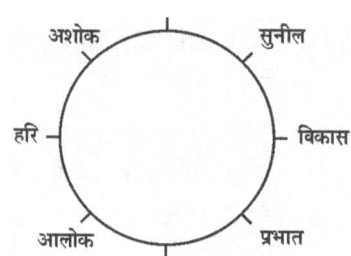

अतः विकास के बाँयी ओर प्रभात है।

140. श्याम उत्तर दिशा की ओर मुँह करके खड़ा है।

141. सबसे छोटी संख्या = 02589
सबसे बड़ी संख्या = 98520
छोटी एवं बड़ी संख्याओं का योग
= 02589 + 98520 = 101109.

142. $2.5 \div 0.5 \times 0.1 - 0.05$

$= \dfrac{25}{10} \div \dfrac{5}{10} \times \dfrac{1}{10} - \dfrac{5}{100}$

$= \dfrac{25}{10} \times \dfrac{10}{5} \times \dfrac{1}{10} - \dfrac{5}{100}$

$= \dfrac{5}{10} - \dfrac{5}{100} = \dfrac{50-5}{100}$

$= \dfrac{45}{100}$

$= 0.45.$

143. 10 और 25 के बीच अभाज्य संख्याएँ हैं
11, 13, 17, 19 तथा 23
योगफल = 11 + 13 + 17 + 19 + 23
= 83.

144. जूस के 6 डिब्बों का मूल्य = ₹ 210
जूस के 4 डिब्बों का मूल्य = ₹ $\dfrac{210}{6} \times 4$
= ₹ 140.

145. $33 - 5 = 28$
$61 - 5 = 56$
$75 - 5 = 70$

$28\overline{)56}(2$
56
$\overline{\times}$

$28\overline{)70}(2$
56
$\overline{14)28}(2$
28
$\overline{\times}$

28, 56 तथा 70 का म.स. = 14
अतः अभीष्ट संख्या = 14.

146. $1 + \dfrac{1}{10} + \dfrac{1}{100} + \dfrac{1}{1000}$

$= 1 + 0.1 + 0.01 + 0.001 = 1.111.$

147. 5 घंटे = $5 \times 60 \times 60$ सेकंड
= 18000 सेकंड।

148. वर्ग की परिमिति = $4 \times$ भुजा
= $4 \times 3 = 12$ सेमी.।

149. 250 का 30% = $250 \times \dfrac{30}{100} = 75$
पास होने के लिए आवश्यक अंक
= 75 + 25 = 100.

150. घड़ी का क्रय मूल्य = ₹ 550
लाभ = ₹ 550 का 10%
= ₹ $550 \times \dfrac{10}{100}$
= ₹ 55

अतः घड़ी का विक्रय मूल्य
= क्रय मूल्य + लाभ
= 550 + 55 = ₹ 605.

151. $25.1 = \dfrac{251}{10}$

$25.10 = \dfrac{2510}{100} = \dfrac{251}{10}$

अतः 25.1 तथा 25.10 समान दशमलव वाली संख्या है।

152. ईंटों की संख्या = $\dfrac{1600 \times 1400}{20 \times 14} = 8000.$

153. टैंक का आयतन = ल. × चौ. × ऊँचाई
= 7 × 6 × 5
= 210 घनमीटर।

154. गाड़ी की गति = 75 किमी./घंटा
दूरी = 350 किमी.

समय = $\dfrac{\text{दूरी}}{\text{गति}} = \dfrac{350}{75} = \dfrac{14}{3}$ घंटे

$= 4\dfrac{2}{3}$ घंटे

= 4 घंटे $\dfrac{2}{3} \times 60$ मिनट

= 4 घंटे 40 मिनट

155. 10 किलोग्राम चीनी का मूल्य = ₹ 250
15 किलोग्राम चीनी का मूल्य

= ₹ $\dfrac{250}{10} \times 15$

= ₹ 375.

156. 55° का पूरक कोण
= 180° − 55° = 125°.

157. त्रिभुज का तीसरा कोण
= 180° − 130° = 50°.

158. $0.045 = \dfrac{45}{1000} \times 100$

$= \dfrac{45}{10} \% = 4.5\%.$

159. 27 से कम 9 से विभाजित होने वाली संख्याएँ हैं 9 तथा 18
इन संख्याओं का योगफल
= 9 + 18 = 27.

160. 3.2 + 8.395 − 5.45
= 11.595 − 5.45
= 6.1450 = 6.145.

161. माना कि महेश के पास ₹ x थे।
पहले दिन का खर्च

$= \dfrac{2}{3} x$

शेष राशि

$= x - \dfrac{2x}{3} = \dfrac{3x - 2x}{3} = ₹ \dfrac{x}{3}$

दूसरे दिन का खर्च

$= \left(\dfrac{x}{3}\right)\left(\dfrac{1}{6}\right) = ₹ \dfrac{x}{18}$

शेष राशि

$= \dfrac{x}{3} - \dfrac{x}{18} = \dfrac{6x - x}{18} = ₹ \dfrac{5x}{18}$

प्रश्नानुसार,

$\dfrac{5x}{18} = 250$

$\Rightarrow 5x = 18 \times 250$

$\Rightarrow \quad x = \dfrac{18 \times 250}{5} = 18 \times 50 = ₹\,900$

अतः महेश के पास ₹ 900 थे।

162. 12 कॉपियों की कीमत = ₹ 252

10 कॉपियों की कीमत = ₹$\dfrac{252}{12} \times 10$

= ₹ 21 × 10 = ₹ 210.

163. $1 + 3 + 5 + 7 + 9 + 11 + 13 = 49$

औसत = $\dfrac{49}{7} = 7.$

164. विद्यार्थियों की संख्या = 1200

लड़कियों की संख्या = 1200 का 40%

= $1200 \times \dfrac{40}{100} = 480$

अतः लड़कों की संख्या

= 1200 − 480 = 720.

165. x का 30% = 900

$\Rightarrow x \times \dfrac{30}{100} = 900$

$\Rightarrow \quad x = \dfrac{100 \times 900}{30} = 3000$

अतः राशि = 3000.

166. मोबाइल का क्रय मूल्य = ₹ 6000

मोबाइल का विक्रय मूल्य = ₹ 5400

हानि = क्रय मूल्य − विक्रय मूल्य

= 6000 − 5400 = ₹ 600

प्रतिशत हानि = $\dfrac{\text{हानि}}{\text{क्रय मूल्य}} \times 100$

= $\dfrac{600}{6000} \times 100 = 10\%.$

167. चार अंकों की सबसे बड़ी संख्या = 9999

जब 9999 को 66 से विभाजित किया जाता है तो शेष 33 बचता है।

अतः अभीष्ट संख्या

= 9999 − 33 = 9966.

168. $\dfrac{0.001}{0.01} = \dfrac{\dfrac{1}{1000}}{\dfrac{1}{100}}$

= $\dfrac{1}{1000} \times \dfrac{100}{1} = \dfrac{1}{10} = 0.1.$

169. $0.01 + 0.1 + 0.02 + 0.003 = 0.133.$

170. $0.1 \times 0.01 − 0.01 \times 0.001$

$= 0.01(0.1 − 0.001) = 0.01 \times 0.099$

$= \dfrac{1}{100} \times \dfrac{99}{1000} = \dfrac{99}{100000} = 0.00099$

171. माना कि आयत की लम्बाई = $5x$ मी.

तथा

आयत की चौड़ाई = $2x$ मी.

आयत की परिमिति = 2(ल. + चौ.)

प्रश्नानुसार,

2 (ल. + चौ.) = 280

$\Rightarrow \quad 2(5x + 2x) = 280$

$\Rightarrow \quad 14x = 280$

$\Rightarrow \quad x = \dfrac{280}{14} = 20$

आयत की लम्बाई

= $5x = 5 \times 20 = 100$ मी.

आयत की चौड़ाई

= $2x = 2 \times 20 = 40$ मी.

आयत का क्षेत्रफल = ल. × चौ.

= 100 × 40 = 4000 वर्ग मीटर।

172. $\dfrac{2}{4} \div \dfrac{3}{4} = \dfrac{2}{4} \times \dfrac{4}{3} = \dfrac{2}{3} = 0.666.$

173. $7789 \times 48 + 7789 \times 52$
 $= 7789 (48 + 52) = 7789 \times 100$
 $= 778900.$

174. संख्या 874213 में 7 का स्थानीय मान
 $= 70000.$

175. ₹ $55 = 55 \times 100$ पैसे $= 5500$ पैसे

176. $180°$ कोण को साधारण कोण कहते हैं।

177. 250 का 5%
 $= 250 \times \dfrac{5}{100} = \dfrac{25}{2} = 12.5.$

178. अंश = लब्धि × भाजक + शेष
 $= 16 \times 51 + 27 = 843.$

179. 500 का 20% $= 500 \times \dfrac{20}{100} = 100$

 चूँकि शाम के पास ₹ 500 हैं अतः मोहन के पास ₹ 600 हैं।

180. $\dfrac{2}{5 \times 100} \times 240 + \dfrac{3}{5 \times 100} \times 180$

 $= \dfrac{96}{100} + \dfrac{108}{100}$

 $= \dfrac{204}{100} = 2.04.$

1405

R. GUPTA'S®
ENGLISH IMPROVEMENT BOOKS

Book Name	Code	Price (₹)
All About English	R-1391	210
Treasury of Synonyms & Antonyms (Words with Hindi Meanings)	R-1348	150
All Time English	R-1100	120
The Right & Wrong English (Volume-I)	R-1076	140
The Right & Wrong English (Volume-II)	R-1077	140
The Right & Wrong English (Volume-III)	R-1078	140
Dealing with English Made Easy	R-1042	70
Popular English Grammar for Competitions	R-938	95
Popular English-Grammar (with Hindi Explanation)	R-204	130
English Grammar	R-611	195
English Grammar & Composition	R-783	130
English Grammar & Comprehension	R-705	120
Pocket English Grammar	R-676	24
A Concise English Grammar	R-269	50
General Grammar & Interactive English	R-452	110
English Literature & Grammar	R-378	80
English Reading Comprehension	R-303	150
Gloria English Speaking Course (Hindi-English)	R-218	280
पॉपुलर मिनी इंग्लिश स्पीकिंग कोर्स	R-657	55
English Improvement Course	R-358	240
Dictionary of Synonyms & Antonyms	R-205	130
Dictionary of Prepositions	R-270	75
Handbook of Idioms & Phrases	R-473	60
Idioms, Phrases & Proverbs (with Hindi Meanings & Usage) (English-Hindi)	R-353	60
Handbook of Proverbs	R-514	90
Common Errors in English	R-305	160
Spoken & Communicative English	R-670	220
Key to Spoken & Communicative English	R-671	45
Words Commonly Confused	R-576	110
Writing Correct English	R-541	95
Write English Right	R-578	110
How to Write Correct English (Hindi-English)	R-451	120

E-Mail: info@rameshpublishinghouse.com

For V.P.P., send ₹50/- in advance by M.O. to:

 Ramesh Publishing House 4457, Nai Sarak, Delhi-6

विवरणिका
(PROSPECTUS)
राष्ट्रीय मिलिट्री स्कूल
(कक्षा-VI के लिए)

परिचय

राष्ट्रीय मिलिट्री स्कूल रक्षा मन्त्रालय द्वारा चलाये जाने वाले अंग्रेजी माध्यम के स्कूल हैं जो कक्षा VI से XII तक सेना कर्मियों तथा सामान्य नागरिकों के बच्चों को उच्चस्तरीय शिक्षा प्रदान करते हैं। यह स्कूल सन् 1925 में स्थापित "इण्डियन पब्लिक स्कूल कॉन्फरेंस (आई. पी. एस. सी.)" के आधारभूत सदस्यों में से हैं। 1925 में स्थापित यह विद्यालय भारत के सबसे पुराने निजी विद्यालयों में से हैं। देश में पाँच राष्ट्रीय मिलिट्री स्कूल हैं। यह हिमाचल प्रदेश की शिमला पहाड़ियों में स्थित छैल, राजस्थान के धौलपुर तथा अजमेर में, कर्नाटक के बेलगाम तथा बैंगलोर में स्थित हैं। इनमें विद्यार्थियों को कक्षा VI में एक लिखित प्रवेश परीक्षा (CET) के द्वारा प्रवेश दिया जाता है। यह प्रवेश परीक्षा रक्षा मन्त्रालय मुख्यालय के महानिदेशक द्वारा आयोजित की जाती है।

उद्देश्य

राष्ट्रीय मिलिट्री स्कूलों का उद्देश्य उच्च स्तरीय शिक्षा प्रदान करना और रक्षा सेवाओं में शामिल होने के लिए कैडेट्स तैयार करना है।

शिक्षण

राष्ट्रीय मिलिट्री स्कूल सेन्ट्रल बोर्ड ऑफ सेकेन्ड्री एजुकेशन (सी.बी.एस.ई.) से सम्बद्ध हैं। इन स्कूलों में शिक्षण का माध्यम अंग्रेजी है। शिक्षण सत्र अप्रैल से मई होता है और दो सत्रों में विभाजित होता है। बेलगाम के राष्ट्रीय मिलिट्री स्कूल के अलावा सभी राष्ट्रीय मिलिट्री स्कूलों में विज्ञान विषय में शिक्षा दी जाती है जबकि बेलगाम में विज्ञान के अलावा वाणिज्य विषय में भी शिक्षा जी जाती है। राष्ट्रीय मिलिट्री स्कूल विद्यार्थियों को निम्नलिखित परीक्षाओं के लिए तैयार करते हैं–

(*a*) सेन्ट्रल बोर्ड ऑफ सेकेन्ड्री एजुकेशन (सी.बी.एस.ई.)

- (*i*) ऑल इण्डिया सेकेन्ड्री स्कूल एक्जामिनेशन (कक्षा X)
- (*ii*) ऑल इण्डिया सीनियर स्कूल सर्टिफिकेट एक्जामिनेशन (कक्षा XII)

(*b*) नेशनल डिफेन्स एकेडमी में प्रवेश हेतु संघ लोक सेवा आयोग परीक्षा।

प्रवेश

कक्षा VI में प्रवेश के लिए प्रवेश परीक्षा दिसम्बर माह में आयोजित होती है। कक्षा VI के लिए परीक्षा OMR आधारित होगी जिसमें बौद्धिक योग्यता, अंग्रेजी, गणित और सामान्य ज्ञान विषय होंगे। सभी आवेदकों और अभिभावकों को यह सुनिचिश्त कर लेना चाहिए कि सभी

प्रवेश आवासीय श्रेणी के हैं जिसमें केवल दिन में आकर पढ़ने वाले विद्यार्थियों को अनुमति नहीं है तथा प्रवेश केवल लड़कों के लिए है।

राष्ट्रीय मिलिट्री स्कूलों में प्रवेश के लिए महत्वपूर्ण तिथियाँ निम्नलिखित हैं।

(*a*) कक्षा VI के लिए आवेदन पत्र जमा करने की अंतिम तिथि – सितम्बर

(*b*) कक्षा VI के लिए प्रवेश परीक्षा की तिथि – दिसम्बर

योग्यता की शर्तें

शैक्षिक योग्यताः आवेदक को राष्ट्रीय मिलिट्री स्कूल में प्रवेश लेने की तिथि से पहले किसी सरकारी/सरकार द्वारा मान्यता प्राप्त विद्यालय से कक्षा VI में प्रवेश के लिए कक्षा V में उत्तीर्ण होना आवश्यक है। कक्षा V में अध्यनरत विद्यार्थी सम्बन्धित प्रवेश परीक्षा देने के पात्र हैं। विद्यार्थियों को पर्याप्त अंग्रेजी आनी चाहिए, क्योंकि राष्ट्रीय मिलिट्री स्कूलों में शिक्षा का माध्यम केवल अंग्रेजी है।

पात्रता के लिए आयुः प्रवेश के वर्ष की 1 जुलाई को कक्षा VI के लिए विद्यार्थियों (केवल लड़कों) की आयु 10 से 11 वर्ष होनी चाहिए। केवल ऑफिसरों, JCOs/ORs जो लड़ाई के दौरान मारे गये, की विधवाओं के बच्चों को आयु में 6 माह की अतिरिक्त छूट है। जन्म तिथि विद्यार्थी द्वारा पिछले छोड़े गये स्कूल से प्राप्त और जिला शिक्षा अधिकारी द्वारा काउन्टर साइन किए गये स्कूल लीविंग सर्टिफिकेट के आधार पर मान्य होगी जो उसके पिता द्वारा शीट रोल में दी गयी व OIC रिकार्ड द्वारा भी सत्यापित हो। किसी ग्राम पंचायत अथवा क्षेत्रीय संस्था द्वारा जारी किया गया प्रमाण पत्र स्वीकृत नहीं होगा।

जन्म तिथि में किसी भी प्रकार की भिन्नता, अथवा शीट रोल और स्कूल लीविंग सर्टिफिकेट में दिये गये अन्य किसी तथ्य में भिन्नता पर आवेदक की पात्रता को निरस्त माना जाएगा।

प्रवेश परीक्षा

कक्षा VI के लिए CET, ऑप्टीकल मार्क रीडर (OMR) आधारित होगी और मार्किंग की योजना नीचे दी गयी सारणी के अनुसार होगी।

		अधिकतम अंक	उत्तीर्णांक प्रतिशत	विशेष नोट
(*a*)	अंग्रेजी	50	35%	आवेदक का परीक्षा में
(*b*)	बौद्धिक परीक्षा	50	40%	उत्तीर्ण होना आवश्यक है।
(*c*)	गणित	50	40%	अंग्रेजी के अंक मेरिट में
(*d*)	सामान्य ज्ञान तथा समसामयिकी	50	40%	नहीं जोड़े जाएंगे।
(*e*)	साक्षात्कार	20		

पाठ्यक्रम

लिखित परीक्षा कक्षा VI में प्रवेश के लिए कक्षा V के स्तर पर आधारित होगी। प्रवेश परीक्षा में उत्तर देने का माध्यम हिन्दी अथवा अंग्रेजी होगा।

साक्षात्कार

प्रवेश परीक्षा में उत्तीर्ण विद्यार्थियों को किसी एक राष्ट्रीय मिलिट्री स्कूल में साक्षात्कार के लिए बुलाया जाएगा। मेरिट जारी करने से पहले साक्षात्कार के अंकों को प्रवेश परीक्षा में प्राप्त अंकों के साथ जोड़ दिया जाएगा। प्रवेश परीक्षा अथवा साक्षात्कार के लिए की गयी यात्रा के लिए यात्रा भत्ता देय नहीं होगा।

परिणाम

सफल आवेदकों की मेरिट लिस्ट और स्कूल का (एलॉटमेट) आवन्टन MoD (आर्मी) के IHQ, DGMT/MT-15 के द्वारा घोषित किए जाएंगे। किसी भी असफल विद्यार्थी को अलग से सूचना नहीं भेजी जाएगी। अंतिम परिणाम इन्टरनेट पर आर्मी की वेबसाइट पर उपलब्ध होंगे।

अंतिम चुनाव

लिखित परीक्षा तथा साक्षात्कार में प्राप्त कुल अंकों की वरीयता सूची के आधार पर चुने गये सफल विद्यार्थियों को उपलब्ध सीटों की संख्या, मेडिकल फिटनेस विभिन्न श्रेणियों के लिए आरक्षण के नियमानुसार विभिन्न राष्ट्रीय मिलिट्री स्कूलों में प्रवेश दिया जाएगा।

मेडिकल फिटनेस

सभी चुने गए विद्यार्थियों को राष्ट्रीय मिलिट्री स्कूलों में प्रवेश से पहले AFMSF-2 में उल्लिखित पात्रता के मापदण्डों के अनुसार केवल उस अस्पताल में मेडिकल फिटनेस परीक्षा में जाना होगा जिसको उन्होंने प्रार्थना पत्र में चिन्हित किया है। मेडिकल फिटनेस परीक्षा वर्णित अस्पतालों में से किसी एक में होगी। ऑफिसरों की समिति द्वारा यदि विद्यार्थी को बताए गये अस्पतालों में अयोग्य पाया जाता है तो उसे प्रवेश नहीं दिया जाएगा। राष्ट्रीय मिलिट्री स्कूल में अध्ययन के दौरान बच्चों का मेडिकली फिट रहना आवश्यक है। जब तक अस्पताल से मेडिकल फिटनेस का प्रमाण पत्र नहीं मिल जाता है तब तक विद्यार्थी का प्रवेश अस्थायी माना जाएगा।

स्कूल फीस और जमानत राशि

विभिन्न श्रेणियों के अनुसार टयूशन फीस और जमानत राशि नीचे दी गयी हैं। SC और ST सदस्यों को नीचे दी गयी फीस का एक-चौथाई भाग जमा करना होगा।

क्र.सं.	श्रेणी		ट्यूशन फीस (प्रतिवर्ष)	जमानत राशि (एक बार)
(*a*)	नेवी और IAF में ORs और उनके समकक्ष (सेवा निवृत्त सहित)		₹ 4800/-	₹ 1200/-
(*b*)	नेवी और IAF में JCO तथा उनके समकक्ष (सेवा निवृत्त सहित)		₹ 7200/-	₹ 1800/-
(*c*)	तीनों सेनाओं के सर्विस ऑफिसर (सेवा निवृत्त सहित)		₹ 15000/-	₹ 3800/-
(*d*)	सामान्य नागरिक		₹ 24000/-	₹ 6000/-
(*e*)	SC तथा ST के लिए (सम्बंधित श्रेणी की फीस का 25% जमा किया जाएगा)	ORs	₹ 1200/-	
		JCOs	₹ 1800/-	
		Civ.	₹ 6000/-	

नोटः जमानत राशि सदस्य के प्रवेश के समय एक ही बार जमा करवायी जाएगी तथा यह विद्यार्थी को स्कूल छोड़ने के समय बिना ब्याज के वापस कर दी जाएगी। स्कूल फीस एक वर्ष की जमा की जाएगी तथा यह सीधे स्कूल में ही प्रवेश के समय जमा होगी। JCO व OR व अफसरों तथा उनके समकक्ष रैंक वाले, कार्रवाई के दौरान मारे गये, IAF और नेवी के अफसरों के बच्चों से कोई फीस नहीं ली जाएगी।

जेब खर्च

सभी श्रेणियों को रहने, खाने मासिक खर्च और यात्रा के खर्च हेतु बच्चे के जेब खर्च खाते में कम-से-कम ₹ 10,000 जमा करवाने होंगे। इसके अन्तर्गत किसी भी समय ₹ 4000 की राशि खाते में रखने का प्रावधान है।

छात्रवृत्तियाँ

अविशिष्ट बच्चों (आम नागरिक सेवा अधिकारियों के बच्चों) के 15% को स्कूल में सामान्य छात्रवृत्ति परीक्षा की वरीयता सूची के आधार पर, जो कि सेना मुख्यालय द्वारा आयोजित की जाएगी, छात्रवृत्ति दी जाएंगी। छात्रवृत्ति निम्नलिखित नियमों के आधार पर दी जाती है।

(*a*) उन छात्रों की फीस में पूर्ण रूप से छूट जिनके माता-पिता की आय एक वित्तीय वर्ष में ₹ 1,00,000 से कम है।

(*b*) उन छात्रों से आधी फीस ली जाएगी जिनके माता-पिता की आय एक वित्तीय वर्ष में ₹ 1,00,000 से अधिक परन्तु ₹ 1,50,000 से कम है।

अवकाश

सामान्यतः किसी भी छात्र को सत्र के दौरान अवकाश नहीं दिया जाएगा। प्रधानाचार्य छुट्टी के लिए उसके आवेदन पर विशेष आधार पर विचार करेंगे, जैसे—माता-पिता की गम्भीर बीमारी पर अथवा सगे भाई अथवा बहन की शादी पर अवकाश दे सकते हैं। छुट्टी के प्रार्थना पत्र पर अभिभावकों के हस्ताक्षर अनिवार्य हैं। अभिभावकों को प्रार्थना पत्र में यइ भी उल्लेख करना होगा कि छात्र की यात्रा का खर्च व जोखिम वे खुद वहन करेंगे।

अन्तर्विद्यालयी स्थानान्तरण

विद्यार्थी के स्कूल से स्थानान्तण पर प्रधानाचार्य द्वारा प्रत्येक वर्ष 15 फरवरी तक ही विचार किया जाएगा तथा स्थानान्तरण अगले शिक्षण सत्र के प्रारम्भ में ही किया जाएगा। छात्रों का स्थानान्तरण निम्नलिखित परिस्थितियों को ध्यान में रखकर किया जाएगा—

(*a*) किसी सेवानिवृत्त का बच्चा, जो अपने बच्चे का यात्रा खर्च बचाने के लिए घर के निकट के स्कूल में स्थानान्तरित करवाना चाहता है।

(*b*) किसी बच्चे का सगा भाई उस स्कूल में पढ़ता हो जिसमें वह स्थानान्तरण चाहता है।

(*c*) चिकित्सा के आधार पर स्थानान्तरण, जिसको अध्ययनरत स्कूल के RMO द्वारा प्रमाणित किया गया हो।

विद्यालयों की दिनचर्या

राष्ट्रीय मिलिट्री स्कूलों ने अपनी दैनिक दिनचर्या को महत्त्वपूर्ण परम्परा के रूप में स्थापित किया है। स्कूलों ने दिन को इस प्रकार से संयोजित किया है कि बच्चे सक्रिय दिन बिताएं तथा इसमें इस बात पर भी ध्यान दिया गया है कि उन्हें आराम, मनोरंजन, विश्राम तथा व्यक्तिगत कार्यों के लिए भी पर्याप्त समय उपलब्ध हो जाए। राष्ट्रीय मिलिट्री स्कूलों में दिनचर्या निम्न प्रकार है।

नोटः क्षेत्रीय मौसम की दशाओं के अनुसार विद्यालयों के समय में अन्तर हो सकता है।

06:00 am	–	06:30 am	–	शारीरिक अभ्यास
07:30 am	–	08:00 am	–	नाश्ता
08:30 am	–	08:50 am	–	सुबह की सभा
08:50 am	–	01:30 pm	–	शिक्षण कक्षाएं
01:45 pm	–	02:15 pm	–	लन्च (भोजन अवकाश)
02:15 pm	–	04:00 pm	–	मौन पीरियड
04:00 pm	–	05:30 pm	–	खेल/क्लब

06:00 pm	–	08:00 pm	–	शाम की तैयारी
08:00 pm	–	09:30 pm	–	रात्रि भोज
09:30 pm	–	10:30 pm	–	स्वाध्याय समय
10:45 pm	–	onwards	–	बत्तियाँ बन्द

शैक्षणिक सुविधाएं

शिक्षा और शैक्षणिक ढाँचे में हुए चौतरफा विकास से उन्मुख राष्ट्रीय मिलिट्री स्कूलों ने भी अपनी आधारभूत सुविधाओं को विकसित किया है जिससे की वे उपलब्ध सुविधाओं को अपने यहाँ उपलब्ध करवा सकें। आधुनिकतम उपकरणों और भवनों द्वारा उपलब्ध सुविधाओं को धीरे-धीरे बढ़ाया जा रहा है। आवासीय पब्लिक स्कूलों में दी जाने वाली श्रेष्ठतम सुविधाएं, जो कि छात्रों के लिए आवश्यक हैं, उपलब्ध करवाई जा रही हैं।

खेल-कूद और खेल सुविधाएँ

राष्ट्रीय मिलिट्री स्कूलों में छात्रों के शैक्षणिक विकास के साथ-साथ उनकी पाठचर्या (Curriculum) में खेल कूद की बड़ी शृंखला भी सम्मिलित की जा रही है। विद्यालयों में लगभग सभी प्रकार के खेलों को सिखाने की सुविधा उपलब्ध है। बच्चों को खेल-कूल में भाग लेने के लिए प्रोत्साहित किया जाता है तथा सेना के प्रशिक्षित प्रशिक्षकों द्वारा विशेष प्रशिक्षण दिया जाता है। बच्चों में प्रतियोगिता की भावना पैदा करने के लिए राष्ट्रीय मिलिट्री स्कूल के वार्षिक कैलेन्डर के अनुसार बहुत से खेलों का आयोजन तथा प्रतियोगिताएँ करवायी जाती हैं। विद्यालय प्रतिदिन फुटबॉल, हॉकी, क्रिकेट, बास्केटबॉल, वॉलीबॉल, टेबल टेनिस, बॉक्सिंग और एथलेटिक्स आदि खेलों की सुविधा उपलब्ध करवाते हैं। प्रत्येक कैडेट के लिए प्रतिदिन सुबह PT अनिवार्य है।

सह-पाठचर्या क्रिया-कलाप

यह क्रिया-कलाप छात्रों को दी जाने वाली ट्रेनिंग का महत्त्वपूर्ण हिस्सा हैं। विद्यालय बच्चों को ललित कला और क्राफ्ट संबंधी कलात्मक क्षमताओं के विकास का समुचित अवसर उपलब्ध करवाते हैं। विद्यार्थियों के खाली समय का बुद्धिमत्तापूर्ण उपयोग करवाने के उद्देश्य से विभिन्न प्रकार के क्रियाकलाप, जैसे—फोटोग्राफी, नाटक, चित्रकला, काष्ठ कला, संगीत, वाद-विवाद, संवाद तथा व्याख्यान आदि का आयोजन किया जाता है।

सभी विद्यार्थियों के लिए NCC प्रशिक्षण अनिवार्य है। विद्यालय में वायु, थल और जल सेना के NCC के जूनियर डिविजन विंग्स होते हैं। पाठ्येत्तर क्रिया-कलापों में नियमित रूप से स्काउटिंग और ट्रैकिंग भी शामिल हैं।

आवास व्यवस्था

विद्यार्थी हाउस में रहते हैं। हाउस विद्यालय की ही आन्तरिक इकाई है परन्तु प्रत्येक हाउस का अपना उद्देश्य और रंग होता है जो प्रत्येक को अलग पहचान और हाउस स्पिरिट देता है। कैडेट्स को सभी हाउस में बराबर बाँट दिया जाता है। प्रत्येक हाउस का अलग छात्रावास अधीक्षक और वार्डन होता है जो विद्यार्थियों के व्यक्तिगत आराम और सुविधाओं का ध्यान रखता है। प्रत्येक हाउस में डी.टी.एच. सर्विस सहित टी.वी. लगा होता है जिससे की कैडेट्स का उचित मनोरंजन हो सके।

भोजनालय

विद्यालय कैडेट्स को संतुलित और पोषक आहार देते हैं। कैडेटस को दिन में तीन बार खाना दिया जाता है। इसके अतिरिक्त सुबह दूध, दोपहर के पहले और बाद में स्नैक्स व चाय दी जाती है। प्रतिदिन बदले जाने वाले मेन्यू में ताजे फल, दूध, मक्खन, जैम, अण्डे, अनाज, सब्जियाँ और मीट/मछली/चिकन आदि शामिल रहते हैं। शाकाहारियों तथा मांसाहारियों के लिए अलग-अलग व्यवस्थाएँ होती हैं।

चिकित्सा एवं स्वास्थ्य सुरक्षा

विद्यालय में MI कक्ष होता है जिसमें चिकित्सा सहायक उपस्थित रहते हें। कैडेटस के स्वास्थ्य की विशेष देखभाल की जाती है। प्रत्येक कैडेट को मेडिकल हिस्ट्री चार्ट रखा जाता है और उसका वजन, लम्बाई तथा छाती की चौड़ाई का सटीक तथा समयानुसार विवरण होता है। जिन कैडेट्स को विशेष इलाज की आवश्यकता होती है। उन्हें उपयुक्त सुविधाओं वाले अस्पताल में भेज दिया जाता है। जहाँ भुगतान करने की आवश्यकता होती है वहाँ कैडेट के माता-पिता से सम्पर्क किया जाता है।

अनुशासन

कैडेट्स से अपेक्षा की जाती है कि वे अनुशासन का गम्भीरता से पालन करें। छोटे कैडेट्स की बड़े कैडेट्स द्वारा अनुशासन में रहने और सीखने में सहायता की जाती है। यदि किसी कैडेट को अवांछित घोषित कर दिया गया हो तो उसे तुरन्त उसके माता-पिता के पास उनके जोखिम व खर्च पर भेज दिया जाता है। इस प्रकार के मामलों में प्रधानाचार्य का निर्णय अन्तिम माना जाता है। विद्यालय में रैगिंग पूर्णतः निषेध है। अत्यधिक अनुशासनहीनता के मामले में कैडेट को विद्यालय प्रशासन द्वारा बाहर किया जा सकता है।

पाठ्य पुस्तकें एवं स्टेशनरी

पाठ्य पुस्तकें विद्यालय द्वारा निःशुल्क उपलब्ध नहीं करवायी जाएंगी। पुस्तकें तथा स्टेशनरी कैडेट को स्वयं ही खरीदनी होंगीं। विद्यालय में एकरूपता बनाये रखने के लिए कैडेट्स को

विद्यालय के अन्दर स्थित स्टेशनरी की दुकान से ही स्टेशनरी आइटम्स खरीदने के लिए कहा जा सकता है।

किट और कपड़े (वस्त्र)

नीचे दिए गये वस्त्र और किट को प्रवेश के समय ही देना होगा। पैटर्न के नमूने और क्वालिटी के लिए माता-पिता/अभिभावकों से अनुरोध है कि वे प्रवेश के समय सीधे स्कूल अथॉरिटी से आकर मिलें।

क्र.सं.	वस्तु-सूची	मात्रा (जोड़े/संख्या)
1.	टूथ ब्रश	01
2.	टूथ पेस्ट	01
3.	नहाने का साबुन, साबुनदानी सहित	02
4.	कपड़े धोने का साबुन, साबुनदानी सहित	02
5.	बालों का तेल	01
6.	नाखून कटनी	01
7.	जूता पॉलिश	01
8.	पॉलिश ब्रश	01
9.	शीशा	01
10.	बरसाती कोट	01
11.	वाटर प्रूफ जूते	01
12.	चप्पलें	01
13.	प्लास्टिक की बाल्टी और मग	01
14.	टॉर्च	01
15.	स्कूल बैग	01
16.	स्कूल बेल्ट	01
17.	स्टील बॉक्स/सूट केस	01
18.	ताला और चाबी	01
19.	फुटबॉल वाले जूते	01
20.	बनियान और जांघिया	04
21.	रुमाल	06
22.	खाकी शर्ट	06
23.	खाकी शोर्ट्स	06
24.	खाकी शोर्ट्स	06
25.	नेबी ब्लू ऊनी स्टोकिंग	02

26.	ऊनी अथवा सूती जुराबें	04
27.	स्पोर्ट शोर्ट्स	04
28.	स्पोर्ट शर्ट्स	04
29.	जूते (ऑक्सफोर्ड)	02
30.	पी.टी. शूज	02
31.	ऊनी सूट	01
32.	पुलओवर	01
33.	स्कूल टाई	01
34.	सफेद पैंट	01
35.	टोपी (क्रेस्ट वाली)/पगड़ी	01

नोटः कोई स्कूल अपनी आवश्यकताओं के अनुरूप कैडेट से उपरोक्त वस्तुओं के अतिरिक्त भी कुछ और सामान रखने के लिए कह सकता है।

नीचे दी गयी वस्तुओं में गद्दे को छोड़कर सभी सामान अफसरों अथवा सामान्य नागरिकों द्वारा अपने बच्चों को स्वयं अपने खर्चे पर उपलब्ध करवाया जाएगा। कृप्या सुनिश्चित कर लें कि आपको प्रवेश के समय ये सभी सामान लेकर जाने हैं।

क्र.म.	**वस्तु**	**मात्रा (जोड़े/संख्या)**	**केवल राष्ट्रीय मिलिट्री स्कूल, छैल के लिए**		
			क्र.सं.	**(वस्तु)**	**मात्रा (जोड़े/संख्या)**
1.	गद्दा	01	7.	बरसाती टोपी	01
2.	मच्छरदानी	01	8.	गम बूट	01
3.	चादर	02	9.	सैचल (बस्ता)	01
4.	तकिए के गिलाफ	02	10.	ग्रे बैग	01
5.	कंबल	02	11.	किट बैग	01
6.	तकिया	01			

विद्यालय द्वारा वांछित किसी भी वस्तु के लिए सम्बन्धित स्कूल द्वारा माता-पिता को सूचित कर दिया जाएगा। राष्ट्रीय मिलिट्री स्कूल, छैल में चयनित बच्चों के माता-पिता को सलाह दी जाती है कि वे बच्चों को एक अच्छी रजाई और दो जोड़े ऊनी मौजे अवश्य दें।

माता-पिता एवं अभिभावकों से अपेक्षा

माता-पिता अथवा अभिभावकों से अनुरोध है कि वे विद्यालय को सुचारु रूप से चलाने में सहायता करने के लिए निम्नलिखित पर ध्यान दें।

(*a*) सभी स्कूलों की फीस, प्रोग्रेस रिपोर्ट, कम्पलैन्ट तथा विभिन्न सर्कुलरों और पत्रों में जारी निर्देशों को तत्काल संज्ञान में लें।

(*b*) अपने बच्चे को सीधे पैसे मत भेजिए क्योंकि उसे रेडी कैश अपने पास रखने की अनुमति नहीं है।

(*c*) अपने बच्चे के लिए सत्र के बीच में अवकाश माँगने से बचें।

(*d*) यह पक्का कर लीजिए कि आपके बच्चे के पास पूर्ण किट और कपड़े व अन्य जरूरत की सभी वस्तुएँ हैं।

(*e*) आपके बच्चे के जेब खर्च खाते में पर्याप्त धनराशि होनी चाहिए।

(*f*) प्रत्येक अवकाश के बाद वह निर्धारित तारीख को विद्यालय को दोबारा से आरम्भ कर दे।

(*g*) कैडेट को अपने पास कोई भी कीमती सामान जैसे महंगी घड़ी, सोने की अंगूठी, गैजेट्स, जैसे—मोबाइल, लैपटॉप, कैमरा, पेन ड्राइव, ATM कार्ड आदि रखने की अनुमति नहीं है। यदि इस तरह का कोई भी सामान हाउस में रखा जाता है तो उसके खोने की और नुकसान होने की स्थिति में विद्यालय जिम्मेदार नहीं होगा। कैडेट को कैश रखने की अनुमति नहीं होगी, यदि ऐसा होता है तो यह धन उससे लेकर उसके जेब खर्च खाते में जमा करवा दिया जाएगा। कैडेट के नाम पर कोई भी मनीआर्डर स्वीकार नहीं किया जाएगा। कैडेट्स को क्षेत्रीय डाकखाने तथा बैंक में अपना अकाउन्ट रखने की अनुमति नहीं है। दोषी पाये गये कैडेट्स पर अनुशासनात्मक कार्यवाही की जाएगी।

(*h*) बीमारी की स्थिति में यदि आपकी उपस्थिति अनिवार्य हो तो आपको सूचित किया जाएगा जिस पर आप तत्काल प्रतिक्रिया करेंगे।

(*i*) सभी पत्र-व्यवहारों में कैडेट की स्कूल संख्या, नाम, हाउस और कक्षा को लिखेंगे।

(*j*) माता-पिता अपने बच्चे से हाउस मास्टर से ली गई पूर्वानुमति पर ही मिल सकते हैं।

(*k*) माता-पिता को कैडेट के प्रवेश के समय नोटरी द्वारा सत्यापित ₹ 10 कीमत का जमानती बॉन्ड भरना होगा।

यात्रा (सत्र का अन्त)

अवकाश शुरू होने के पहले ही अभिभावकों को इसके बारे में भली प्रकार सूचित कर दिया जाएगा। यह अभिभावकों की जिम्मेदारी है कि वे विद्यालय को बताएं कि वे बच्चे को छुट्टियों में कहाँ ले जाना चाहते हैं। माता-पिता स्वयं आ सकते हैं अथवा लिखित में अपने बच्चे को लेने के लिए किसी और को भेज सकते हैं। अन्यथा, विद्यालय अभिभावकों के जोखिम पर कैडेट को भेज देगा। इसी प्रकार अभिभावकों को यह सुनिश्चित कर लेना चाहिए कि

कैडेट निर्धारित तिथि को विद्यालय में पहुँच गया है। विलम्ब होने की स्थिति में कैडेट पर आरोप लगाया जाएगा अथवा प्रधानाचार्य की इच्छानुसार उसे दण्डित किया जाएगा।

राष्ट्रीय मिलिट्री स्कूल, छैल

परिचय–राष्ट्रीय मिलिट्री स्कूल, छैल (शिमला हिल्स), रक्षा मंत्रालय के अंतर्गत अंग्रेजी माध्यम का आवासीय विद्यालय है। इस विद्यालय की नींव प्रिंस ऑफ वेल्स द्वारा फरवरी 1922 में रखी गई और स्कूल ने जालंधर कैंट में सितम्बर 1925 में कार्य करना शुरू किया। 1952 में विद्यालय को मध्य प्रदेश के नौगॉन्ग में स्थान्तारित कर दिया गया और वहाँ से 1960 में इसके वर्तमान स्थान छैल में स्थानान्तरित कर दिया गया। 01 जनवरी, 1966 को विद्यालय का दोबारा से नामकरण करके छैल मिलिट्री स्कूल कर दिया गया और अब 25 जनवरी, 2007 से इसका नाम राष्ट्रीय मिलिट्री स्कूल, छैल है। राष्ट्रीय मिलिट्री स्कूल, छैल को शुरुआत में 'किंग जॉर्ज पंचम रॉयल इंडियन मिलिट्री स्कूल', उसके बाद 'किंग जॉर्ज पंचम रॉयल मिलिट्री स्कूल' और फिर 'किंग जॉर्ज स्कूल' के नाम से जाना जाता था। मिलिट्री स्कूल रक्षा सेवा कर्मचारियों के बच्चों को शिक्षा प्रदान करते हैं और उनको सशस्त्र सेना में भविष्य (कैरियर) बनाने के लिए तैयार करते हैं। 1952 में राष्ट्रीय मिलिट्री स्कूलों को लड़कों के आवासीय विद्यालय के रूप में व्यवस्थित किया गया। इनके उद्देश्यों को विस्तारित कर दिया गया तथा रक्षा सेवा अधिकारियों व सामान्य नागरिकों के पुत्रों के लिए भी प्रवेश शुरू कर दिए गए। यह विद्यालय भारतीय पब्लिक स्कूल कांफ्रेंस के सदस्य हैं।

विद्यालय सभी कार्यदिवसों को 08:30 बजे से 14:30 बजे तक और 15:30 बजे से 16:30 बजे तक कार्य करते हैं। विद्यालय के कार्यालय रविवार और छुट्टी के दिन बन्द रहते हैं। विद्यालय में शिक्षण और प्रबन्धन का मुखिया प्रिंसिपल होता है तथा इनको सेना के कैप्टन या मेजर रैंक के प्रबंधन अधिकारी द्वारा सहायता प्राप्त होती है।

अवस्थिति–यह विद्यालय समुद्र तल से 7500 फुट की ऊँचाई पर हिमालय के जंगलों की दर्शनीय भव्यता के बीचों-बीच स्थित है। इस स्थान की जलवायु अत्यधिक स्वास्थ्यप्रद है और भारत के पर्यटन मानचित्र में इसका महत्त्वपूर्ण स्थान है। कालका-शिमला लाइन पर काण्डा घाट से छैल 29 किलोमीटर दूर है। कोई भी व्यक्ति यहाँ नैरोगेज रेल के द्वारा कालका से काण्डा घाट पहुँच सकता है और वहाँ से छैल तक बस के द्वारा पहुँच सकता है।

राष्ट्रीय मिलिट्री स्कूल, अजमेर

परिचय–राष्ट्रीय मिलिट्री स्कूल, अजमेर पहाड़ियों से घिरे अद्भुत दृश्य के साथ 87 एकड़ से अधिक भूमि पर स्थित है। किंग जॉर्ज पंचम द्वारा इसकी नींव 15 नवम्बर, 1930 को रक्षा कर्मियों के पुत्रों को सुरक्षा और शिक्षा प्रदान करने के लिए रखी गई। 1952 में विद्यालय को निजी विद्यालयों के समान संचालित किया गया और प्रवेश को रक्षा विभाग के अधिकारियों तथा सामान्य नागरिकों के पुत्रों के लिए शुरू कर दिया गया। 1954 में विद्यालय भारतीय

पब्लिक स्कूल कांफ्रेंस (आई.पी.एस.सी.) का सदस्य बन गया। 1966 में इसका दोबारा नामकरण करके 'मिलिट्री स्कूल' कर दिया गया और इसके पुराने लक्ष्य 'प्ले द गेम' को 'शीलम परम भूषणम', जिसका अर्थ है 'चरित्र सबसे बड़ा सद्‌गुण है', के द्वारा बदल दिया गया। 25 जून, 2007 को इसको वर्तमान नाम 'राष्ट्रीय मिलिट्री स्कूल, अजमेर' प्राप्त हुआ।

राष्ट्रीय मिलिट्री स्कूल अजमेर सी.बी.एस.ई., नई दिल्ली से सम्बद्ध रक्षा मन्त्रालय द्वारा संचालित तथा स्थापित 'A' श्रेणी का अंग्रेजी माध्यम विद्यालय है और आई.पी.एस.सी. का सक्रिय सदस्य है। विद्यालय के बहुत से पूर्व विद्यार्थी सशस्त्र सेना में और अन्य क्षेत्रों में उच्च पदों पर हैं व मातृभूमि की सेवा कर रहे हैं।

अवस्थिति–विद्यालय जयपुर-अजमेर रोड पर रेलवे स्टेशन से 30 किलोमीटर की दूरी पर स्थित है और राजस्थान रोडवेज बस स्टैंड से 3/4 किमी. की दूरी पर है जो शहर के दक्षिण में है। विद्यालय में प्रवेश जयपुर रोड पर नवनिर्मित द्वार से होता है।

अजमेर शहर राजस्थान के केन्द्र में स्थित है और अरावली की पहाड़ियों से घिरा हुआ है। 'अना सागर' और 'फॉय सागर' झीलें इस शहर की सुन्दरता को बढ़ाती हैं। अजमेर विश्वभर में दरगाह शरीफ, पुष्कर मेले व विशिष्ट सूफी संस्कृति की वजह से जाना जाता है। अजमेर का वातावरण सर्दियों में सामान्य ठंडा व गर्मियों में गर्म होता है। भरी गर्मियों में भी यहाँ की शामें सुहावनी होती हैं।

राष्ट्रीय मिलिट्री स्कूल, बेलगाम

परिचय–राष्ट्रीय मिलिट्री स्कूल, बेलगाम की स्थापना 30 दिसम्बर, 1945 को हुई, उस समय बेलगाम बम्बई प्रान्त में हुआ करता था। उस समय इसका नाम किंग जॉर्ज षष्टम रॉयल इण्डियन मिलिट्री कॉलेज था। यह देश में इस तरह से स्थापित किया जाने वाला चौथा संस्थान था। शुरू में विद्यालय में प्रवेश केवल मिलिट्री के JCO और OR व उनके समकक्ष रैंक वाले नेवी और वायु सेना अधिकारियों के बच्चों के लिए आरक्षित था। छात्रों को विशिष्ट सेना शिक्षा प्रमाण पत्र परीक्षा के लिए तैयार किया जाता था। अध्यापन कर्मचारियों को विशेष रूप से सेना के शैक्षिक सैनिकों में से लिया जाता था। शिक्षा पूरी करने के बाद छात्रों पर रक्षा विभाग में आने के लिए दबाव डाला जाता था।

गणतन्त्र दिवस 1950 को विद्यालय का नाम दोबारा नामकरण करके किंग जॉर्ज मिलिट्री कॉलेज कर दिया गया था। 1952 में विद्यालय का निजी विद्यालयों के समान पुर्नप्रबन्धन किया गया। प्रवेश को सेना अधिकारियों के अलावा सामान्य नागरिकों के बच्चों के लिए भी खोल दिया गया। विद्यालय में वरिष्ठ कैम्ब्रिज प्रमाण पत्र परीक्षा शुरू की गई तथा प्रवेश के समय रखी जाने वाली शर्त, कि विद्यालय समाप्त करने के बाद लड़कों को सेना में जाना होगा, को समाप्त कर दिया गया। विद्यालय का नाम तब किंग जॉर्ज स्कूल कर दिया गया।

1963 में विद्यालय सेन्ट्रल बोर्ड ऑफ सेकेंडरी एजुकेशन (सी.बी.एस.ई.) नई दिल्ली से सम्बद्ध हो गया था और छात्रों को बोर्ड द्वारा संचालित हायर सेकेंडरी परीक्षा में बैठाना शुरू

कर दिया गया। 01 जनवरी, 1966 को विद्यालय का दोबारा नामकरण करके 'बेलगाम मिलिट्री स्कूल' कर दिया गया। जनवरी, 1988 में विद्यालय के नाम को 'मिलिट्री स्कूल, बेलगाम' कर दिया गया। जनवरी, 2007 से विद्यालय को 'राष्ट्रीय मिलिट्री स्कूल, बेलगाम' के नाम से जाना जाता है।

अवस्थिति–विद्यालय बेलगाम केन्टोनमेंट में स्थित है जो बेलगाम शहर के बाहरी क्षेत्र में है, यह कर्नाटक के उत्तर पश्चिम का सबसे तेजी से फैलता शहर है। बेलगाम जिला दो राज्यों गोवा तथा महाराष्ट्र की सीमाओं से जुड़ा हुआ है। यह हुबली से लगभग 100 किमी. (सड़क मार्ग द्वारा) की दूरी पर है, जो दक्षिण मध्य रेलवे के बड़े जंक्शनों में से एक है। बेलगाम रेल द्वारा भी पुणे, मिराज, हुबली तथा लोंदा से जुड़ा हुआ है।

बेलगाम कर्नाटक के सबसे पुराने कस्बों में से एक है। यह बैंगलोर से 502 तथा मुम्बई से 500 किमी. की दूरी पर है। बेलगाम प्राकृतिक सौन्दर्य और घनी हरियाली वाले वातावरण से परिपूर्ण है जो बहुरूपदर्शी वातावरण (50" वर्षा), वनस्पति, स्थलाकृतियों में तेजी से होने वाली विषमता और समरूपता को दिखाता है। इसका आन्तरिक क्षेत्र विभिन्न संसाधनों से परिपूर्ण है जो लोगों, सैलानियों, विद्यार्थियों, रोजगार आपेक्षियों और उद्यमियों को आकर्षित करता है। यही सब कारण इसे यथार्थ ही स्वर्ग-समान अथवा 'निर्धनों का स्विट्जरलैंड' बनाते हैं।

राष्ट्रीय मिलिट्री स्कूल, बैंगलोर

परिचय–किंग जॉर्ज रॉयल इंडियन मिलिट्री कॉलेज, बैंगलोर को 1 अगस्त, 1946 को दक्षिण भारत के रक्षाकर्मियों के पुत्रों को शिक्षा देने के लिए स्थापित किया गया था। विद्यार्थियों को यहाँ कक्षा III से VI तक शिक्षित किया जाता था और उनको मिलिट्री की विशेष परीक्षा देने के लिए तैयार किया जाता था। यह परीक्षा हाई स्कूल परीक्षा के समकक्ष होती थी। उस समय इसमें तीन हाउस कूट, गिव और कॉर्नवालिस थे।

विद्यालय का 1952 में पुनः प्रबन्धन किया गया और आयोग के अधिकारियों तथा सामान्य नागरिकों के पुत्रों के लिए प्रवेश आरम्भ कर दिए गए। विद्यालय का नाम छोटा करके किंग जॉर्ज स्कूल कर दिया गया। विद्यालय का लक्ष्य 'प्ले द गेम' था। यह 'आई.पी.एस.सी.' (भारतीय पब्लिक स्कूल कांफ्रेंस) का सदस्य था और 1952 से 1962 तक विद्यार्थियों को सीनियर कैम्ब्रिज परीक्षा के लिए तैयार करता था। जब विद्यालय के हाउस के नाम को राजाजी, नेहरू और माउंटबैटन के नाम पर रखा गया तब इसने अपनी नवजात देशभक्ति के उत्ताप की क्षेत्रीय पहचान पायी। बाद में माउंटबैटन हाउस के नाम को बदलकर टैगोर हाउस कर दिया गया और शास्त्री नाम से एक नया हाउस बनाया गया। 1966 में विद्यालय का नाम 'बैंगलोर मिलिट्री स्कूल' हो गया, सी.बी.एस.ई. से सम्बद्ध होने के चार साल बाद 1967 में विद्यालय ने सी.बी.एस.ई. पाठ्यक्रम को अपना लिया।

1969 में विद्यालय का लक्ष्य 'शीलम परम भूषणम' में परिवर्तित हो गया, यह एक संस्कृत श्लोक है जिसका अर्थ है 'चरित्र सबसे बड़ा सद्गुण है'। इसके बाद विद्यालय ने 08 दिसम्बर, 2006 से 10 दिसम्बर, 2006 तक हीरक जयन्ती मनाई। जुलाई, 2007 को विद्यालय का दोबारा से नामकरण करके 'राष्ट्रीय मिलिट्री स्कूल, बैंगलोर' कर दिया गया।

अवस्थिति–राष्ट्रीय मिलिट्री स्कूल, बैंगलोर-होसर रोड पर स्थित रिचमॉण्ड कस्बे में एम. जी. रोड पर स्थित है। आर.एम.एस. बैंगलोर में पहुँचने के लिए जॉनसन मार्केट तथा सेंट फिलोमेना अस्पताल पहचान के लिए मुख्य बिन्दु (Landmarks) हैं। विद्यालय राजकीय बस अड्डे से 7 किलोमीटर, शहर के रेलवे स्टेशन से 8.5 किलोमीटर और केन्टोनमेंट रेलवे स्टेशन से 5.6 किमी. की दूरी पर है। बैंगलोर अन्तर्राष्ट्रीय हवाई अड्डा विद्यालय से 36 किमी. की दूरी पर है।

राष्ट्रीय मिलिट्री स्कूल, धौलपुर

परिचय–राष्ट्रीय मिलिट्री स्कूल, धौलपुर, पाँचवां तथा पाँचों में सबसे नया राष्ट्रीय मिलिट्री स्कूल है। इसकी स्थापना 6 जुलाई, 1962 को हुई। यह अकेला ऐसा विद्यालय है जिसका निर्माण स्वतन्त्रता के बाद हुआ। धौलपुर-बारी हाइवे पर स्थित यह विद्यालय धौलपुर के महाराज उदयभान सिंह द्वारा दान दिए गए राजसी महल में स्थापित है। विद्यालय प्रांगण शाही जागीर के 1500 एकड़ से अधिक क्षेत्रफल पर फैला हुआ है। सबसे नया विद्यालय होने के बावजूद इसने देश के श्रेष्ठतम आवासीय विद्यालयों में अपने आपको को स्थापित किया है और इसके विद्यार्थी विश्वभर में फैले हुए हैं।

अवस्थिति–राष्ट्रीय स्कूल धौलपुर, धौलपुर शहर से 10.5 किमी. की दूरी पर स्थित है। धौलपुर नई दिल्ली से भोपाल की मुख्य केन्द्रीय रेलवे लाइन पर तथा दिल्ली-मुम्बई हाइवे सं. 3 पर स्थित है। यह शहर देश के लगभग सभी मुख्य भागों से जुड़ा हुआ है। सबसे नजदीकी हवाई अड्डा दिल्ली है जो इससे 250 किमी. की दूरी पर है।

धौलपुर की जलवायु अनोखी है। इस क्षेत्र में लगभग सभी प्रकार की वातावरणीय दशाएं जैसे सर्दी, गर्मी, बरसात और लम्बी अवधि तक रहने वाली बसन्त ऋतु पाई जाती है। यद्यपि गर्मियों में कुछ दिनों के लिए तापमान बहुत बढ़ जाता है परन्तु फिर भी वातावरण वर्ष भर सुहावना रहता है।

* ❑❑❑ *

बुद्धिमत्ता परीक्षा

भाषिक

शृंखला

अक्षर शृंखला

अक्षर शृंखला में निहित अक्षरों का एक निश्चित क्रम होता है। दी गई अक्षर शृंखला में अक्षर वर्णमाला के सीधे क्रम में भी हो सकते हैं और वर्णमाला के विपरीत क्रम में भी। यही नहीं, एक ही शृंखला में अक्षर वर्णमाला के सीधे क्रम में और वर्णमाला के विपरीत या उल्टे क्रम में अर्थात् दोनों ही अनुक्रमों में भी हो सकते हैं। शृंखला में दिए गए क्रम में कुछ अक्षर छोड़े भी गए हो सकते हैं या ऐसा भी हो सकता है कि शृंखला में कुछ अक्षरों को एकाधिक बार प्रयुक्त किया गया हो या फिर वे क्रमागत हों। शृंखला एकल भी हो सकती है और एक ही शृंखला में एकांतर क्रम में दो अलग-अलग शृंखलाएं भी निहित हो सकती हैं। अक्षर शृंखला पर आधारित प्रश्नों को हल करते समय शृंखला के पैटर्न पर ध्यान दिया जाना आवश्यक होता है।

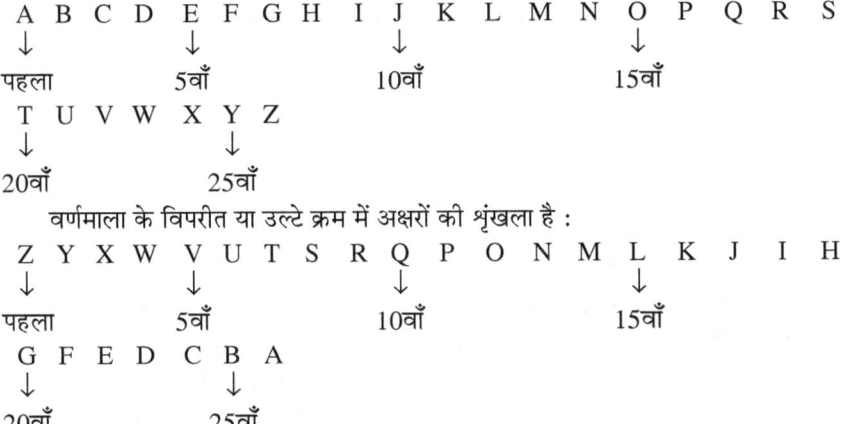

वर्णमाला के सीधे क्रम में अक्षरों की शृंखला है :

A B C D E F G H I J K L M N O P Q R S
↓ (A) पहला; ↓ (E) 5वाँ; ↓ (J) 10वाँ; ↓ (O) 15वाँ

T U V W X Y Z
↓ (T) 20वाँ; ↓ (Y) 25वाँ

वर्णमाला के विपरीत या उल्टे क्रम में अक्षरों की शृंखला है :

Z Y X W V U T S R Q P O N M L K J I H
↓ (Z) पहला; ↓ (V) 5वाँ; ↓ (Q) 10वाँ; ↓ (L) 15वाँ

G F E D C B A
↓ (G) 20वाँ; ↓ (B) 25वाँ

> **टिप्पणी** : Z पर पहुंचकर शृंखला A से पुनः शुरू होती है और A पर पहुंचकर शृंखला Z से पुनः शुरू होती है।

उदाहरण

निर्देश : *नीचे दी गई शृंखला में प्रश्न चिह्न को प्रतिस्थापित करने के लिए दिए गए विकल्पों में से सही अक्षर का चयन करें :*

1. B D F H J ?

(*a*) L (*b*) O (*c*) M (*d*) K

उत्तर (*a*) : शृंखला में प्रत्येक दो अक्षरों के बीच वर्णमाला के सीधे क्रम में एक अक्षर छूट गया है।

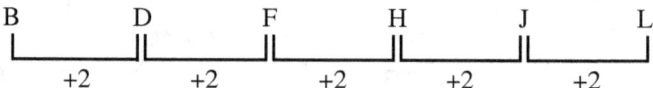

B D F H J L

+2 +2 +2 +2 +2

2. A Z B Y C ?

(*a*) D (*b*) X (*c*) U (*d*) E

उत्तर (*b*) : इस शृंखला में बारी-बारी से दो शृंखलाएं अंतर्निहित हैं :

शृंखला *I* : A B C (प्राकृतिक क्रम अर्थात् वर्णमाला के सीधे क्रम में क्रमागत अक्षर)

शृंखला *II* : Z Y X (वर्णमाला के विपरीत क्रम में क्रमागत अक्षर)

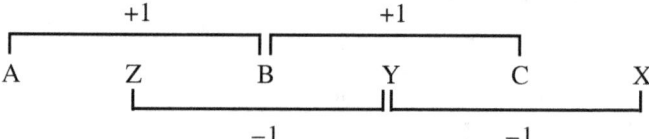

+1 +1

A Z B Y C X

–1 –1

वस्तुनिष्ठ प्रश्न

निर्देश : *नीचे दी गई प्रत्येक शृंखला में अक्षरों का क्रम निर्धारित करें। तत्पश्चात् दिए गए विकल्पों में से उस विकल्प का चयन करें जिससे दी गई शृंखला में प्रश्न चिह्न प्रतिस्थापित होता हो।*

1. L N P R T ?

(*a*) U (*b*) V
(*c*) W (*d*) Y

2. B A F E J I P O ? U

(*a*) V (*b*) T
(*c*) S (*d*) Q

3. B D G K ? V

(*a*) N (*b*) P
(*c*) Q (*d*) M

4. Z X V T ?

(*a*) Q (*b*) S
(*c*) R (*d*) P

5. A D E H I L M P Q T U ?

(*a*) XY (*b*) YZ
(*c*) UV (*d*) VW

6. M N L O K P J Q I R H S ?

(*a*) TG (*b*) GT
(*c*) FU (*d*) RH

7. B F K Q ?

(*a*) U (*b*) T
(*c*) X (*d*) Y

8. C E F I J L M P Q S ?
(*a*) T W (*b*) T V
(*c*) WY (*d*) VY

9. E D C H G F K J I N ?
(*a*) L M (*b*) O P
(*c*) M O (*d*) M L

10. A E I M Q ?
(*a*) T (*b*) U
(*c*) V (*d*) W

11. A B D ? K
(*a*) G (*b*) F
(*c*) H (*d*) I

12. X U R O L ?
(*a*) J (*b*) G
(*c*) H (*d*) I

13. W S O K ?
(*a*) G (*b*) F
(*c*) H (*d*) E

14. A F K P ?
(*a*) T (*b*) U
(*c*) W (*d*) X

15. D H M S ?
(*a*) W (*b*) X
(*c*) Y (*d*) Z

16. U R P M K ?
(*a*) G (*b*) E
(*c*) H (*d*) F

17. A B F G K L ?
(*a*) P (*b*) M
(*c*) R (*d*) O

18. ADG, GJM, ?, SVY
(*a*) MPS (*b*) MQR
(*c*) MQS (*d*) SPM

19. KNQ, TWZ, CFI, ?
(*a*) KOR (*b*) LOR
(*c*) MNQ (*d*) JLM

20. KNQ, TWZ, CFI, ?
(*a*) MNQ (*b*) LOR
(*c*) LPR (*d*) KOR

व्याख्यात्मक उत्तर

1. (*b*) : शृंखला +2 पैटर्न का अनुपालन करती है, अर्थात्

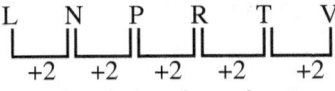

L N P R T V
+2 +2 +2 +2 +2

2. (*a*) : शृंखला में अंग्रेजी वर्णमाला के पांच स्वर (vowel) हैं अर्थात् (AEIOU) जिनमें से प्रत्येक के पहले वर्णमाला के सीधे क्रम में उसके ठीक बाद का क्रमागत अक्षर लिखा गया है।

B A F E J I P O V U

3. (*b*) : शृंखला में दो सन्निकट अक्षरों के बीच अंतर में 2 से आरंभ होकर प्रत्येक चरण में क्रमश: 1 की वृद्धि होती जाती है।

B D G K P V
+2 +3 +4 +5 +6

4. (*c*) : शृंखला के अक्षर वर्णमाला के विपरीत क्रम में हैं तथा शृंखला के दो सन्निकट अक्षरों के बीच –2 का अंतर है।

Z X V T R

−2 −2 −2 −2

5. (*a*) : शृंखला के अक्षरों के बीच बारी-बारी से +3 और +1 का अंतर है।

A D E H I L M P Q T U X Y

+3 +1 +3 +1 +3 +1 +3 +1 +3 +1 +3 +1

6. (*b*) : शृंखला में बारी-बारी से दो शृंखलाएं अंतर्निहित हैं।

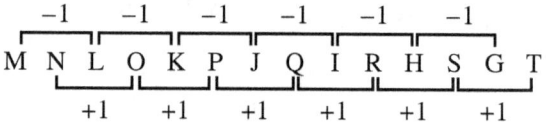

−1 −1 −1 −1 −1 −1

M N L O K P J Q I R H S G T

+1 +1 +1 +1 +1 +1

शृंखला I : MLKJIHG (वर्णमाला के विपरीत क्रम में)

शृंखला II : NOPQRST (वर्णमाला के सीधे क्रम में)

7. (*c*) : शृंखला में दो सन्निकट अक्षरों के बीच अंतर में प्रत्येक चरण में एक की वृद्धि होती जाती है।

B F K Q X

+4 +5 +6 +7

8. (*a*) : शृंखला में दो सन्निकट अक्षरों के बीच अंतर क्रमशः दो, एक, तीन और एक अक्षर का है तथा उसके बाद इसी क्रम की पुनरावृत्ति होती है।

C E F I J L M P Q S T W

+2 +1 +3 +1 +2 +1 +3 +1 +2 +1 +3

9. (*d*) : शृंखला में तीन-तीन अक्षरों के समूह हैं। समूहों के अक्षर वर्णमाला के विपरीत क्रम में विन्यस्त हैं।

EDC HGF KJI NML

10. (*b*) : शृंखला में दो सन्निकट अक्षरों के बीच +4 का अंतर है

A E I M Q U

+4 +4 +4 +4 +4

11. (*a*) : शृंखला में दो सन्निकट अक्षरों के बीच अंतर में प्रत्येक चरण में एक की वृद्धि होती जाती है।

A B D G K

+1 +2 +3 +4

12. (*d*) : शृंखला के अक्षर वर्णमाला के विपरीत क्रम में हैं तथा शृंखला के दो सन्निकट अक्षरों के बीच −3 का अंतर है।

X U R O L I

−3 −3 −3 −3 −3

13. (*a*) : शृंखला में दो सन्निकट अक्षरों के बीच 4 का अंतर है।

W S O K G

−4 −4 −4 −4

14. (*b*) : शृंखला में दो सन्निकट अक्षरों के बीच +5 का अंतर है।

A F K P U

+5 +5 +5 +5

15. (*d*) : शृंखला में दो सन्निकट अक्षरों के बीच अंतर में प्रत्येक चरण में एक की वृद्धि होती जाती है।

D H M S Z

+4 +5 +6 +7

16. (*c*) : शृंखला के अक्षर वर्णमाला के विपरीत क्रम में हैं और दो सन्निकट अक्षरों के बीच बारी-बारी से –3 और –2 का अंतर है।

U R P M K H

−3 −2 −3 −2 −3

17. (*a*) : शृंखला के अक्षर वर्णमाला के सीधे क्रम में हैं और अक्षरों के बीच बारी-बारी से +1 और +4 का अंतर है।

A B F G K L P

+1 +4 +1 +4 +1 +4

18. (*a*) : शृंखला में तीन अक्षरों के प्रत्येक समूह में दो अक्षरों के बीच +3 का अंतर है। शृंखला का अगला समूह पूर्ववर्ती समूह के अंतिम अक्षर से शुरू होता है।

A D G G J M M P S S V Y

+3 +3 +3 +3 +3 +3 +3 +3

19. (*b*) : शृंखला के अक्षर वर्णमाला के सीधे क्रम में हैं तथा दो सन्निकट अक्षरों के बीच +3 का अंतर है।

(शृंखला Z पर पहुंचने के बाद A से पुन: शुरू होती है)

K N Q T W Z C F I L O R

+3 +3 +3 +3 +3 +3 +3 +3 +3 +3 +3

20. (*b*) : एक समूह के अक्षरों और उसके अगले समूह में संगत स्थान पर स्थित अक्षरों के बीच वर्णमाला के सीधे क्रम में +9 का अंतर है।

KNQ TWZ CFI LOR

+9 +9 +9

+9 +9 +9

+9 +9 +9

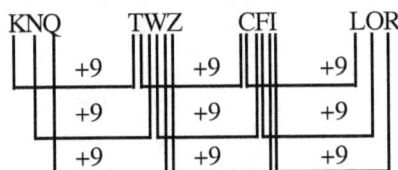

8

संख्या शृंखला

इस प्रकार की शृंखला में दी गई संख्याओं के समुच्चय एक-दूसरे से एक विशेष पैटर्न या रूप में संबंधित होते हैं। संख्याओं के बीच संबंध (*i*) क्रमागत विषम/सम संख्याओं; (*ii*) क्रमागत अविभाज्य संख्याओं; (*iii*) किसी संख्या (या संख्याओं) का वर्गफल/घनफल जिसमें किसी संख्या को जोड़ने या घटाने पर परिवर्तन होता है/नहीं होता; (*iv*) पूर्ववर्ती संख्याओं का योग/गुणनफल/अंतर; (*v*) किसी संख्या से योग/घटा/गुणा/भाग; और (*vi*) उपर्युक्त संबंधों के अनेक और भी संयोजनों पर आधारित होता है।

उदाहरण

प्र. नीचे दी गई संख्या-शृंखला को पूरा करने के लिए कौन-सा विकल्प उपयुक्त है?

4, 8, 12, 16, ?

(*a*) 18 (*b*) 20 (*c*) 22 (*d*) 24

उत्तर (*b*): शृंखला में अंतर्निहित संख्याएं 4 की गुणज (multiples) हैं। शृंखला में अंतर्निहित अवयवों की एक अन्य व्याख्या यह है कि शृंखला की दो आनुक्रमिक संख्याओं के बीच 4 का अंतर है।

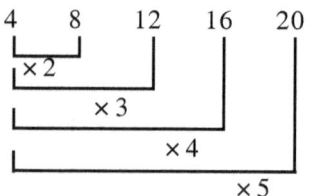

या

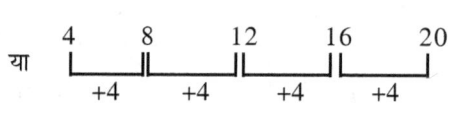

वस्तुनिष्ठ प्रश्न

निर्देश : *शृंखलाओं को पूरा करने के लिए दिए गए विकल्पों में से लुप्त पद/संख्या ज्ञात करें।*

1. 3, 9, 27, 81, 243, ?
(*a*) 486 (*b*) 729
(*c*) 972 (*d*) 359

2. 1, 6, 12, 19, 27, ?
(*a*) 38 (*b*) 35
(*c*) 36 (*d*) 54

3. 2, 6, 14, 30, 62, ?
(*a*) 126 (*b*) 128
(*c*) 120 (*d*) 130

4. 2, 8, 14, 24, 34, 48, ?
(*a*) 66 (*b*) 62
(*c*) 58 (*d*) 64

5. 4, 9, 19, 34, 54, ?, 109
(*a*) 89 (*b*) 84
(*c*) 74 (*d*) 79

6. 3, 15, 35, 63, 99, ?
(*a*) 144 (*b*) 143
(*c*) 121 (*d*) 169

7. 7776, 1296, 216, 36, 6, ?
(*a*) 6 (*b*) 0
(*c*) 3 (*d*) 1

8. 1, 8, 27, 64, 125, ?
(*a*) 172 (*b*) 176
(*c*) 216 (*d*) 189

9. 2, 3, 5, 7, 11, 13, ?
(*a*) 19 (*b*) 57
(*c*) 31 (*d*) 17

10. 80, 64, 48, 32, 16, ?
(*a*) 4 (*b*) 0
(*c*) 8 (*d*) 1

11. 64, 16, 32, 8, ?
(*a*) 24 (*b*) 32
(*c*) 4 (*d*) 16

12. 138, 115, 92, 69, 46, ?
(*a*) 9 (*b*) 18
(*c*) 21 (*d*) 23

13. 128, 64, 32, 16, ?, 4
(*a*) 10 (*b*) 8
(*c*) 6 (*d*) 12

14. 1, 1, 2, 8, 64, ?, 65536
(*a*) 1024 (*b*) 2556
(*c*) 4096 (*d*) 1088

15. 3, 5, 9, 15, 23, ?, 45
(*a*) 37 (*b*) 35
(*c*) 31 (*d*) 33

16. 1, 2, 4, 8, 16, 32, ?
(*a*) 48 (*b*) 56
(*c*) 64 (*d*) 70

17. 0, 1, 8, 27, 64, ?
(*a*) 125 (*b*) 128
(*c*) 256 (*d*) 121

18. 2, 6, 12, 20, 30, ?
(*a*) 42 (*b*) 36
(*c*) 41 (*d*) 40

19. 4, 7, 12, 19, 28, ?
(*a*) 35 (*b*) 37
(*c*) 39 (*d*) 41

20. 11, 13, 17, 19, 23, ?
(*a*) 37 (*b*) 31
(*c*) 25 (*d*) 41

21. 3, 5, 8, 12, 17, 23, ?
(*a*) 19 (*b*) 30
(*c*) 33 (*d*) 45

22. 11, 12, 17, 18, 23, 24, ?
(*a*) 12 (*b*) 39
(*c*) 32 (*d*) 29

23. 2, 6, 12, 20, 30, 42, ?
(*a*) 50 (*b*) 54
(*c*) 56 (*d*) 64

24. 7, 9, 12, 14, 17, 19, ?
(*a*) 18 (*b*) 20
(*c*) 21 (*d*) 22

25. 20, 19, 17, ?, 10, 5
(*a*) 12 (*b*) 15
(*c*) 14 (*d*) 13

व्याख्यात्मक उत्तर

1. (*b*) : शृंखला में निहित संख्याओं को अगली संख्या प्राप्त करने के लिए 3 से गुणा किया गया है।

2. (*c*) : शृंखला के आरंभिक पदों अर्थात् 1 और 6 के बीच 5 का अंतर है और तत्पश्चात् शृंखला की आनुक्रमिक संख्याओं के बीच अंतर में क्रमशः 1 की वृद्धि होती जाती है।

1 6 12 19 27 36
+5 +6 +7 +8 +9

3. (*a*) : शृंखला की आरंभिक संख्याओं अर्थात् 2 और 6 के बीच 4 का अंतर है और तत्पश्चात् शृंखला की आनुक्रमिक संख्याओं के बीच अंतर क्रमशः दो गुना होता जाता है।

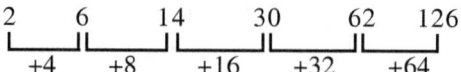

2 6 14 30 62 126

+4 +8 +16 +32 +64

4. (*b*) : शृंखला में संख्याओं का अनुक्रम निम्नवत् है :

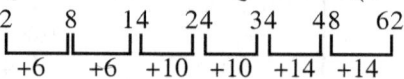

2 8 14 24 34 48 62

+6 +6 +10 +10 +14 +14

शृंखला में दो आनुक्रमिक संख्याओं के बीच अंतर में एकांतर चरण पर 4 की वृद्धि होती जाती है।

5. (*d*) : शृंखला की आरंभिक संख्याओं अर्थात् 4 और 9 के बीच 5 का अंतर है और तत्पश्चात् शृंखला की आनुक्रमिक संख्याओं के बीच अंतर में क्रमशः 5 की वृद्धि होती जाती है।

4 9 19 34 54 79 109

+5 +10 +15 +20 +25 +30

6. (*b*) : शृंखला में 2 से आरंभ करके क्रमागत सम संख्याओं का वर्ग घटा 1 के पैटर्न का अनुपालन किया गया है।

7. (*d*) : इस शृंखला में आनुक्रमिक संख्या पहली संख्या को 6 से भाग देने पर प्राप्त होती है।

8. (*c*) : इस शृंखला में संख्याएं 1 से आरंभ होकर क्रमागत संख्याओं का घनफल हैं।

9. (*d*) : शृंखला की संख्याएं वर्धमान क्रम में अविभाज्य संख्याएं (prime numbers) हैं।

10. (*b*) : शृंखला की संख्याओं में प्रत्येक चरण में 16 की कमी होती जाती है।

11. (*d*) : शृंखला में बारी-बारी से दो शृंखलाएं अंतर्निहित हैं तथा प्रत्येक शृंखला में पूर्ववर्ती संख्या को 2 से भाग करने पर अगली संख्या प्राप्त होती है।

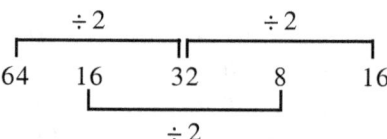

÷ 2 ÷ 2

64 16 32 8 16

÷ 2

12. (*d*) : शृंखला की संख्या में क्रमशः 23 की कमी होती जाती है।

13. (*b*) : शृंखला की संख्याएं प्रत्येक चरण पर विद्यमान संख्या को 2 से भाग देने पर प्राप्त होती हैं।

14. (*a*) : शृंखला में क्रमशः × 1, × 2, × 4, × 8, × 16, × 64 पैटर्न का अनुपालन किया जाता है।

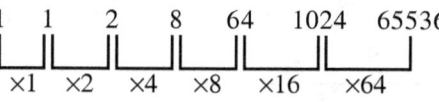

1 1 2 8 64 1024 65536

×1 ×2 ×4 ×8 ×16 ×64

15. (*d*) : शृंखला की प्रत्येक आनुक्रमिक संख्याओं के बीच अंतर में क्रमशः +2 की वृद्धि होती जाती है।

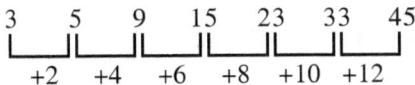

3 5 9 15 23 33 45

+2 +4 +6 +8 +10 +12

16. (*c*) : शृंखला में पूर्ववर्ती संख्या को 2 से गुणा करने पर अगली संख्या प्राप्त होती है।

17. (*a*) : शृंखला की संख्याएं प्राकृतिक क्रम में विन्यस्त संख्याओं के घनफल हैं।

18. (*a*) : शृंखला की दो आनुक्रमिक संख्याओं के बीच अंतर में प्रत्येक चरण पर 2 की वृद्धि हो रही है।

2 6 12 20 30 42

+4 +6 +8 +10 +12

19. (*c*) : शृंखला की दो आनुक्रमिक संख्याओं के बीच अंतर में प्रत्येक चरण पर 2 की वृद्धि हो रही है।

4 7 12 19 28 39

+3 +5 +7 +9 +11

20. (*c*) : शृंखला की संख्याओं के बीच अंतर में +2, +4 पैटर्न का अनुपालन हो रहा है जिसकी आगे पुनरावृत्ति हो रही है।

21. (*b*) : शृंखला में आनुक्रमिक संख्याओं के बीच अंतर में प्रत्येक चरण पर 1 की वृद्धि होती जाती है।

3 5 8 12 17 23 30

+2 +3 +4 +5 +6 +7

22. (*d*) : शृंखला में +1, +5 पैटर्न का अनुपालन किया जाता है जिसकी पुनरावृत्ति होती है।

23. (*c*) : शृंखला प्रत्येक चरण पर 4 से आरंभ करके सम संख्याओं को प्राकृतिक क्रम में जोड़ने पर प्राप्त होती है।

2 6 12 20 30 42 56

+4 +6 +8 +10 +12 +14

24. (*d*) : शृंखला में +2, +3 पैटर्न का अनुपालन होता है जिसकी आगे पुनरावृत्ति होती है।

25. (*c*) : शृंखला में दो आनुक्रमिक संख्याओं के बीच अंतर –1 से आरंभ होकर क्रमागत प्राकृतिक संख्याओं का है।

20 19 17 14 10 5

–1 –2 –3 –4 –5

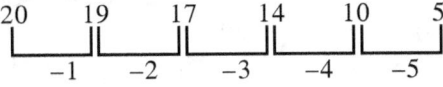

मिश्रित शृंखला

मिश्रित शृंखला में अक्षरों और संख्याओं का संयोजन होता है। इस प्रकार की शृंखला में अक्षरों और संख्याओं का एक सर्वनिष्ठ पैटर्न या अलग-अलग अनुक्रम पैटर्न हो सकता है।

उदाहरण

प्र. निम्नलिखित अक्षर-संख्या संयोजन शृंखला में प्रश्न चिह्न के स्थान पर क्या आएगा?

F6, H8, J10, L12, ?

(*a*) N15 (*b*) O14 (*c*) N14 (*d*) O13

उत्तर (*c*) : शृंखला में अक्षर वर्णमाला के सीधे क्रम में दो स्थान आगे की ओर बढ़ते हैं तथा संख्या वर्णमाला में अक्षरों के स्थान को इंगित करती है।

F6 H8 J10 L12 N14

+2 +2 +2 +2

वस्तुनिष्ठ प्रश्न

निर्देश : *नीचे की प्रत्येक शृंखला में प्रश्न चिह्न के स्थान पर क्या आएगा?*

1. 2B, 4C, 8E, 14H, ?
(*a*) 20L (*b*) 22L
(*c*) 21I (*d*) 16K

2. C(1)L, F(4)O, I(9)R, L(16)U, ?
(*a*) P(27)W (*b*) N(24)Y
(*c*) M(23)X (*d*) O(25)X

3. 3F, 6G, 11I, 18L, ?
(*a*) 27P (*b*) 21O
(*c*) 27Q (*d*) 25N

4. W(1)A, X(4)Z, Y(9)Y, ?, A(25)W
(*a*) X(11)Z (*b*) Z(21)A
(*c*) Z(16)X (*d*) Z(14)X

5. 81Y, 27S, 9N, 3J, ?
(*a*) 0H (*b*) 1G
(*c*) 0F (*d*) 1E

6. E5, K11, Q17, ?
(*a*) X20 (*b*) Y24
(*c*) V22 (*d*) W25

7. D2, I3, N6, S18, ?
(*a*) V72 (*b*) W36
(*c*) Y90 (*d*) X108

8. 3J, 6M, 12L, ?, 48N
(*a*) 24O (*b*) 18M
(*c*) 26M (*d*) 22O

निर्देश : *नीचे की प्रत्येक अक्षर-संख्या शृंखला में कौन-सा पद बेमेल/शृंखला में उपयुक्त नहीं है?*

9. G4T, J10R, M20P, P43N, S90L
(*a*) J10R (*b*) S90L
(*c*) M20P (*d*) G4T

10. B0R, G3U, E3P, J7S, H9N
(*a*) E3P (*b*) J7S
(*c*) H9N (*d*) G3U

व्याख्यात्मक उत्तर

1. (*b*) : शृंखला में संख्याओं का अनुक्रम +2, +4, +6 +8 का तथा अक्षरों का अनुक्रम +1, +2, +3, +4 का है।

2. (*d*) : समूह के संगत अक्षर 3 स्थान आगे बढ़ाए गए हैं और संख्याओं का अनुक्रम +3, +5, +7, +9 का है।

3. (*a*) : संख्याओं का अनुक्रम +3, +5, +7, +9 का है और अक्षर क्रमशः 1, 2, 3, 4 चरण आगे बढ़ाए गए हैं।

4. (*c*) : शृंखला में दिए गए समूहों में बायीं ओर के अक्षर वर्णमाला के विपरीत क्रम में हैं और दाहिनी ओर के अक्षर वर्णमाला के सीधे क्रम में हैं तथा संख्याएं 1 से आरंभ करके प्राकृतिक क्रम में क्रमागत संख्याओं के वर्ग हैं।

5. (*b*) : प्रत्येक चरण पर संख्याओं को 3 से भाग किया गया है तथा अक्षर क्रमशः 6, 5, 4, 3 चरण उल्टे क्रम में लिखे गए हैं।

6. (*c*) : शृंखला में यादृच्छिक अक्षरों को रखा गया है तथा संख्याएं वर्णमाला के क्रम में अक्षरों की स्थिति को सूचित करती हैं।

7. (*d*) : अक्षर +5 पैटर्न का अनुपालन करते हैं और हर तीसरी संख्या अपनी पूर्ववर्ती दो संख्याओं का गुणनफल है।

8. (*a*) : प्रत्येक संख्या पूर्ववर्ती संख्या की दोगुनी है तथा शृंखला में निहित अक्षर +3, –1 (3 चरण आगे, 1 चरण पीछे) पैटर्न का अनुपालन करते हैं।

9. (*a*) : शृंखला में दिए गए समूहों में बायीं ओर के अक्षर +3 पैटर्न का, दायीं ओर के अक्षर –2 पैटर्न का अनुपालन करते हैं तथा संख्याओं द्वारा $(4 \times 2) + 1$, $(9 \times 2) + 2$, $(20 \times 2) + 3$, $(43 \times 2) + 4$ पैटर्न का अनुपालन किया जाता है। अतः J10R के स्थान पर शृंखला में J9R होना चाहिए।

10. (*b*) : शृंखला के दिए गए समूहों में बायीं ओर के अक्षर +5, –2 (5 चरण आगे, 2 चरण पीछे) पैटर्न का अनुपालन करते हैं जिसकी आगे भी पुनरावृत्ति होती है। समूहों में दायीं ओर +3, –5 (3 चरण आगे, 5 चरण पीछे) पैटर्न का अनुपालन किया जाता है जिसकी पुनरावृत्ति होती है। शृंखला की संख्याएं शृंखला में अपने पूर्ववर्ती दो संख्याओं के योग के बराबर हैं। अतः J7S के स्थान पर J6S होना चाहिए।

सादृश्य या संबंध

शब्द सादृश्य

संबंध या सादृश्य परीक्षा में दिए गए दो शब्दों के बीच संबंध स्थापित किया जाता है और उसी संबंध को दिए गए अन्य शब्दों पर अनुप्रयुक्त किया जाता है। दिए गए दो शब्दों के बीच विभिन्न प्रकार के संबंध हो सकते हैं, अत: इस प्रकार के प्रश्नों को हल करते समय सर्वप्रथम यह ज्ञात करना होता है कि दिए गए दो शब्दों के बीच किस प्रकार का संबंध है। शब्दों के बीच विभिन्न संबंधों पर नीचे चर्चा की गई है:

उदाहरण

1. **क्रिया-साधन संबंध (Action Object Relationship)**
   उदाहरण : जैसे गोली चलाना और 'बंदूक' का संबंध है उसी प्रकार 'खाने' से किसका संबंध है ?
   (a) भूख (b) प्यास (c) रात्रि-भोज (d) फल
   उत्तर (d) : दिए गए शब्दों के बीच संबंध यह है कि गोली चलाना एक क्रिया है और 'बंदूक' उस क्रिया को करने का एक विशिष्ट साधन या उपकरण है। इसी प्रकार 'खाना' एक क्रिया है और 'फल' इस क्रिया को करने अर्थात् खाने का साधन या उपकरण है।

2. **साहचर्य संबंध (Association Relationship)**
   उदाहरण : जो संबंध 'ग्लैमर' और 'प्रसिद्धि' में है, ठीक वैसा ही संबंध 'रंग' का किससे है ?
   (a) इंद्रधनुष (b) छाया (c) कला (d) चित्रकारी
   उत्तर (d) : जिस प्रकार ग्लैमर से प्रसिद्धि प्राप्त होती है उसी प्रकार 'रंग' से चित्रकारी की जाती है।

वस्तुनिष्ठ प्रश्न

निर्देश (1–15) : नीचे दिए गए प्रत्येक प्रश्न में :: चिह्न की बाईं ओर दो शब्द दिए गए हैं। इन दोनों शब्दों में कुछ संबंध है। वैसा ही संबंध :: चिह्न की दाईं ओर के दो शब्दों में है जिनमें से एक शब्द के स्थान पर प्रश्नवाचक चिह्न (?) है। प्रश्नवाचक चिह्न (?) के स्थान पर दिए गए विकल्पों में से एक उपयुक्त विकल्प का चयन करें।

1. भूख : भोजन :: प्यास : ?
   (a) जल (b) पीना
   (c) चाय (d) कॉफी

2. शिकारी : बंदूक :: लेखक : ?
   (a) पुस्तक (b) कलम
   (c) कविता (d) पृष्ठ

3. ऊन : भेड़ :: रेशम : ?
   (a) साड़ी (b) धागा
   (c) रेशम कीट (d) कपड़े का कीड़ा

4. भोजन : आमाशय :: ईंधन : ?
   (a) इंजन (b) ऑटोमोबाइल
   (c) रेल (d) वायुयान

5. जल : रेत :: महासागर : ?
   (a) द्वीप   (b) नदी
   (c) मरुभूमि   (d) तरंगें

6. वयस्क : बच्चा :: फूल : ?
   (a) बीज   (b) कली
   (c) फल   (d) तितली

7. लेखक : पाठक :: निर्माता : ?
   (a) सृजनकर्ता (b) ठेकेदार
   (c) जीव   (d) उपभोक्ता

8. प्रवेश : निकास :: वफादारी : ?
   (a) धोखेबाजी (b) देशभक्ति
   (c) ईमानदारी (d) पुरस्कार

9. मां : मातृक :: पिता : ?
   (a) शाश्वत   (b) हानिकारक
   (c) पैतृक   (d) भयानक

10. मोती : कंठहार :: फूल : ?
    (a) पौधा   (b) बगीचा
    (c) पँखुड़ी   (d) गुलदस्ता

11. अक्षर : शब्द :: शब्द : ?
    (a) ध्वनि   (b) संगीत
    (c) वाक्य   (d) शब्दकोश

12. जीवन : मृत्यु :: आशा : ?
    (a) चिल्लाहट (b) दर्द
    (c) निराशा   (d) दुःखी

13. अच्छा : बुरा :: सद्गुण : ?
    (a) संताप   (b) पाप
    (c) हताशा   (d) दुर्गुण

14. चिड़िया : उड़ना :: सांप : ?
    (a) कायर   (b) खड़खड़ाना
    (c) रेंगना   (d) बिल

15. बिल्ली : चूहा :: चिड़िया : ?
    (a) पिंजड़ा   (b) जाल
    (c) गिद्ध   (d) कीड़े

व्याख्यात्मक उत्तर

1. (a) : 'भूख' की तृप्ति 'भोजन' से और प्यास की तृप्ति जल से होती है।
2. (b) : 'शिकारी' का हथियार 'बंदूक' है और लेखक का हथियार 'कलम' है।
3. (c) : 'ऊन', 'भेड़' से और 'रेशम', रेशम कीट से प्राप्त होता है।
4. (a) : 'भोजन', 'आमाशय' में पचता है और ईंधन की खपत इंजन में होती है।
5. (c) : संबंधित शब्द एक दूसरे के लगभग विपरीतार्थक शब्द हैं।
6. (b) : 'बच्चा' विकसित होकर 'वयस्क' बनता है और 'कली' खिलकर 'फूल' बनती है।
7. (d) : 'लेखक' अपने लेखन से 'पाठकों' को प्रसन्न करना चाहता है और निर्माता अपने उत्पादों से 'उपभोक्ताओं' को संतुष्ट रखना चाहता है।
8. (a) : संबंधित शब्द परस्पर विपरीतार्थक हैं।
9. (c) : मां की ओर के संबंधी 'मातृक' और पिता की ओर के संबंधी 'पैतृक' कहलाते हैं।
10. (d) : बहुत से मोतियों को मिलाकर कंठहार और बहुत से फूलों को मिलाकर 'गुलदस्ता' बनाया जाता है।
11. (c) : एकाधिक 'अक्षरों' के मेल से 'शब्द' और एकाधिक 'शब्दों' के मेल से 'वाक्य' बनते हैं।
12. (c) : संबंधित शब्द विपरीतार्थक हैं।
13. (d) : संबंधित शब्द विपरीतार्थक हैं।
14. (c) : चिड़िया 'उड़ती' है और सांप रेंगता है।
15. (d) : बिल्ली चूहे को खाती है और चिड़िया कीड़ों को।

अक्षर सादृश्य

इस प्रकार के सादृश्य में अक्षरों के दो दिए गए समुच्चयों के बीच संबंध स्थापित किया जाता है और तत्पश्चात् अक्षरों के दिए गए तीसरे समुच्चय पर पहले दो अक्षर समुच्चयों के बीच के संबंध को अनुप्रयुक्त करके अक्षरों के चौथे अपेक्षित समुच्चय को ज्ञात किया जाता है। दिए गए दो अक्षर समुच्चयों में से पहले समुच्चय के अक्षरों को कुछ चरण आगे या पीछे करके, संपूर्ण समुच्चय के अक्षरों को या समुच्चय के कुछ अक्षरों को उलटे क्रम में लिखकर दूसरे समुच्चय के अक्षरों को प्राप्त किया जा सकता है।

उदाहरण

निर्देश : दिए गए विकल्पों में से कौन-सा अक्षर-समूह प्रश्नचिह्न (?) के स्थान पर आएगा?

1. JILK : KLIJ : : MNPQ : ?
   (a) QNPM (b) MPQN (c) QPNM (d) PNMQ

   उत्तर (c) : :: की बायीं ओर के अक्षर-समूहों में से पहले अक्षर-समूह के अक्षरों को विपरीत क्रम में लिखकर दूसरा अक्षर-समूह प्राप्त किया गया है। यही संबंध :: की दाहिनी ओर के दिए गए अक्षर समूह के अक्षरों पर अनुप्रयुक्त करने पर अपेक्षित अक्षर-समूह प्राप्त होता है।

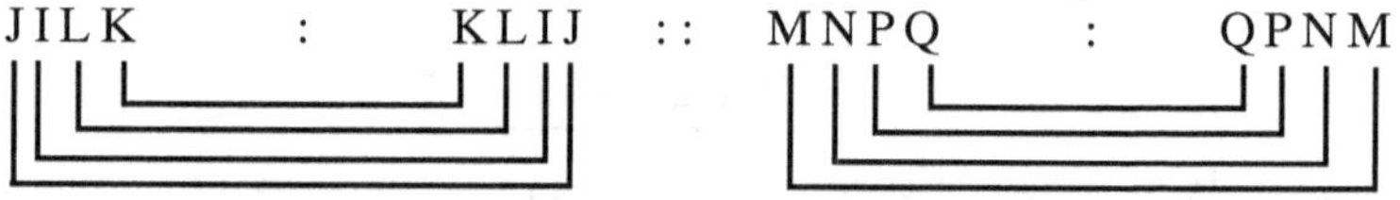

   JILK : KLIJ :: MNPQ : QPNM

2. DumB : BonD : : RusT : ?
   (a) MOst (b) TeNt (c) PaTH (d) WorK

   उत्तर (d) : प्रत्येक समूह में सिरों पर स्थित दो अक्षर अंग्रेजी वर्णमाला के बड़े अक्षर हैं।

वस्तुनिष्ठ प्रश्न

निर्देश : नीचे के प्रत्येक प्रश्न में एक लुप्त पद है। प्रश्न में :: चिह्न की बायीं ओर के दो अक्षर-समूहों में जो समानता या सादृश्य है वैसी ही समानता या सादृश्य :: चिह्न की दायीं ओर के दो अक्षर समूहों में है जिनमें से एक अक्षर समूह के स्थान पर प्रश्नवाचक चिह्न (?) लगा है। प्रश्नवाचक चिह्न (?) के स्थान पर लुप्त पद ज्ञात करें।

1. GFC : CFG : : RPJ : ?
   (a) JRP (b) JPR
   (c) PJR (d) RJP

2. BCF : DEG : : MNQ : ?
   (a) OPR (b) PQS
   (c) OPP (d) QRT

3. NATION : ANITNO : : HUNGRY : ?
   (a) HNUGRY (b) UNHGYR
   (c) YRNGUH (d) UHGNYR

4. SSTU : MMNO : : AABC : ?
   (a) GGHH (b) IJKK
   (c) XXYZ (d) NOOP

5. ACE : FGH : : LNP : ?
   (a) QRS (b) PQR
   (c) QST (d) MOQ

6. UVW : SXU : : LMN : ?
(*a*) JOL (*b*) KNM
(*c*) JKL (*d*) MLO

7. EIGHTY : GIEYTH : : OUTPUT : ?
(*a*) UTOPTU (*b*) UOTUPT
(*c*) TUOUTP (*d*) TUOTUP

8. TSR : FED : : WVU : ?
(*a*) CAB (*b*) MLK
(*c*) PQS (*d*) GFH

9. CJDL : FMGR : : IKJR : ?
(*a*) OQPT (*b*) RSTU
(*c*) OQRT (*d*) KRMO

10. BOQD : ERTG : : ANPC : ?
(*a*) DQSF (*b*) FSHU
(*c*) SHFU (*d*) DSQF

11. BaBy : TaTa : : LiLy : ?
(*a*) PooL (*b*) ROse
(*c*) HaNd (*d*) DoWN

12. BCDA : STUR : : KLMJ : ?
(*a*) VWXU (*b*) EFHG
(*c*) SRTU (*d*) QSRP

13. AEI : LPT : : CGK : ?
(*a*) OSV (*b*) RUY
(*c*) TXC (*d*) FJN

14. RUX : TRP : : BEH : ?
(*a*) SQN (*b*) QON
(*c*) QOM (*d*) QNL

15. CART : ART : : FOUR : ?
(*a*) RUN (*b*) TWO
(*c*) QUE (*d*) OUR

व्याख्यात्मक उत्तर

1. (*b*) : पहले समूह के अक्षरों को उल्टे क्रम में लिखने पर दूसरा अक्षर-समूह प्राप्त होता है।

GFC : CFG : : RPJ : JPR

2. (*a*) : पहले और दूसरे समूह के तीनों अक्षरों के बीच वर्णमाला के सीधे क्रम में क्रमशः +2, +2 और +1 चरणों का अंतर है।

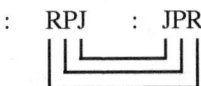

BCF : DEG : : MNQ : OPR

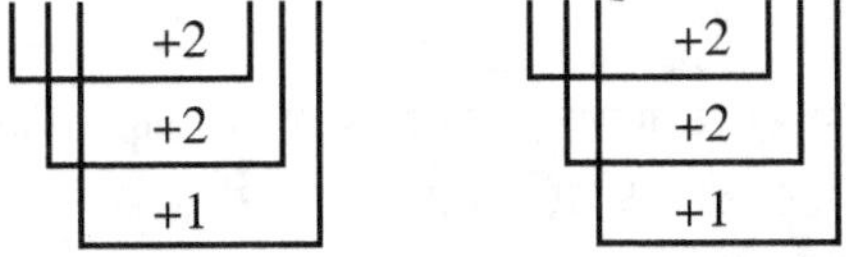

3. (*d*) : पहले समूह के अक्षरों को दो-दो अक्षरों के खंडों में विभाजित करके प्रत्येक खंड के अक्षरों को उल्टे क्रम में लिखने पर दूसरा अक्षर-समूह प्राप्त होता है।

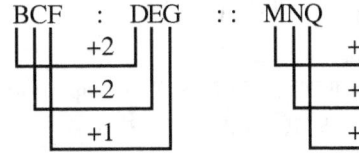

NATION : ANITNO : : HUNGRY : UHGNYR

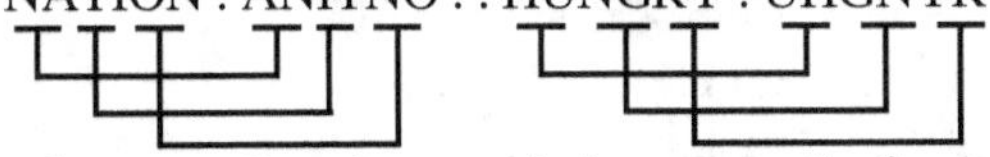

4. (*c*) : प्रत्येक समूह में पहले अक्षर को दोहराया गया है और उसके बाद दो आनुक्रमिक अक्षर लिखे गए हैं।

5. (*a*) : पहले और दूसरे समूह के तीनों अक्षरों के बीच वर्णमाला के सीधे क्रम में क्रमशः +5, +4, +3 चरणों का अंतर है।

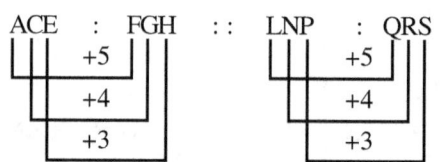

ACE : FGH :: LNP : QRS

+5 +5

+4 +4

+3 +3

6. (*a*) : पहले और दूसरे समूहों के तीनों अक्षरों के बीच क्रमश: –2, +2 और –2 चरणों का अंतर है।

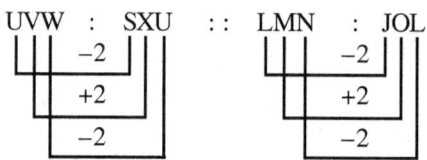

UVW : SXU :: LMN : JOL

–2 –2

+2 +2

–2 –2

7. (*d*) : पहले अक्षर समूह को 3 – 3 अक्षरों के दो खंडों में विभाजित किया गया है और अगले समूह में पहले अक्षर समूह के दोनों खंडों में अक्षरों को क्रमश उल्टे क्रम में लिखा गया है।

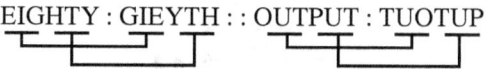

EIGHTY : GIEYTH :: OUTPUT : TUOTUP

8. (*b*) : अक्षर समूहों में वर्णमाला के उल्टे क्रम में आनुक्रमिक अक्षरों को लिखा गया है।

9. (*a*) : प्रत्येक अक्षर समूह में पहले और तीसरे अक्षर आनुक्रमिक हैं।

CJDL : FMGR :: IKJR : OQPT

10. (*a*) : प्रत्येक अक्षर समूह में पहले और चौथे अक्षरों के बीच एक अक्षर छूटा हुआ है तथा दूसरे और तीसरे अक्षरों के बीच भी एक अक्षर छूटा हुआ है।

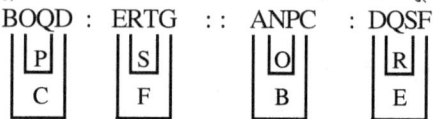

BOQD : ERTG :: ANPC : DQSF

P S O R

C F B E

11. (*c*) : प्रत्येक समूह में एकांतर अक्षर अंग्रेजी वर्णमाला के बड़े अक्षर (capital letters) हैं।

12. (*a*) : प्रत्येक अक्षर समूह में पहले तीन अक्षर क्रमागत हैं और उनके बाद अनुक्रम का आरंभिक चौथा अक्षर लिखा गया है।

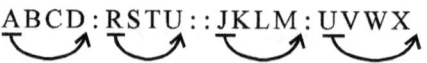

ABCD : RSTU :: JKLM : UVWX

13. (*d*) : प्रत्येक अक्षर समूह में दो अक्षरों के बीच +4 का अंतर है।

AEI : LPT :: CGK : FJN

+4 +4   +4 +4   +4 +4   +4 +4

14. (*c*) : पहले समूह के अक्षरों में +3 का और दूसरे समूह के अक्षरों में –2 का अंतर है।

RUX : TRP :: BEH : QOM

+3 +3   –2 –2   +3+3   –2 –2

15. (*d*) : पहले अक्षर-समूह के अक्षरों में से पहले अक्षर को छोड़ देने पर दूसरा अक्षर-समूह प्राप्त होता है।

C A R T : A R T :: F O U R : O U R

संख्या सादृश्य

संख्या सादृश्य में भी पहले दो दी गई संख्याओं के बीच संबंध स्थापित किया जाता है और तत्पश्चात् इस ज्ञात संबंध को संख्याओं के दूसरे जोड़े पर प्रयुक्त करके उसके लुप्त पद को ज्ञात किया जाता है। संख्याओं के बीच संबंध किसी भी एक पैटर्न पर आधारित हो सकता है, जैसे कि : *(i)* संख्याएं विषम/सम/अभाज्य संख्याएं हो सकती हैं; *(ii)* संख्याएं किसी एक संख्या का गुणज हो सकती हैं; *(iii)* संख्याएं भिन्न-भिन्न संख्याओं का वर्गफल/घनफल हो सकती हैं; *(iv)* दूसरी संख्या प्राप्त करने के लिए पहली संख्या में किसी संख्या को जोड़ा/घटाया/गुणा/ भाग किया जा सकता है; *(v)* दूसरी संख्या पहली संख्या के अंकों का योगफल/गुणनफल/अंतरफल हो सकती है, और *(vi)* दो दी गई संख्याओं के बीच संबंध उपर्युक्त किसी भी गणितीय परिकलनों के संयोजन द्वारा भी ज्ञात किया जा सकता है।

उदाहरण

निर्देश : *निम्नलिखित प्रश्नों में प्रश्न चिह्न (?) के स्थान पर लुप्त पद ज्ञात करें।*

प्र. 25 : 81 : : 36 : ?

(*a*) 121 (*b*) 93 (*c*) 65 (*d*) 103

उत्तर (*a*) : सभी संख्याएं भिन्न-भिन्न संख्याओं के वर्गफल को सूचित करती हैं।

$$\begin{array}{ccccccc} 25 & : & 81 & :: & 36 & : & 121 \\ \downarrow & & \downarrow & & \downarrow & & \downarrow \\ 5^2 & & 9^2 & & 6^2 & & 11^2 \end{array}$$

वस्तुनिष्ठ प्रश्न

निर्देश : *नीचे के प्रत्येक प्रश्न में चिह्न ': :' के पहले दो संख्याएं दी गई हैं जिनमें आपस में एक संबंध है तथा ': :' चिह्न के बाद में एक तीसरी संख्या दी गई है। दिए गए विकल्पों में से उस संख्या का चयन करें जिसका तीसरी संख्या के साथ वैसा ही संबंध हो जैसा संबंध संख्याओं के पहले जोड़े के बीच है।*

1. 1 : 11 : : 2 : ?

(*a*) 20 (*b*) 22
(*c*) 24 (*d*) 44

2. 18 : 27 : : 22 : ?

(*a*) 42 (*b*) 39
(*c*) 33 (*d*) 54

3. 8 : 27 : : 64 : ?

(*a*) 277 (*b*) 125
(*c*) 250 (*d*) 99

4. $\frac{1}{7} : \frac{1}{14} :: \frac{1}{9} : ?$

(a) $\frac{1}{88}$ (b) $\frac{1}{80}$

(c) $\frac{1}{81}$ (d) $\frac{1}{18}$

5. 0.16 : 0.0016 : : 1.02 : ?
(a) 10.20 (b) 0.102
(c) 0.0102 (d) 1.020

6. 6 : 9 : : 7 : ?
(a) 4 (b) 14
(c) 10 (d) 28

7. 7 : 28 : : 2 : ?
(a) 8 (b) 16
(c) 24 (d) 12

8. 3 : $\frac{1}{3}$: : ?
(a) 6 : 12 (b) 5 : 2/15
(c) 8 : 1/8 (d) 9 : 27

9. 882 : 447 : : 881 : ?
(a) 444 (b) 445
(c) 446 (d) 447

10. 4 : 36 : : 6 : ?
(a) 63 (b) 54
(c) 35 (d) 30

11. 92 : 69 : : 46 : ?
(a) 57 (b) 23
(c) 31 (d) 19

12. 42 : 63 : : 84 : ?
(a) 185 (b) 95
(c) 142 (d) 125

13. 225 : 15 : : 256 : ?
(a) 26 (b) 16
(c) 20 (d) 28

14. 33 : 36 : : 21 : ?
(a) 9 (b) 18
(c) 25 (d) 32

15. 7 : 105 : : 5 : ?
(a) 97 (b) 83
(c) 75 (d) 61

व्याख्यात्मक उत्तर

1. (b) : पहली संख्या के अंक को दो बार लिखने पर दूसरी संख्या प्राप्त होती है।

2. (c) : पहले जोड़े की संख्याएं 9 का गुणज हैं और दूसरे जोड़े की संख्याएं 11 का गुणज हैं:

$$\underset{9\times 2}{18} : \underset{9\times 3}{27} :: \underset{11\times 2}{22} : \underset{11\times 3}{33}$$

3. (b) : संख्याएं भिन्न-भिन्न संख्याओं के घनफल द्वारा सूचित होती हैं :

$$\underset{2^3}{8} : \underset{3^3}{27} :: \underset{4^3}{64} : \underset{5^3}{125}$$

4. (d) : पहले भिन्न को 1/2 से गुणा करने पर दूसरा भिन्न प्राप्त होता है :

$$\underbrace{\frac{1}{7} : \frac{1}{14}}_{\times\frac{1}{2}} :: \underbrace{\frac{1}{9} : \frac{1}{18}}_{\times\frac{1}{2}}$$

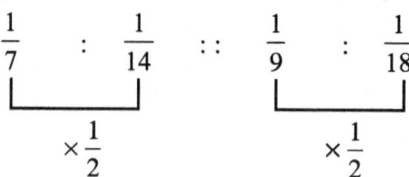

5. (c): पहली दशमलव संख्या को 100 से भाग करने पर दूसरी दशमलव संख्या प्राप्त होती है:
0.16 : 0.0016 :: 1.02 : 0.0102
÷ 100 ÷ 100

6. (c): दूसरी संख्या पहली संख्या से 3 अधिक है :
6 : 9 :: 7 : 10
+3 +3

7. (a): दूसरी संख्या पहली संख्या की चार गुनी है:
7 : 28 :: 2 : 8
× 4 × 4

8. (c): दो संबंधित संख्याओं में से दूसरी संख्या पहली संख्या का खंड या आंशिक भिन्न है, अर्थात् 3 संबंधित है एक-तिहाई $\left(\frac{1}{3}\right)$ से। इसी प्रकार 8 संबंधित होगा $\left(\frac{1}{8}\right)$ से।

9. (c): दोनों संख्याओं के बीच निम्नवत् संबंध है:
88 2 : 44 7 :: 88 1 : 44 6
÷ 2 ÷ 2
+5 +5

10. (b): दूसरी संख्या पहली संख्या की नौ गुनी है:
4 : 36 :: 6 : 54
× 9 × 9

11. (b): पहली और दूसरी संख्याओं के बीच 23 का अंतर है:
92 : 69 :: 46 : 23
−23 −23

12. (c): जोड़े की दोनों संबंधित संख्याएं एक ही संख्या से विभाज्य हैं।
42 : 63 को 3 से विभाजित किया जा सकता है, और
84 : 142 को 2 से विभाजित किया जा सकता है।

13. (b): पहली संख्या का वर्गमूल दूसरी संख्या के बराबर है:
225 : 15 :: 256 : 16
$\sqrt{225}$ $\sqrt{256}$

14. (a): पहली संख्या के अंकों के योग का वर्ग दूसरी संख्या के बराबर है:
33 : 36 :: 21 : 9
$(3+3)^2$ $(2+1)^2$

15. (c): पहली संख्या को 15 से गुणा करने पर दूसरी संख्या प्राप्त होती है:
7 : 105 :: 5 : 75
× 15 × 15

वर्गीकरण या विजातीय छांटना

शब्द आधारित

इस प्रकार के वर्गीकरण में पांच शब्द दिए जाते हैं जिनमें से चार शब्द तथ्य या अर्थ की दृष्टि से या अन्य किसी न किसी रूप में आपस में संबंधित होते हुए एक समूह बनाते हैं जबकि शेष केवल एक शब्द अन्य चारों से भिन्न होता है। परीक्षार्थी को यह पता लगाना होता है कि वह एक कौन-सा शब्द है जो समूह से संबंधित नहीं है और इस कारण विजातीय है।

उदाहरण

निर्देश : निम्नलिखित पांच शब्दों में से उस एक शब्द का चयन करें जो अन्य चार से भिन्न है:

1. (a) पिता (b) माता (c) मित्र (d) भाई
   उत्तर (c) : अन्य सभी के बीच रक्त संबंध है।
2. (a) जल (b) जेली (c) नींबू शरबत (d) कॉफी
   उत्तर (b) : अन्य सभी द्रव पदार्थ हैं।

वस्तुनिष्ठ प्रश्न

निर्देश : यहां दिए गए प्रत्येक प्रश्न में तीन शब्द किसी न किसी प्रकार से समान हैं और इस कारण वे एक समूह बनाते हैं जबकि एक शब्द अन्य तीनों से भिन्न है। इस भिन्न या विजातीय शब्द को ज्ञात करें।

1. (a) हरा (b) लाल
   (c) रंग (d) नारंगी
2. (a) बुध (b) चंद्रमा
   (c) बृहस्पति (d) मंगल
3. (a) खुश (b) उदास
   (c) प्रसन्नचित्त (d) प्रसन्न
4. (a) ट्यूटर (b) प्रिंसिपल
   (c) छात्र (d) प्रोफेसर
5. (a) मुंबई (b) चंडीगढ़
   (c) लखनऊ (d) हैदराबाद
6. (a) स्टूल (b) लकड़ी
   (c) मेज (d) कुर्सी
7. (a) एम.एफ. हुसैन
   (b) लियोनार्दो दि विंची
   (c) बिरजू महाराज
   (d) पिकासो
8. (a) ओजोन (b) ऑक्सीजन
   (c) क्षितिज (d) हीलियम
9. (a) गुलाब (b) गुलाबी
   (c) लाल (d) मैरून
10. (a) मित्र (b) माता
    (c) भाई (d) बहन
11. (a) Nilgiri Hills
    (b) Aravalli Hills
    (c) Satpura Hills
    (d) Mole Hills

12. (*a*) चाचा (*b*) चाची (*c*) माता (*d*) भतीजा

13. (*a*) बत्तख (*b*) तोता (*c*) कौवा (*d*) कबूतर

14. (*a*) चेहरा (*b*) सौंदर्य (*c*) आकर्षक (*d*) चरित्र

15. (*a*) अवकाश दिवस (*b*) गुड फ्राइडे (*c*) स्वतंत्रता दिवस (*d*) गणतंत्र दिवस

व्याख्यात्मक उत्तर

1. (*c*) : अन्य सभी विभिन्न प्रकार के रंग हैं।

2. (*b*) : अन्य सभी ग्रहों के नाम हैं।

3. (*b*) : अन्य सभी आनन्द की अनुभूति को अभिव्यक्त करते हैं।

4. (*c*) : अन्य सभी शिक्षा प्रदान करते हैं जबकि छात्र इन सभी से शिक्षा प्राप्त करता है।

5. (*b*) : अन्य सभी विभिन्न राज्यों की राजधानियों के नाम हैं, किंतु केवल चंडीगढ़ ही दो राज्यों की राजधानी है।

6. (*b*) : अन्य सभी लकड़ी से बनने वाली वस्तुएं हैं।

7. (*c*) : अन्य सभी जाने-माने चित्रकार हैं।

8. (*c*) : अन्य सभी गैस हैं।

9. (*a*) : अन्य सभी में लाल की रंगत है।

10. (*a*) : अन्य सभी के बीच रक्त संबंध है।

11. (*d*) : अन्य सभी Hills (पहाड़ियां) प्राकृतिक पहाड़ियां हैं जबकि Mole hill छछूंदर की बॉबी को कहते हैं।

12. (*c*) : केवल माता से ही प्रत्यक्ष संबंध होता है, अन्य सभी गौण संबंध होते हैं।

13. (*a*) : अन्य सभी जल में तैर नहीं सकते।

14. (*d*) : अन्य सभी व्यक्ति के बाह्य स्वरूप हैं।

15. (*a*) : अन्य सभी राजपत्रित अवकाश दिवस हैं।

विजातीय छांटना—संख्याओं पर आधारित

इस प्रकार के वर्गीकरण में विकल्पों के रूप में विभिन्न संख्याएं दी जाती हैं। इन संख्याओं में से एक को छोड़कर जो अन्य से भिन्न होती है, शेष किसी न किसी रूप में आपस में संबंधित होती हैं और इस प्रकार एक समूह बनाती हैं। परीक्षार्थी को दी गई संख्याओं में यह समानता ज्ञात करनी होती है और तत्पश्चात् समूह से भिन्न संख्या का चयन करना होता है। विकल्पों के रूप में दी गई संख्याएं विषम/सम/क्रमागत संख्याएं, अभाज्य संख्याएं, किसी संख्या का गुणज, एक अंकीय, विभिन्न संख्याओं का वर्ग या घन, किसी अन्य संख्या का जोड़/घटा या किसी भी गणितीय परिकलन का संयोजन हो सकती है।

उदाहरण

निर्देश : *दिए गए विकल्पों में विषम संख्या ज्ञात करें।*

1. (*a*) 62 (*b*) 121 (*c*) 36 (*d*) 256

उत्तर (*a*) : अन्य संख्याएं क्रमशः 11, 6 और 16 के वर्ग द्वारा सूचित होती हैं।

2. (*a*) 27 (*b*) 132 (*c*) 93 (*d*) 154

उत्तर (*d*) : शेष संख्याएं 3 से विभाज्य हैं।

वस्तुनिष्ठ प्रश्न

निर्देश : *यहां प्रत्येक प्रश्न में चार विकल्प दिए गए हैं जिनमें से तीन किसी न किसी रूप में आपस में संबंधित होते हुए एक समूह बनाते हैं, जबकि शेष एक संख्या अन्य से भिन्न है। उस भिन्न संख्या का चयन करें जो समूह से संबंधित नहीं है।*

1. (*a*) 1948 (*b*) 2401 (*c*) 966 (*d*) 1449

2. (*a*) 182 (*b*) 169 (*c*) 130 (*d*) 158

3. (*a*) 129 (*b*) 130 (*c*) 131 (*d*) 132

4. (*a*) 3215 (*b*) 9309 (*c*) 4721 (*d*) 2850

5. (*a*) 1776 (*b*) 2364 (*c*) 1976 (*d*) 3776

6. (*a*) 64 (*b*) 84 (*c*) 16 (*d*) 36

7. (*a*) 24 (*b*) 90 (*c*) 54 (*d*) 36

8. (*a*) 7658 (*b*) 1234 (*c*) 9876 (*d*) 6543

9. (*a*) 3 (*b*) 9 (*c*) 5 (*d*) 7

10. (*a*) 6450 (*b*) 1776 (*c*) 2392 (*d*) 3815

व्याख्यात्मक उत्तर

1. (*a*) : शेष संख्याएं 7 से विभाज्य हैं।

2. (*d*) : शेष संख्याएं 13 का गुणज हैं।

3. (*c*) : 131 एक अभाज्य संख्या (prime number) है।

4. (*b*) : शेष संख्याओं में किसी भी अंक का दो बार प्रयोग नहीं किया गया है।

5. (*b*) : शेष संख्याओं में आखिरी दो अंक एक से हैं।

6. (*b*) : शेष संख्याएं पूर्ण वर्ग संख्याएं हैं।

7. (*a*) : शेष संख्याओं में दोनों अंकों का योग 9 है।

8. (*a*) : शेष संख्याओं में उनके अंक गिनती के सीधे या उल्टे क्रम में क्रमागत (निरंतर) हैं।

9. (*b*) : शेष सभी अभाज्य संख्याएं हैं।

10. (*d*) : शेष संख्याएं 2 से विभाज्य हैं।

सांकेतिक भाषा परीक्षण

कूटलेखन या 'कोडिंग' संवाद-संप्रेषण की एक प्रक्रिया है जिसमें एक गुप्त भाषा का प्रयोग वास्तविक तथ्यों शब्दों/मूल्यों की अभिव्यक्ति या प्रस्तुतिकरण को एक ऐसी भाषा में परिवर्तित करने के लिए किया जाता है जिसे संवाद के प्रेषक और प्राप्तकर्ता के अतिरिक्त कोई तीसरा व्यक्ति समझ न सके। कूटभाषा में लिखने के लिए (i) शब्दों के अक्षरों के स्थान पर वर्णमाला के सीधे उल्टे क्रम में एक या एकाधिक स्थान आगे या पीछे के अक्षरों को लिखा जाता है; (ii) अक्षरों के स्थान पर संख्याओं को या संख्याओं के स्थान पर अक्षरों को लिखा जाता है; (iii) दिए गए शब्द के कुछ या सभी अक्षरों को उल्टे क्रम में लिखा जाता है; और (iv) शब्द के अक्षरों के स्थान पर वर्णमाला के उल्टे क्रम में समस्थानिक अक्षरों को लिखा जाता है।

वर्णमाला को सीधे क्रम में लिखने पर प्राप्त शृंखला:

A B C D E F G H I J K L M N O P Q R S
↓   ↓   ↓   ↓
प्रथम पांचवा   दसवां   पंद्रहवां
अक्षर अक्षर   अक्षर   अक्षर

T U V W X Y Z
↓   ↓
बीसवां पच्चीसवां
अक्षर   अक्षर

वर्णमाला को उल्टे क्रम में लिखने पर प्राप्त शृंखला:

Z Y X W V U T S R Q P O N M L K J I H
↓   ↓   ↓   ↓
प्रथम पांचवां   दसवां   पंद्रहवां
अक्षर अक्षर   अक्षर   अक्षर

G F E D C B A
↓   ↓
बीसवां पच्चीसवां
अक्षर   अक्षर

टिप्पणी : Z पर पहुंचने के पश्चात् शृंखला A से पुनः शुरू होती है और A पर पहुंचने के पश्चात् शृंखला Z से पुनः शुरू होती है।

उदाहरण

1. यदि एक विशेष प्रकार की कूट भाषा में शब्द FACE को GBDF की तरह लिखा जाता हो, तो इसी कूट भाषा में BADE को कैसे लिखा जाएगा?

(*a*) CBEF (*b*) CEBF (*c*) CFBE (*d*) CBFE

उत्तर (*a*): शब्द के अक्षरों को वर्णमाला के सीधे क्रम में एक चरण आगे का अक्षर लिखकर कूटबद्ध किया गया है।

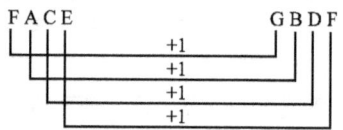

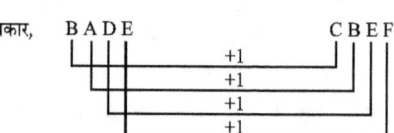

इसी प्रकार,

2. यदि किसी कूटभाषा में RESULT को 798206 लिखा गया हो, तो उसी कूटभाषा में LET किस प्रकार लिखा जाएगा?

(*a*) 680 (*b*) 092 (*c*) 096 (*d*) 086

उत्तर (*c*) : अक्षरों को संख्याओं द्वारा कूटबद्ध किया गया है। दिए गए शब्द को कूटबद्ध करने के लिए संबंधित कूट संख्याएं ज्ञात करें।

R	E	S	U	L	T	→	अक्षर
7	9	8	2	0	6	→	कूट

अत: LET के लिए कूट संख्याएं निम्नवत् होंगी:

L	E	T	→	अक्षर
0	9	6	→	कूट

कूटवाचन (decoding) कूटलेखन की विपरीत प्रक्रिया है। इसमें कूटलेखन में प्रयुक्त पद्धति या नियमों का प्रयोग करके कूटभाषा में प्रेषित संवाद को समझा जाता है।

वस्तुनिष्ठ प्रश्न

निर्देश : *निम्नलिखित प्रश्नों में दिए गए शब्दों या अक्षरों के लिए इंगित कूटभाषा के शब्द या अक्षर ज्ञात करें।*

1. यदि किसी कूट भाषा में CHAIR को FKDLU के रूप में लिखा जाए, तो उसी कूटभाषा में RAID शब्द को किस प्रकार लिखा जाएगा?

(*a*) ULGD (*b*) ULKG
(*c*) ULDG (*d*) UDLG

2. यदि किसी कूटभाषा में CONDEMN को CNODMEN लिखा जाता है, तो उसी कूटभाषा में TEACHER को कैसे लिखा जाएगा?

(*a*) TEACHER (*b*) TAEECHR
(*c*) TCAEEHR (*d*) TAECEHR

3. किसी कूटभाषा में COME को XLNV और ABLE को ZYOV लिखा जाता है। इसी कूटभाषा में MOLLY किस प्रकार लिखा जाएगा?

(a) NLOBO (b) NLBOO
(c) LNOOB (d) NLOOB

4. यदि किसी कूटभाषा में JUNE को NXPF लिखा जाता हो, तो उसी कूटभाषा में STAY को कैसे लिखा जाएगा?
(a) WWCZ (b) WVCZ
(c) WWDB (d) VWZC

5. यदि किसी कूटभाषा में THOUSAND को SGNTRZMC लिखा जाए, तो उसी कूटभाषा में FUMING को कैसे लिखा जाएगा?
(a) GVNJOH (b) ETHLMF
(c) EVLJMH (d) ETLHMF

6. किसी विशेष कूटलिपि में PUNCTUAL को 16598623 के रूप में कूटबद्ध किया जाता है। इसी कूटलिपि में ACTUPULN निम्नलिखित में से किस प्रकार लिखा जाएगा?
(a) 29861653 (b) 29861635
(c) 28916135 (d) 29851536

7. यदि OUT को 152120 के रूप में कूटबद्ध किया जाता हो, तो इसी नियम का प्रयोग करके IN को निम्नलिखित में से कैसे लिखा जाएगा?
(a) 1015 (b) 819
(c) 1813 (d) 914

8. यदि MUSK को 146816 लिखा जाए, तो उसी कूट में ZERO को क्या लिखेंगे?
(a) 113811 (b) 122912
(c) 15915 (d) 2651815

9. यदि BAD को 7 के रूप में और HIS को 9 के रूप में कूटबद्ध किया जाए, तो LOW निम्नलिखित में से किसके द्वारा सूचित किया जाएगा?
(a) 50 (b) 8
(c) 23 (d) 5

10. यदि किसी विशेष कूटभाषा में LIBERATE को 56403170 लिखा जाए, तो उसी कूटभाषा में TRIBAL को क्या लिखेंगे?
(a) 734615 (b) 736415
(c) 136475 (d) 034615

11. यदि किसी विशेष कूटभाषा में HEAD को 8514, RIDE को 3945 और BEG को 057 लिखा जाए, तो उसी कूटभाषा में GRADE को क्या लिखेंगे?
(a) 71345 (b) 73415
(c) 74135 (d) 73145

12. यदि किसी कूटभाषा में MOTHERLAND को 9501623748 लिखा जाए, तो उसी कूटभाषा में DREAM को क्या लिखा जाएगा?
(a) 82697 (b) 86297
(c) 82769 (d) 82679

13. एक विशेष कूटभाषा में ABCD को 2468 और EFGH को 1357 लिखा जाता हो, तो उसी कूटभाषा में CAGE को क्या लिखेंगे?
(a) 6453 (b) 6251
(c) 6521 (d) 6215

14. यदि 341782 का कूटवाचन MONKEY और 0596 का कूटवाचन RAGS के रूप में किया जाता हो, तो इसी कूटभाषा में 75195044 का क्या अर्थ होगा?
(a) KANGAROO
(b) PALMANTT
(c) HANGAMEE
(d) KARNAGOO

15. यदि HARD को 1357 और SOFT को 2468 लिखा जाए, तो उसी कूटभाषा में 21448 कैसे लिखा जाएगा?
(a) SHAFT (b) SHORT
(c) SHOOT (d) SHART

निर्देश : प्रत्येक प्रश्न में दी गई कूटबद्ध सूचना को अच्छी तरह समझें और दिए गए विकल्पों में से सही उत्तर का चयन करें।

16. यदि किसी कूटभाषा में 'पानी' को 'नीला', 'नीला' को 'लाल', 'लाल' को 'सफेद', 'सफेद' को 'आकाश', 'आकाश' को 'वर्षा', 'वर्षा' को 'हरा', 'हरा' को 'हवा' और 'हवा' को 'मेज' कहा जाए, तो इस कूटभाषा में दूध के रंग को क्या कहेंगे?
    (a) सफेद   (b) वर्षा
    (c) आकाश   (d) हरा

17. यदि किसी कूटभाषा में 'प्रकाश' को 'अंधकार', 'अंधकार' को 'हरा', 'हरा' को 'नीला', 'नीला' को 'लाल', 'लाल' को 'सफेद' और 'सफेद' को 'पीला' कहा जाता हो तो इस कूटभाषा में रक्त का रंग क्या कहलाएगा?
    (a) लाल   (b) अंधकार
    (c) सफेद   (d) पीला

18. यदि किसी कूटभाषा में 'आकाश' को 'समुद्र', 'समुद्र' को 'पानी', 'पानी' को 'हवा', 'हवा' को 'बादल' और 'बादल' को 'नदी' कहा जाता हो, तो प्यास लगने पर इस कूटभाषा में पीने के लिए किस चीज की मांग करेंगे?
    (a) आकाश   (b) हवा
    (c) पानी   (d) समुद्र

19. यदि किसी कूटभाषा में 'पीला' का अर्थ 'लाल', 'सफेद' का अर्थ 'हरा', 'लाल' का अर्थ 'नारंगी', 'नीला' का अर्थ 'सफेद' और 'हरा' का अर्थ 'नीला' हो तो उस कूटभाषा में आकाश का रंग क्या है?
    (a) सफेद   (b) हरा
    (c) नीला   (d) पीला

20. यदि किसी कूटभाषा में 'भूमि' को 'आकाश', 'आकाश' को 'हवा', 'हवा' को 'पानी', 'पानी' को 'बालू' और 'बालू' को 'ठोस' कहा जाए, तो इस कूटभाषा में मछलियां किसमें तैरती हैं?
    (a) हवा   (b) आकाश
    (c) पानी   (d) बालू

व्याख्यात्मक उत्तर

1. (d) : शब्द को कूटबद्ध करने के लिए उसके अक्षरों से वर्णमाला के क्रम में +3 चरण आगे के अक्षर लिए गए हैं।

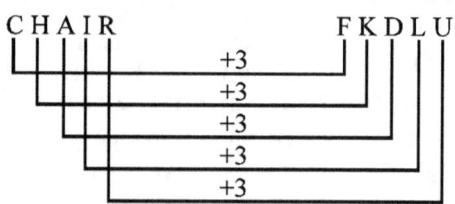

इसी प्रकार,

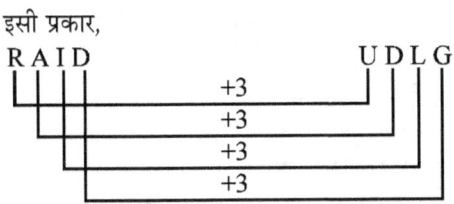

2. (*d*) : इस शब्द में दूसरे और तीसरे अक्षर एक–दूसरे के स्थान पर आ जाते हैं और पांचवे और छठे अक्षरों द्वारा भी इसी नियम का पालन किया जाता है। शेष अक्षरों का स्थान अपरिवर्तित रहता है।

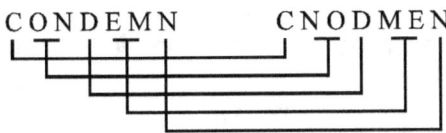

इसी प्रकार,

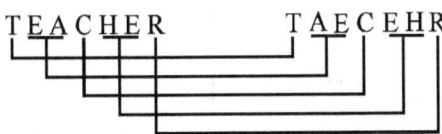

3. (*d*) : शब्द के अक्षरों को कूटबद्ध करने के लिए वर्णमाला के उल्टे क्रम में समान स्थान वाले अक्षरों को लिया गया है।

C O M E → वर्णमाला के सीधे क्रम में अक्षर
X L N V → वर्णमाला के उल्टे क्रम में समान स्थान वाले अक्षर
↓ ↓ ↓ ↓
3रा 15वां 13वां 5वां → वर्णमाला में अक्षरों का स्थान
A B L E → वर्णमाला के सीधे क्रम में अक्षर
Z Y O V → वर्णमाला के उल्टे क्रम में समान स्थान वाले अक्षर
↓ ↓ ↓ ↓
1ला 2रा 12वां 5वां→ वर्णमाला के अक्षरों का स्थान
इसी प्रकार,
M O L L Y → वर्णमाला के सीधे क्रम में अक्षर
N L O O B → वर्णमाला के उल्टे क्रम में समान स्थान वाले अक्षर
↓ ↓ ↓ ↓ ↓
13वां 15वां 12वां 12वां 25वां→ वर्णमाला में अक्षरों का स्थान

4. (*a*) : शब्द को कूटबद्ध करने के लिए उसके अक्षरों से वर्णमाला के सीधे क्रम में क्रमशः +4, +3, +2, और +1 चरण आगे के अक्षर लिए गए हैं।

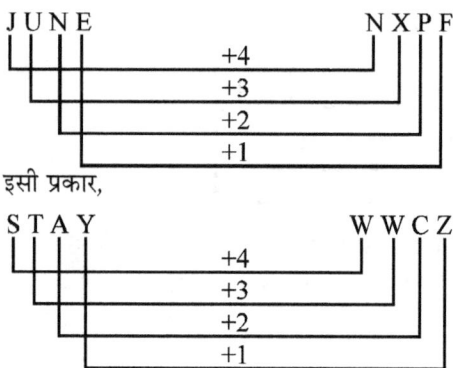

इसी प्रकार,

5. (*d*) : शब्द को कूटबद्ध करने के लिए उसके अक्षरों से वर्णमाला के सीधे क्रम में एक चरण पीछे के अक्षर लिए गए हैं।

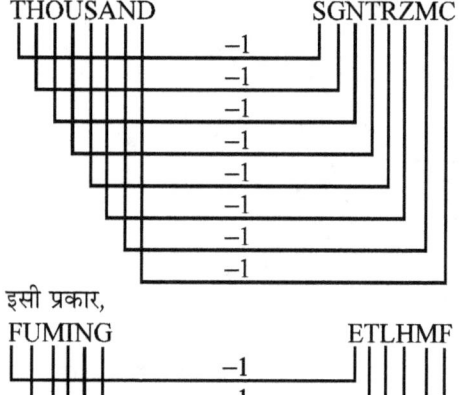

इसी प्रकार,

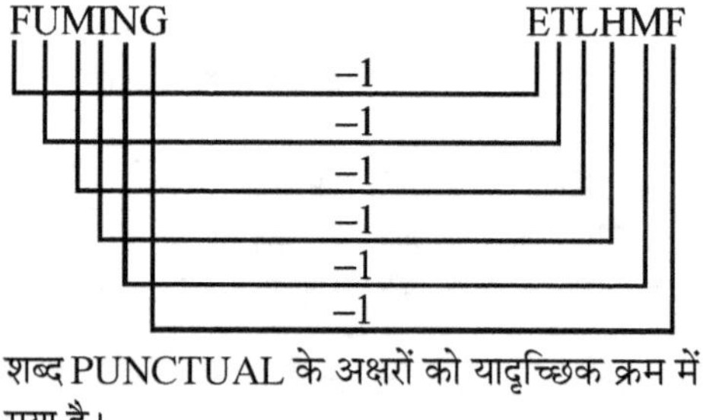

6. (*b*) : शब्द PUNCTUAL के अक्षरों को यादृच्छिक क्रम में लेकर ACTUPULN शब्द लिखा गया है।

इसी प्रकार संख्या कूट भी लिखा जाएगा

P U N C T U A L → दिया गया शब्द

1 6 5 9 8 6 2 3 → कूट

इसी प्रकार,

A C T U P U L N → कूटबद्ध किया जाने वाला शब्द

2 9 8 6 1 6 3 5 → उत्तर कोड

7. (d) : कूट लेखन के लिए प्रयोग में लाई गई संख्याएं वर्णमाला के सीधे क्रम (ABCD...) में अक्षरों के स्थान को सूचित करती है।

O U T → OUT
↓ ↓ ↓
15वां 21वां 20वां → 152120

इसी प्रकार,
I N → IN
↓ ↓
9वां 14वां → 914

8. (b) : कूट लेखन के लिए प्रयोग में लाई गई संख्याएं वर्णमाला के उल्टे क्रम (ZYXW...) में अक्षरों के स्थान को सूचित करती हैं।

M U S K → MUSK
↓ ↓ ↓ ↓
14वां 6ठा 8वां 16वां → 146816

इसी प्रकार,
Z E R O → ZERO
↓ ↓ ↓ ↓
1ला 22वां 9वां 12वां → 122912

9. (d) : कूटलेखन के लिए प्रयुक्त संख्या वर्णमाला के सीधे क्रम में अक्षरों के स्थान को सूचित करने वाली संख्याओं के योग को सूचित करती है।

B A D
↓ ↓ ↓
2रा 1ला 4था   अर्थात् 2 + 1 + 4 = 7

इसी प्रकार,
H I S
↓ ↓ ↓
8वां 9वां 19वां   अर्थात् 8 + 9 + 19 = 36
                  तथा, 3 + 6 = 9

और,
L O W
↓ ↓ ↓
12वां 15वां 23वां   अर्थात् 12 + 15 + 23 = 50
                    तथा   5 + 0 = 5

10. (b) : शब्द TRIBAL के अक्षर LIBERATE शब्द से लिए गए हैं। कूटबद्ध संख्याएं भी इसी प्रकार होंगी।

L I B E R A T E → दिया गया शब्द
5 6 4 0 3 1 7 0 → कूट

इसी प्रकार,
T R I B A L → कूटबद्ध किया जाने वाला शब्द
7 3 6 4 1 5 → उत्तर कोड

11. (d) : GRADE शब्द को दिए गए शब्दों के अक्षरों से लिखा जाता है। अतः GRADE के लिए कूट ज्ञात करने के लिए संगत संख्या कूटों का चयन करें।

   H E A D   R I D E   B E G → अक्षर
   8 5 1 4   3 9 4 5   0 5 7 → कूट
   अतः
   G R A D E → अक्षर
   7 3 1 4 5 → उत्तर कूट

12. (d) : शब्द के अक्षरों को संख्याओं द्वारा कूटबद्ध किया गया है। अतः DREAM के लिए कूट ज्ञात करने के लिए संगत संख्याओं का चयन करें।

   M O T H E R L A N D → अक्षर
   9 5 0 1 6 2 3 7 4 8 → कूट
   अतः, D R E A M → अक्षर
   8 2 6 7 9 → उत्तर कूट

13. (b) : दिए गए शब्द समूहों के अक्षरों को संख्याओं द्वारा कूटबद्ध किया गया है और CAGE शब्द दिए गए शब्दों के अक्षरों से निर्मित है। अतः उत्तर प्राप्त करने के लिए संबंधित संख्याओं का चयन करें।

   A B C D   E F G H → अक्षर
   2 4 6 8   1 3 5 7 → कूट
   अतः C A G E → अक्षर
   6 2 5 1 → उत्तर कोड

14. (a) : संख्याएं अक्षरों को निरूपित करती हैं, अतः उत्तर ज्ञात करने के लिए संगत अक्षरों का चयन करें।

   3 4 1 7 8 2 0 5 9 6 → कूट
   M O N K E Y R A G S → अक्षर
   अतः,
   7 5 1 9 5 0 4 4 → कूट
   K A N G A R O O → उत्तर

15. (c) : संख्याएं अक्षरों को निरूपित करती हैं, अतः उत्तर ज्ञात करने के लिए संगत अक्षरों का चयन करें।

   1 3 5 7   2 4 6 8 → कूट
   H A R D   S O F T → अक्षर
   अतः, 2 1 4 4 8   → कूट
   S H O O T   → उत्तर

16. (c) : दूध का रंग 'सफेद' होता है और इस कूटभाषा में 'सफेद' को 'आकाश' कहते हैं।
17. (c) : रक्त का रंग 'लाल' होता है और इस कूटभाषा में 'लाल' को 'सफेद' कहते हैं।
18. (b) : प्यास लगने पर हम 'पानी' पीते हैं और इस कूटभाषा में 'पानी' को 'हवा' कहते हैं।
19. (a) : आकाश का रंग 'नीला' होता है और नीला का अर्थ 'सफेद' है।
20. (d) : मछलियां 'पानी' में तैरती हैं और 'पानी' को इस कूटभाषा में 'बालू' कहते हैं।

प्रतीक (चिह्न) प्रतिस्थापन

इस प्रकार के प्रश्नों को हल करना अत्यधिक सरल है। ऐसे प्रश्नों को हल करने की एकमात्र अपेक्षा यह है कि उम्मीदवार दिए गए प्रतीकों या चिह्नों को प्रतिस्थापित करने और परिकलन की विद्या में पारंगत हों और अत्यधिक त्वरित गति से दिए गए प्रश्नों का हल ज्ञात कर सकें। इस श्रेणी में पूछे गए कुछ सामान्य प्रकार के प्रश्न नीचे हल किए गए हैं।

उदाहरण

1. यदि '+' का अर्थ '×' हो, '×' का अर्थ '÷' हो, '÷' का अर्थ '–' हो और '–' का अर्थ '+' हो, तो $2 - 8 \times 2 + 6 \div 7$ का मान क्या होगा?

    (a) 32 (b) 19 (c) 23 (d) 9

    उत्तर (b): दिए गए व्यंजक में गणितीय चिह्नों को प्रतिस्थापित करने पर नया व्यंजक होगा:
    $2 + 8 \div 2 \times 6 - 7$
    इस व्यंजक को हल करने के निम्नलिखित चरण होंगे :
    $2 + 4 \times 6 - 7$
    $2 + 24 - 7$
    $26 - 7 = 19$

2. यदि '▲' का अर्थ '+' हो,

    '■' का अर्थ '–' हो,

    '●' का अर्थ '÷' हो,

    '∗' का अर्थ '×' हो, तो
    $13 ▲ 5 ∗ 20 ● 10 ■ 9 = ?$

    (a) 26 (b) 37 (c) 14 (d) 55

    उत्तर (c): चिह्नों को प्रतिस्थापित करने पर प्राप्त हुआ नया व्यंजक है :
    $13 + 5 \times 20 \div 10 - 9$
    इस व्यंजक को हल करने के चरण होंगे :
    $13 + 5 \times 2 - 9$
    $13 + 10 - 9$
    $23 - 9 = 14$

वस्तुनिष्ठ प्रश्न

1. यदि "+" का अर्थ "–"; "–" का अर्थ "×" हो; "×" का अर्थ "÷" हो और "÷" का अर्थ "+" हो, तो
   $15 \times 5 \div 10 + 5 - 3 = ?$
   (a) 9.5 (b) 0
   (c) –2 (d) 24

2. यदि "+" का अर्थ "–" हो; "–" का अर्थ "×" हो; "×" का अर्थ "÷" हो; और "÷" का अर्थ "+" हो, तो
   $15 \times 3 \div 15 + 5 - 2 = ?$
   (a) 0 (b) 10
   (c) 20 (d) 6

3. यदि "+" का अर्थ "÷" हो; "×" का अर्थ "–" हो; "÷" का अर्थ "+" हो और "–" का अर्थ "×" हो, तो
   $16 \div 8 \times 6 - 2 + 12 = ?$
   (a) 22 (b) 24
   (c) 23 (d) 20

4. यदि "+" का अर्थ "×" हो; "–" का अर्थ "÷" हो; "÷" का अर्थ "+" हो और "×" का अर्थ "–" हो, तो $20 \div 40 - 4 \times 5 + 6$ का मान निम्नलिखित में से क्या होगा ?
   (a) 60 (b) 1.67
   (c) 150 (d) 0

5. यदि "+" का अर्थ "×" हो; "–" का अर्थ "÷" हो; "×" का अर्थ "–" हो और "÷" का अर्थ "+" हो, तो
   $5 + 8 - 4 \times 2 \div 9 = ?$
   (a) 15 (b) 13
   (c) 17 (d) 11

6. यदि × का आशय जोड़ की संक्रिया से हो, ÷ का आशय घटाव की संक्रिया से हो, + का आशय गुणा की संक्रिया से हो और – का आशय भाग की संक्रिया से हो, तो $(20 \times 6 \div 6 \times 4)$ निम्नलिखित में से किसके बराबर है ?
   (a) 5 (b) 24
   (c) 25 (d) 80

7. यदि "+" का अर्थ "×" हो; "÷" का अर्थ "–" हो; "×" का अर्थ "÷" हो और "–" का अर्थ "+" हो, तो निम्नलिखित व्यंजक का क्या मान होगा ?
   $4 + 11 \div 5 - 50 = ?$
   (a) 79
   (b) –11
   (c) 91
   (d) इनमें से कोई नहीं

8. यदि P = 6, J = 4, L = 8, M = 24 हो, तो निम्नलिखित व्यंजक में प्रश्नचिह्न (?) के स्थान पर विकल्पों में दिया गया कौन-सा मान आएगा ?
   $M \times J \div L + J = ?$
   (a) 8 (b) 36
   (c) 52 (d) 16

9. यदि A + B > C + D, B + E = 2 C और C + D > B + E, तो इसका निश्चित अर्थ यह है कि :
   (a) A > C (b) A + B > 2D
   (c) A + B > 2C (d) A + B > 2E

10. यदि A + D > C + E, C + D = 2B और B + E > C + D हो, तो इसका निश्चित अर्थ यह है कि :
    (a) A + D > B + E
    (b) A + D > B + C
    (c) A + B > 2D
    (d) B + D > C + E

11. यदि "+" का अर्थ "÷" हो; "÷" का अर्थ "–" हो; "–" का अर्थ "×" हो और "×" का अर्थ "+" हो, तो

$10 \div 2 - 15 + 3 \times 5 = ?$
(a) 10   (b) 15
(c) 25   (d) 5

12. यदि A का आशय 'जोड़' की संक्रिया से हो, B का आशय 'घटाव' की संक्रिया से हो, C का आशय 'गुणा' की संक्रिया से हो और D का आशय 'भाग' की संक्रिया से हो, तो 4A 3B 3A 2 का मान होगा :
(a) 2   (b) 4
(c) 6   (d) 8

13. यदि × का आशय 'जोड़' की संक्रिया से हो, < का आशय 'घटाव' की संक्रिया से हो, + का आशय 'भाग' की संक्रिया से हो, > का आशय 'गुणा' की संक्रिया से हो, – का आशय 'बराबर' हो, ÷ का आशय 'बड़ा होना' हो और = का आशय 'छोटा होना' हो, तो बताइए कि निम्नलिखित में से कौन-सा विकल्प सत्य है?
(a) $5 \times 3 < 7 \div 8 + 4 \times 1$
(b) $3 \times 4 > 2 - 9 + 3 < 3$
(c) $5 > 2 + 2 = 10 < 4 \times 8$
(d) $3 \times 2 < 4 \div 16 > 2 + 4$

14. यदि x का आशय 'जोड़' की संक्रिया से हो, y का आशय 'घटाव' की संक्रिया से हो, z का आशय 'भाग' की संक्रिया से हो और p का आशय 'गुणा' की संक्रिया से हो, तो

(7 p 3) y 6 x 5 का मान क्या होगा?
(a) 5   (b) 10
(c) 15   (d) 20

15. यदि → का आशय 'घटाव' की संक्रिया से हो, ← का आशय 'जोड़' की संक्रिया से हो, ↑↑ का आशय गुणा की संक्रिया से हो; ↓⌐ का आशय 'भाग' की संक्रिया से हो, ↔ का आशय 'बड़ा होना' हो और ←⇕ का आशय 'बराबर' हो, तो निम्नलिखित में से कौन-सा विकल्प सत्य है?

(a) 4←6↑↑2←⇕→3→12←12
(b) 10↓↓5↑↑5←⇕→9→3←4
(c) 15↑↑2→5←⇕→12↓↓4←3
(d) 13↓↓13←1↔20→5↑↑2

16. यदि "+" का अर्थ "÷" हो; "÷" का अर्थ "–" हो; "–" का अर्थ "×" हो और "×" का अर्थ "+" हो, तो व्यंजक $8 + 2 \div 3 - 4 \times 6$ का मान निम्नलिखित में से क्या होगा?
(a) -2 (b) $-15\frac{1}{3}$
(c) 12   (d) 15

17. यदि "+" का अर्थ "÷" हो; "×" का अर्थ "–" हो; "÷" का अर्थ "×" हो और "–" का अर्थ "+" हो, तो निम्नलिखित व्यंजक का मान क्या होगा?
$9 + 3 \div 4 - 8 \times 2 = ?$
(a) $6\frac{3}{4}$ (b) $-1\frac{3}{4}$
(c) $-6\frac{1}{4}$ (d) 18

18. यदि "–" का अर्थ "÷" हो; "+" का अर्थ "×" हो; "÷" का अर्थ "–" हो और "×" का अर्थ "+" हो, तो निम्नलिखित में से कौन-सा विकल्प निश्चित ही सत्य है?
(a) $1 \div 2 + 3 \times 6 - 8 = 12$
(b) $2 + 3 - 5 \times 8 \div 4 = 7$
(c) $5 + 6 \times 8 - 2 \div 3 = 31$
(d) $6 \div 1 + 2 - 8 \times 4 = 31$

19. यदि "÷" का अर्थ "+" हो; "×" का अर्थ "×" हो; "–" का अर्थ "÷" हो और "×" का अर्थ "–" हो, तो
$5 + 8 - 4 \times 2 \div 9 = ?$
(a) 13   (b) 15
(c) 11   (d) 17

20. यदि "+" का आशय 'घटाव' की संक्रिया से हो; "–" का आशय 'गुणा की संक्रिया

से हो, "÷" का आशय 'जोड़' की संक्रिया से हो और "×" का आशय 'भाग' की संक्रिया से हो, तो
$10 \times 5 \div 3 - 2 + 3 = ?$
(a) 7

(b) $-2\dfrac{6}{16}$

(c) $17\dfrac{2}{3}$

(d) इनमें से कोई नहीं

व्याख्यात्मक उत्तर

1. (c) : $15 \div 5 + 10 - 5 \times 3$
 $3 + 10 - 15 = -2$
2. (b) : $15 \div 3 + 15 - 5 \times 2$
 $5 + 15 - 10 = 10$
3. (c) : $16 + 8 - 6 \times 2 \div 12$
 $16 + 8 - 1 = 23$
4. (d) : $20 + 40 \div 4 - 5 \times 6$
 $20 + 10 - 30 = 0$
5. (c) : $5 \times 8 \div 4 - 2 + 9$
 $10 - 2 + 9 = 17$
6. (b) : $20 + 6 - 6 + 4 = 24$
7. (d) : $4 \times 11 - 5 + 50$
 $44 - 5 + 50 = 89$
8. (d) : $24 \times 4 \div 8 + 4$
 $12 + 4 = 16$
9. (c) : $A + B > C + D > B + E$ or $2C$
 $\therefore A + B > 2C$
10. (b) : 1. $A + D > C + E$
 2. $B + E > C + D$ or $2B$
 चूँकि 1 और 2 के बीच संबंध स्पष्ट नहीं है, तथापि यह निश्चित है कि $A + D > B + C$.
11. (d) : $10 - 2 \times 15 \div 3 + 5$
 $10 - 10 + 5 = 5$
12. (c) : $4 + 3 - 3 + 2 = 6$
13. (c) : (a) $5 + 3 - 7 > 8 \div 4 + 1$
 $1 > 3$
 (b) $3 + 4 \times 2 = 9 \div 3 - 3$
 $11 = 0$
 (c) $5 \times 2 \div 2 < 10 - 4 + 8$
 $5 < 14$
 (d) $3 + 2 - 4 > 16 \times 2 \div 4$
 $1 > 8$
14. (d) : $(7 \times 3) - 6 + 5$
 $21 - 6 + 5 = 20$
15. (b) : (a) $4 + 6 \times 2 = 3 - 12 + 12$
 $16 = 3$
 (b) $10 \div 5 \times 5 = 9 - 3 + 4$
 $10 = 10$
 (c) $15 \times 2 - 5 = 12 \div 4 + 3$
 $25 = 6$
 (d) $13 \div 13 + 1 > 20 - 5 \times 2$
 $2 > 10$
16. (a) : $8 \div 2 - 3 \times 4 + 6$
 $4 - 12 + 6 = -2$
17. (d) : $9 \div 3 \times 4 + 8 - 2$
 $12 + 8 - 2 = 18$
18. (c) : (a) $1 - 2 \times 3 + 6 \div 8 = 12$
 $\dfrac{-17}{4} = 12$
 (b) $2 \times 3 \div 5 + 8 - 4 = 7$
 $\dfrac{26}{5} = 7$
 (c) $5 \times 6 + 8 \div 2 - 3 = 31$
 $31 = 31$
 (d) $6 - 1 \times 2 \div 8 + 4 = 31$
 $\dfrac{-39}{4} = 31$
19. (d) : $5 \times 8 \div 4 - 2 + 9$
 $10 - 2 + 9 = 17$
20. (d) : $10 \div 5 + 3 \times 2 - 3$
 $2 + 6 - 3 = 5$

विविध

स्थान व्यवस्थीकरण

स्थान व्यवस्थीकरण का सामान्य अर्थ है दी गई सूचनाओं के आधार पर व्यक्तियों या वस्तुओं का स्थान-क्रम निर्धारित करना। इसके लिए आवश्यक है कि स्थान-क्रम को अच्छी तरह समझा जाए और तत्पश्चात् दिए गए प्रश्नों को उपलब्ध कराई गई सूचना के आधार पर हल करने का प्रयास किया जाए।

उदाहरण

प्र. पांच लड़के एक सीढ़ी पर चढ़ रहे हैं। सीढ़ी पर डेविड लड़कों के बीच में है। कार्तिक सबसे पीछे है। अनमोल नीतिन से आगे है जो अनमोल और डैनी दोनों के पीछे है। सीढ़ी पर सबसे आगे कौन है?

(a) डैनी
(b) अनमोल
(c) डैनी या अनमोल
(d) कहा नहीं जा सकता

उत्तर (c): लड़कों के सीढ़ी पर चढ़ने का निम्नलिखित क्रम है:

डैनी		अनमोल
अनमोल		डैनी
डेविड	या	डेविड
नीतिन		नीतिन
कार्तिक		कार्तिक

अत: इस बात की पूर्ण संभावना है कि सीढ़ी पर सबसे आगे डैनी या अनमोल है।

वस्तुनिष्ठ प्रश्न

निर्देश : *निम्नलिखित प्रश्नों में व्यवस्थीकरण के पैटर्न को समझें और तत्पश्चात् दिए गए विकल्पों में से सही उत्तर का चयन करें:*

1. पांच लड़के एक पंक्ति में बैठे हैं। रघु, श्याम या अमित की बगल में नहीं बैठा है। अजय, श्याम की बगल में नहीं बैठा है। रघु, मयंक की बगल में बैठा है। यदि मयंक पंक्ति में बीच में बैठा हो, तो अजय निम्नलिखित में से किसकी बगल में बैठा है?

(a) अमित (b) रघु
(c) मयंक (d) श्याम

2. मिनी, रजनी के दाएं और अनंता के बाएं बैठी है। सत्या, मिनी के दाएं बैठी है किंतु वह जया के बाएं है। यदि सभी लड़कियां उत्तर दिशा की ओर मुंह किए बैठी हों, तो इनमें से सबसे बाएं छोर पर कौन बैठी है?

(*a*) जया (*b*) मिनी
(*c*) रजनी (*d*) सत्या

3. किट्टू, मोहन और सोहन के बीच बैठा है। राजू, सोहन की बायीं ओर और श्याम, मोहन की दाहिनी ओर बैठा है। यदि ये सभी मित्र दक्षिण दिशा की ओर मुंह करके बैठे हों, तो सबसे दाहिने छोर पर कौन बैठा है?
(*a*) मोहन (*b*) सोहन
(*c*) किट्टू (*d*) श्याम

4. A, B, C, D और E एक दूसरे के पीछे दौड़ रहे हैं। C, E के निकट नहीं है और A, D के निकट नहीं है। B, A के पीछे है और E, D के निकट नहीं है। इनके बीच में कौन व्यक्ति है?
(*a*) B
(*b*) E
(*c*) A
(*d*) कहा नहीं जा सकता

5. O, P, Q, R, S और T एक बेंच पर अपनी लंबाई के घटते क्रम में खड़े हैं। P, O से अधिक लंबा है किंतु S से उसकी लंबाई कम है। केवल S ही T से अधिक लंबा है। R, P से कम लंबा है किंतु वह Q से अधिक लंबा है। इनमें किसकी लंबाई सबसे कम है?
(*a*) O
(*b*) Q
(*c*) P
(*d*) कहा नहीं जा सकता

6. पांच व्यक्ति एक बहुमंजिली इमारत में रहते हैं। मि. एफर्टलेस, मि. ऐक्टिव से ऊपर वाले फ्लैट में रहते हैं, मि. चार्ज का फ्लैट मि. डिलिजेन्ट के फ्लैट से नीचे वाला है। मि. ऐक्टिव, मि. डिलिजेन्ट के फ्लैट से ऊपर के फ्लैट में रहते हैं और मि. बीहैव्ड, मि. चार्ज के फ्लैट से नीचे वाले फ्लैट में रहते हैं। सबसे ऊपर के फ्लैट में कौन रहता है?
(*a*) मि. चार्ज (*b*) मि. डिलिजेन्ट
(*c*) मि. एफर्टलेस (*d*) मि. बीहैव्ड

7. छह मित्र एक गोल घेरे में बैठकर ताश खेल रहे हैं। केनी, डैनी की बायीं ओर बैठा है। माइकल, बॉब और जॉन के बीच बैठा है। रॉजर, केनी और बॉब के बीच बैठा है। माइकल की दाहिनी ओर कौन बैठा है?
(*a*) डैनी (*b*) जॉन
(*c*) केनी (*d*) बॉब

8. उपर्युक्त प्रश्न में यदि डैनी और बॉब अपना स्थान आपस में बदल लेते हैं और इसी प्रकार केनी और रोजर भी अपना स्थान बदल लेते हैं, तो बताइए कि वैसी स्थिति में बॉब की बायीं और कौन बैठा है?
(*a*) रोजर (*b*) जॉन
(*c*) केनी (*d*) माइकल

9. चार लड़कियां A, B, C और D एक गोल घेरे में बैठी हैं। B और C का मुंह एक-दूसरे की ओर है। निम्नलिखित कथनों में से कौन-सा निश्चित रूप से सत्य है?
(*a*) A, C की बायीं ओर बैठी है
(*b*) D, C की बायीं ओर बैठी है
(*c*) A और D एक-दूसरे के आमने-सामने बैठी हैं
(*d*) A, B और C के बीच नहीं बैठी है

10. बृजेश, जयेश, अमर और प्रवीर ताश खेल रहे हैं। अमर, जयेश की दाहिनी ओर बैठा है जो स्वयं बृजेश की दाहिनी ओर बैठा है। अमर की दाहिनी ओर कौन बैठा है?
(*a*) बृजेश (*b*) प्रवीर
(*c*) बृजेश या प्रवीर (*d*) जयेश

व्याख्यात्मक उत्तर

1. (b) : पांचों लड़कों के पंक्ति में बैठने का निम्नलिखित क्रम है:
अमित, श्याम, मयंक, अजय, रघु
या
अजय, रघु, मयंक, अमित, श्याम

2. (c) : इन सभी लड़कियों के बैठने का निम्नलिखित क्रम है:
रजनी, मिनी, अनंता, सत्या, जया
या
सत्या, जया, अनंता
या
सत्या, अनंता, जया

3. (d) : दक्षिण दिशा की ओर मुंह करके बैठने पर इन मित्रों के बैठने का निम्नलिखित क्रम होगा:
श्याम, मोहन, किट्टू, सोहन, राजू

4. (a) : दौड़ते समय ये व्यक्ति निम्नलिखित क्रम में एक-दूसरे के पीछे होंगे:
E   E
A   A
B   या   B
C   D
D   C

5. (d) : लंबाई के घटते क्रम में ये व्यक्ति बेंच पर निम्नलिखित विन्यास में खड़े होंगे:
S   S
T   T
P   या   P
R   R
O   Q
Q   O
इनमें या तो O या फिर Q सबसे छोटा है। दी गई सूचना उत्तर ज्ञात करने के लिए पर्याप्त नहीं है।

6. (c) : इस बहुमंजिली इमारत में इन पांच व्यक्तियों को आवंटित फ्लैटों की मंजिल निम्नलिखित क्रम में है :
मि. एफर्टलेस   — पांचवीं मंजिल
मि. ऐक्टिव   — चौथी मंजिल
मि. डिलिजेन्ट — तीसरी मंजिल
मि. चार्ज   — दूसरी मंजिल
मि. बिहैव्ड   — पहली मंजिल
(**नोट :** इस बहुमंजिली इमारत में भूतल का उपयोग गैरेज के रूप में किया जाता है।)

7. (d) : इन छह मित्रों के बैठने का निम्नलिखित क्रम है :

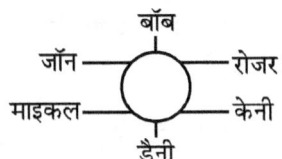

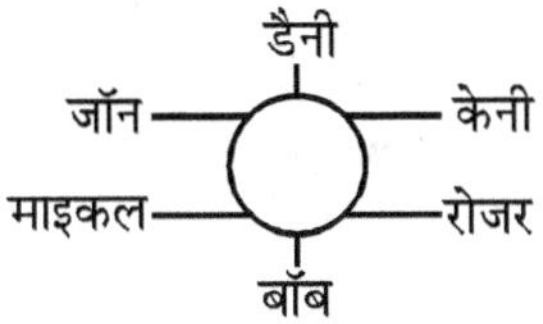

8. (a) : बदली हुई स्थिति में इन मित्रों के बैठने का निम्नलिखित क्रम होगा :

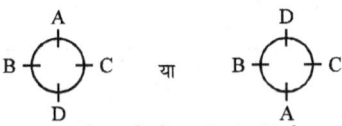

9. (c) : इन लड़कियों के बैठने का निम्नलिखित क्रम होगा:

```
    A                D
  B─┼─C    या     B─┼─C
    D                A
```

10. (b) : ताश खेल रहे ये व्यक्ति बाएं से दाएं निम्नलिखित क्रम में बैठे हैं :
बृजेश, जयेश, अमर, प्रवीर

दिशा ज्ञान परीक्षण

इस प्रकार के प्रश्न अभ्यर्थियों की सही दिशा-निर्देशों को समझने की योग्यता की जांच करने हेतु पूछे जाते हैं। ऐसे प्रश्न दिशा-चार्ट पर आधारित होते हैं :

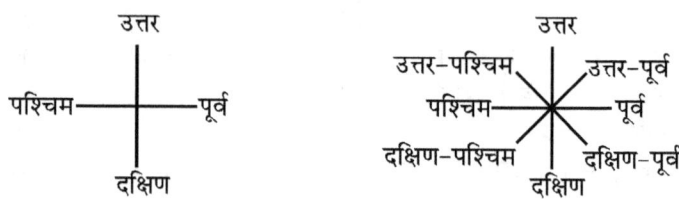

विभिन्न दिशाओं का बोध बाएं या दाएं मोड़ या कोणीय मोड़ों द्वारा निर्देशित होता है।

उदाहरण

प्र. एक व्यक्ति उत्तर दिशा में चल रहा है। वह दो बार दाहिने मुड़ता है और फिर चलने लगता है अब वह किस दिशा में चल रहा है?

(a) उत्तर   (b) दक्षिण   (c) पूर्व   (d) पश्चिम

उत्तर (b) :

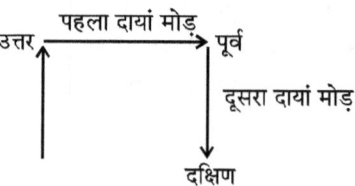

दिशा चार्ट का अनुसरण करने पर यह स्पष्ट होता है कि वह व्यक्ति अब दक्षिण दिशा में चल रहा है।

वस्तुनिष्ठ प्रश्न

निर्देश : नीचे के प्रत्येक प्रश्न में सही दिशा/दूरी दर्शाने के लिए दिए गए विकल्पों से सही उत्तर का चयन करें।

1. किट्टू पहले पूर्व दिशा में चलता है और तब दक्षिण दिशा में चलता है। दक्षिण दिशा में कुछ दूरी तय करने के बाद वह पश्चिम दिशा में मुड़ जाता है और तब अपने बाएं मुड़ जाता है। अब वह किस दिशा में चल रहा है?

(a) उत्तर   (b) दक्षिण
(c) पूर्व   (d) पश्चिम

2. एक व्यक्ति पश्चिम दिशा में अपनी गाड़ी चला रहा है। वह दक्षिण दिशा में चले इसके लिए उसे निम्नलिखित में से कौन से मोड़ मुड़ने चाहिए?

(a) बायीं ओर, दायीं ओर, दायीं ओर
(b) दायीं ओर, दायीं ओर, बायीं ओर
(c) बायीं ओर, बायीं ओर, बायीं ओर
(d) दायीं ओर, दायीं ओर, दायीं ओर

3. ऋचा अपनी गाड़ी से दक्षिण दिशा में 8 किमी आगे चलकर बायीं ओर मुड़ जाती है और 5 किमी. आगे चलती है। वहां वह एक बार फिर से बायीं ओर मुड़कर 8 किमी. आगे चलती है। अब वह अपने शुरू के स्थान से कितनी दूरी पर है?

(*a*) 3 किमी. (*b*) 5 किमी.
(*c*) 8 किमी. (*d*) 13 किमी.

4. मैं अपने घर से उत्तर दिशा में 15 मीटर चला, तब पश्चिम दिशा में मुड़कर 10 मीटर और आगे चला, यहां दक्षिण दिशा में मुड़कर मैंने 5 मीटर की एक अन्य दूरी तय की और तब पूर्व की ओर मुड़कर 10 मीटर की दूरी तय की। बताइए कि मैं अपने आरंभिक स्थान से किस दिशा में हूँ?

(*a*) पूर्व (*b*) पश्चिम
(*c*) उत्तर (*d*) दक्षिण

5. मैं अपने घर से उत्तर दिशा में चला और तब बायीं ओर मुड़ गया। अब कुछ देर तक आगे चलने के बाद मैं फिर से बायीं ओर मुड़ा और तब दायीं ओर मुड़ गया। बाद में आगे चलते हुए मैं बायीं ओर और एक बार फिर से बायीं ओर मुड़ा। बताइए कि अब मैं किस दिशा में चल रहा हूँ?

(*a*) उत्तर (*b*) दक्षिण
(*c*) पूर्व (*d*) पश्चिम

6. जतिन अपने घर से उत्तर दिशा में 12 किमी. चलता है। तब वह अपनी दायीं ओर मुड़कर 12 किमी. की एक अन्य दूरी तय करता है। वह एक बार फिर से दायीं ओर मुड़ता है और 12 किमी. की एक अन्य दूरी तय करके बायीं ओर मुड़ता है ओर तब 5 किमी. आगे चलता है। बताइए कि इस समय वह अपने घर से कितनी दूरी पर है और किस दिशा में है?

(*a*) 7 किमी., पूर्व दिशा
(*b*) 10 किमी., पूर्व दिशा
(*c*) 17 किमी., पूर्व दिशा
(*d*) 24 किमी., पूर्व दिशा

7. मनु अपने घर से उत्तर दिशा में 40 किमी. चलती है, फिर दाएं मुड़कर 80 किमी. आगे जाती है जहां वह एक बार फिर से दाएं मुड़कर 30 किमी. आगे चलती है। अंत में वह एक बार फिर से दाएं मुड़ती है और इस मार्ग पर वह 80 किमी. आगे की यात्रा करती है। यदि यहां से वह सीधे 50 किमी. आगे बढ़ती है और तब बाएं मुड़कर अंतिम 10 किमी. की एक और दूरी तय करती हो, तो बताइए कि अब वह अपने घर से कितनी दूरी पर है?

(*a*) 10 किमी. (*b*) 30 किमी.
(*c*) 40 किमी. (*d*) 50 किमी.

8. मैं अपने घर से 18 किमी. उत्तर की ओर चलता हूं और तब बाईं ओर मुड़कर 4 किमी. की एक अन्य दूरी तय करता हूं जहां से दायीं ओर मुड़कर मैं 12 किमी. की एक अन्य दूरी तय करता हूं। बताइए कि इस समय मैं अपने घर से कितनी दूरी पर और किस दिशा में हूं?

(*a*) 8 किमी. उत्तर
(*b*) 10 किमी. पश्चिम
(*c*) 16 किमी. दक्षिण
(*d*) 34 किमी. उत्तर

9. एक बच्चा अपने घुटनों के बल उत्तर दिशा में 20 फीट आगे बढ़ता है जहां वह दायीं ओर मुड़कर 30 फीट और आगे बढ़ता है और तब फिर से दायीं ओर मुड़कर 35 फीट आगे जाता है। यहां वह बायीं ओर मुड़कर 15 फीट और आगे जाता है। यहां वह एक बार फिर से बायीं ओर मुड़ता है और 15 फीट और आगे बढ़ता है। अंततः वह फिर से बायीं ओर मुड़कर 15 फीट और आगे जाता है। बताइए कि इस समय वह अपने

आरंभिक स्थान से कितना दूर और किस दिशा में है ?
(*a*) 45 फीट, उत्तर-पूर्व
(*b*) 30 फीट, पूर्व
(*c*) 30 फीट, पश्चिम
(*d*) 15 फीट, पश्चिम

10. पश्चिम दिशा में मुंह करके प्रिया 20 मीटर आगे जाती है, और तब बायीं ओर मुड़कर आगे 40 मीटर जाती है। वहां वह एक बार फिर से बायीं ओर मुड़कर 20 मीटर और आगे जाती है। तब वह दायीं ओर मुड़कर 20 मीटर आगे स्थित पार्क में पहुंचती है। यह पार्क उसके आरंभिक बिंदु से कितनी दूर और किस दिशा में अवस्थित है ?
(*a*) 20 मीटर, दक्षिण
(*b*) 40 मीटर, पश्चिम
(*c*) 60 मीटर, दक्षिण
(*d*) 100 मीटर, पूर्व

व्याख्यात्मक उत्तर

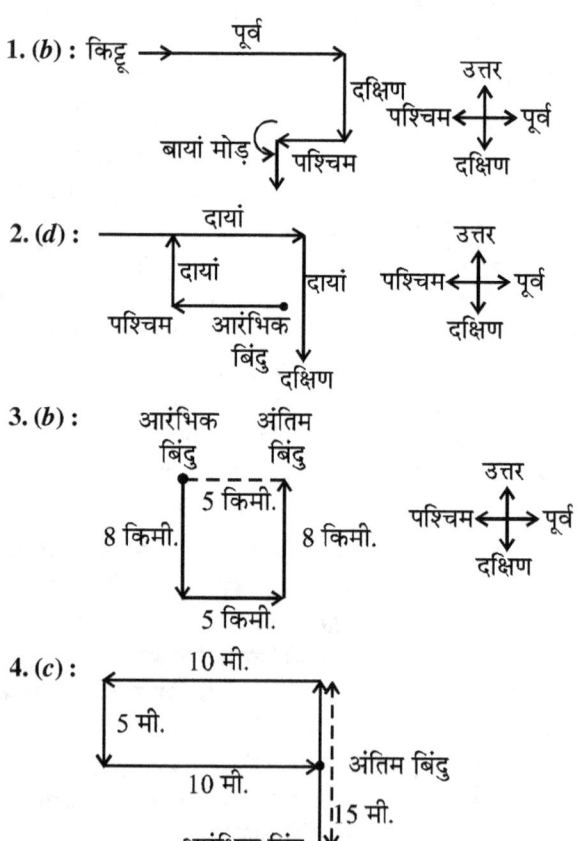

1. (*b*) :

2. (*d*) :

3. (*b*) :

4. (*c*) :

अंतिम बिंदु आरंभिक बिंदु से 10 मीटर उत्तर की ओर है।

5. (c) :

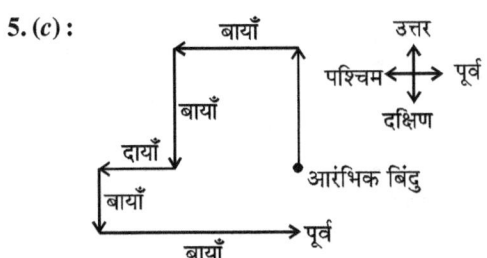

6. (c) : (12 किमी. + 5 किमी. = 17 किमी.)

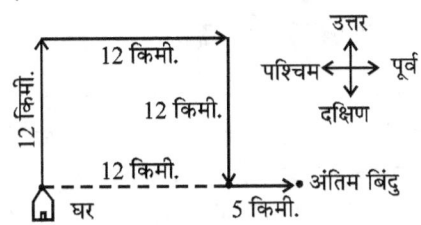

7. (d) :

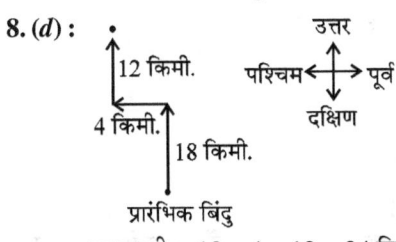

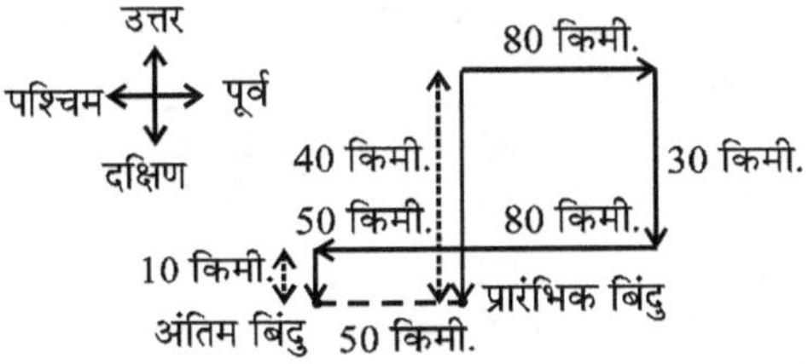

8. (d) :

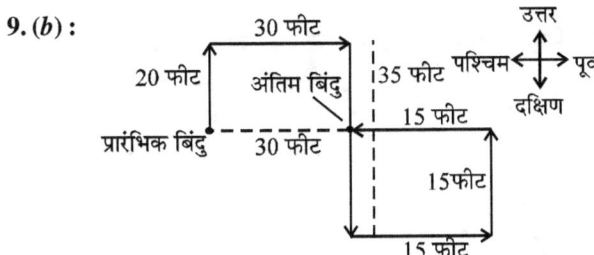

कुल दूरी = 18 + 4 + 12 = 34 किमी.

9. (b) :

10. (c) : (40 + 20) = 60 मीटर दक्षिण

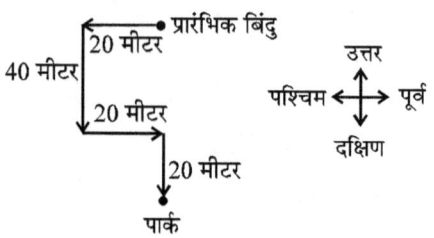

रक्त संबंधी परीक्षण

रक्त संबंधों पर आधारित प्रश्नों को हल करने के लिए यह आवश्यक है कि परीक्षार्थी रिश्तों की जटिलता को तत्काल समझ सकें और किन्हीं दो व्यक्तियों के बीच किस प्रकार के संबंध हो सकते हैं, इस बारे में उन्हें स्पष्ट जानकारी हो। इस प्रकार के प्रश्नों को पूछने का अभिप्राय मुख्यत: यह सुनिश्चित करना है कि परीक्षार्थी कतिपय जटिल भाषा में व्यक्त रिश्तों को कितनी तत्परता से समझ सकते हैं और उत्तर के रूप में सही विकल्प का चयन कर सकते हैं।

कुछ सामान्य रक्त संबंधों की सूची नीचे दी गई है :

मां	दादी
पिता	दादा
पुत्र	पोता
पुत्री	पोती
भाई	साला
बहन	साली
भतीजी	श्वसुर
भतीजा	सास
चाचा	दामाद
चाची	पुत्रवधु
पति	चचेरे या फुफेरे या ममेरे या मौसेरे भाई-बहन
पत्नी	

इन प्रश्नों को हल करने में सहायक कुछ संबंधों के पैटर्न नीचे दर्शाए गए हैं:

पिता का पिता	—	दादा
मां का पिता	—	नाना
पिता की मां	—	दादी
मां की मां	—	नानी
पिता या मां का पुत्र	—	भाई
पिता या मां की पुत्री	—	बहन

पिता का भाई	—	चाचा
पिता की बहन	—	बुआ
मां का भाई	—	मामा
मां की बहन	—	मौसी
चाचा या चाची का पुत्र या पुत्री	—	चचेरा भाई, चचेरी बहन
पुत्र की पत्नी	—	पुत्रवधु
पुत्री का पति	—	दामाद
पति का भाई	—	देवर
पत्नी का भाई	—	साला
पति की बहन	—	ननद
पत्नी की बहन	—	साली
भाई की पत्नी	—	भाभी
बहन का पति	—	बहनोई
भाई का पुत्र	—	भतीजा
भाई की पुत्री	—	भतीजी

उदाहरण

प्र. 'X', 'Y' की पत्नी है और 'Y', 'Z' का भाई है। 'Z', 'P' का पुत्र है। 'P' का 'X' से क्या संबंध है?

(a) बहन (b) चाची (c) भाई (d) श्वसुर

उत्तर (d) : दिए गए प्रश्न के अनुसार संबंध चार्ट निम्नवत् दर्शाया जा सकता है :

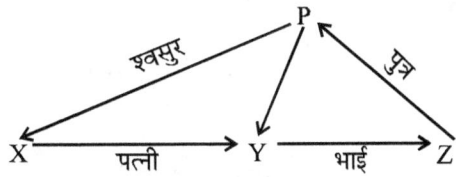

'Y', 'Z' का भाई है जो 'P' का पुत्र है। अतः 'Z' भी 'P' का पुत्र है। चूंकि 'P', 'Y' का पिता है और 'X', 'Y' की पत्नी है अतः 'P', 'X' का श्वसुर है।

वस्तुनिष्ठ प्रश्न

निर्देश : नीचे के प्रत्येक प्रश्न में व्यक्तियों के बीच उल्लिखित संबंधों को सावधानीपूर्वक समझें और तब दिए गए विकल्पों में से सही उत्तर का चयन करें :

1. A, B और C का पिता है। B, A का पुत्र है किंतु C, A का पुत्र नहीं है। C का A से क्या संबंध है?

(a) पुत्री (b) पुत्र

(*c*) भतीजी (*d*) भतीजा

2. एक महिला ने कहा, "वहां खड़ी लड़की मेरे दादा जी के एकमात्र पुत्र की पुत्री है"। उस महिला का उस लड़की से क्या संबंध है?

(*a*) बहन (*b*) मां
(*c*) चाची (*d*) भतीजा

3. रवि अमित के पुत्र के पुत्र का भाई है। अमित, रवि का क्या है?

(*a*) चचेरा भाई (*b*) पिता
(*c*) दादा (*d*) पुत्र

4. मयंक ने कहा, "मेरी मां रजत के भाई की बहन है"। रजत का मयंक से क्या संबंध है?

(*a*) चचेरा भाई (*b*) मामा
(*c*) चाचा (*d*) साला

5. लिली से परिचय कराते हुए राघव ने कहा, "इसके पिता मेरी मां के एकमात्र पुत्र हैं"। लिली का राघव से क्या संबंध है?

(*a*) चाची (*b*) पुत्री
(*c*) मां (*d*) बहन

6. अजय, विजय का भाई है। शुभा, अजय की बहन है। संजय, राहुल का भाई है और मेहुल विजय की पुत्री है। संजय का चाचा कौन है?

(*a*) राहुल
(*b*) अजय
(*c*) मेहुल
(*d*) दी गई सूचना अपर्याप्त है

7. आदित्य, रवि का भाई है। भरत, जयंत के पिता हैं। ईला, रवि की मां है। आदित्य और जयंत आपस में भाई हैं। ईला का भरत से क्या संबंध है?

(*a*) बहन (*b*) मां
(*c*) पुत्री (*d*) पत्नी

8. एक व्यक्ति ने अपने साथ आ रहे लड़के का परिचय देते हुए कहा, "यह मेरी पत्नी की पुत्री के पिता का पुत्र है।" वह लड़का उस व्यक्ति का क्या है?

(*a*) दामाद (*b*) पुत्र
(*c*) भाई (*d*) पिता

9. A और B दो भाई हैं। C, B की बहन है। D, E की बहन है। E, A का पुत्र है। D का चाचा कौन है?

(*a*) D (*b*) E
(*c*) B (*d*) C

10. वरुण ने अरुण की ओर संकेत करते हुए कहा, "वह मेरी बहन के एकमात्र भाई का पुत्र है।" अरुण का वरूण से क्या संबंध है?

(*a*) पुत्र
(*b*) भाई
(*c*) भतीजा
(*d*) दी गई सूचना अपर्याप्त है

व्याख्यात्मक उत्तर

1. (*a*) :

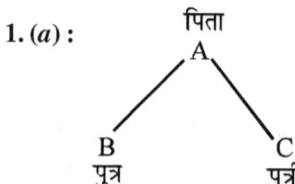

C, A का पुत्र नहीं है किंतु A, C का पिता है। अतः C, A की पुत्री है।

2. (a):

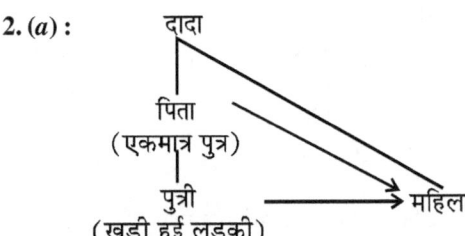

उस महिला के दादा का पुत्र उसके पिता हैं तथा पिता की पुत्री निश्चित ही उस महिला की बहन होगी।

3. (c):

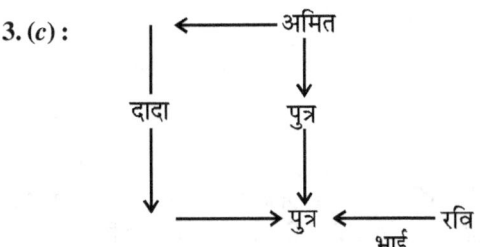

अमित के पुत्र का पुत्र अमित का पोता होगा। रवि अमित के पुत्र के पुत्र का भाई है, अत: अमित रवि के भी दादाजी हैं।

4. (b):

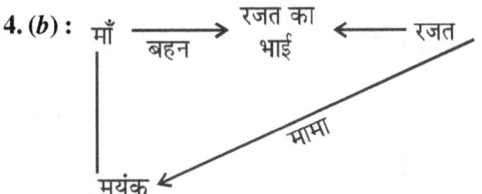

मयंक की मां रजत के भाई की बहन है। अत: रजत भी मयंक की मां का भाई है। इस प्रकार रजत, मयंक का मामा हुआ।

5. (b): संबंध चार्ट निम्नवत् है : माँ
↑ पुत्र
राघव
↓ पिता
लिली (पुत्री)

राघव जब कहता है, ''मेरी मां का एकमात्र पुत्र'' तो वह स्वयं अपने बारे में ही कह रहा होता है। इसके पिता का आशय है, 'लिली के पिता' अर्थात् स्वयं राघव। अत: लिली, राघव की पुत्री है।

6. (d) :

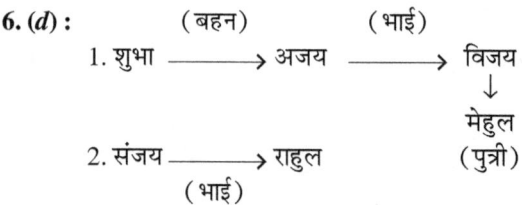

यहां दो संबंध–समुच्चयों का उल्लेख किया गया है। दी गई सूचना अपर्याप्त है और इन दो भिन्न संबंध–समुच्चयों के बीच कोई संबंध स्थापित नहीं किया जा सकता।

7. (d) : प्रश्न पर आधारित संबंध चार्ट है :

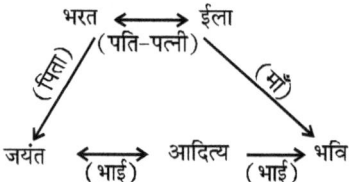

जयंत और आदित्य भाई हैं। यदि आदित्य, रवि का भाई है, तो जयंत भी रवि का भाई है। यदि भरत, जयंत का पिता है, तो वह आदित्य और रवि का भी पिता है। यदि ईला, रवि की मां है, तो वह आदित्य और जयंत की भी मां है। इसका अर्थ है कि भरत और ईला पति-पत्नी हैं और तीनों बच्चों के माता–पिता हैं।

8. (b) : प्रश्न पर आधारित संबंध-चार्ट है:

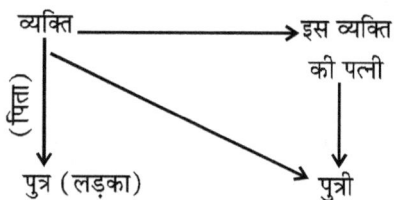

'उस व्यक्ति की पत्नी की पुत्री के पिता' का आशय है कि वह व्यक्ति स्वयं अपने बारे में बात कर रहा है, अतः वह लड़का उस व्यक्ति का पुत्र है।

9. (c) : प्रश्न पर आधारित संबंध-चार्ट है :

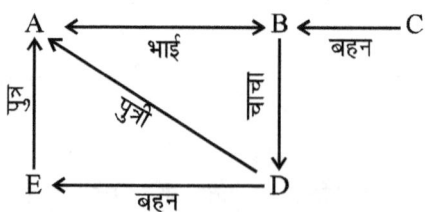

D, E की बहन है और E, A का पुत्र है। अतः D, A की पुत्री है। चूंकि A का भाई B है, अतः B, D का चाचा है।

10. (a) :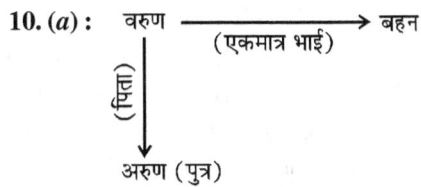

अरुण (पुत्र)

वरुण की बहन का एकमात्र भाई स्वयं वरुण है और उसका पुत्र अरुण है।

कैलेंडर और घड़ी संबंधित

इस प्रकार की गणितीय तर्क बुद्धि परीक्षा घड़ी या कैलेंडर द्वारा समय के परिकलन तथा गतिमान वस्तु की चाल या उसके द्वारा तय की गई दूरी के परिकलन के संबंध में अभ्यर्थियों की योग्यता की जांच करने के लिए आयोजित की जाती है।

उदाहरण

1. यदि आने वाला परसों रविवार है, तो बीते परसों क्या था ?
   (a) बुधवार (b) बृहस्पतिवार (c) शुक्रवार (d) शनिवार
   उत्तर (a) : आने वाला परसों — रविवार
   आने वाला कल — शनिवार
   आज — शुक्रवार
   बीता कल — बृहस्पतिवार
   बीता परसों — बुधवार

2. यदि किसी माह के तीसरे सोमवार के ठीक बाद वाले दिन 16 तारीख थी, तो उस माह के पांचवें सोमवार से ठीक पहले वाले दिन कौन-सी तारीख होगी ?
   (a) 27 (b) 28 (c) 29 (d) 30
   उत्तर (b) : तीसरे सोमवार के ठीक बाद वाले दिन — 16 वीं तारीख
   अत: सोमवार — 15 वीं तारीख
   चौथा सोमवार — 22 वीं तारीख (15 + 7)
   पांचवां सोमवार — 29 वीं तारीख (15 + 14) या (22 + 7)
   अत: पांचवें सोमवार से ठीक पहले वाले दिन — 28 वीं तारीख

वस्तुनिष्ठ प्रश्न

1. यदि परसों बृहस्पतिवार था, तो रविवार कब होगा ?
   (a) कल
   (b) परसों
   (c) आज
   (d) आज से दो दिन बाद

2. यदि किसी माह का सातवां दिन शुक्रवार से तीन दिन पहले का दिन हो, तो उस

माह का उन्नीसवां दिन सप्ताह का कौन-सा दिन होगा?
(a) रविवार (b) सोमवार
(c) बुधवार (d) शुक्रवार

3. एक व्यक्ति आयु में अपनी पत्नी से 3 वर्ष बड़ा है और उसकी आयु उसके पुत्र की आयु के 4 गुने के बराबर है। यदि आज से 3 वर्ष बाद पुत्र की आयु 15 वर्ष हो, तो उसकी मां की वर्तमान आयु क्या है?
(a) 60 वर्ष (b) 51 वर्ष
(c) 48 वर्ष (d) 45 वर्ष

4. एक घड़ी इस प्रकार रखी गई है कि दोपहर ठीक 12.00 बजे इसकी मिनट की सूई उत्तर-पूर्व दिशा को सूचित करती है। दोपहर बाद 1.30 बजे इस घड़ी की घंटे की सूई किस दिशा को सूचित करेगी?
(a) पूर्व (b) पश्चिम
(c) उत्तर (d) दक्षिण

5. मनोज बस स्टॉप के लिए अपने घर से सामान्य समय से 15 मिनट पहले रवाना हुआ। उसे अपने घर से बस स्टॉप तक पहुंचने में 10 मिनट लगते हैं। वह 8.40 बजे बस स्टॉप पहुंचा। बताइए कि वह बस स्टॉप के लिए सामान्यत: कितने बजे घर से निकलता है?
(a) 8.30 बजे
(b) 8.55 बजे
(c) 8.45 बजे

(d) इनमें से कोई नहीं

6. जनवरी 2005 माह में पहला रविवार माह की दूसरी तारीख (02.01.2005) को पड़ता है। इस माह के चौथे मंगलवार की तारीख निम्नलिखित में से कौन-सी है?
(a) 31.01.2005 (b) 25.01.2005
(c) 17.01.2005 (d) 26.01.2005

7. यदि 15 घोड़े 15 दिन में 15 क्विंटल चना खा जाते हों, तो एक घोड़ा एक क्विंटल चना कितने दिनों में खाता है?
(a) 15 दिन (b) 1/15 दिन
(c) 1 दिन (d) 30 दिन

8. शताब्दी अधिवर्ष (सेंचुरी लीप ईयर) निम्नलिखित में से किससे विभाज्य होता है?
(a) 4 (b) 16
(c) 40 (d) 400

9. परसों मेरा जन्मदिन है। अगले सप्ताह उसी दिन होली है। आज सोमवार है, तो होली के ठीक बाद वाला दिन क्या है?
(a) बुधवार (b) बृहस्पतिवार
(c) शुक्रवार (d) शनिवार

10. यदि किसी घड़ी में 1 से 12 तक की संख्याओं के स्थान पर F से शुरू करके अंग्रेजी वर्णमाला के अक्षर लिखे गए हों, तो 9.00 बजे का समय निम्नलिखित में से किसके द्वारा निरूपित होगा?
(a) M - P (b) Q - N
(c) P - M (d) N - Q

व्याख्यात्मक उत्तर

1. (a) : बृहस्पतिवार —बीता परसों   शुक्रवार —बीता कल
शनिवार —आज   रविवार — आने वाला कल

2. (a) : सातवां दिन शुक्रवार से तीन दिन पहले का दिन है। अत: दसवां दिन शुक्रवार है, इसलिए 17 वां दिन भी शुक्रवार है।
अत: 19 वां दिन शुक्रवार के बाद का दूसरा दिन अर्थात् रविवार है।

3. (*a*) : पुत्र की वर्तमान आयु = 15 – 3 = 12 वर्ष।
उस व्यक्ति की आयु अपने पुत्र की आयु की चार गुनी है।
अर्थात् $12 \times 4 = 48$ वर्ष
वह व्यक्ति अपनी पत्नी/अपने पुत्र की मां से
3 वर्ष बड़ा है,
अतः मां की आयु = 48 – 3 = 45 वर्ष

4. (*a*) :

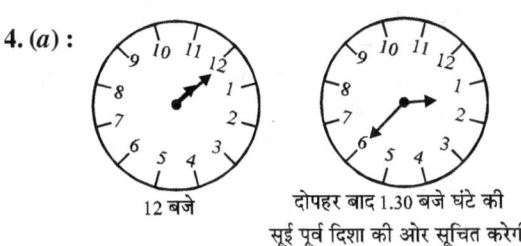

12 बजे

दोपहर बाद 1.30 बजे घंटे की
सूई पूर्व दिशा की ओर सूचित करेगी

5. (*d*) : मनोज बस स्टॉप पर प्रातः 8.40 बजे पहुंचा वह अपने घर से 8:40 – 10 मिनट = प्रातः 8:30 बजे निकला। चूंकि वह सामान्य समय से 15 मिनट बाद घर से निकला, अतः घर से निकलने का उसका वास्तविक समय है : प्रातः 8:30 + 15 मिनट = प्रातः 8:45 बजे।

6. (*b*) : पहला रविवार माह की दूसरी तारीख को पड़ता है।
पहला मंगलवार 4 जनवरी, 2005 को पड़ता है।
3 सप्ताह बाद चौथा मंगलवार पड़ेगा,
$4 + (7 \times 3) = 25$ जनवरी, 2005

7. (*a*) : 15 घोड़े 15 क्विंटल चना 15 दिन में खाते हैं
15 घोड़े 1 क्विंटल चना 1 दिन में खाते हैं
1 घोड़ा 1 क्विंटल चना 15 दिन में खाएगा।

8. (*d*) : अधिवर्ष 4 से विभाज्य होता है जबकि शताब्दी अधिवर्ष (Century leap year) 400 से विभाज्य होता है।

9. (*b*) : आज सोमवार है।
आने वाला परसों बुधवार होगा।
अगले सप्ताह होली भी बुधवार को ही पड़ेगी,
अतः होली के ठीक बाद वाला दिन बृहस्पतिवार होगा।

10. (*d*) :

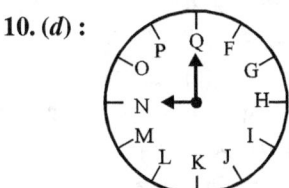

टिप्पणी : N – Q से 9:00 का समय सूचित होगा।

क्रम व्यवस्था और काल परीक्षण

इस प्रकार के प्रश्न किसी पंक्ति या लाइन में व्यवस्थित वस्तुओं की संख्या या कुछ छात्रों की एक कक्षा में किसी छात्र के क्रम-स्थान (कोटि) या कक्षा में छात्रों की कुल संख्या ज्ञात करने के लिए कतिपय सरल गणितीय परिकलनों पर आधारित होते हैं।

उदाहरण

प्र. पेड़ों की किसी पंक्ति में कोई एक पेड़ किसी एक सिरे से आठवें और दूसरे सिरे से तीसरे स्थान पर है। बताइए कि इस पंक्ति में कुल कितने पेड़ हैं?
(a) 11 (b) 9 (c) 10 (d) 12

उत्तर (c) : इस पंक्ति में पेड़ों की संख्या

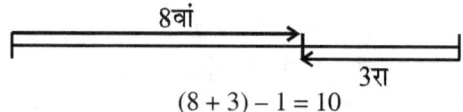

(8 + 3) – 1 = 10

वस्तुनिष्ठ प्रश्न

1. पेड़ों की एक पंक्ति में कोई एक पेड़ पंक्ति के दोनों छोरों से पांचवें स्थान पर है। इस पंक्ति में कुल कितने पेड़ हैं?
   (a) 11 (b) 8
   (c) 10 (d) 9

2. 53 छात्रों की एक कक्षा में जया का योग्यता-क्रम में 5 वां स्थान है। कक्षा में योग्यता-क्रम में नीचे से उसका क्रम-स्थान क्या है?
   (a) 49 वां (b) 48 वां
   (c) 47 वां (d) 50 वां

3. पैंसठ छात्रों की एक कक्षा में योग्यता-क्रम में मोहन का क्रम स्थान इक्कीसवां है। यदि योग्यता-क्रम में सबसे नीचे के छात्र का क्रम-स्थान 1 माना जाए तो योग्यता-क्रम में नीचे से मोहन का क्रम-स्थान क्या होगा?
   (a) 44 वां
   (b) 45 वां
   (c) 46 वां
   (d) दी गई सूचना अपर्याप्त है

4. लड़कों की एक पंक्ति में राहुल दाहिने से 12 वें स्थान पर और बाएं से चौथे स्थान पर खड़ा है। इस पंक्ति में और कितने लड़कों को शामिल करने पर पंक्ति में लड़कों की कुल संख्या 28 हो जाएगी?
   (a) 12 (b) 14
   (c) 20 (d) 13

5. लड़कों की एक पंक्ति में राजन दाहिने से दसवें स्थान पर है और सूरज बाएं से दसवें स्थान पर है। यदि राजन और सूरज आपस में अपना स्थान बदल लें तो सूरज बाएं से सत्ताइसवें स्थान पर आ जाएगा। राजन अब पंक्ति में दाहिने से कितने स्थान पर खड़ा है?

(*a*) दसवें

(*b*) छब्बीसवें

(*c*) उन्तीसवें

(*d*) इनमें से कोई नहीं

6. 41 छात्रों की एक कक्षा में महेश और सुरेश योग्यता-क्रम में ऊपर से क्रमश: 11 वें और 12 वें स्थान पर हैं। योग्यता-क्रम में नीचे से इनका क्रम-स्थान क्या है?

(*a*) 32 वां और 33 वां

(*b*) 29 वां और 30 वां

(*c*) 30 वां और 31 वां

(*d*) 31 वां और 30 वां

7. किसी कक्षा में उमा योग्यता-क्रम में ऊपर से 8 वें और नीचे से 37 वें स्थान पर है। इस कक्षा में कुल कितने छात्र हैं?

(*a*) 47

(*b*) 46

(*c*) 45

(*d*) इनमें से कोई नहीं

8. एक पंक्ति में सादिक सामने से 14 वें स्थान पर और जोसफ अंत से 17 वें स्थान पर खड़ा है जबकि जेन, सादिक और जोसफ के बीच खड़ा है। यदि सादिक, जोसफ से आगे खड़ा है और पंक्ति में कुल 48 व्यक्ति खड़ें हो, तो सादिक और जेन के बीच पंक्ति में कितने व्यक्ति खड़े हैं?

(*a*) 5 (*b*) 6

(*c*) 7 (*d*) 8

9. किसी कक्षा में वार्षिक परीक्षा में उत्तीर्ण हुए छात्रों में योग्यता-क्रम में रोहन नीचे से सत्ताइसवें स्थान पर और ऊपर से ग्यारहवें स्थान पर आया। यदि वार्षिक परीक्षा में इस कक्षा के 12 छात्र अनुत्तीर्ण घोषित किए गए हों, तो परीक्षा में इस कक्षा के कितने छात्र शामिल हुए थे?

(*a*) 48

(*b*) 49

(*c*) 50

(*d*) कहा नहीं जा सकता

10. कुछ लड़के एक पंक्ति में बैठे हैं। P पंक्ति में बाएं से चौदहवें स्थान पर और Q दाहिने से सातवें स्थान पर बैठा है। यदि P और Q के बीच चार लड़के बैठे हों, तो इस पंक्ति में कुल कितने लड़के हैं?

(*a*) 19 (*b*) 21

(*c*) 25 (*d*) 23

व्याख्यात्मक उत्तर

1. (*d*):

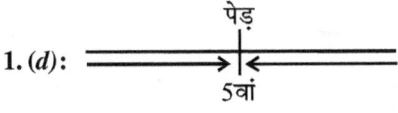

पंक्ति में पेड़ों की कुल संख्या = (5 + 5) –1 = 9

2. (*a*) :

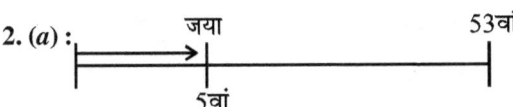

योग्यता-क्रम में नीचे से जया का स्थान

$$= (53 - 5) + 1 = 49 \text{ वां}$$

3. (*b*) :

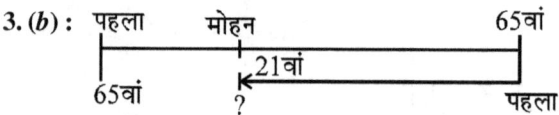

टिप्पणी : प्रश्न पूछने का अभिप्राय है कक्षा में योग्यता-क्रम में नीचे से मोहन का स्थान जानना।

मोहन का स्थान है = (65 – 21) +1 = 45 वां

4. (*d*) :

पंक्ति में लड़कों की कुल संख्या :
(4 + 12) – 1 = 15
पंक्ति में लड़कों की कुल संख्या 28 करने के लिए इसमें और (28 –15) अर्थात् 13 लड़कों को शामिल करने की आवश्यकता है।

5. (*d*) :

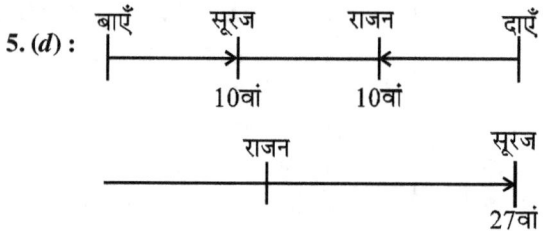

चूंकि लड़कों का क्रम-स्थान दोनों छोरों से समान है, अतः स्थान बदलने के बाद राजन का क्रम स्थान दाहिने से 27 वां होगा।

6. (*d*) :

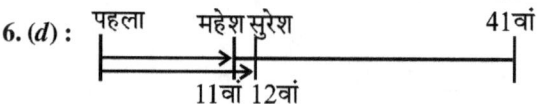

योग्यता-क्रम में नीचे से महेश का स्थान

$$= (41 - 11) + 1 = 31 \text{ वां}$$

योग्यता-क्रम में नीचे से सुरेश का स्थान

$$= (41 - 12) + 1 = 30 \text{ वां}$$

7. (*d*) :

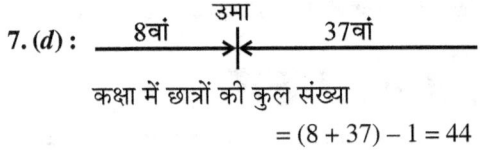

कक्षा में छात्रों की कुल संख्या

$$= (8 + 37) - 1 = 44$$

8. (*c*) :

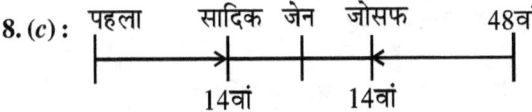

अंत से सादिक का क्रम स्थान :

$$(48 - 14) + 1 = 35 \text{ वां}$$

सादिक और जोसफ के बीच व्यक्तियों की संख्या

$$= (35 - 17) - 1 = 17$$

जेन, सादिक और जोसफ के बीच में है, अर्थात् वह दोनों लड़कों से नौंवे स्थान पर है।

∴ सादिक और जेन के बीच 8 व्यक्ति हैं।

टिप्पणी : $(8 + 8) + 1 = 17$

9. (*b*) :

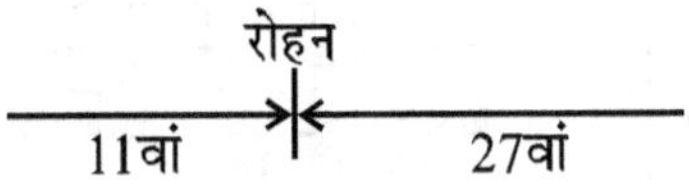

रोहन
11वां
27वां

परीक्षा में उत्तीर्ण होने वाले छात्रों की संख्या

$$= (11 + 27) - 1 = 37$$

परीक्षा में अनुत्तीण हुए छात्रों की संख्या = 12

परीक्षा में भाग लेने वाले छात्रों की कुल संख्या

$$= 37 + 12 = 49.$$

10. (*c*) :

7वां

पंक्ति में लड़कों की संख्या

$$= (14 + 4 + 7) = 25$$

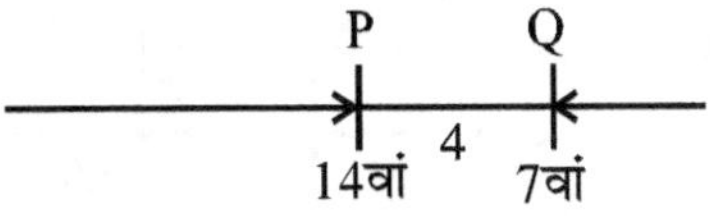

अभाषिक

आकृति श्रृंखला

वस्तुनिष्ठ प्रश्न

निर्देशः *नीचे के प्रत्येक प्रश्न में आकृतियों के दो समुच्चय दिए गए हैं जिनमें से एक समुच्चय को* ***प्रश्न आकृतियों*** *का समुच्चय और दूसरे समुच्चय को* ***उत्तर आकृतियों*** *का समुच्चय कहा गया है। प्रश्न आकृतियों के समुच्चय से किसी न किसी प्रकार से एक श्रृंखला बनती है। उत्तर आकृतियों के समुच्चय से उस एक आकृति का चयन करें जिससे प्रश्न आकृतियों के समुच्चय की श्रृंखला संतत हो जाए।*

1. प्रश्न आकृतियां

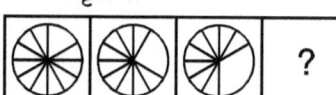

उत्तर आकृतियां

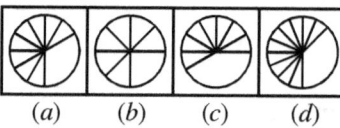

(*a*) (*b*) (*c*) (*d*)

2. प्रश्न आकृतियां

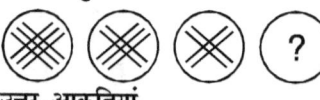

उत्तर आकृतियां

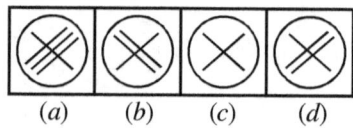

(*a*) (*b*) (*c*) (*d*)

3. प्रश्न आकृतियां

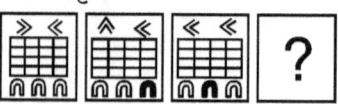

उत्तर आकृतियां

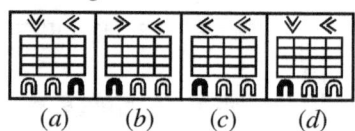

(*a*) (*b*) (*c*) (*d*)

4. प्रश्न आकृतियां

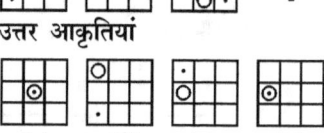

उत्तर आकृतियां

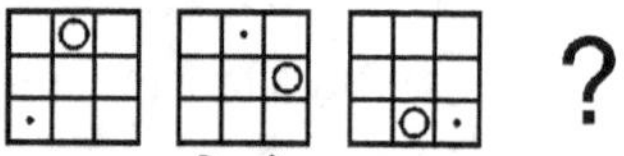

(*a*) (*b*) (*c*) (*d*)

5. प्रश्न आकृतियां

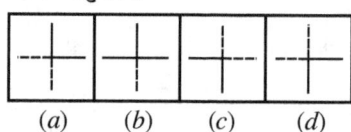

उत्तर आकृतियां

(*a*) (*b*) (*c*) (*d*)

6. प्रश्न आकृतियां

उत्तर आकृतियां

(*a*) (*b*) (*c*) (*d*)

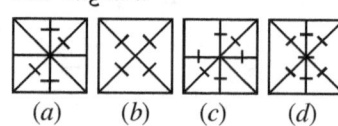

7. प्रश्न आकृतियां

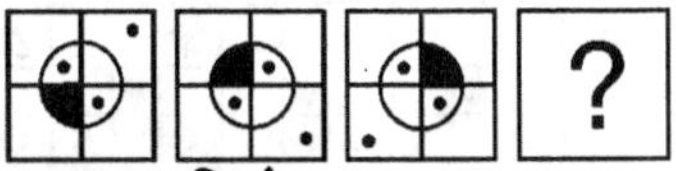

उत्तर आकृतियां

(a) (b) (c) (d)

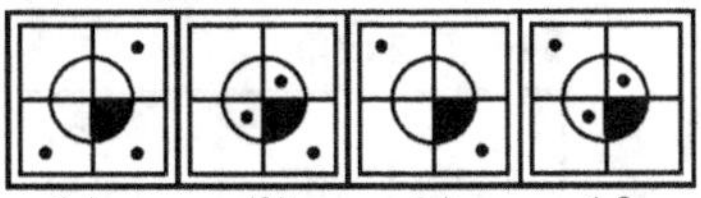

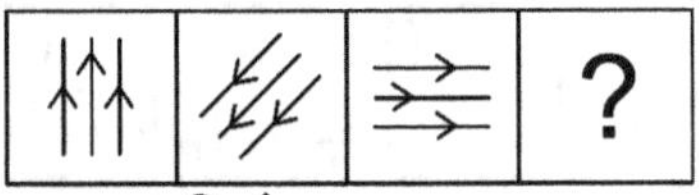

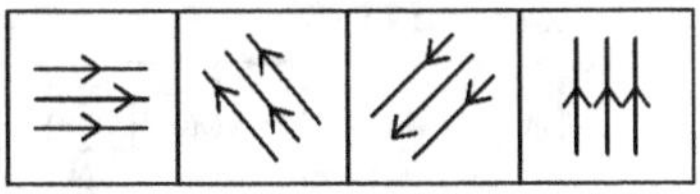

8. प्रश्न आकृतियां

उत्तर आकृतियां

(a) (b) (c) (d)

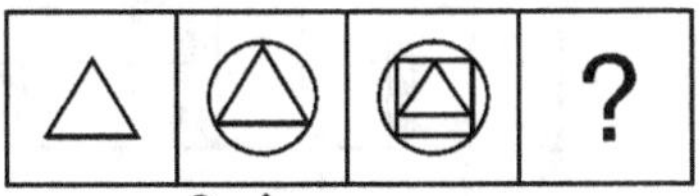

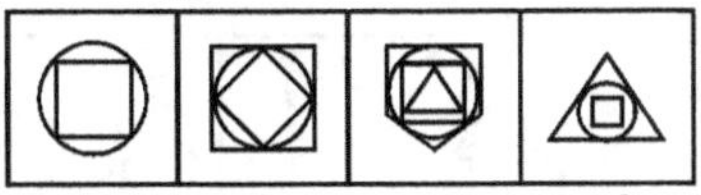

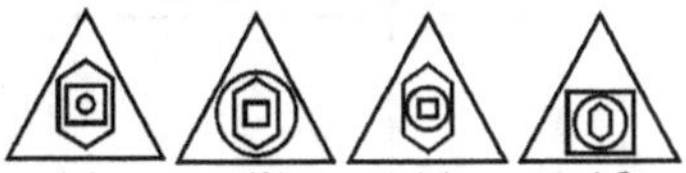

9. प्रश्न आकृतियां

उत्तर आकृतियां

(a) (b) (c) (d)

10. प्रश्न आकृतियां

उत्तर आकृतियां

(a) (b) (c) (d)

11. प्रश्न आकृतियां

उत्तर आकृतियां

(a) (b) (c) (d)

12. प्रश्न आकृतियां

उत्तर आकृतियां

(a) (b) (c) (d)

13. प्रश्न आकृतियां

उत्तर आकृतियां

(a) (b) (c) (d)

14. प्रश्न आकृतियां

उत्तर आकृतियां

(a) (b) (c) (d)

15. प्रश्न आकृतियां

उत्तर आकृतियां

(a) (b) (c) (d)

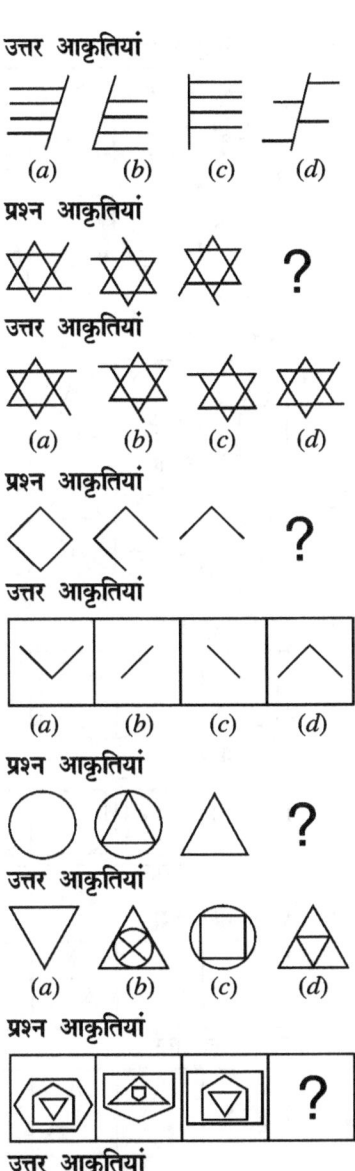

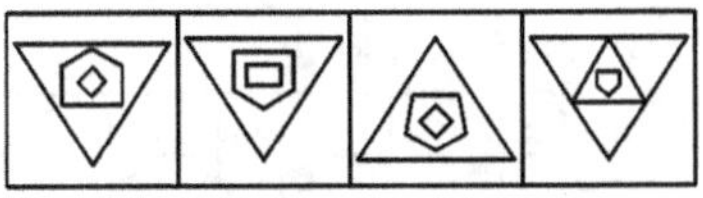

16. प्रश्न आकृतियां

उत्तर आकृतियां

(a) (b) (c) (d)

17. प्रश्न आकृतियां

उत्तर आकृतियां

(a) (b) (c) (d)

18. प्रश्न आकृतियां

उत्तर आकृतियां

(a) (b) (c) (d)

19. प्रश्न आकृतियां

उत्तर आकृतियां

(a) (b) (c) (d)

20. प्रश्न आकृतियां

उत्तर आकृतियां

(a) (b) (c) (d)

21. प्रश्न आकृतियां

उत्तर आकृतियां

(a) (b) (c) (d)

22. प्रश्न आकृतियां

उत्तर आकृतियां

(a) (b) (c) (d)

23. प्रश्न आकृतियां

उत्तर आकृतियां

(a) (b) (c) (d)

24. प्रश्न आकृतियां

उत्तर आकृतियां

(a) (b) (c) (d)

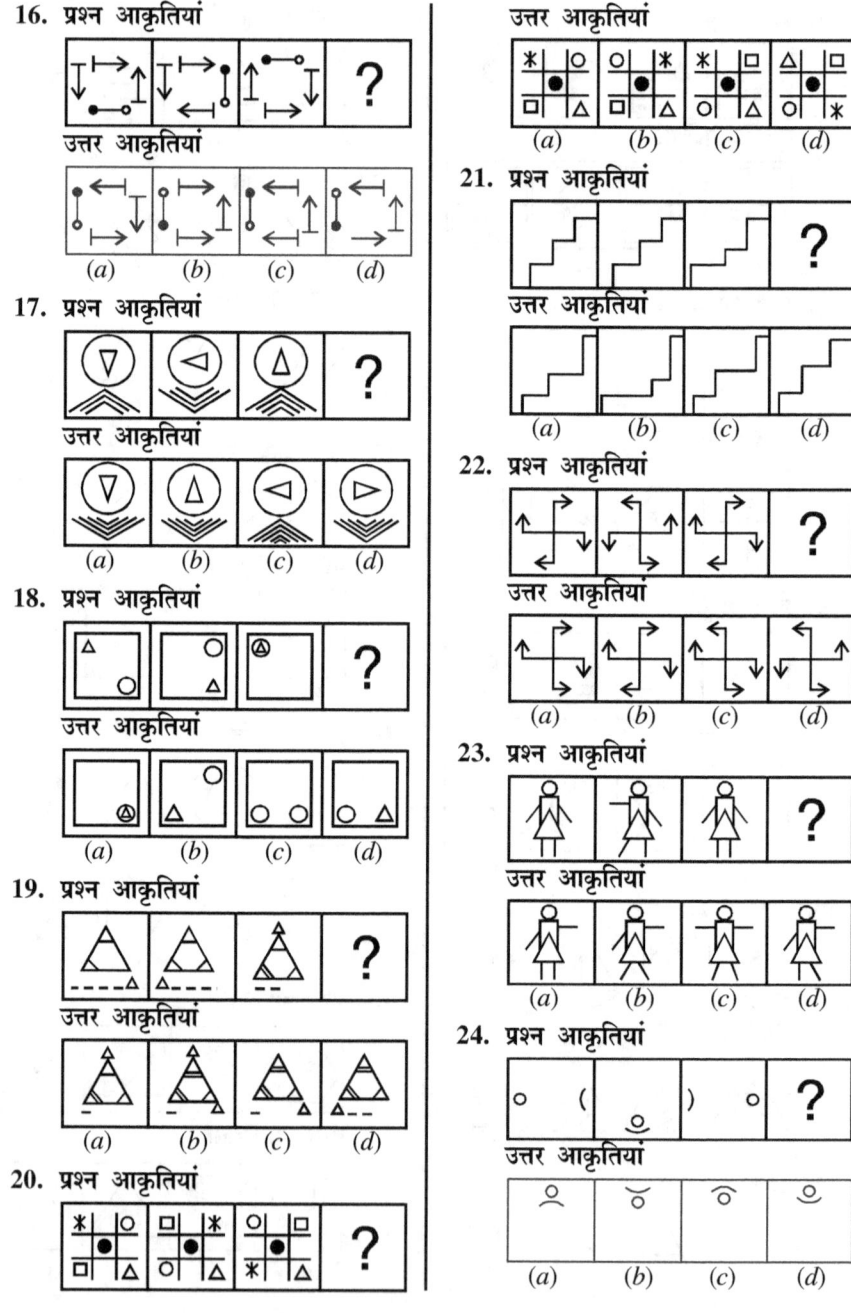

25. प्रश्न आकृतियां

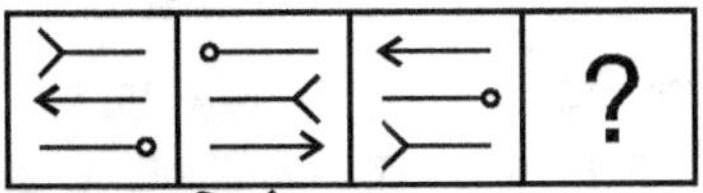

उत्तर आकृतियां

(a) (b) (c) (d)

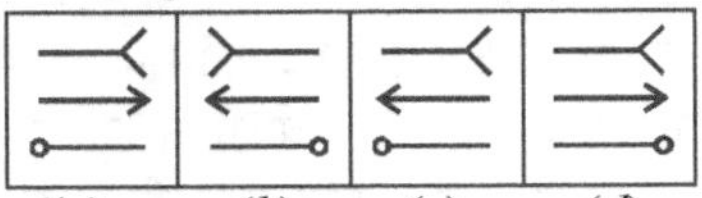

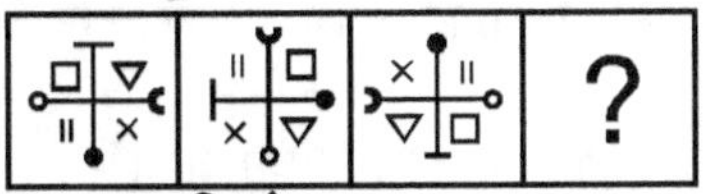

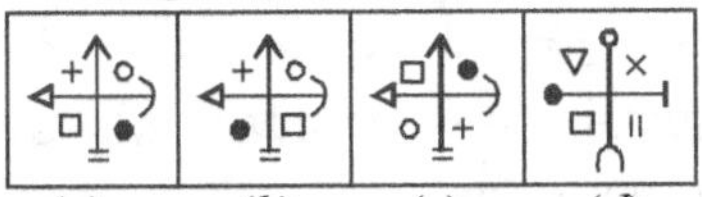

26. प्रश्न आकृतियां

उत्तर आकृतियां

(a) (b) (c) (d)

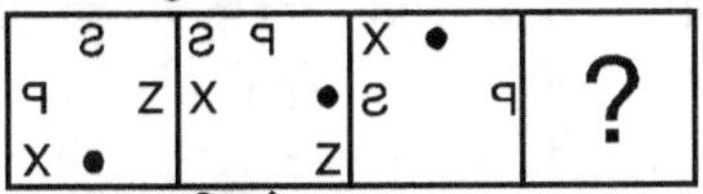

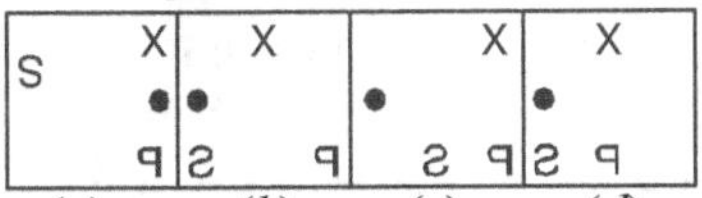

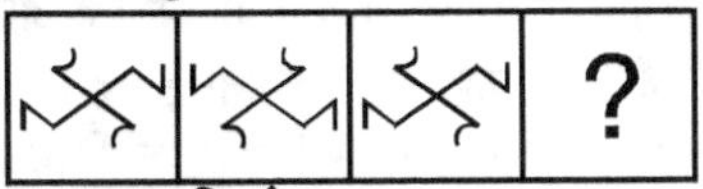

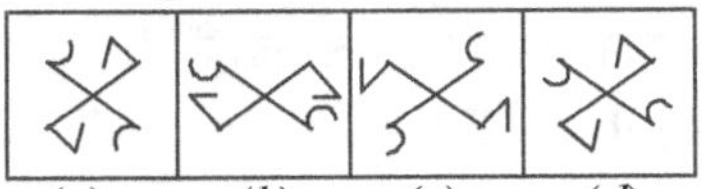

27. प्रश्न आकृतियां

उत्तर आकृतियां

(a) (b) (c) (d)

28. प्रश्न आकृतियां

उत्तर आकृतियां

(a) (b) (c) (d)

29. प्रश्न आकृतियां

उत्तर आकृतियां

(a) (b) (c) (d)

30. प्रश्न आकृतियां

उत्तर आकृतियां

(a) (b) (c) (d)

31. प्रश्न आकृतियां

उत्तर आकृतियां

(a) (b) (c) (d)

32. प्रश्न आकृतियां

उत्तर आकृतियां

(a) (b) (c) (d)

33. प्रश्न आकृतियां

उत्तर आकृतियां

(a) (b) (c) (d)

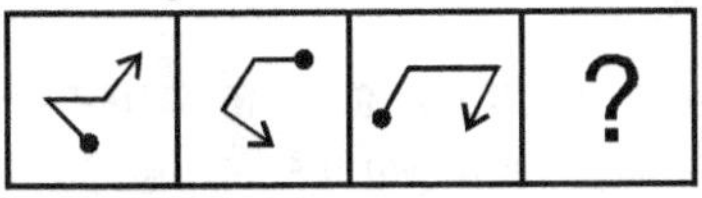

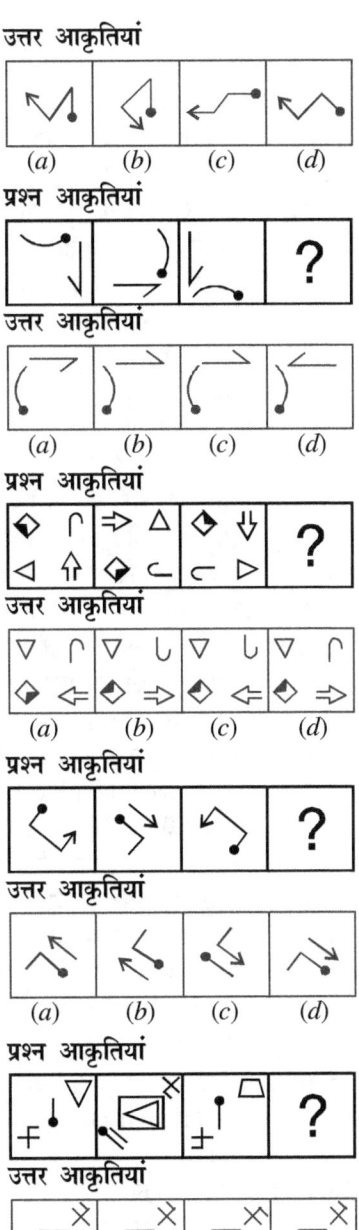

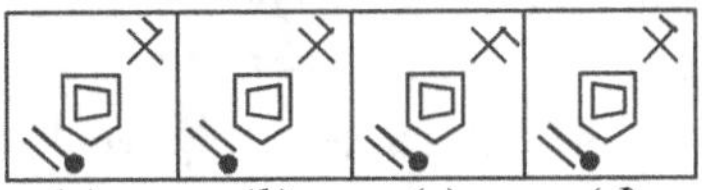

व्याख्यात्मक उत्तर

1. (*c*) : एक आकृति से दूसरी आकृति में वृत्त क्रमशः दक्षिणावर्त 30° के कोण से घूम जाता है और प्रत्येक चरण में वृत्त के भीतर स्थित एक त्रिज्यीय रेखाखण्ड लुप्त होता जाता है।

2. (*d*) : तिरछे या विकर्णी रेखाखण्ड एक-एक करके एक निश्चित क्रम में लुप्त होते जाते हैं।

3. (*d*) : पहली आकृति में ऊपर बाएं स्थित ≫ अवयव क्रमशः अगली आकृति में वामावर्त 90° के कोण से घूम जाता है। आकृति में नीचे स्थित तीन अवयवों में से दाहिने ओर का एक अवयव दूसरी आकृति में छायांकित हो जाता है तथा उसके बाद की आकृति में इन तीनों में से दाहिने से बाएं के क्रम में केवल एक अवयव ही छायांकित होता जाता है।

4. (*d*) : वृत्त (गोल घेरा) और बिंदु अगली आकृति में दक्षिणावर्त क्रमशः दो और तीन खंड आगे खिसक जाते हैं।

5. (*a*) : प्रत्येक चरण में क्रॉस का चिह्न दक्षिणावर्त 90° के कोण से घूम जाता है।

6. (*a*) : पहली आकृति में विकर्ण पर बीच में स्थित रेखाखण्ड दूसरी आकृति में आगे बढ़कर वर्ग के सम्मुख कोनों को स्पर्श करता है। अगली आकृति में तीन रेखाखण्डों से युक्त एक नई रेखा जुड़ जाती है। शृंखला में निंरतरता स्थापित करने के लिए मध्यस्थ रेखाखण्ड को आगे बढ़ाकर वर्ग की भुजाओं से स्पर्श कराया जाना चाहिए।

7. (*d*) : प्रत्येक चरण पर संपूर्ण आकृति दक्षिणावर्त 90° के कोण से घूम जाती है।

8. (*b*) : एकांतर आकृतियों में तीर दक्षिणावर्त 90° के कोण से घूम जाते हैं और तीर के चिह्नों (वाणमुखों) की संस्थिति सामने से पीछे और पीछे से सामने होती जाती है।

9. (*c*) : प्रत्येक चरण पर पूर्ववर्ती आकृति-समुच्चय में एक नई आकृति जुड़ती जाती है।

10. (*a*) : पहली आकृति में सबसे बाहरी संरचना अगली आकृति में सबसे भीतर चली जाती है।

11. (*a*) : एकांतर आकृतियों में क्षैतिज रेखा तिरछी रेखा की दूसरी ओर चली जाती है और तब उनसे दो ओर क्षैतिज रेखाएं जुड़ जाती हैं।

12. (*d*) : प्रत्येक चरण पर तारे की आकृति वामावर्त 90° के कोण से घूम जाती है।

13. (*c*) : प्रत्येक चरण पर समचतुर्भुज की एक भुजा वामावर्त लुप्त होती जाती है।

14. (*d*) : विद्यमान आकृति के भीतर अगले चरण में एक नई आकृति बना दी जाती है और उसके बाद के अगले चरण में पूर्व की विद्यमान आकृति का लोप हो जाता है। इस शृंखला में निरंतरता स्थापित करने के लिए त्रिभुज के भीतर एक नई आकृति निर्मित करना आवश्यक है।

15. (*d*) : प्रत्येक चरण पर त्रिभुज और पंचभुज के स्थान आपस में बदल जाते हैं और ये आकृतियां उलट जाती हैं। बाहरी संरचना में भुजाओं की संख्या में प्रत्येक चरण पर एक की कमी हो जाती है।

16. (*a*) : एकांतर आकृतियों में सम्मुख अवयवों का स्थान आपस में बदल जाता है अर्थात् सम्मुख अवयव एक-दूसरे के स्थान पर आ जाते हैं।

17. (*d*) : प्रत्येक चरण पर त्रिभुज दक्षिणावर्त 90° के कोण से घूम जाता है। प्रत्येक चरण पर समांतर 'V' रेखाएं उल्टी हो जाती हैं और एकांतर आकृतियों में इनमें एक की वृद्धि होती जाती है।

18. (*d*) : प्रत्येक चरण पर त्रिभुज विकर्णतः सम्मुख कोनों पर जाता रहता है और वृत्त एक कोने से दूसरे कोने पर वामावर्त घूमता रहता है।

19. (*c*) : छोटा त्रिभुज दक्षिणावर्त घूमता है और आधार पर स्थित रेखाखंडों में से एक रेखाखण्ड बड़े त्रिभुज के भीतर दक्षिणावर्त जुड़ता जाता है।

20. (*a*) : प्रत्येक चरण पर तारा, वृत्त और वर्ग का स्थान दक्षिणावर्त एक स्थान आगे चला जाता है।

21. (*b*) : दो कोनों की पौड़ियां समान रूप से बड़ी होती जाती हैं।

22. (*d*) : प्रत्येक चरण पर तीर-शीर्ष उल्टी दिशा में चले जाते हैं या एकांतर आकृतियां सदृश हैं।

23. (*d*) : आकृति की बायीं भुजा और बायां पैर पहले ऊपर उठते हैं और तब नीचे गिरते हैं। इस श्रृंखला को संतत बनाए रखने के लिए तीसरी से चौथी आकृति में दाईं भुजा और दायां पैर ऊपर उठा हुआ होना चाहिए।

24. (*c*) : चाप वामावर्त 90° के कोण से घूम जाता है और तब दक्षिणावर्त एक चरण आगे चला जाता है जबकि वृत्त एक चरण वामावर्त जाता है जहां दोनों एक साथ अवस्थित होते हैं और वृत्त चाप के भीतर स्थित होता है।

25. (*a*) : सभी तीनों अवयव पार्श्वतः उत्क्रमित हो जाते हैं और नीचे का अवयव प्रत्येक अगली आकृति में सबसे ऊपर चला जाता है।

26. (*d*) : अगली आकृति में श्रृंखला में चारों चतुर्थांशों के अवयव एक चरण दक्षिणावर्त चले जाते हैं और क्रास चिह्न (+) के सिरों के अवयव एक चरण वामावर्त चले जाते हैं।

27. (*d*) : अगली आकृति में S की उल्टी आकृति (ƨ) आधा चरण वामावर्त, P की उल्टी आकृति (q) एक चरण दक्षिणावर्त, × आधा चरण दक्षिणावर्त और बिंदु एक चरण वामावर्त चले जाते हैं।

28. (*c*) : इस श्रृंखला में एकांतर आकृतियां सदृश हैं।

29. (*a*) : एकांतर आकृतियों में बिन्दु युक्त रेखा 90° दक्षिणावर्त और तीर 135° दक्षिणावर्त घूम जाते हैं।

30. (*c*) : एकांतर आकृतियों में कोण और चाप 180° के कोण से घूम जाते हैं तथा विपरीत दिशाओं में चले जाते हैं।

31. (*d*) : एकांतर आकृति में वर्ग के भीतर का छायांकित भाग सम्मुख भुजा पर चला जाता है तथा अन्य तीन अवयव वामावर्त एक-दूसरे के स्थान पर आ जाते हैं। त्रिभुज और तीर 180° के कोण से घूम जाते हैं। जबकि कांटा (अंकुश) 90° वामावर्त घूम जाता है तथा क्षैतिजतया उल्टा हो जाता है।

32. (*b*) : एकांतर आकृति में डिजाइन 180° के कोण से घूमा हुआ है।

33. (*d*) : एकांतर आकृति में अवयव 180° के कोण से घूम जाते हैं और ज्यामितीय आकृति को निर्मित करने वाली रेखाओं की संख्या में एक की वृद्धि होती है।

सादृश्य या समसंबंध

वस्तुनिष्ठ प्रश्न

निर्देशः *प्रश्न आकृतियों में :: चिह्न के बाएं दी गई दो आकृतियों में से दूसरी आकृति का पहली आकृति के साथ एक विशेष संबंध है। :: चिह्न की दाईं ओर की दो आकृतियों के बीच भी ऐसा ही संबंध है। दिए गए विकल्पों से उस आकृति का चयन करें जिसे प्रश्न आकृतियों में प्रश्न चिह्न के स्थान पर रखा जा सकता है और जिसका :: चिह्न की दाईं ओर की पहली आकृति के साथ ठीक वैसा ही संबंध है जैसाकि :: चिह्न की बाईं ओर की दो आकृतियों के बीच है।*

1. प्रश्न आकृतियां

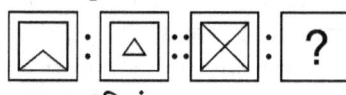

उत्तर आकृतियां

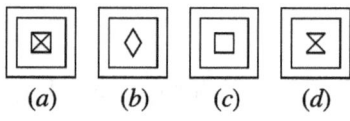

(*a*) (*b*) (*c*) (*d*)

2. प्रश्न आकृतियां

उत्तर आकृतियां

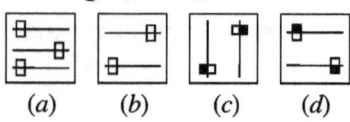

(*a*) (*b*) (*c*) (*d*)

3. प्रश्न आकृतियां

उत्तर आकृतियां

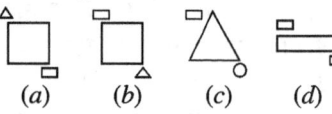

(*a*) (*b*) (*c*) (*d*)

4. प्रश्न आकृतियां

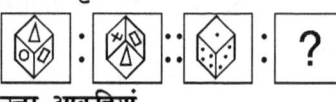

उत्तर आकृतियां

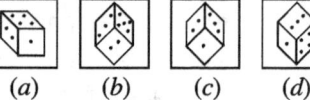

(*a*) (*b*) (*c*) (*d*)

5. प्रश्न आकृतियां

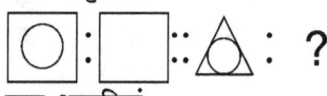

उत्तर आकृतियां

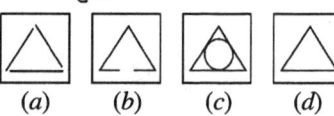

(*a*) (*b*) (*c*) (*d*)

6. प्रश्न आकृतियां

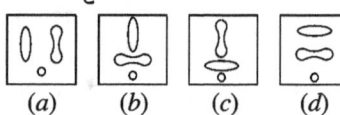

उत्तर आकृतियां

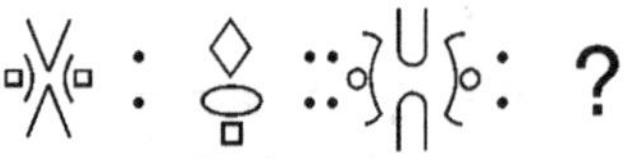

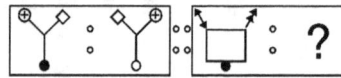

(*a*) (*b*) (*c*) (*d*)

7. प्रश्न आकृतियां

उत्तर आकृतियां

(*a*) (*b*) (*c*) (*d*)

8. प्रश्न आकृतियां

उत्तर आकृतियां

(*a*) (*b*) (*c*) (*d*)

9. प्रश्न आकृतियां

उत्तर आकृतियां

(*a*) (*b*) (*c*) (*d*)

10. प्रश्न आकृतियां

उत्तर आकृतियां

(*a*) (*b*) (*c*) (*d*)

11. प्रश्न आकृतियां

उत्तर आकृतियां

(*a*) (*b*) (*c*) (*d*)

12. प्रश्न आकृतियां

उत्तर आकृतियां

(*a*) (*b*) (*c*) (*d*)

13. प्रश्न आकृतियां

उत्तर आकृतियां

(*a*) (*b*) (*c*) (*d*)

14. प्रश्न आकृतियां

उत्तर आकृतियां

(*a*) (*b*) (*c*) (*d*)

15. प्रश्न आकृतियां

उत्तर आकृतियां

(*a*) (*b*) (*c*) (*d*)

16. प्रश्न आकृतियां

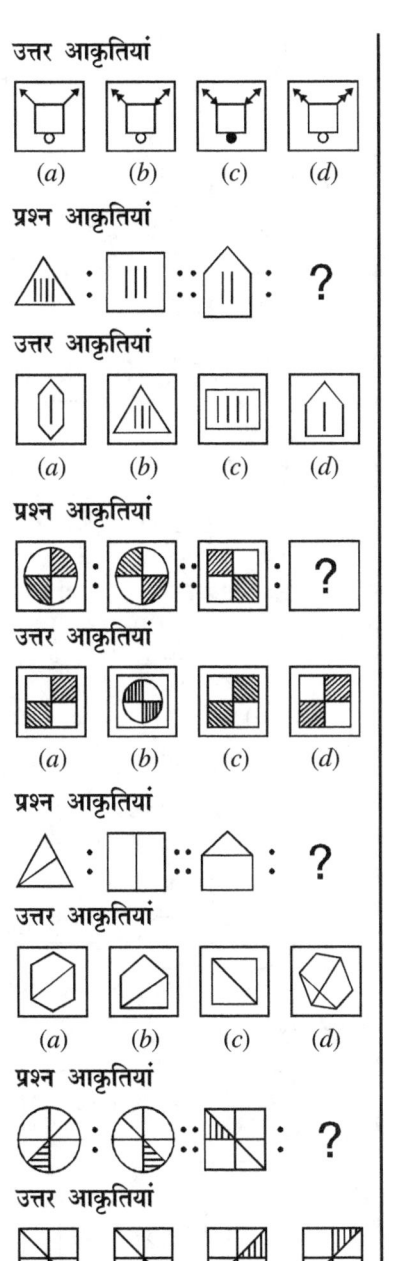

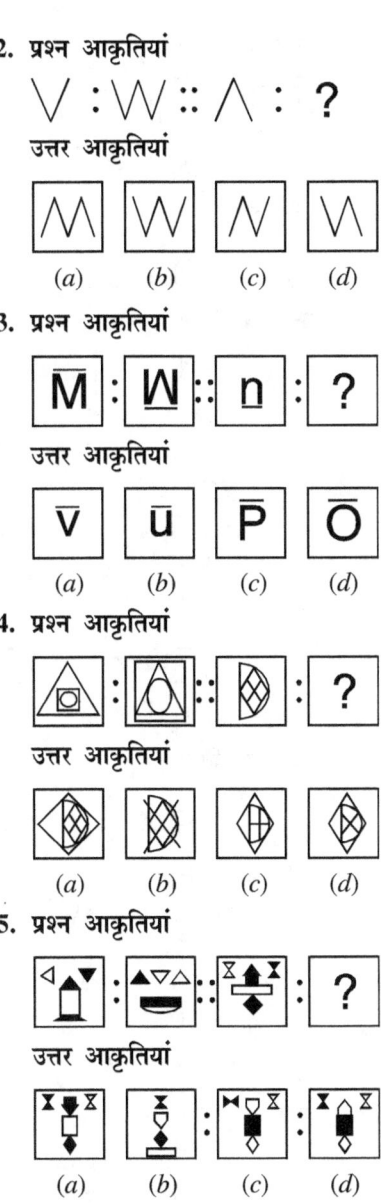

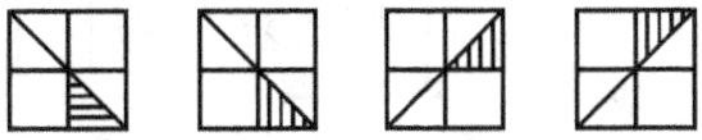

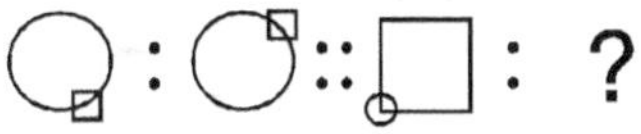

उत्तर आकृतियां

(*a*) (*b*) (*c*) (*d*)

17. प्रश्न आकृतियां

उत्तर आकृतियां

(*a*) (*b*) (*c*) (*d*)

18. प्रश्न आकृतियां

उत्तर आकृतियां

(*a*) (*b*) (*c*) (*d*)

19. प्रश्न आकृतियां

उत्तर आकृतियां

(*a*) (*b*) (*c*) (*d*)

20. प्रश्न आकृतियां

उत्तर आकृतियां

(*a*) (*b*) (*c*) (*d*)

21. प्रश्न आकृतियां

उत्तर आकृतियां

(*a*) (*b*) (*c*) (*d*)

22. प्रश्न आकृतियां

उत्तर आकृतियां

(*a*) (*b*) (*c*) (*d*)

23. प्रश्न आकृतियां

उत्तर आकृतियां

(*a*) (*b*) (*c*) (*d*)

24. प्रश्न आकृतियां

उत्तर आकृतियां

(*a*) (*b*) (*c*) (*d*)

25. प्रश्न आकृतियां

उत्तर आकृतियां

(*a*) (*b*) (*c*) (*d*)

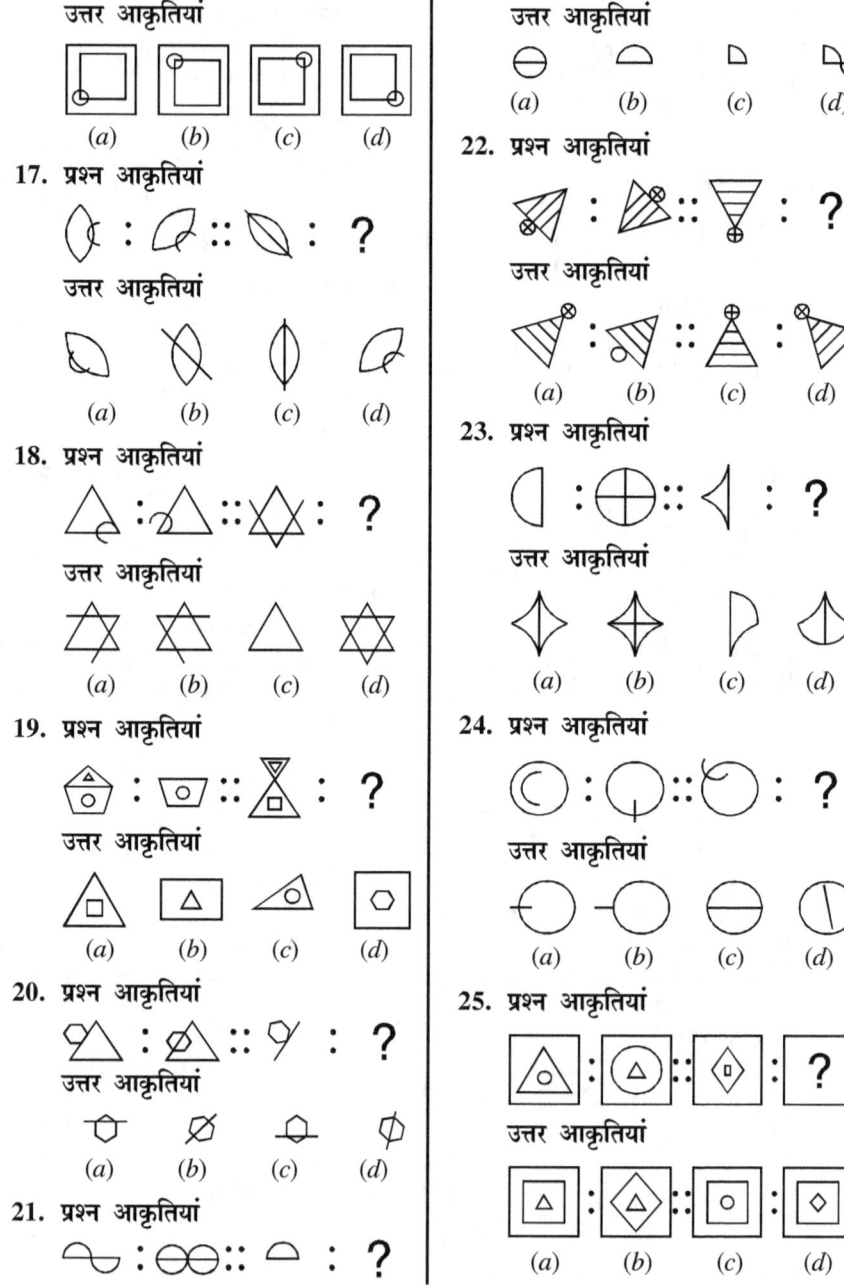

व्याख्यात्मक उत्तर

1. (d) : पहली आकृति का त्रिभुज दूसरी आकृति में बीच में आ जाता है। इसी प्रकार शीर्ष पर जुड़े दो त्रिभुज भी उत्तर आकृति में बीच में आ जाते हैं।

2. (d) : पहली आकृति का संपूर्ण डिजाइन दूसरी आकृति में दक्षिणावर्त 90° के कोण से घूम जाता है और उसका एक अवयव लुप्त हो जाता है तथा रेखिका से जुड़े अवयव के परस्पर विपरीत दिशा वाले हिस्से छायांकित हो जाते हैं।

3. (a) : पहली आकृति से दूसरी आकृति में दाईं ओर नीचे का अवयव विकर्णतः सम्मुख कोने पर चला जाता है, बाईं ओर ऊपर का अवयव बड़ा हो जाता है और बीच में आ जाता है तथा बीच का अवयव छोटा होकर नीचे दाएँ कोने पर आ जाता है।

4. (c) : पहली आकृति से दूसरी आकृति में पाशे के फलक पर अंकित आकृति ऊपर से नीचे आ जाती है। दाहिनी ओर का डिजाइन अपरिवर्तित रहता है। जबकि बाईं ओर का डिजाइन बदल जाता है।

5. (d) : पहली आकृति में भीतर का अवयव दूसरी आकृति में लुप्त हो जाता है।

6. (b) : पहली आकृति के दो आधे अवयव दूसरी आकृति में ऊर्ध्वाधरतः पलटकर आपस में जुड़ जाते हैं और इस प्रकार निर्मित नया अवयव ऊपर शीर्ष पर पहुँच जाता है। पहली आकृति के दो क्षैतिजतः अवस्थित वक्र परस्पर जुड़कर एक नया अवयव निर्मित करते हैं और दूसरी आकृति में बीच में आ जाते हैं। पहली आकृति में दाएँ और बाएँ छोरों के दो सदृश अवयवों में से एक अवयव दूसरी आकृति में नीचे आ जाता है।

7. (b) : दूसरी आकृति में ऊपर के दो अवयव अपना स्थान बदलकर एक-दूसरे के स्थान पर आ जाते हैं और वृत्त के भीतर का छायांकित भाग छायारहित हो जाता है।

8. (a) : पहली आकृति से दूसरी आकृति में एक ऊर्ध्वाधरतः रेखा कम हो जाती है और आकृति को निर्मित करने वाली रेखाओं की संख्या में एक की वृद्धि होती है।

9. (a) : पहली आकृति को वामावर्त 90° के कोण से घुमाने पर दूसरी आकृति प्राप्त होती है।

10. (a) : पहली आकृति से दूसरी आकृति में आकृति को निर्मित करने वाली रेखाओं की संख्या में एक की वृद्धि होती है।

11. (c) : पहली आकृति से दूसरी आकृति में विकर्णी रेखा 90° के कोण से घूम जाती है और रेखाखण्ड क्षैतिजतया सम्मुख खण्ड में चले जाते हैं।

12. (a) : पहली आकृति का डिजाइन दूसरी आकृति में दोगुना हो जाता है।

13. (b) : पहली आकृति का डिजाइन दूसरी आकृति में ऊर्ध्वाधरतः उलट जाता है।

14. (d) : बीच के और सबसे भीतरी अवयव के आकार में वृद्धि होती है और सबसे बाहरी अवयव छोटा होकर दो बढ़े हुए अवयवों के बीच में आ जाता है।

15. (c) : पहली आकृति से दूसरी आकृति में ऊपरी बाईं ओर का अवयव 90° के कोण से घूम जाता है और ऊपरी दाईं ओर का अवयव ऊर्ध्वाधरतः उलट जाता है। ऊर्ध्वाधर डिजाइन का ऊपरी भाग ऊर्ध्वाधरतः उलट जाता है और अलग हो जाता है, बीच का हिस्सा छोटा/बड़ा हो जाता है और 90° के कोण से घूम जाता है। तथा निचला हिस्सा ऊर्ध्वाधरतः उल्ट जाता है। उपर्युक्त सभी परिवर्तनों के अतिरिक्त एक आकृति से दूसरी आकृति में छायांकित भाग छाया रहित हो जाता है और छाया रहित भाग छायांकित हो जाता है।

16. (d) : पहली आकृति से दूसरी आकृति में मुख्य डिजाइन को आच्छादित करने वाला अवयव वामावर्त एक चरण खिसक रहा है।

17. (c) : पहली आकृति दूसरी आकृति में दक्षिणावर्त 45° के कोण से घूम जाती है।

18. (b) : पहली आकृति से दूसरी आकृति में अपूर्ण अवयव वामावर्त दो चरण खिसक जाता है और वामावर्त 135° के कोण से घूम जाता है।

19. (a) : पहली आकृति से दूसरी आकृति में ऊपर का भाग लुप्त हो जाता है और दूसरी आकृति में पहली आकृति का केवल आधारीय भाग ही बचा रह जाता है।

20. (b) : पहली आकृति से दूसरी आकृति में बाईं ओर का अवयव जिस रेखा से जुड़ा है उसे पार कर जाता है जिससे यह दूसरी आकृति में दो बराबर भागों में बंट जाता है।

21. (a) : पहली आकृति का अपूर्ण डिजाइन दूसरी आकृति में पूर्ण हो जाता है।

22. (c) : पहली आकृति का डिजाइन दूसरी आकृति में 180° के कोण से घूम जाता है।

23. (b) : पहली आकृति का डिजाइन दूसरी आकृति में पूर्ण हो जाता है और चार समान भागों में बंट जाता है।

24. (d) : पहली आकृति में वृत्त के भीतर एक चाप है जो दूसरी आकृति में वृत्त की परिधि को काट रहे एक रेखाखंड द्वारा प्रतिस्थापित हो जाता है। इसी तर्क के आधार पर प्रश्नाकृतियों के दूसरे भाग की पहली आकृति में वृत्त की परिधि को काट रहे चाप के स्थान पर दूसरी आकृति में वृत्त के भीतर एक रेखाखण्ड होगा।

25. (d) : पहली आकृति से दूसरी आकृति में बाहरी अवयव छोटा होकर भीतरी अवयव (वृत्त) के भीतर आ जाता है और भीतरी अवयव (वृत्त) जो पहली आकृति में छोटा है, दूसरी आकृति में बड़ा हो जाता है।

वर्गीकरण या भिन्न अथवा विजातीय का चयन

वस्तुनिष्ठ प्रश्न

निर्देशः *नीचे के प्रत्येक प्रश्न में एक आकृति को छोड़कर अन्य सभी आकृतियाँ किसी-न-किसी रूप में आपस में संबंधित हैं और इस कारण वे एक समूह बनाती हैं। प्रत्येक प्रश्न में उस एक भिन्न आकृति का चयन करें जो अन्यों से संबंधित नहीं है अर्थात् जो भिन्न अथवा विजातीय है।*

1.
(*a*) (*b*) (*c*) (*d*)

2.
(*a*) (*b*) (*c*) (*d*)

3.
(*a*) (*b*) (*c*) (*d*)

4.
(*a*) (*b*) (*c*) (*d*)

5.
(*a*) (*b*) (*c*) (*d*)

6.
(*a*) (*b*) (*c*) (*d*)

7.
(*a*) (*b*) (*c*) (*d*)

8.
(*a*) (*b*) (*c*) (*d*)

9.
(*a*) (*b*) (*c*) (*d*)

10.
(*a*) (*b*) (*c*) (*d*)

11.
(*a*) (*b*) (*c*) (*d*)

12.
(*a*) (*b*) (*c*) (*d*)

13.
(*a*) (*b*) (*c*) (*d*)

14.
(*a*) (*b*) (*c*) (*d*)

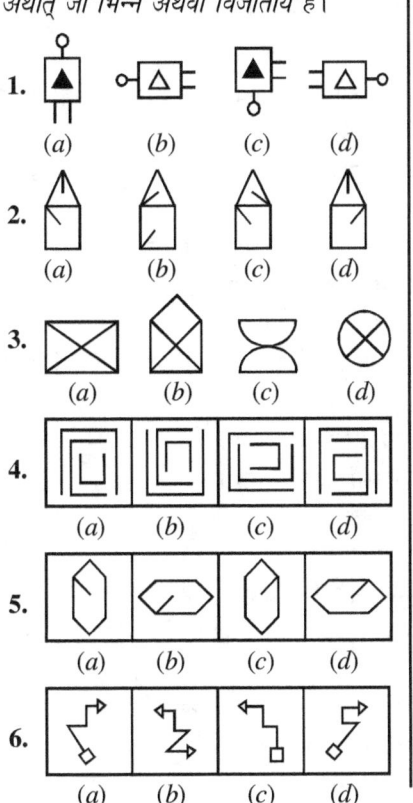

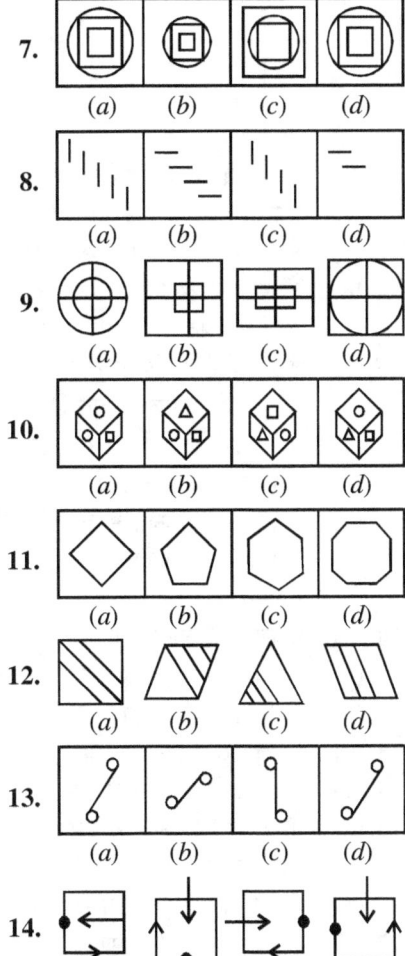

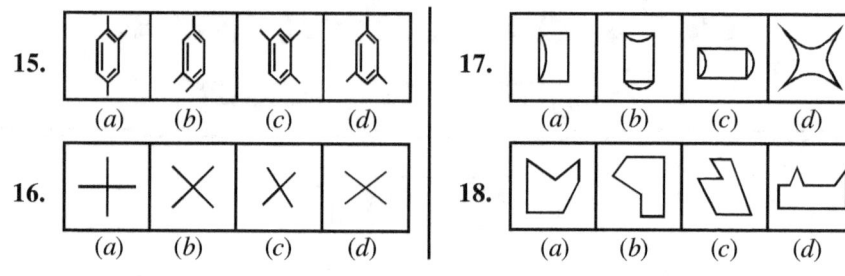

15.

(*a*) (*b*) (*c*) (*d*)

16.

(*a*) (*b*) (*c*) (*d*)

17.

(*a*) (*b*) (*c*) (*d*)

18.

(*a*) (*b*) (*c*) (*d*)

व्याख्यात्मक उत्तर

1. (*c*) : अन्य सभी आकृतियों में वृत्त युक्त रेखा और दो रेखाखंड वर्ग की सम्मुख भुजाओं पर अवस्थित हैं।

2. (*c*) : शेष सभी आकृतियों में एक रेखा के सिरों से एक ही दिशा में दो रेखाखंड खींचे जाते हैं। इस आकृति '(*c*)' में दो रेखाखंड दो विपरीत दिशाओं में खींचे जाते हैं।

3. (*c*) : शेष सभी आकृतियाँ चार भागों में विभक्त हैं।

4. (*d*) : केवल इसी आकृति में ही आकृति के मध्य में स्थित अवयव और दो अवयवों के बीच में स्थित अवयव परस्पर विपरीत दिशाओं में हैं।

5. (*c*) : शेष सभी आकृतियों को घुमाकर एक दूसरी आकृतियाँ प्राप्त की जा सकती हैं। इस आकृति में रेखाखंड गलत दिशा में है।

6. (*b*) : केवल इसी आकृति में मुड़ी हुई रेखाओं के सिरों पर सदृश अवयव हैं।

7. (*c*) : शेष सभी आकृतियों में बीच का और मध्यस्थ अवयव एक से हैं।

8. (*a*) : केवल इसी आकृति में रेखाखंडों की संख्या विषम है।

9. (*d*) : केवल इसी आकृति में दो अलग-अलग आकृतियाँ हैं जो दो समान भागों में विभाजित हैं।

10. (*a*) : केवल इसी आकृति में दो सदृश अवयव (वृत्त) निहित हैं।

11. (*b*) : केवल यही आकृति विषम संख्या में रेखाओं द्वारा निर्मित है।

12. (*d*) : अन्य सभी आकृतियाँ चार भागों में विभाजित हैं।

13. (*d*) : केवल इसी आकृति में वृत्त रेखा के एक ही ओर हैं।

14. (*a*) : केवल इसी आकृति में तीर वर्ग की भुजा को काट नहीं रहा है।

15. (*d*) : केवल इसी आकृति में डिजाइन के बाह्य और आंतरिक दोनों भागों में रेखाएं समान दूरी पर स्थित हैं।

16. (*d*) : शेष सभी आकृतियों में समद्विभाजक रेखाएं एक-दूसरे से समकोण पर हैं।

17. (*d*) : केवल यही आकृति पूर्णतः वक्र रेखाओं से निर्मित है।

18. (*d*) : शेष सभी आकृतियाँ छह सरल रेखाओं से निर्मित हैं।

अपूर्ण प्रतिरूप या आकृति को पूरा करना

वस्तुनिष्ठ प्रश्न

निर्देश (प्र.सं. 1 से 10 तक): *प्रत्येक प्रश्न में बताएं कि कौन-सी विकल्प आकृति दिए गए आकृति प्रतिरूप को पूरा करेगी।*

1. दी गई आकृति

विकल्प आकृतियां

(*a*) (*b*) (*c*) (*d*)

2. दी गई आकृति

विकल्प आकृतियां

(*a*) (*b*) (*c*) (*d*)

3. दी गई आकृति

विकल्प आकृतियां

(*a*) (*b*) (*c*) (*d*)

4. दी गई आकृति

विकल्प आकृतियां

(*a*) (*b*) (*c*) (*d*)

5. दी गई आकृति

विकल्प आकृतियां

(*a*) (*b*) (*c*) (*d*)

6. दी गई आकृति

विकल्प आकृतियां

(*a*) (*b*) (*c*) (*d*)

7. दी गई आकृति

विकल्प आकृतियां

(*a*) (*b*) (*c*) (*d*)

8. दी गई आकृति

विकल्प आकृतियां

(*a*) (*b*) (*c*) (*d*)

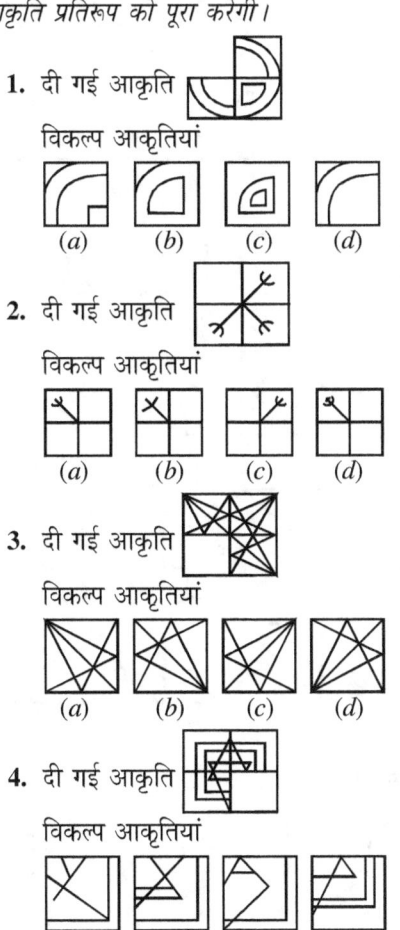

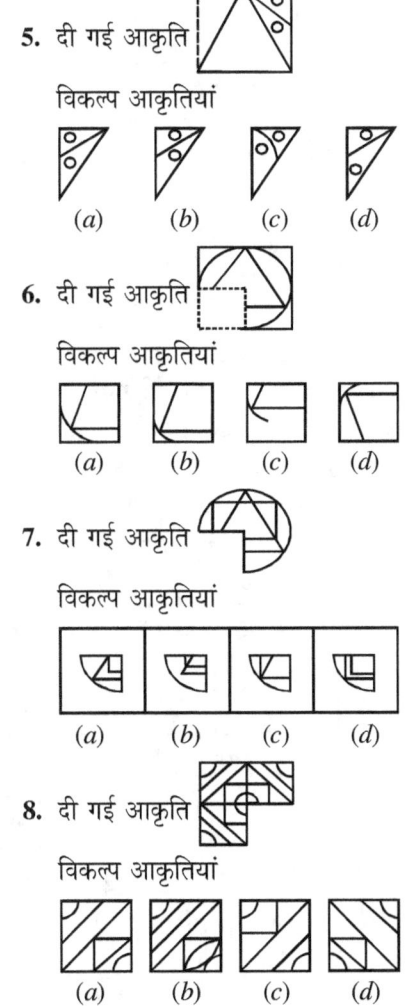

9. दी गई आकृति

विकल्प आकृतियां

(*a*) (*b*) (*c*) (*d*)

10. दी गई आकृति

विकल्प आकृतियां

(*a*) (*b*) (*c*) (*d*)

निर्देश (प्र.सं. 11 से 20 तक): *वर्ग का एक भाग प्रश्न आकृति में दी गयई है। दिये गये विकल्पों से सही आकार को चुनकर वर्ग को पूरा करें।*

प्रश्न आकृति **उत्तर आकृतियां**

11.

(*a*) (*b*) (*c*) (*d*)

12.

(*a*) (*b*) (*c*) (*d*)

13.

(*a*) (*b*) (*c*) (*d*)

14.

(*a*) (*b*) (*c*) (*d*)

15.

(*a*) (*b*) (*c*) (*d*)

16.

(*a*) (*b*) (*c*) (*d*)

17.

(*a*) (*b*) (*c*) (*d*)

18.

(*a*) (*b*) (*c*) (*d*)

19.

(*a*) (*b*) (*c*) (*d*)

20.

(*a*) (*b*) (*c*) (*d*)

उत्तरमाला

1	**2**	**3**	**4**	**5**	**6**	**7**	**8**	**9**	**10**
(*b*)	(*a*)	(*d*)	(*d*)	(*a*)	(*a*)	(*b*)	(*c*)	(*b*)	(*c*)
11	**12**	**13**	**14**	**15**	**16**	**17**	**18**	**19**	**20**
(*c*)	(*c*)	(*a*)	(*d*)	(*c*)	(*a*)	(*a*)	(*a*)	(*b*)	(*c*)

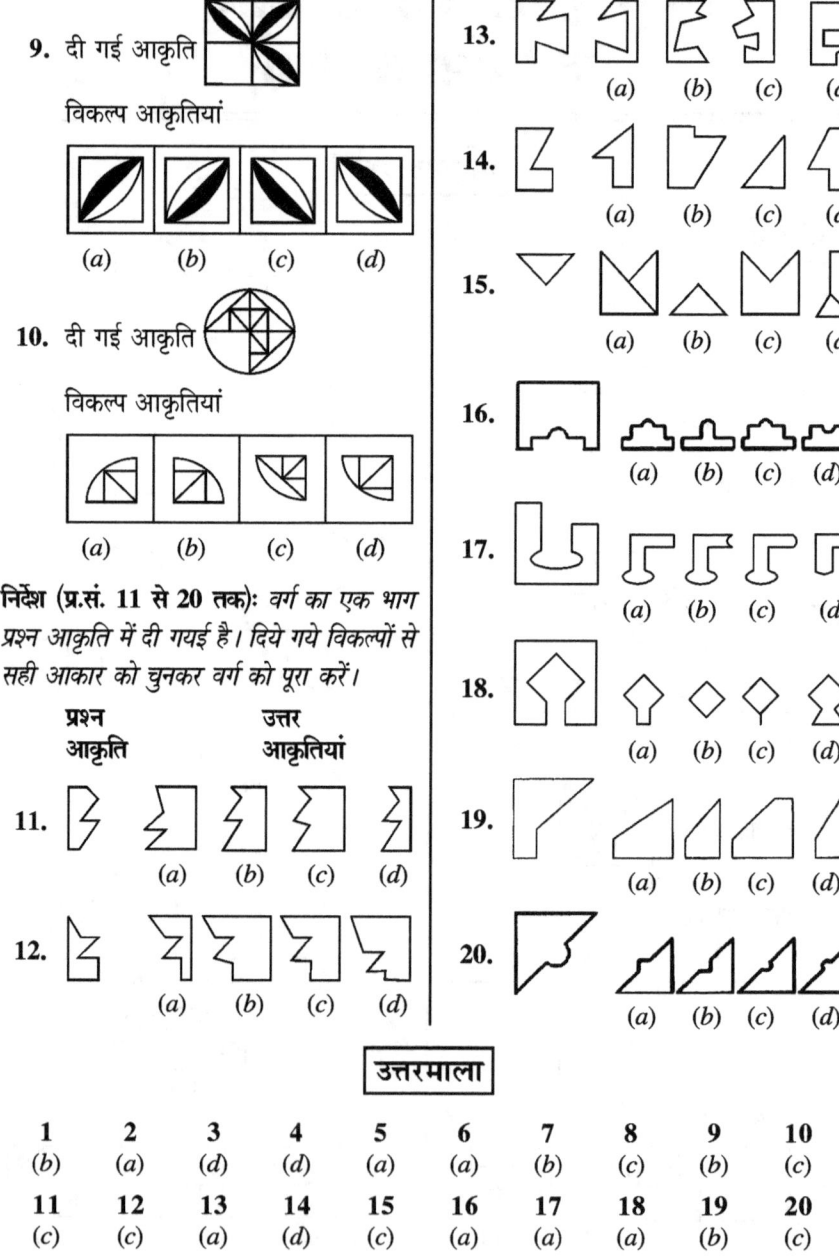

सदृश प्रतिबिम्ब को चुने

वस्तुनिष्ठ प्रश्न

निर्देशः *नीचे के प्रत्येक प्रश्न में एक प्रश्न आकृति दी गई है और उसके साथ ही चार उत्तर आकृतियाँ दी गई हैं। उत्तर आकृतियों में से उस आकृति को चुनें जो ठीक प्रश्न आकृति के समान हो।*

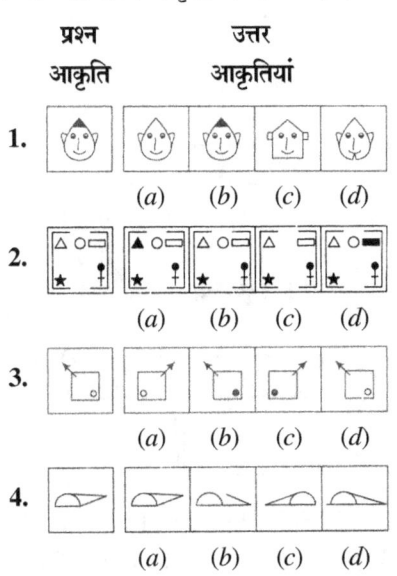

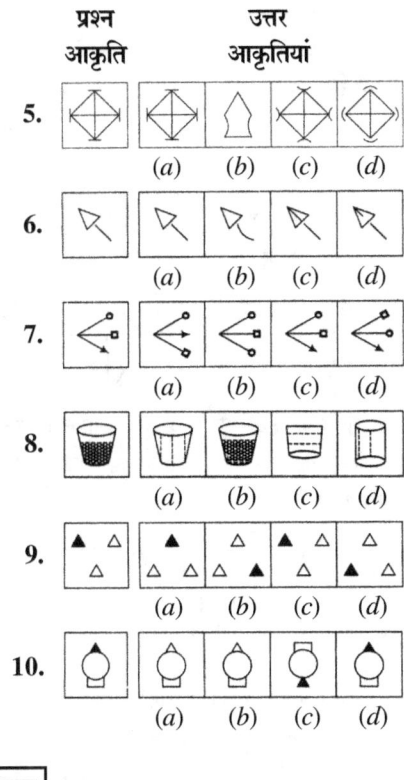

प्रश्न आकृति — **उत्तर आकृतियां**

1.

(*a*) (*b*) (*c*) (*d*)

2.

(*a*) (*b*) (*c*) (*d*)

3.

(*a*) (*b*) (*c*) (*d*)

4.

(*a*) (*b*) (*c*) (*d*)

प्रश्न आकृति — **उत्तर आकृतियां**

5.

(*a*) (*b*) (*c*) (*d*)

6.

(*a*) (*b*) (*c*) (*d*)

7.

(*a*) (*b*) (*c*) (*d*)

8.

(*a*) (*b*) (*c*) (*d*)

9.

(*a*) (*b*) (*c*) (*d*)

10.

(*a*) (*b*) (*c*) (*d*)

उत्तरमाला

1	2	3	4	5	6	7	8	9	10
(*b*)	(*b*)	(*d*)	(*a*)	(*a*)	(*a*)	(*c*)	(*b*)	(*c*)	(*d*)

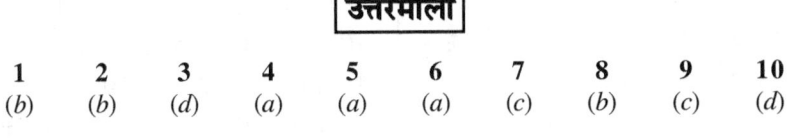

आरेखों पर आधारित प्रश्न

इस प्रकार के प्रश्नों में किसी दी गई जटिल आकृति में निहित ज्यामितीय आकृतियों की संख्या ज्ञात करनी होती है। अभ्यर्थियों के लिए यह अनिवार्य है कि वे प्रश्न आकृति का अत्यंत सावधानीपूर्वक प्रेक्षण करें और तत्पश्चात् उसमें निहित ज्यामितीय आकृतियों को गिनें। एक बड़ी और उलझी हुई आकृति में से उसमें निहित आकृति/डिजाइन को ज्ञात करने के लिए सूक्ष्म बुद्धि और तीक्ष्ण विश्लेषणात्मक क्षमता अपेक्षित होती है तथा साथ ही यह भी आवश्यक है कि अभ्यर्थियों को सभी ज्यामितीय आकृतियों की संरचना का स्पष्ट ज्ञान हो।

उदाहरण

1. नीचे दी गई आकृति में त्रिभुजों की संख्या कितनी है?
   (a) 7
   (b) 9
   (c) 6
   (d) 8

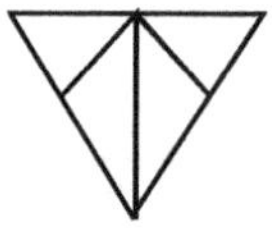

उत्तर (a) : दी गई आकृति में निहित त्रिभुजों की संख्या ज्ञात करने की विधि का नीचे उल्लेख किया गया है:

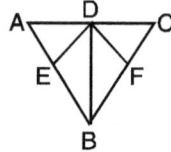

मुख्य संरचना ABC एक त्रिभुज है। इस त्रिभुज में निहित पूर्णतः स्पष्ट दिखाई देने वाले अन्य 4 त्रिभुज हैं: ADE, DEB, DBF, और DCF, अर्थात् ADB और DBC, ये 2 त्रिभुज भी मुख्य त्रिभुज के भीतर निहित हैं। इसी प्रकार इस आकृति में निहित कुल त्रिभुजों की संख्या है: 1 + 4 + 2 = 7

2. नीचे दर्शाई गई आकृति में निहित आकृतियों की संख्या बताइए।

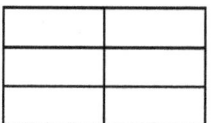

   (a) 12   (b) 11
   (c) 13   (d) 14

उत्तर D : व्याख्या नीचे दी गई है:

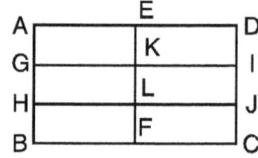

आकृति में मुख्य संरचना ABCD 1 आयत है। इस आयत में निहित सरलतम अर्थात् पूर्णतः स्पष्ट दिखाई देने वाले अन्य 6 आयत हैं: AEGK, GKHL, HLBF, EDKI, KILJ और LJFC। इसमें निहित अन्य 5 क्षैतिज आयत हैं: ADGI, GIHJ, HJBC, ADHJ और GIBC।

जबकि मुख्य आकृति में 2 ऊर्ध्वाधर आयत भी निहित हैं अर्थात् AEBF और EDFC।

अतः इस मुख्य आकृति में निहित आयतों की कुल संख्या हैं: = 1 + 6 + 5 + 2 = 14

वस्तुनिष्ठ प्रश्न

1. नीचे दी गई आकृति में कुल कितने त्रिभुज हैं?

   (a) 24   (b) 27
   (c) 25   (d) 26

2. इस आकृति में कुल कितने समांतर चतुर्भुज हैं?

   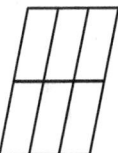

   (a) 9   (b) 13
   (c) 15   (d) 18

3. इस आकृति में कुल कितने त्रिभुज हैं?

   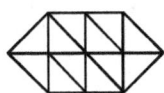

   (a) 16   (b) 17
   (c) 18   (d) 19

4. इस आकृति में आयतों की कुल कितनी संख्या है?

   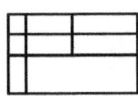

   (a) 21   (b) 24
   (c) 23   (d) 25

5. इस आकृति में कुल कितने वर्ग छिपे हैं?

   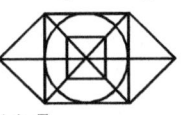

   (a) 7   (b) 8
   (c) 9   (d) 10

6. इस आकृति में निहित त्रिभुजों की संख्या कितनी है?

   (a) 19   (b) 16
   (c) 21   (d) 15

7. नीचे दी गई आकृति में कुल कितने वर्ग निहित हैं?

   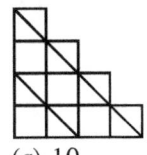

   (a) 10   (b) 11
   (c) 13   (d) 14

8. इस आकृति में वर्गों की कुल कितनी संख्या है?

   (a) 6   (b) 5
   (c) 2   (d) 3

9. नीचे दी गई आकृति में कितने त्रिभुज हैं?

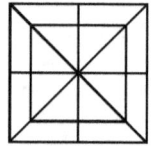

(*a*) 28
(*b*) 36
(*c*) 24
(*d*) 32

10. प्रश्न 9 में दी गई आकृति को निर्मित करने में कुल कितनी रेखाएं प्रयोग में लाई गई हैं?

(*a*) 10
(*b*) 12
(*c*) 11
(*d*) 13

11. नीचे दी गई आकृति में कुल कितने वर्ग हैं?

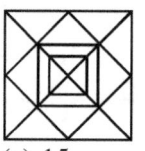

(*a*) 15 (*b*) 11
(*c*) 8 (*d*) 3

12. नीचे की आकृति में वर्गों की कुल कितनी संख्या है?

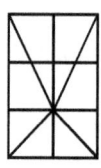

(*a*) 6 (*b*) 10
(*c*) 8 (*d*) 12

13. पूर्वोक्त प्रश्न में दी गई आकृति में निहित त्रिभुजों की संख्या बताइए।

(*a*) 15 (*b*) 16
(*c*) 17 (*d*) 18

व्याख्यात्मक उत्तर

1. (*b*) :

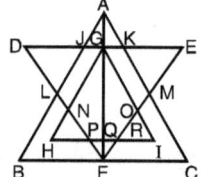

आकृति को निर्मित करने वाले मुख्य त्रिभुज हैं: ABC, DEF और GHI, अर्थात् 3 त्रिभुज। आकृति में निहित सरलतापूर्वक दिखाई पड़ने वाले त्रिभुज हैं: AJG, AGK, KEM, DJL, NHP, PQF, QFR और ORI, अर्थात् 8 त्रिभुज।

समद्विभाजक रेखा AF द्वारा निर्मित त्रिभुज हैं: ABF, AFC, GHQ, GQI, DGF और GFE, अर्थात् 6 त्रिभुज। तीनों मुख्य त्रिभुजों के बीच बनने वाले त्रिभुज हैं: AJK, ALF, AMF, DGN, DGF, LBF, MFC, GEO, GNF और GOF, अर्थात् 10 त्रिभुज। अतः दी गई आकृति में निहित त्रिभुजों की कुल संख्या है: = 3 + 8 + 6 + 10 = 27

2. (*d*) :

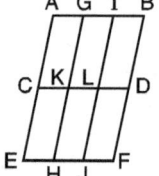

मुख्य समांतर चतुर्भुज ABEF है अर्थात् 1 समांतर चतुर्भुज।

CD रेखा द्वारा दो समान भागों में विभाजित किए जाने पर मुख्य आकृति के भीतर ABCD और CDEF, ये 2 समांतर चतुर्भुज निर्मित होते हैं।

दो अन्य रेखाएं GH और IJ खींची जाने पर AGEH, GIJH और IBJF, ये 3 समांतर चतुर्भुज निर्मित होते हैं।

आकृति में स्पष्टः और सरलतापूर्वक दिखाई पड़ने वाले AGCK, CKEH, GIKL, KLHJ, IBLD और LDJF में 6 समांतर चतुर्भुज निहित हैं।

आकृति में निहित अन्य समांतर चतुर्भुज AICL, CLEJ, GBKD, KDHF, AIEJ और GBHF ये 6 समांतर चतुर्भुज हैं।

अतः दी गई आकृति में निहित समांतर चतुर्भुजों की मूल संख्या हैं: 1 + 2 + 3 + 6 + 6 = 18

3. (*a*) :

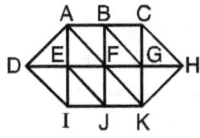

आकृति में सर्वाधिक सरलतापूर्वक दृष्टिगोचर होनेवाले त्रिभुज हैं: ADE, DEI, AEF, ABF, EIJ, EFJ, BFG, BCG, FJK, FGK, CGH और GHK, अर्थात् 12 त्रिभुज।

समद्विभाजित त्रिभुज हैं: ADI और CHK अर्थात् 2 त्रिभुज।

AIK और ACK अन्य त्रिभुज हैं, अर्थात 2 त्रिभुज।

अतः आकृति में निहित त्रिभुजों की कुल संख्या

= 12 + 2 + 2 = 16

4. (*c*) :

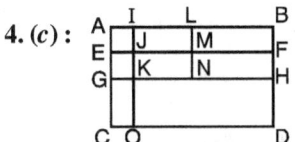

मुख्य आयत है ABCD अर्थात् 1 आयत।

आकृति में सर्वाधिक सरलतापूर्वक दृष्टिगोचर होने वाले आयत हैं: AIEJ, ILJM, LBMF, EJGK, JMKN, MFNH, GKCO और KHOD अर्थात् 8 आयत।

जिन आयतों के दो भाग हैं वे हैं: ALEM, IBJF, EMGN, JFKH, AIGK, IKLN, LDNH, EJCO और GHCD, अर्थात् 9 आयत।

जिन आयतों के 3 भाग हैं वे हैं: AICO, ABEF और EFGH अर्थात् 3 आयत।

जिन आयतों के 4 भाग हैं वे है: GLGN और IBKH, अर्थात् 2 आयत।

अतः आकृति में निहित आयतों की कुल संख्या

= 1 + 8 + 9 + 3 + 2 = 23

5. (*d*) :

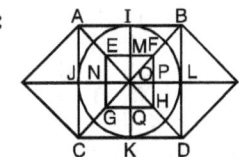

आकृति में निहित मुख्य वर्ग हैं : ABCD और EFGH, अर्थात् 2 वर्ग।

सरलतम बाह्य वर्ग हैं। AIJO, IBOL, JOCK, और OLKD, अर्थात् 4 वर्ग।

सरलतम आंतरिक वर्ग हैं: EMNO, NOGQ, MFOP और OPQH, अर्थात् 4 वर्ग।

आकृति में अन्य कोई वर्ग निहित नहीं हैं।

अतः उपर्युक्त आकृति में निहित वर्गों की कुल संख्या

= 2 + 4 + 4 = 10

6. (*b*) :

आकृति में निहित मुख्य त्रिभुज हैं: ABC, DEF, LNF, और HJC अर्थात् 4 त्रिभुज।

सरलतम त्रिभुज हैं: HIC, IJC, HDC, JCE, DKL, LMF, MFN और NOE अर्थात् 8 त्रिभुज।

आकृति में निहित अन्य त्रिभुज हैं: AGC, GBC, DCF और CEF अर्थात् 4 त्रिभुज

अतः त्रिभुजों की कुल संख्या = 4 + 8 + 4 = 16

7. (*c*) :

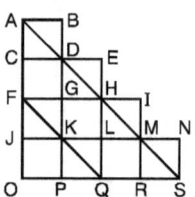

आकृति में निहित सरलतम वर्ग हैं: ABCD, CDFG, DEGH, FGJK, GHKL, HILM, JKOP, KLPQ, LMQR और MNRS अर्थात् 10 वर्ग।

आकृति में निहित अन्य वर्ग हैं: CEJL, FHOQ और GIPR अर्थात् 3 त्रिभुज

∴ आकृति में निहित कुल वर्ग = 10 + 3 = 13

8. (*a*) :

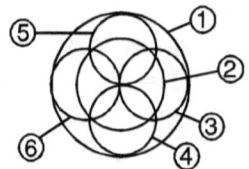

आकृति में दो मुख्य वृत्त हैं और चार छोटे वृत्त हैं और ये सभी एक-दूसरे को प्रतिच्छेदित कर रहे हैं।

∴ आकृति में निहित कुल वृत्त
= 2 + 4 = 6

9. (*d*) :

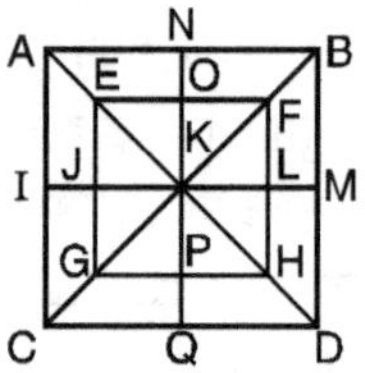

आकृति में निहित बड़े त्रिभुज हैं: ABC, BCD, ABD और ACD, अर्थात् 4 त्रिभुज।

छोटे त्रिभुज हैं: EFH, EGH, EFG और FGH अर्थात् 4 त्रिभुज।

सरलतम त्रिभुज हैं: EJK, EOK, OFK, JKG, FKL, KLH, KGP और KPH, अर्थात् 8 त्रिभुज।

समद्विभाजित त्रिभुज हैं: AKC, ABK, CKD, KBD, EKG, EKF, KHG, KHF, अर्थात् 8 त्रिभुज।

अन्य त्रिभुज है: ANK, NKB, KBM, KMD, KQD, KQC, KCI, IKA, अर्थात् 8 त्रिभुज।

∴ आकृति में निहित कुल त्रिभुज
= 4 + 4 + 8 + 8 + 8 = 32

10. (*b*) :

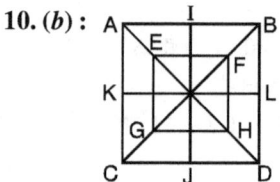

आकृति में निहित क्षैतिज रेखाएं हैं: AB, EF, KL, GH और CD, अर्थात् 5 रेखाएं।

ऊर्ध्वाधर रेखाएं हैं: AC, EG, IJ, FH और BD, अर्थात् 5 रेखाएं।

विकर्णी रेखाएं हैं: AD और BC, अर्थात् 2 रेखाएं।

उक्त आकृति को निर्मित करने के लिए प्रयोग में लाई गई रेखाओं की कुल संख्या = 5 + 5 + 2 = 12

11. (*c*) :

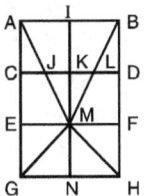

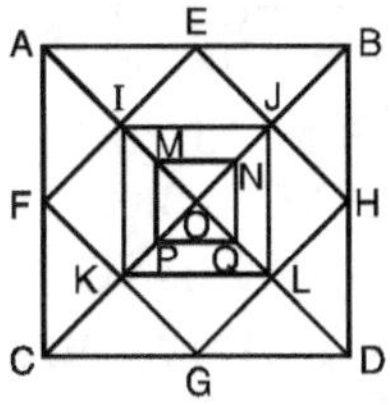

आकृति में निहित मुख्य वर्ग हैं: ABCD, IJKL, MNPQ और EFHG, अर्थात् 4 वर्ग।

अन्य वर्ग हैं: EIJO, IFKO, JOLH और OKGL, अर्थात् 4 वर्ग।

∴ आकृति में निहित वर्गों की कुल संख्या = 4 + 4 = 8

12. (*c*) :

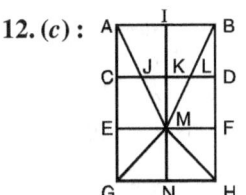

उपर्युक्त आकृति में निहित सरलतम वर्ग हैं: AICK, CKEM, EMGN, IBKD, KDMF और MFNH, अर्थात् 6 वर्ग।

आकृति में निहित अन्य वर्ग हैं: ABEF और CDGH, अर्थात् 2 वर्ग।

∴ आकृति में निहित वर्गों की कुल संख्या = 6 + 2 = 8

13. (*b*) : उपर्युक्त प्रश्न में मुख्य त्रिभुज हैं: ABM, AMG, MGH और BMH, अर्थात् 4 त्रिभुज।

सरलतम त्रिभुज हैं: ACJ, BLD, JKM, KLM, EMG, MGN, MNH, MFH, अर्थात् 8 त्रिभुज।

अन्य त्रिभुज हैं: AIM, AEM, IBM, BMF, अर्थात् 4 त्रिभुज।

∴ आकृति में निहित त्रिभुजों की कुल संख्या

= 4 + 8 + 4 = 16

मॉडल प्रश्नपत्र संख्या-1

निर्देश (प्र. सं. 1 से 5): कौन-सा विकल्प अपने वर्ग से भिन्न है ?

1. (a) गेहूं (b) सरसों
   (c) चना (d) चावल
2. (a) दयालु (b) कठोर
   (c) निर्मम (d) निर्दयी
3. (a) त्रिभुज (b) चतुर्भज
   (c) वर्ग (d) वृत्त
4. (a) लन्दन (b) पेरिस
   (c) न्यूयार्क (d) मास्को
5. (a) बीमा (b) भविष्य निधि
   (c) वेतन (d) शेयर

निर्देश (प्र. सं. 6 से 10): प्रत्येक शृंखला में प्रदर्शित रिक्त स्थान की पूर्ति कीजिए—

6. 71, 65, 60, 56, 53, ?
   (a) 48 (b) 51
   (c) 49 (d) 50
7. –2, –4, –8, –16, –32, ?
   (a) 64 (b) –128
   (c) 128 (d) –64
8. A, D, I, P, ?
   (a) S (b) R
   (c) Y (d) Z
9. BG, GC, HN, N –
   (a) J (b) D
   (c) I (d) H
10. DCXW, FEVU, HGTS, –
    (a) LKPO (b) JIRQ
    (c) ABYZ (d) LMRS

निर्देश (प्र. सं. 11 से 15): कूट संकेत-कूट अर्थ (कोडिंग-डिकोडिंग)

11. यदि BANGALORE का कोड CZOFBKPQF है तो CHANDIGARH का कोड होगा—
    (a) DGBNEHHZSG
    (b) DXTURUASPK
    (c) DGBMEHHZSG
    (d) CTRVQTABKL
12. यदि TEACHING का कोड CHEATING है, तो GRADIENT का कोड होगा—
    (a) DIERATNG (b) RGDIFANT
    (c) DIARGENT (d) DIRAGENT
13. यदि LOKESH का कोड GRDJNK है, तो SUDHIR का कोड होगा—
    (a) RTCQHG (b) RTCGHQ
    (c) QHGCTR (d) QCTHGR
14. यदि HAPPY का कोड 51223 है, तो PAHPY का कोड होगा—
    (a) 21253 (b) 21235
    (c) 21523 (d) 52123
15. यदि GAMA का कोड 3253 है, तो ARM का कोड होगा—
    (a) 573 (b) 325
    (c) 367 (d) 725

निर्देश (प्र. सं. 16 से 20): पूछे गए प्रत्येक प्रश्न में पहले दिए गए दो शब्दों के बीच संबंध स्थापित करें। तत्पश्चात् दिए गए विकल्पों में से उस विकल्प का चयन करें जिसके शब्द और प्रश्न में दिए गए तीसरे शब्द के बीच ठीक वैसा ही संबंध या सादृश्य हो जैसा कि पहले के दो शब्दों के बीच है।

16. 'गोपनीयता' और 'खुलापन' के बीच वैसा ही संबंध है जैसा संबंध 'खरा' और .... में बीच है।

(*a*) खोटा (*b*) छुपा

(*c*) परिणाम (*d*) स्पष्ट

17. 'पट्टा' और 'पालतू पशु' के बीच जैसा संबंध है वैसा ही संबंध 'हथकड़ी' और निम्नलिखित में से किसके बीच है?

(*a*) धूर्त (*b*) डकैत

(*c*) अपराधी (*d*) लुटेरा

18. 'घुड़सवारी' का 'घोड़े' से वैसा ही संबंध है जैसा संबंध 'धुआं' का .... से है।

(*a*) चिमनी

(*b*) चिनगारियां निकलना

(*c*) पाइप

(*d*) राख

19. जिस प्रकार 'फ़िजूल खर्ची', 'धन' से संबंधित है, उसी प्रकार 'भोगविलास' किससे संबंधित है?

(*a*) प्रकाश (*b*) शक्ति

(*c*) बचत (*d*) यौवन

20. 'गुलाबी नशे में' और 'मदमस्त' होने के बीच जैसा संबंध है वैसा ही संबंध 'चलने' और निम्नलिखित में से किसके बीच है?

(*a*) टहलना (*b*) व्यायाम करना

(*c*) लंबे डग भरना (*d*) दौड़ना

21. यदि '+' का अर्थ '÷', '÷' का अर्थ '–', '×' का अर्थ '+' और '–' का अर्थ '×', हो, तो निम्नलिखित व्यंजक का मान बताएँ :

$12 + 6 \div 3 - 2 \times 8$

(*a*) 4 (*b*) 2

(*c*) 6 (*d*) 10

22. यदि निम्नलिखित समीकरण में + और × चिह्नों को एक दूसरे के स्थान पर रख दिया जाए, तो निम्नलिखित में से कौन-सा समीकरण सही होगा?

(*a*) $7 \times 5 + 3 = 20$

(*b*) $4 + 9 \times 1 = 42$

(*c*) $6 \times 5 + 8 = 46$

(*d*) $2 + 11 \times 4 = 28$

23. यदि '+' का अर्थ '÷' हो, '÷' का अर्थ '+' हो, '–' का अर्थ '×' हो और '×' का अर्थ '–', हो, तो

$3 + 6 - 2 \div 24 \times 6 = ?$

(*a*) 11 (*b*) 19

(*c*) 15 (*d*) 23

24. यदि '–' का अर्थ '×' हो, '×' का अर्थ '+' हो, '+' का अर्थ '÷' हो और '÷' का अर्थ '–', हो, तो

$27 + 3 - 3 \times 11 \div 8 = ?$

(*a*) 18 (*b*) 30

(*c*) 27 (*d*) 42

25. यदि 'a' का आशय '÷' है, 'b' का आशय '×' हो, 'c' का आशय '+' है और 'd' का आशय '–', है, तो

5 c 20 a 4 b 2 d 10 = ?

(*a*) 5 (*b*) 10

(*c*) 15 (*d*) 20

निर्देश (प्र. सं. 26 से 29): *नीचे के प्रत्येक प्रश्न में आकृतियों के दो समुच्चय दिए गए हैं जिनमें से एक समुच्चय को* ***प्रश्न आकृतियों*** *का समुच्चय और दूसरे समुच्चय को* ***उत्तर आकृतियों*** *का समुच्चय कहा गया है। प्रश्न आकृतियों के समुच्चय से किसी न किसी प्रकार से एक शृंखला बनती है। उत्तर आकृतियों के समुच्चय से उस एक आकृति का चयन करें जिससे प्रश्न आकृतियों के समुच्चय की शृंखला संतत हो जाए।*

26. प्रश्न आकृतियां

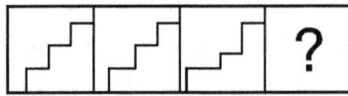

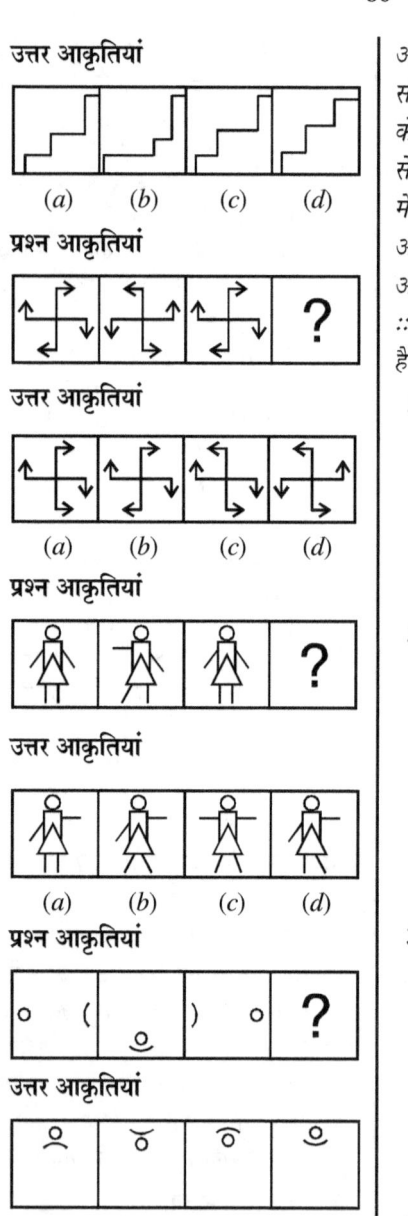

उत्तर आकृतियां

(*a*) (*b*) (*c*) (*d*)

27. प्रश्न आकृतियां

उत्तर आकृतियां

(*a*) (*b*) (*c*) (*d*)

28. प्रश्न आकृतियां

उत्तर आकृतियां

(*a*) (*b*) (*c*) (*d*)

29. प्रश्न आकृतियां

उत्तर आकृतियां

(*a*) (*b*) (*c*) (*d*)

निर्देश (प्र. सं. 30 से 33): *प्रश्न आकृतियों में :: चिह्न के बाएं दी गई दो आकृतियों में से दूसरी आकृति का पहली आकृति के साथ एक विशेष संबंध है। :: चिह्न की दाईं ओर की दो आकृतियों के बीच भी ऐसा ही संबंध है। दिए गए विकल्पों से उस आकृति का चयन करें जिसे प्रश्न आकृतियों में प्रश्न चिह्न के स्थान पर रखा जा सकता है और जिसका :: चिह्न की दाईं ओर की पहली आकृति के साथ ठीक वैसा ही संबंध है जैसा कि :: चिह्न की बाईं ओर की दो आकृतियों के बीच है।*

30. प्रश्न आकृतियां

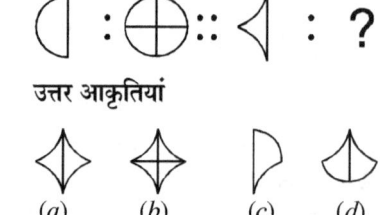

उत्तर आकृतियां

(*a*) (*b*) (*c*) (*d*)

31. प्रश्न आकृतियां

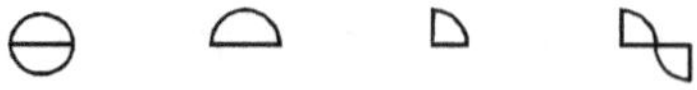

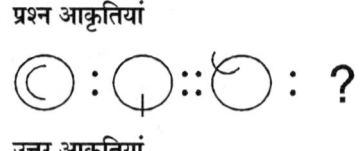

उत्तर आकृतियां

(*a*) (*b*) (*c*) (*d*)

32. प्रश्न आकृतियां

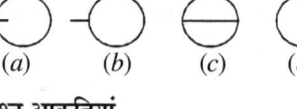

उत्तर आकृतियां

(*a*) (*b*) (*c*) (*d*)

33. प्रश्न आकृतियां

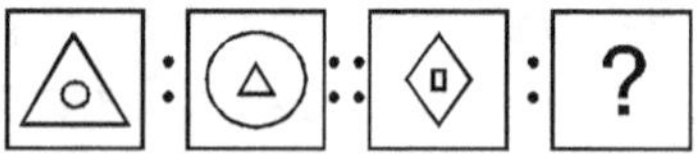

उत्तर आकृतियां

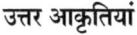

(a)　(b)　(c)　(d)

निर्देश (प्र. सं. 34 से 37): प्रत्येक प्रश्न में बताएं कि कौन-सी विकल्प आकृति दिए गए आकृति प्रतिरूप को पूरा करेगी।

34. दी गई आकृति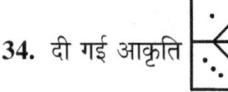

विकल्प आकृतियां

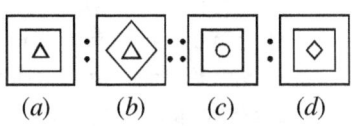

(a)　(b)　(c)　(d)

35. दी गई आकृति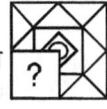

विकल्प आकृतियां

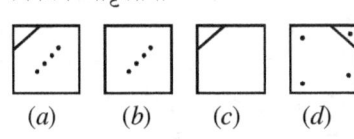

(a)　(b)　(c)　(d)

36. दी गई आकृति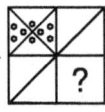

विकल्प आकृतियां

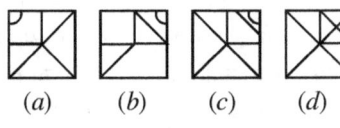

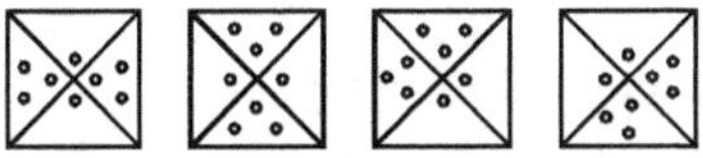

(a)　(b)　(c)　(d)

37. दी गई आकृति

विकल्प आकृतियां

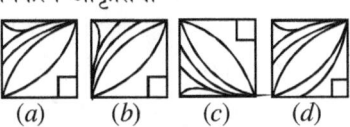

(a)　(b)　(c)　(d)

38. नीचे दी गई आकृति में कुल कितने त्रिभुज निहित हैं?

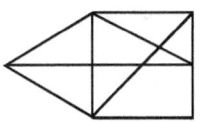

(a) 15　(b) 14
(c) 12　(d) 13

39. प्रत्येक घंटे में मिनट की सूई घंटे की सूई से कितने मिनट आगे जाती है?

(a) 55　(b) 60
(c) 65　(d) कुछ भी नहीं

40. 260 मीटर लंबी एक रेलगाड़ी 55 किमी. प्रति घंटे की चाल से चल रही है। इस रेलगाड़ी को 290 मीटर लंबे किसी प्लेटफॉर्म को पार करने में कितना समय लगेगा?

(a) 20 सेकंड　(b) 36 सेकंड
(c) 18 सेकंड　(d) 60 सेकंड

41. बन्नी का भाई सन्नी उससे 562 दिन बड़ा है जबकि उसकी बहन जेनी सन्नी से 75 सप्ताह बड़ी है। यदि जेनी का जन्म मंगलवार को हुआ हो, तो बन्नी का जन्म किस दिन हुआ है?

(a) सोमवार　(b) मंगलवार
(c) शुक्रवार　(d) बृहस्पतिवार

42. एक महिला ने एक पुरुष से कहा, "तुम्हारी एकमात्र बहन की पुत्री मेरे पति की बहन है"। उस पुरुष की बहन उस महिला की क्या लगती है?

(a) मां　(b) ननद
(c) बहन　(d) सास

43. बेला की मां छाया की मां की पुत्री है। बेला, छाया की क्या लगती है ?

(*a*) बहन (*b*) भांजी
(*c*) मामी (*d*) मां

44. D, J का पुत्र है और J, F का पुत्र है। P, R की पुत्री है। यदि N, P की बहन और J की पुत्री हो, तो J, 'R' का क्या है ?

(*a*) भाई (*b*) पिता
(*c*) पति (*d*) चाचा

45. डिंगी अपनी गाड़ी से उत्तर की ओर 40 किमी. की दूरी तय करती है, वहां वह दायीं ओर मुड़कर 50 किमी आगे जाती है जहां वह एक बार फिर से दायीं ओर मुड़कर 30 किमी. आगे जाती है, और तब फिर से दायीं ओर मुड़कर 50 किमी. और आगे जाती है। यहां वह अपने आरंभिक बिंदु से कितनी दूरी पर है ?

(*a*) 90 किमी. (*b*) 50 किमी.
(*c*) 10 किमी. (*d*) 5 किमी.

46. देबू पहले पूर्व की ओर और तब उत्तर की ओर चलता है तथा वहां वह 45° दायें मुड़कर कुछ देर आगे चलता है और अंतत: बायीं ओर मुड़ जाता है। अब वह किस दिशा में चल रहा है ?

(*a*) उत्तर (*b*) पूर्व
(*c*) दक्षिण-पूर्व (*d*) उत्तर-पश्चिम

47. यदि उत्तर का उत्तर-पश्चिम, उत्तर-पश्चिम का पश्चिम, पश्चिम का दक्षिण-पश्चिम और इसी प्रकार अन्य दिशाओं का भी नामकरण किया जाए, तो दक्षिण-पूर्व को क्या कहा जाएगा ?

(*a*) पूर्व (*b*) पश्चिम
(*c*) उत्तर-पूर्व (*d*) दक्षिण-पूर्व

निर्देश (प्रश्न संख्या 48 से 50) : *नीचे दिए गए कथन को ध्यानपूर्वक पढ़ें और पूछे गए प्रश्नों के उत्तर दें :*

A, B, C, D और E एक पंक्ति में खड़े हैं। पंक्ति के एक छोर पर D और दूसरे छोर पर C है। B, E की दाहिनी ओर खड़ा है। A, C की बायीं ओर खड़ा है तथा E, D और B के बीच खड़ा है।

48. पंक्ति के बीच में कौन खड़ा है ?

(*a*) E (*b*) D
(*c*) B (*d*) A

49. A निम्नलिखित में से किसके बीच खड़ा है ?

(*a*) B और D (*b*) E और B
(*c*) C और E (*d*) B और C

50. B की दाहिनी ओर कौन खड़ा है ?

(*a*) C (*b*) E
(*c*) A (*d*) D

व्याख्यात्मक उत्तर

1. (*c*): सरसों, तिलहन है और अन्य सभी खाद्यान्न हैं।

2. (*a*): दयालु के अलावा अन्य सभी कुलक्षण हैं।

3. (*d*): त्रिभुज, चर्तुभुज व वर्ग आदि भुजाओं से बनते हैं जबकि वृत्त नहीं।

4. (*c*): **5. (*c*):**

6. (*b*): अगली संख्या का पिछली संख्या से अन्तर क्रमश: 6, 5, 4, 3 आदि है।

7. (*d*): अगली संख्या पिछली की दूनी है।

8. (*c*): श्रेणी के दो लगातार अक्षरों के बीच में क्रमश: 2, 4, 6, 8, ... अक्षर छूटे हुए हैं।

9. (c): पहले पद का पहला अक्षर और दूसरे पद का दूसरा अक्षर, वर्णमाला के क्रमानुसार हैं। इसी प्रकार तीसरे पद का पहला अक्षर और चौथे पद का दूसरा अक्षर भी वर्णमाला के क्रमानुसार होंगे।

10. (b): पहले पद के दूसरे और पहले अक्षर क्रमशः वर्णमाला के बढ़ते क्रम में हैं। दूसरे पद का दूसरा अक्षर पहले पद के पहले अक्षर के बाद का है तथा यही क्रम आगे के पदों में लागू होता है। इसके अतिरिक्त पहले पद का तीसरा व चौथा अक्षर वर्णमाला के घटते क्रम में है तथा दूसरे पद का तीसरा अक्षर पहले पद के चौथे अक्षर से एक अक्षर पहले है। यही क्रम आगे के पदों में भी लागू है।

11. (c): BANGALORE का पहला अक्षर शब्द CZOFBKPQF के पहले अक्षर के वर्णमाला के अनुसार एक अक्षर पहले है, परंतु BANGALORE का दूसरा अक्षर, CZOFBKPQF के दूसरे अक्षर से अगला अक्षर है। यही क्रम आगे भी है।

12. (d): शब्द TEACHING के पहले, दूसरे, तीसरे, चौथे, पाँचवे अक्षर शब्द CHEATING में क्रमशः पाँचवें, तीसरे, चौथे व दूसरे अक्षर हो जाते हैं तथा शेष वैसे ही रहते हैं।

13. (c): शब्द LOKESH का अन्तिम अक्षर H, शब्द GRDJNK के पहले अक्षर से एक अक्षर आगे है। यही क्रम आगे भी जारी है।

14. (c): H के लिए 5
A के लिए 1
P के लिए 2
तथा Y के लिए 3
∴ PAHPY के लिए 21523 है।

15. (a): GAMA में A अक्षर दो बार प्रयोग हुआ है तथा 3253 में 3 का अंक दो बार आया है अतः A के लिए 3 का अंक प्रयोग हुआ है। अब G और M के लिए 2 और 5 में से कोई अंक प्रयोग हुए हैं। ARM में M का अंक प्रयोग हुआ है। ARM के लिए सांकेतिक भाषा के शब्द में 3 तथा 2 या 5 तथा कोई नया अंक प्रयोग होना चाहिए। केवल 573 उत्तर ऐसा है जिससे उपर्युक्त पूर्ति होती है।

16. (a): संबंधित शब्द 'विपरीतार्थक' हैं।

17. (c): 'पट्टे' का उपयोग 'पालतू पशु' को बांधने के लिए और 'हथकड़ी' का उपयोग अपराधी को बांधने के लिए किया जाता है।

18. (c): जिस प्रकार 'घुड़सवारी' के लिए 'घोड़े' की आवश्यकता होती है उसी प्रकार 'धुआं' निकालने के लिए 'पाइप' की आवश्यकता होती है।

19. (d): 'फिजूलखर्ची' धन का क्षय है तो 'भोगविलास', यौवन का क्षय है।

20. (d): 'गुलाबी नशा' हल्के नशे का सूचक है, तो 'मदमस्त' बहुत अधिक नशे में होने का सूचक है। इसी प्रकार तेजी से चलना 'दौड़ना' कहलाता है।

21. (a) : 12 ÷ 6 – 3 × 2 + 8
2 – 6 + 8 = 4
22. (c) : चिह्नों को एक दूसरे के स्थान पर रखने पर दिया गया समीकरण है :
(a) 7 + 5 × 3 = 22   जो गलत है
(b) 4 × 9 + 1 = 37   जो गलत है
(c) 6 + 5 × 8 = 46   जो सही है
(d) 2 × 11 + 4 = 26 जो गलत है
23. (b) : 3 ÷ 6 × 2 + 24 – 6
1 + 24 – 6 = 19
24. (b) : 27 ÷ 3 × 3 + 11 – 8
27 + 11 – 8 = 30
25. (a) : 5 + 20 ÷ 4 × 2 – 10
5 + 10 – 10 = 5
26. (b) : दो कोनों की पौड़ियां समान रूप से बड़ी होती जाती हैं।
27. (d) : प्रत्येक चरण पर तीर-शीर्ष उल्टी दिशा में चले जाते हैं या एकांतर आकृतियां सदृश हैं।
28. (d) : आकृति की बायीं भुजा और बायां पैर पहले ऊपर उठते हैं और तब नीचे गिरते हैं। इस शृंखला को संतत बनाए रखने के लिए तीसरी से चौथी आकृति में दाईं भुजा और दायां पैर ऊपर उठा हुआ होना चाहिए।
29. (c) : चाप वामावर्त 90° के कोण से घूम जाता है और तब दक्षिणावर्त एक चरण आगे चला जाता है जबकि वृत्त एक चरण वामावर्त जाता है जहां दोनों एक साथ अवस्थित होते हैं और वृत्त चाप के भीतर स्थित होता है।
30. (a) : पहली आकृति का अपूर्ण डिजाइन दूसरी आकृति में पूर्ण हो जाता है।
31. (b) : पहली आकृति का डिजाइन दूसरी आकृति में पूर्ण हो जाता है और चार समान भागों में बंट जाता है।
32. (d) : पहली आकृति में वृत्त के भीतर एक चाप है जो दूसरी आकृति में वृत्त की परिधि को काट रहे एक रेखाखंड द्वारा प्रतिस्थापित हो जाता है। इसी तर्क के आधार पर प्रश्नाकृतियों के दूसरे भाग की पहली आकृति में वृत्त की परिधि को काट रहे चाप के स्थान पर दूसरी आकृति में वृत्त के भीतर एक रेखाखण्ड होगा।
33. (d) : पहली आकृति से दूसरी आकृति में बाहरी अवयव छोटा होकर भीतरी अवयव (वृत्त) के भीतर आ जाता है और भीतरी अवयव (वृत्त) जो पहली आकृति में छोटा है, दूसरी आकृति में बड़ा हो जाता है।

34. (a) : 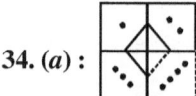   35. (c) : 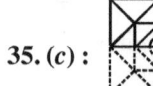   36. (a) :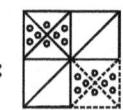

37. (b) :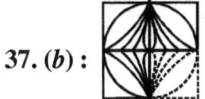

38. (a) :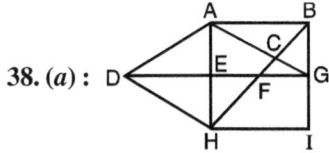

आकृति में निहित सरलतम त्रिभुज हैं: ADE, ABC, BCG, CFG, EFH और DEH, अर्थात् 6 त्रिभुज।

दो भागों में विभाजित त्रिभुज हैं: ADH, AEG, ABH, AEG, BFG और DFH, अर्थात् 6 त्रिभुज।

तीन भागों में विभाजित त्रिभुज हैं: ADG, ABH और BHI, अर्थात् 3 त्रिभुज।

अतः आकृति में निहित कुल त्रिभुज = 6 + 6 + 3 = 15

39. (a) : प्रत्येक घंटे में मिनट की सूई 60 मिनट आगे जाती है जबकि घंटे की सूई 5 मिनट आगे खिसक जाती है।

40. (b) : तय की जाने वाली कुल दूरी = 260 + 290
= 550 मीटर
∴ प्लेटफॉर्म को पार करने में लगने वाला समय
$$= \frac{550}{55} \times \frac{3600}{1000} = 36 \text{ सेकंड}$$

41. (d) : जया सन्नी से 75 × 7 = 525 दिन बड़ी है।
जया बन्नी से 525 + 562 = 1087 दिन बड़ी है।
1087 ÷ 7 करने पर शेष 2 बचता है।
अतः यदि जया का जन्म मंगलवार को हुआ है, तो बन्नी का जन्म मंगलवार से दो दिन बाद अर्थात् बृहस्पतिवार को हुआ।

42. (d) : प्रश्न पर आधारित संबंध-चार्ट है :

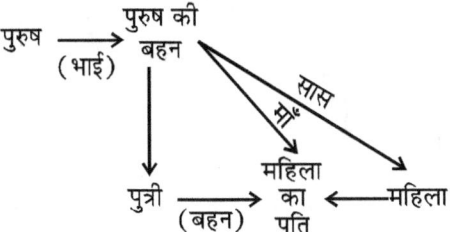

पुरुष की एकमात्र बहन की पुत्री महिला के पति की बहन है। इसका अर्थ है कि उस पुरुष की बहन उस महिला के पति की मां और महिला की सास है।

43. (b) : दिए गए कथनों पर आधारित संबंध-चार्ट है :

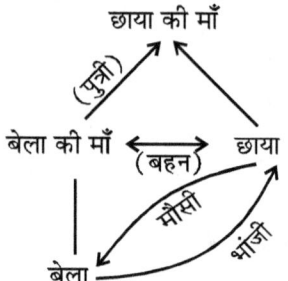

बेला की मां छाया की मां की पुत्री है। अत: बेला और छाया आपस में बहनें हैं। बहन के बच्चे भांजी (लड़की हो तो) या भांजा (लड़का हो तो) होते हैं। यहां विकल्प में भांजी दिया गया है, अत: वही हमारा उत्तर विकल्प है।

44. (c) : दिए गए कथनों पर आधारित संबंध-चार्ट निम्नवत् है :

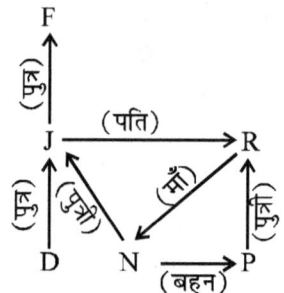

P, R की पुत्री है। N, P की बहन और J की पुत्री है। अत: R, N की भी मां है। चूंकि J पिता और R मां है, अत: J, R का पति है।

45. (c) :

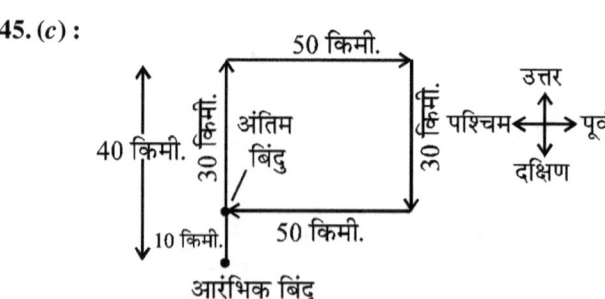

46. (*d*) :

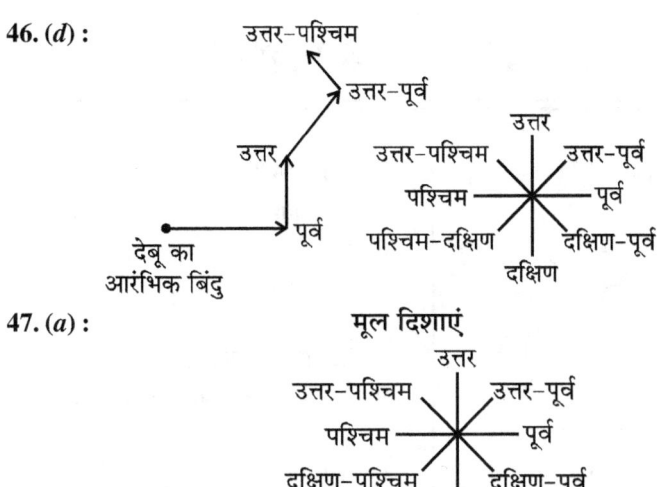

47. (*a*) :

मूल दिशाएं

बदली हुई दिशाएं

48. (*c*) : प्रश्न संख्या 16 से 18 के संदर्भ में बताए गए पांच व्यक्ति पंक्ति में निम्नलिखित क्रम में खड़े हैं :

D, E, B, A, C.

49. (*d*) **50. (*c*)**

मॉडल प्रश्नपत्र संख्या-2

निर्देश (प्र. सं. 1 से 5): *कूट संकेत-कूट अर्थ (कोडिंग-डिकोडिंग)*

1. यदि NUMBER का कोड UMBMRE है, तो GHOST का कोड होगा—

(*a*) HOGTS (*b*) HGOST
(*c*) HGOTS (*d*) HGSOT

2. यदि GOLDEN का कोड ODNGLE है, तो SENIOR का कोड होगा—

(*a*) NOSEIR (*b*) ENSIRO
(*c*) EIRSON (*d*) EIRSNO

3. यदि NAUGHT का कोड THGUAN है, तो LABOUR का कोड होगा—

(*a*) BALROU (*b*) ALOBRU
(*c*) RUOBAL (*d*) RUOLAB

4. यदि PUNCTUALITY का कोड 23546371860 है, तो TULIPUNCTAY का कोड होगा—

(*a*) 63182354760
(*b*) 63182357460
(*c*) 63182354670
(*d*) 63182534670

5. यदि YESTERDAY का कोड 537634205 है, तो STARYEDYE का कोड होगा—

(*a*) 760453253 (*b*) 760432535
(*c*) 760453235 (*d*) 760452353

निर्देश (प्र. सं. 6 से 10): *कौन-सा विकल्प अपने वर्ग से भिन्न है?*

6. (*a*) कांडला (*b*) कोचीन
(*c*) विशाखापत्तनम् (*d*) पूना

7. (*a*) राजनीति विज्ञान (*b*) भौतिक विज्ञान
(*c*) इतिहास (*d*) भूगोल

8. (*a*) जैवलिन
(*b*) भाला
(*c*) तीर
(*d*) पिस्तौल की गोली

9. (*a*) मेसोपोटामिया (*b*) हड़प्पा
(*c*) अजन्ता (*d*) मिश्र

10. (*a*) दही (*b*) मक्खन
(*c*) पनीर (*d*) जूस

निर्देश (प्र. सं. 11 से 15): *पूछे गए प्रत्येक प्रश्न में पहले दिए गए दो शब्दों के बीच संबंध स्थापित करें। तत्पश्चात् दिए गए विकल्पों में से उस विकल्प का चयन करें जिसके शब्द और प्रश्न में दिए गए तीसरे शब्द के बीच ठीक वैसा ही संबंध या सादृश्य हो जैसा कि पहले के दो शब्दों के बीच है।*

11. जो संबंध नेत्र-कोटर और नेत्र के बीच है, वही संबंध मसूड़ा और निम्नलिखित में से किसके बीच है?

(*a*) पेड़ (*b*) कागज
(*c*) दांत (*d*) चिपकना

12. जिस प्रकार 'न्यायाधीशों' की 'पीठ' होती है उसी प्रकार 'आसन' निम्नलिखित में से किसका होता है?

(*a*) अधिवक्ता (*b*) अध्यक्ष
(*c*) वकील (*d*) शासक

13. जिस प्रकार 'तारे', रात्रि से संबंधित हैं, उसी प्रकार 'सूरज' निम्नलिखित में से किससे संबंधित है?

(*a*) मध्याह्न (*b*) सुबह के झुटपुटे
(*c*) दिन (*d*) प्रकाश

14. जिस प्रकार 'त्वचा' का संबंध 'स्पर्श' से है, उसी प्रकार 'नाक' निम्नलिखित में से किससे संबंधित है?
(*a*) सूंघने (*b*) चेहरा
(*c*) सांस (*d*) सुगंध

15. जिस प्रकार 'लहर' संबंधित है 'दर्द' से, उसी प्रकार 'कौंध' किससे संबंधित है?
(*a*) पवन से (*b*) रोशनी से
(*c*) सिगनल से (*d*) आग से

निर्देश (प्र. सं. 16 से 20): *प्रत्येक शृंखला में प्रदर्शित रिक्त स्थान की पूर्ति कीजिए—*

16. 3, 10, 29, 66, 127, **?**
A. 164 B. 215
C. 218 D. 187

17. 5, 7, 21, 23, ?, 71
A. 69 B. 37
C. 29 D. 31

18. ZXVTR –, –
A. O, K B. N, M
C. K, S D. P, N

19. C, e, G, i, K –, –
A. o, K B. m, O
C. k, M D. M, k

20. $\frac{A}{2}, \frac{B}{4}, \frac{C}{6}, \frac{D}{8}$ –, –

A. $\frac{E}{16}, \frac{F}{32}$ B. $\frac{F}{32}, \frac{I}{14}$

C. $\frac{F}{12}, \frac{E}{16}$ D. $\frac{E}{10}, \frac{F}{12}$

21. नीचे दी गई आकृति में अधिकतम कुल कितने वर्ग हैं?

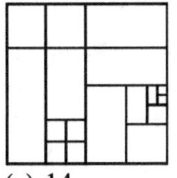

(*a*) 14 (*b*) 15
(*c*) 16 (*d*) 17

22. यदि 'जोड़' का अर्थ 'भाग' हो; 'भाग' का अर्थ 'घटाव' हो, 'घटाव' का अर्थ 'गुणा' हो और 'गुणा' का अर्थ 'जोड़' हो, तो
$12 + 6 \div 3 - 2 \times 8 = ?$
(*a*) 4 (*b*) 2
(*c*) –2 (*d*) 8

23. निम्नलिखित समीकरण के रिक्त स्थानों में नीचे दिए गए विकल्पों में से किस विकल्प के चिह्नों को प्रतिस्थापित किया जाएगा?
9 . . . 8 . . . 8 . . . 4 . . . 9 = 65
(*a*) – + × ÷ (*b*) ÷ × + –
(*c*) ÷ + × – (*d*) × + ÷ –

24. यदि "÷" का अर्थ "+" हो; "–" का अर्थ "÷" हो; "×" का अर्थ "–" हो और "+" का अर्थ "×" हो, तो
$32 \div 8 - 4 \times 12 + 4 = ?$
(*a*) 40
(*b*) 1/12
(*c*) 16
(*d*) इनमें से कोई नहीं

25. यदि "*x*" का आशय "+" है; "*y*" का आशय "–" है; "*z*" का आशय "÷" है और "*w*" का आशय "×" है, तो
$10w\ 2x\ 5y\ 5 = ?$
(*a*) 15 (*b*) 12
(*c*) 20 (*d*) 10

26. यदि "–" का आशय "×" है; "×" का आशय "+" है; "+" का आशय "÷" है

और "÷" का आशय "–" है, तो निम्नलिखित व्यंजक का मान ज्ञात करें:
$8 - 4 + 16 \times 8 - 10 = ?$
(*a*) 54 (*b*) 82
(*c*) 15 (*d*) 10

निर्देश (प्र. सं. 27 से 34): *नीचे के प्रत्येक प्रश्न में एक आकृति को छोड़कर अन्य सभी आकृतियाँ किसी-न-किसी रूप में आपस में संबंधित हैं और इस कारण वे एक समूह बनाती हैं। प्रत्येक प्रश्न में उस एक भिन्न आकृति का चयन करें जो अन्यों से संबंधित नहीं है अर्थात् जो भिन्न अथवा विजातीय है।*

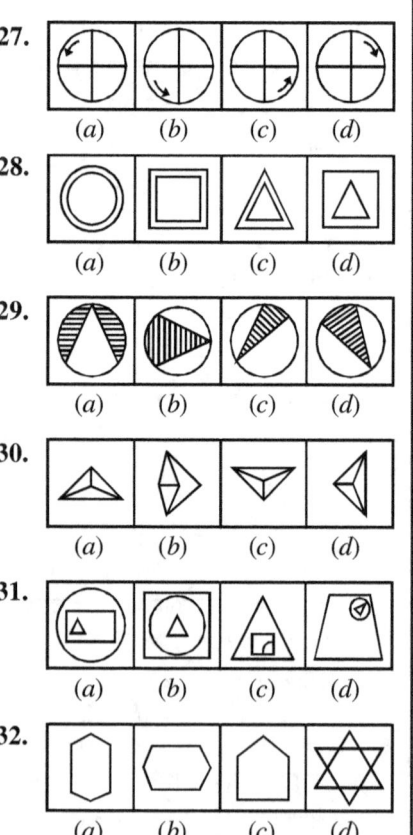

27.
(*a*) (*b*) (*c*) (*d*)

28.
(*a*) (*b*) (*c*) (*d*)

29.
(*a*) (*b*) (*c*) (*d*)

30.
(*a*) (*b*) (*c*) (*d*)

31.
(*a*) (*b*) (*c*) (*d*)

32.
(*a*) (*b*) (*c*) (*d*)

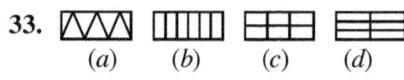

33.
(*a*) (*b*) (*c*) (*d*)

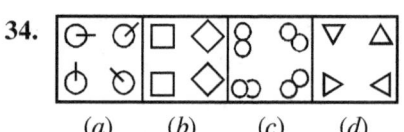

34.
(*a*) (*b*) (*c*) (*d*)

निर्देश (प्र. सं. 35 से 38): *प्रश्न आकृतियों में :: चिह्न के बाएं दी गई दो आकृतियों में से दूसरी आकृति का पहली आकृति के साथ एक विशेष संबंध है। :: चिह्न की दाईं ओर की दो आकृतियों के बीच भी ऐसा ही संबंध है। दिए गए विकल्पों से उस आकृति का चयन करें जिसे प्रश्न आकृतियों में प्रश्न चिह्न के स्थान पर रखा जा सकता है और जिसका :: चिह्न की दाईं ओर की पहली आकृति के साथ ठीक वैसा ही संबंध है जैसा कि :: चिह्न की बाईं ओर की दो आकृतियों के बीच है।*

35. प्रश्न आकृतियां

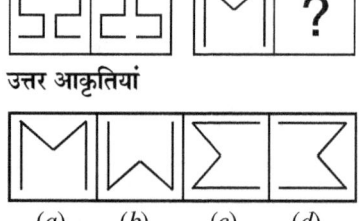

उत्तर आकृतियां

(*a*) (*b*) (*c*) (*d*)

36. प्रश्न आकृतियां

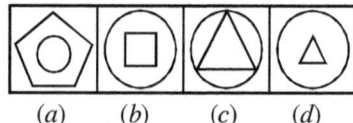

उत्तर आकृतियां

(*a*) (*b*) (*c*) (*d*)

37. प्रश्न आकृतियां

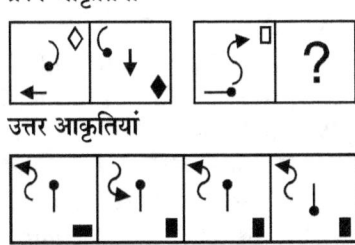

उत्तर आकृतियां

(a) (b) (c) (d)

38. प्रश्न आकृतियां

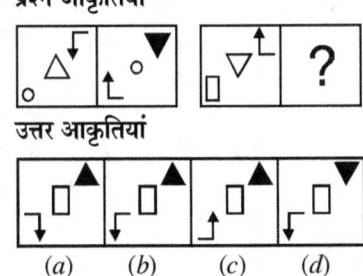

उत्तर आकृतियां

(a) (b) (c) (d)

निर्देश (प्रश्न 39 से 41): *निम्नलिखित कथन को ध्यानपूर्वक पढ़ें और नीचे पूछे गए प्रश्नों के उत्तर दें :*

A, C का पिता है किंतु C उसका पुत्र नहीं है ।
E, C की पुत्री है । F का विवाह A से हुआ है ।
B, C का भाई है । D, B का पुत्र है ।
G का विवाह B से हुआ है । H, G का पिता है ।

39. H का दामाद कौन है ?
 (a) C (b) A
 (c) D (d) B

40. A की नतिनी कौन है ?
 (a) H (b) D
 (c) B (d) E

41. F और H दोनों का पोता कौन है ?
 (a) D (b) E
 (c) C (d) B

निर्देश (प्रश्न 42 से 44): *नीचे के प्रत्येक प्रश्न में सही दिशा/दूरी दर्शाने के लिए दिए गए विकल्पों से सही उत्तर का चयन करें ।*

42. राज पश्चिम दिशा में चल रहा है । वह आगे चलते हुए अपने दाएं, फिर दाएं और तब बाएं, हर बार 45° के कोण पर मुड़ा । बताइए कि अब वह किस दिशा में चल रहा है ?
 (a) उत्तर-पूर्व (b) दक्षिण-पूर्व
 (c) पूर्व (d) पश्चिम

43. एक महिला उत्तर दिशा में 12 किमी. चलती है, तब वह दक्षिण दिशा में 6 किमी. चलती है और तत्पश्चात् पूर्व दिशा में 8 किमी. चलती है । इस समय वह अपने आरंभिक बिंदु से कितनी दूरी पर है और किस दिशा में चल रही है ?
 (a) 5 किमी., उत्तर-पूर्व
 (b) 5 किमी., पूर्व
 (c) 10 किमी., उत्तर-पूर्व
 (d) 10 किमी., पश्चिम

44. रवि अपनी गाड़ी से पश्चिम दिशा में 12 किमी. जाता है । वहां वह दक्षिण दिशा में मुड़कर 3 किमी. आगे की यात्रा करता है, जहां वह पूर्व दिशा में मुड़कर 8 किमी. की यात्रा करता है । बताइए कि इस समय वह अपने आरंभिक बिंदु से कितनी दूरी पर है ?
 (a) 3 किमी. (b) 5 किमी.
 (c) 7 किमी. (d) 11 किमी.

निर्देश (प्रश्न 45 से 47): (A) किसी एक समूह में पांच मित्र हैं; (B) वे दक्षिण की ओर मुंह करके एक पंक्ति में खड़े हैं; (C) जयेश आलोक के बिल्कुल बगल में उसकी दाहिनी ओर खड़ा है; (D) प्रमोद, बबीर और सुबोध के बीच खड़ा है; (E) सुबोध, जयेश और प्रमोद के बीच खड़ा है ।

45. इन मित्रों में बिल्कुल बाएं छोर पर कौन खड़ा है ?

(a) आलोक
(b) बबीर
(c) सुबोध
(d) सूचना अपर्याप्त है

46. बीच में कौन खड़ा है?
(a) बबीर (b) प्रमोद
(c) सुबोध (d) जयेश

47. उपर्युक्त दोनों प्रश्नों का उत्तर ज्ञात करने के लिए निम्नलिखित में से कौन-सा कथन छोड़ा जा सकता है?
(a) कोई नहीं (b) केवल A
(c) केवल B (d) केवल C

48. मेरे चाचा मुझसे मेरे पिता के जन्मदिन के 64 दिन बाद मिलेंगे। यदि मेरे पिता का जन्मदिन मंगलवार को पड़ता हो, तो मेरे चाचा मुझसे किस दिन मिलेंगे?
(a) बुधवार (b) रविवार
(c) मंगलवार (d) सोमवार

49. यदि 21 नवंबर का दिन बुधवार से पांच दिन पहले आता हो, तो 25 दिसंबर को कौन-सा दिन होगा?
(a) बुधवार (b) रविवार
(c) शुक्रवार (d) बृहस्पतिवार

50. 40 किमी प्रति घंटे की चाल से चल रही 160 मीटर लंबी एक रेलगाड़ी उसी दिशा में 4 किमी. प्रति घंटे की चाल से चल रहे एक व्यक्ति को कितने समय में पार करेगी?
(a) 15 सेकंड (b) 40 सेकंड
(c) 24 सेकंड (d) 16 सेकंड

व्याख्यात्मक उत्तर

1. (d): शब्द NUMBER का पहला व दूसरा अक्षर संकेत भाषा के शब्द UMBMRE के पहले व दूसरे अक्षर के उल्टे क्रम में हैं। इसी प्रकार तीसरे व चौथे तथा पाँचवें व छठे अक्षरों के लिए भी यही नियम लागू है।

2. (d): शब्द GOLDEN के दूसरे, चौथे व छठे अक्षर संकेत भाषा के शब्द ODNGLE के पहले, दूसरे व तीसरे स्थान पर आते हैं तथा शब्द GOLDEN के पहले, तीसरे व पाँचवें अक्षर संकेत भाषा में चौथे, पाँचवें व छठे स्थान पर पहुँच जाते हैं।

3. (c): शब्द NAUGHT के सभी अक्षर संकेत भाषा में उल्टे क्रम में लिखे हैं।

4. (c): P के लिए 2
U के लिए 3
N के लिए 5
C के लिए 4
T के लिए 6
A के लिए 7
L के लिए 1
I के लिए 8
तथा Y के लिए 0
∴ TULIPUNCTAY के लिए 63182354670 है।

5. (*a*): Y के लिए 5
E के लिए 3
S के लिए 7
T के लिए 6
R के लिए 4
D के लिए 2
तथा A के लिए 0
∴ STARYEDYE के लिए 760453253 है।

6. (*d*): अन्य सभी स्थानों पर बंदरगाह हैं।

7. (*b*): अन्य सभी कला संकाय के विषय हैं।

8. (*a*): अन्य सभी हथियार हैं।

9. (*c*): अन्य सभी प्राचीन सभ्यताओं के स्थान हैं।

10. (*d*): अन्य सभी दुध-उत्पादक (Milk Product) हैं।

11. (*c*): जिस प्रकार 'नेत्र कोटर' में 'नेत्र' स्थित होते हैं उसी प्रकार मसूड़े में दाँत स्थित होते हैं।

12. (*b*): 'न्यायाधीश' पीठ पर विराजमान होते हैं तो 'अध्यक्ष' अपने 'आसन' पर विराजमान होते हैं।

13. (*c*): 'तारे', 'रात' में दिखाई देते हैं तो 'सूरज', 'दिन' में दिखाई देता है।

14. (*a*): ये ज्ञानेद्रियां हैं—'त्वचा' से स्पर्श बोध होता है और 'नाक' सूंघने का काम करता है।

15. (*b*): 'दर्द' की एक क्षणिक 'लहर' उठती है, तो 'रोशनी' की कौंध होती है।

16. (*c*):
$$3 = 1^3 + 2$$
$$10 = 2^3 + 2$$
$$29 = 3^3 + 2$$
$$66 = 4^3 + 2$$
$$127 = 5^3 + 2$$
$$\therefore \quad ? = 6^3 + 2 = 218$$

17. (*a*): पहले पद में 2 जोड़ने पर दूसरा पद प्राप्त होता है। दूसरे पद के 3 गुणा करने पर तीसरा पद मिलता है। यही क्रम आगे भी जारी है।

18. (*d*): अक्षर वर्णमाला के विपरीत क्रम में हैं जबकि एक अक्षर, प्रत्येक दो अक्षरों के बीच में छोड़ दिया गया है।

19. (*b*): अक्षर क्रमिक रूप से अपना रूप बदल रहे हैं, तथा इस क्रम से दो अक्षरों के बीच में एक अक्षर छोड़ दिया गया है।

20. (*d*): अक्षर वर्णमाला के क्रम में है जबकि संख्याएं 2, 4, 6, 8, ... क्रम में हैं।

21. (*a*):

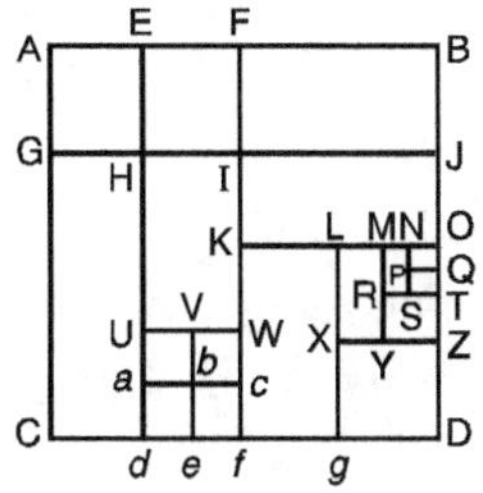

उपर्युक्त आकृति में मुख्य वर्ग हैं: ABCD, अर्थात् 1 वर्ग।

सरलतम वर्ग हैं: AEGH, EFHI, NOPQ, PQST, RTYZ, XZgD, uVab, VWbc, abde और bcef, अर्थात् 10 वर्ग।

अन्य वर्ग हैं: MORT, LOXZ और uWdf, अर्थात् 3 वर्ग।

अतः वर्गों की कुल संख्या = 1 + 10 + 3 = 14

22. (a) : $12 \div 6 - 3 \times 2 + 8$
$2 - 6 + 8 = 4$

23. (d) : (a) $9 - 8 + 8 \times 4 \div 9 = 65$
($8 \times 4 \div 9$ का उत्तर भिन्न रूप में प्राप्त होता है। चूँकि परिणाम 65 एक पूर्णांक है, अतः आगे परिकलन की आवश्यकता नहीं है।)
(b) $9 \div 8 \times 8 + 4 - 9 = 65$
$9 + 4 - 9$ अर्थात् $4 = 65$
(c) $9 \div 8 + 8 \times 4 - 9 = 65$
($9 \div 8$ का परिणाम भिन्न रूप में प्राप्त होता है)
(d) $9 \times 8 + 8 \div 4 - 9 = 65$
$72 + 2 - 9$ अर्थात् $65 = 65$

24. (d) : $32 + 8 \div 4 - 12 \times 4$
$32 + 2 - 48 = -14$

25. (c) : $10 \times 2 + 5 - 5$
$20 + 5 - 5 = 20$

26. (b) : $8 \times 4 \div 16 + 8 \times 10$
$2 + 80 = 82$

27. (d) : अन्य सभी आकृतियों में तीर की दिशा वामावर्त है।

28. (d) : केवल इसी आकृति में दो भिन्न-भिन्न ज्यामितीय आकृतियाँ हैं।

29. (a) : शेष सभी आकृतियों में त्रिभुज के भीतर का क्षेत्र छायांकित है।

30. (b) : शेष सभी आकृतियों को घुमाकर एक-दूसरी आकृतियाँ प्राप्त की जा सकती हैं।

31. (c) : शेष सभी आकृतियों में सबसे भीतरी अर्थात् आकृति के मध्य में स्थित अवयव बीच के अवयव को स्पर्श नहीं करता।

32. (c) : शेष सभी आकृतियों में डिजाइन को निर्मित करने वाली रेखाओं की सम संख्या है।

33. (a) : शेष सभी आकृतियाँ चार भागों में विभक्त हैं।

34. (c) : केवल इसी आकृति में एक अवयव अपूर्ण है।

35. (b) : पहली आकृति दूसरी आकृति में ऊर्ध्वाधरतः उलट जाती है।

36. (d) : पहली आकृति से दूसरी आकृति में आकृति को निर्मित करने वाली रेखाओं की संख्या में एक की कमी होती है और नई निर्मित आकृति एक वृत्त के भीतर आ जाती है।

37. (*d*) : पहली आकृति से दूसरी आकृति में ऊपर दाहिने कोने का अवयव ऊर्ध्वाधरतः नीचे आकर छायांकित हो जाता है, बीच का अवयव पार्श्वतः उत्क्रमित होकर ऊपर बाएं कोने पर चला जाता है और नीचे बाएं कोने का अवयव वामावर्त 90° के कोण से घूमकर बीच में आ जाता है।

38. (*b*) : पहली आकृति से दूसरी आकृति में ऊपर दाएं कोने का अवयव ऊर्ध्वाधरतः उलट कर नीचे बाएं कोने पर आ जाता है, बीच का अवयव ऊर्ध्वाधरतः उलट कर छायांकित हो जाता है और ऊपरी दाएं कोने पर विकर्णी रेखा पर आ जाता है तथा नीचे बाएं कोने का तीसरा अवयव बीच में आ जाता है।

प्रश्न संख्या 39 से 41 का उत्तर ज्ञात करने के लिए दिए गए कथनों के आधार पर संबंध-चार्ट निम्नवत् है :

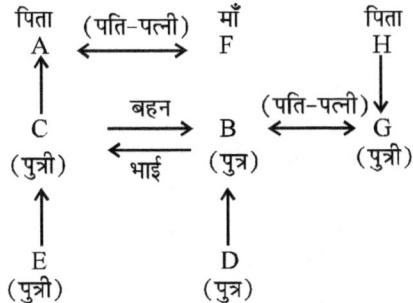

39. (*d*) : H, G का पिता और G, B की पत्नी है। अतः B, H का दामाद है।

40. (*d*) : E, C की पुत्री है। C, A का पुत्र नहीं है अर्थात् C, A की पुत्री है और E की मां है। अतः 'E', A की नतिनी है।

41. (*a*) : चार्ट के अनुसार, F का विवाह A से हुआ है और A, C का पिता है। B, C का भाई है, अतः A, B का भी पिता है। चूंकि F, B और C दोनों की मां है और B का पुत्र D है, अतः D, A और F का पोता है।
इसके अतिरिक्त यह भी बताया गया है कि H, G का पिता है और G, B की पत्नी है। D, B का पुत्र है, इस प्रकार वह G का भी पुत्र है। अतः D, H का पोता है। यह निष्कर्ष निकाला जा सकता है कि F और H दोनों का ही पोता D है।

42. (*a*) :

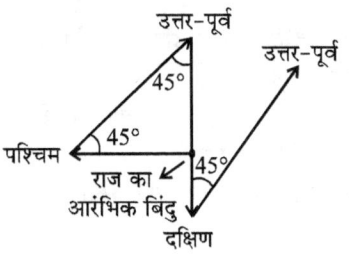

43. (*c*) : $ab = \sqrt{ac^2 + bc^2}$

$$ab = \sqrt{8^2 + 6^2} = \sqrt{64 + 36} = \sqrt{100} = 10$$

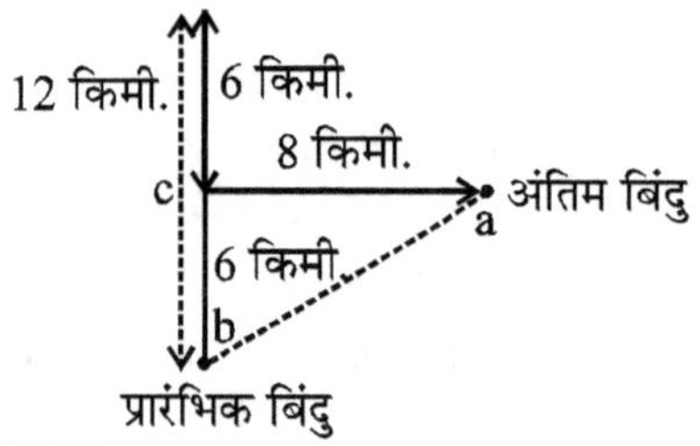

44. (*b*) : $ab = \sqrt{bc^2 + ca^2}$

$$ab = \sqrt{3^2 \quad 4^2} \quad \sqrt{9 \quad 16} \quad \sqrt{25} = 5$$

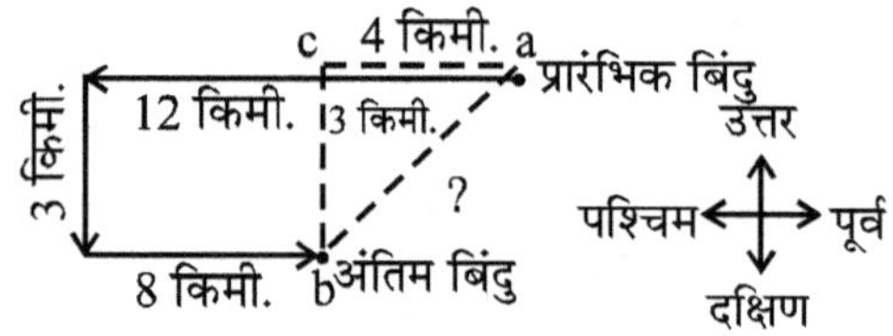

45. (*a*) : पांचों मित्र निम्नलिखित क्रम में एक-दूसरे की बगल में खड़े हैं:
आलोक, जयेश, सुबोध, प्रमोद, बबीर

46. (*c*) **47. (*b*)**

48. (*a*) : मेरे पिता का जन्मदिन मंगलवार को है।
64 ÷ 7 करने पर शेष 1 बचता है।
अत: 63 वां दिन मंगलवार होगा और उसके 1 दिन बाद जब चाचा मिलने आएंगे, उस दिन बुधवार होगा।

49. (*d*) : बुधवार से पांच दिन पहले शुक्रवार है। अत: 21 नवंबर का दिन शुक्रवार है।
21 नवंबर और 25 दिसंबर के बीच दिनों की संख्या = 9 + 25 = 34 दिन
34 ÷ 7 करने पर 6 शेष बचता है
∴ 28 वां दिन शुक्रवार होगा जिसके छह दिन बाद बृहस्पतिवार होगा।
अत: 25 दिसंबर का दिन बृहस्पतिवार होगा।

50. (*d*) : रेलगाड़ी की आपेक्षिक चाल होगी = 40 – 4 = 36 किमी./घंटा या 10 मी./सेकंड। (चूंकि रेलगाड़ी और वह व्यक्ति एक ही दिशा में चल रहे हैं)
अत: उस व्यक्ति को पार करने मे रेलगाड़ी को लगा समय = 160 ÷ 10 = 16 सेकंड

English

Spelling Tests

There are thousands of words in English language. It is difficult to remember the spellings and meanings of all at once. Try to learn as many as you can. Use a dictionary regularly.

Directions: *Find the correctly spelt words from the given options.*

1. A. Forcaust B. Forcast C. Forecast D. Forecaste
2. A. Paralleted B. Paralelled C. Parralleled D. Parallelled
3. A. Ocasion B. Occassion C. Occasion D. Ocassion
4. A. Boquet B. Bouquet C. Bouquete D. Bouquette
5. A. Chettering B. Chaterring C. Chattering D. Chatering
6. A. Discourage B. Disscourage C. Discourege D. Discaurage
7. A. Curageous B. Courageous C. Courrageous D. Couregeous

9. A. Abandon B. Abanddon C. Abendon D. Abbandon

9. A. Embarassment B. Emberrassement C. Embarrassment D. Embbaresment

10. A. Eccintric B. Eccentrie C. Eccentric D. Eccintrie
11. A. Occasional B. Occassional C. Occesional D. Occessional
12. A. Querrel B. Querral C. Quarrel D. Quarel
13. A. Contrebution B. Contribution C. Contributtion D. Conterbution
14. A. Desgrace B. Disgrece C. Disgrice D. Disgrace
15. A. Harassment B. Herassment C. Harasment D. Harassmient
16. A. Imaginative B. Imeginative C. Imagenative D. Imaginetive
17. A. Suficient B. Suficiant C. Sufficient D. Sufficiant
18. A. Adequate B. Edequate C. Adaquete D. Edaquete
19. A. Exparienced B. Experianced C. Experienced D. Experrienced

20. A. Flatering B. Fletering
    C. Flattering D. Fletaring

21. A. Cuttiveted B. Culltrivated
    C. Cultivated D. Caltivated

22. A. Praiceworthy B. Peiseworthy
    C. Praiseworthy D. Praisaworthy

23. A. Profesional B. Professionel
    C. Professional D. Profissional

24. A. Ameteur B. Amateur
    C. Amataur D. Amateor

25. A. Unfevourable
    B. Unfevaurable
    C. Unfavourable
    D. Unfivourable

26. A. Damage B. Dammage
    C. Damaige D. Dammege

27. A. Efficiant B. Effecient
    C. Efficient D. Eficient

28. A. Schedule B. Schdule
    C. Schedale D. Schedeule

29. A. Occurad B. Occurred
    C. Ocurred D. Occured

30. A. Grieff B. Grief
    C. Grieef D. Grrief

31. A. Guarantee B. Garuntee
    C. Guaruntee D. Gaurantee

32. A. Meddicine B. Medicine
    C. Medicene D. Medicinne

33. A. Benefeted B. Benefitted
    C. Benifited D. Benefited

34. A. Acommodation
    B. Acomodation
    C. Accomodation
    D. Accommodation

35. A. Querrelsome B. Quarrelsame
    C. Quarrelsome D. Querralsome

36. A. Sympathetic B. Smypathetic
    C. Sympothetic D. Sympethetic

37. A. Prograssive B. Progressive
    C. Progresive D. Prograsive

38. A. Uncivilized B. Uncevilized
    C. Uncivillized D. Uncevelized

39. A. Extravagant B. Extreragent
    C. Extreregant D. Extravegent

40. A. Missunderstood
    B. Miesunderstood
    C. Misunderstood
    D. Misunderstod

ANSWERS

1	2	3	4	5	6	7	8	9	10
C	A	C	B	C	A	B	A	C	C
11	12	13	14	15	16	17	18	19	20
A	C	B	D	A	A	C	A	C	A
21	22	23	24	25	26	27	28	29	30
C	C	C	B	C	A	C	A	B	B
31	32	33	34	35	36	37	38	39	40
A	B	B	D	C	A	B	A	A	C

COMPREHENSION PASSAGES

ENGLISH LANGUAGE COMPREHENSION

The objective of language comprehension test is to ascertain the ability of the candidates to understand the passage properly. Therefore candidates are required to take notice of the following points:
1. Read the full passage very attentively and intelligently.
2. Try to comprehend the gist of it.
3. Make a mental note of all the important details and points given in the passage.
4. Read the passage for the second time in case you have not been able to understand it satisfactorily.
5. Answer the questions on the basis of facts, as given in the passage.

MODEL QUESTIONS (FOR PRACTICE)

Directions: *Each of the following passages is followed by five questions. Read the passage carefully and answer the questions that follow each. For each question, four probable answers A, B, C and D are given. Only one out of these is correct. Choose the correct answer.*

PASSAGE-1

Robert Bruce was the king of Scotland. He had made many efforts to free his country from enemy but in vain. One day he was sitting in a cave in a dejected mood. He was thinking of giving up his attempt to liberate his country. All of a sudden his eyes fell on a spider that was trying to reach the ceiling. It made several attempts and every time it failed. But the spider did not lose heart. It made a fresh attempt. To the great surprise and joy of Robert Bruce this time its attempt was successful. Bruce was now full of praise for the efforts made by the spider. He felt inspired and began to think that he might also succeed like the spider. He made another attempt with courage. This time he was successful in freeing his country.

1. Robert Bruce made many efforts to free his country but his effort
   A. made him courageous

B. discouraged him
  C. were unsuccessful
  D. inspired him to make another effort
2. While sitting in a cave, Robert Bruce saw a spider which was trying
  A. to inspire Robert Bruce
  B. to reach the ceiling
  C. again and again
  D. to give up its efforts
3. What surprised and inspired Robert Bruce was that the spider
  A. did not lose heart even after several unsuccessful efforts and made a fresh effort
  B. had reached the ceiling
  C. was still far away from the ceiling
  D. was wiser than men
4. Robert Bruce was inspired to make another attempt to liberate his country and he was successful. Who inspired him to do that?
  A. The cave
  B. The ceiling
  C. The spider
  D. The continued efforts of the spider
5. What is the moral of the above passage?
  A. No pains no gains
  B. Rome was not built in a day
  C. Try and try again, you will succeed at last
  D. Nothing succeeds like success

PASSAGE-2

Sardar Vallabhbhai Patel 'The Iron Man of India,' was one of our greatest leaders. He was firm like a rock and calm like a sea. Sarojini Naidu once likened him to an iron casket containing a rough diamond. He was no dreamer like Pandit Nehru. He was a stern realist and a man of action. Next to Gandhiji, he was one of the greatest architects of India's freedom and political unity.

It was on October 31, 1875 that Sardar Vallabhbhai Patel was born in a poor family at Karamsad near Nadiad. His father Zaveribhai was fearless peasant who fought against the British Government in a mutiny of 1857, India's first war of Independence.

1. Who was a dreamer?
  A. Sarojini Naidu
  B. Sardar Vallabhbhai Patel
  C. Pandit Nehru
  D. Gandhiji
2. 'The Iron Man of India' means
  A. a tireless leader of India
  B. India's one of the greatest leaders
  C. a strong man of action
  D. a great freedom fighter of India
3. He was a *realist* and a man of action. Here the word *realist* means
  A. one who views things and acts in a practical way
  B. one who really acts
  C. one who achieves objectives
  D. one who likes perfection
4. Sarojini Naidu likened him to a rough diamond. It refers to his quality of
  A. hard work   B. diplomacy
  C. plain speaking D. patriotism
5. Sardar Vallabhbhai Patel belonged to a
  A. rich family

B. farmer family
C. aristocrat family
D. lawyer's family

PASSAGE-3

One morning, however, not many days later, as I was leaving the house, I was startled to find my little daughter Mini, seated on a bench near the door, laughing and talking, with the great Kabuliwallah at her feet. In all her life it appeared, my small daughter had never found so patient a listener, save her father. And already the corner of her little Sari was stuffed with almonds and raisins, the gift of her visitor. "Why did you give her these?" I said and taking out an eight-anna bit, I handed it to him. The man accepted the money without demur and slipped it into his pocket. Alas, on my return an hour later, I found the unfortunate coin had made twice its own worth of trouble! For the Kabuliwallah had given it to Mini and her mother, catching sight of the bright round object had pounced on the child with. "Where did you get that eight anna bit?" The Kabuliwallah gave it to me, said Mini cheerfully.

1. Mini was talking to the great Kabuliwallah, who was
   A. sitting on a bench
   B. standing near the door
   C. sitting on the floor
   D. standing on the floor near the door

2. Why did the father give eight-anna coin to the Kabuliwallah?
   A. He was a poor man
   B. He had given almonds and raisins to his daughter
   C. He was selling almonds and raisins
   D. He often used to give the dry fruits worth eight-annas to his daughter

3. The Kabuliwallah returned the eight-anna coin to Mini because
   A. it was not the adequate price of the dry fruits he gave to Mini
   B. the almonds and raisins were his gift to Mini
   C. the dry fruits were not for sale
   D. he loved Mini

4. My small daughter had never found so patient a listener. It means
   A. Mini listened calmly to what Kabuliwallah was saying
   B. Kabuliwallah was telling Mini to listen calmly what he was saying to her
   C. Kabuliwallah was listening calmly what Mini was saying
   D. It was for the first time that Mini listened calmly what her father said

5. Mother was angry with Mini because Mini
   A. had accepted the almonds and raisins from the Kabuliwallah
   B. had accepted the eight-anna coin from the Kabuliwallah
   C. returned the eight-anna coin to the Kabuliwallah
   D. had asked the Kabuliwallah to return her the eight-anna coin

PASSAGE-4

Vidyasagar was a very generous and charitable man. From his earliest years he helped the poor and needy to the utmost of his power. As a boy at school, he often gave the little food he had to eat, to another boy who had none. If one of his schoolfellows fell ill, little Ishwar would go to his house, sit by his bed and nurse him. His name became a household word in Bengal. Rich and poor, high and low, all loved him alike. No beggar ever asked him for relief in vain. He would never have a Darwan at the gate of his house lest some poor man who wished to see him might be turned away.

1. As a boy at school, Vidyasagar often
   A. ate the food of another poor boy
   B. gave his food to a boy who had none
   C. ate his food with another poor boy
   D. shared his food with other poor boys

2. His name became a *household* word in Bengal. In this sentence the word *household* means
   A. a well-known name
   B. a respected name
   C. a helpful word
   D. a great word

3. No beggar ever asked him for relief in vain. It means
   A. no beggar ever asked him for help
   B. he never disappointed any beggar. The beggar took relief in the hour of crisis
   C. he begged money to help the poor
   D. whatever help he gave to the beggars was fully compensated

4. Vidyasagar, a very generous man belonged to
   A. Andhra Pradesh
   B. Maharashtra
   C. Bengal
   D. Gujarat

5. Vidyasagar helped the poor and needy
   A. in his neighbourhood
   B. since his earliest years
   C. when he entered the college
   D. when he become a rich man

PASSAGE-5

Long ago, on the bank of the river Godavari there ruled a mighty King—Trivikarma. His empire stretched far and wide and even more widespread was his fame as a noble and courageous warrior and a wise and enlightened sovereign. Kings and princes and learned men thronged his court to pay homage to him. One of them was a hermit Kshantishila, who visited the king daily and gave him a fruit. The wise king respectfully accepted the offering everyday and gave it to the keeper of his treasury for safe custody.

This routine continued for nearly ten years and then one day the king playfully gave Kshantishila's fruit to a little monkey. As the animal broke open the fruit out fell a huge glittering precious stone. Trivikarma summoned his jeweller to examine the stone and was told that not only was the stone real but it was priceless.

1. Kings and princes and learned men came to the court of Trivikarma
   A. to give him gifts
   B. to give him precious stones
   C. to ask for help
   D. to pay respect to him

2. Hermit Kshantishila visited the king daily and gave him
   A. a flower
   B. a fruit
   C. a precious stone
   D. a gift

3. A huge precious stone came out of the fruit when the
   A. jeweller broke it open
   B. king broke it open
   C. hermit broke it open
   D. monkey broke it open

4. The king called for his jeweller to examine
   A. whether the fruit contained a precious stone
   B. whether the glittering stone was a genuine one
   C. whether it was the same stone which he gave to the monkey
   D. whether it was the same stone which the hermit gave him

5. Hermit Kshantishila visited the king
   A. every month   B. once a year
   C. daily   D. one day

PASSAGE-6

Phatik was ring leader among the boys of the village. A new mischief got into his head. There was a heavy log lying on the mudflat of the river waiting to be shaped into a mast for a boat. He decided that they should all work together to shift the log by force from its place and roll it away. But just as the fun was about to begin, Makhan, Pathik's younger brother came up and set-down on the log in front of them all without a word. Phatik was furious "Makhan," he cried. "If you don't get down this minute, I'll thrash you!" Makhan only moved to a comfortable position. Phatik gave the word of command to roll the log and Makhan over together. Makhan heard the order and made it a point of honour to stick on. The boys began to push the log with all their might, calling out, "One, two, three, go." At the word 'go' the log went and with it went Makhan's glory.

1. The log was meant for making
   A. a mast for the boat
   B. a boat
   C. a door
   D. a bed

2. Phatik, the ring leader among the boys decided
   A. to lift the log
   B. to roll the log away
   C. to teach his brother Makhan a lesson
   D. to thrash Makhan

3. Where was the log lying?
   A. At the river side
   B. In the river
   C. In the field
   D. In a jungle

4. Who sat on the log?
   A. Phatik
   B. Boys
   C. Makhan
   D. Boys and Makhan

5. At Phatik's command the log
   A. was turned upside down with boys sitting on it
   B. was rolled with Makhan sitting on it
   C. was lifted with Phatik sitting on it

D. was rolled with Makhan and Phatik sitting on it

PASSAGE-7

Pratap Singh became the Rana of Mewar after his father's death, but he had no capital and was without any means. His kindred and clans were dispirited by defeat after defeat but they did not lose their noble spirit. So he hoped to recover Chittore. Hostilities began between the Rana and the Mughals. Pratap was single-handed and had to oppose the combined efforts of the Empire. Therefore, he had to flee from rock to rock and feed his family with the fruits of his native, hills and bring up his son, Amar Singh, in the midst of savage beasts. Even in the face of these difficulties, he was undaunted and did not swerve from his firm resolution.

1. Rana Pratap Singh's men were disheartened because
   A. he had no capital
   B. he was without resources
   C. of defeat after defeat
   D. combined forces of the Mughals always attacked on them
2. Who was brought up in the midst of savage beasts?
   A. Pratap Singh
   B. Amar Singh
   C. Pratap Singh's relatives
   D. Amar Singh's relatives
3. Who had not lost their noble spirit?
   A. Pratap Singh
   B. Amar Singh
   C. The Mughals
   D. Pratap Singh's relatives
4. Pratap Singh hoped to recover Chittore because
   A. the Mughal's had to flee from rock to rock
   B. he was Rana of Mewar
   C. his tribemen had not lost their noble spirit
   D. he opposed the combined effort of the Mughals
5. The firm resolution of Rana Pratap was
   A. to defeat the Mughals
   B. to protect the honour of the Rajputs
   C. to recover Chittore
   D. to turn the Mughals out of Mewar

PASSAGE-8

Kalidas is known as the Shakespeare of India. His name has been immortalised in the history of Sanskrit literature. He was at the head of the celebrated nine gems which adorned the court of Vikramaditya. The poems and dramas of Kalidas have elicited unreserved praise not only from Indian scholars but even from European critics like Maxmuller. The age in which Kalidas flourished and the place where he was born are matters of dispute. But true genius is independent of time and place and although the century of Kalidas is far more remote, his fame is shining with undiminished grandeur even in our own days.

1. Kalidas wrote
   A. stories   B. novels
   C. dramas   D. songs
2. Kalidas is famous as a
   A. *nav-ratna*   B. historian
   C. dramatist   D. scholar

3. Kalidas is known as the Shakespeare of India. It means
   A. he lived in India when Shakespeare lived in England
   B. he wrote dramas as Shakespeare did
   C. his place in Sanskrit literature is as high as that of Shakespeare in English literature
   D. he wrote as many dramas as Shakespeare wrote

4. His fame is shining with undiminished grandeur even in our own days. To whom does it refer
   A. Shakespeare
   B. Vikramaditya
   C. Kalidas
   D. Both Shakespeare and Kalidas

5. Who was a true genius?
   A. Kalidas
   B. Vikramaditya
   C. Shakespeare
   D. Both Kalidas and Vikramaditya

PASSAGE-9

A dairy is a place where milk is processed and stored before distributions and where butter, cheese and such other milk products are made. Dairies are usually situated in large cities and towns. These dairies generally obtain supplies of milk from cows or buffaloes either kept in the city itself or from the nearby farm and villages. Milk is very nutritious and is nature's nearest approach to a perfect food and it is essential for the health and growth of children. In the villages, people can get milk easily, because most families have one or more cows or buffaloes. But in the cities the position is different and milk has to be brought from outside places. Large cities like Mumbai and Kolkata need a daily, steady and abundant supply of clean milk. In older to ensure this supply and to avoid any kind of adultration and contamination in this milk, big dairies are being established in various parts of the country, especially near the cities.

1. Dairies are usually situated
   A. in villages
   B. in large cities
   C. near slums
   D. where milk is produced

2. Dairies are places where
   A. milk is produced
   B. milk is processed and stored
   C. cows and buffaloes are kept for milk
   D. milk is supplied

3. Dairies usually obtain their major supply of milks from
   A. large cities
   B. cows and buffaloes kept by them
   C. farms and villages
   D. middle man

4. Milk is a perfect food and is essential for
   A. sweets
   B. growth of the children
   C. dairies
   D. people in the big cities

5. Dairies are not required in villages because
   A. villages have no distribution system
   B. most people have cows or buffaloes for milk

C. villagers send their milk to towns and cities
D. there is no adultration of milk in the villages

PASSAGE-10

After the war, Baden Powel started a movement known as the Boy Scouts Movement which soon spread throughout the world. The scouts have a uniform of khaki shorts and khaki shirts and wears colourful scarfs round their necks. India too accepted scouting as a very useful activity and after independence, the Boy Scout Movement was called 'Bharat Scout Movement' soon the movement became very popular. Smart and cheerful boys marched in step through streets. What is more, scouting became a training ground for young boys. The Boy scout's word was to be trusted. He was expected to have a high sense of honour and to perform his duty with a smile on his face.

1. Baden Powel started the Boy Scouts Movement
   A. for a war
   B. during the war
   C. after the war
   D. before the war
2. The Boy Scouts Movement soon spread
   A. in Africa
   B. in Europe
   C. in India
   D. throught the world
3. In India Boy Scouts Movement was called
   A. Bal Scouts Movement
   B. Bharat Scouts Movement
   C. Indian Scouts Movement
   D. Khaki Scouts Movement
4. Scouting is a
   A. colourful activity
   B. training activity
   C. honourable activity
   D. very useful activity
5. A scout performs his duty
   A. everyday
   B. on request
   C. with happiness
   D. during emergency

PASSAGE-11

Across the Mediterranean Sea lies the sunny land of Egypt. Its greatest river is the Nile. If you were to visit Egypt and follow the valley of the Nile, you would come to the Pyramids. These are tombs built long ago for the kings of Egypt. The largest tomb of all is known as the Great Pyramids. Close besides the Great Pyramid is a huge stone lion, with the head of a man. This lion is called the Sphinx. For five thousand years it has stood there, as though watching over the tombs of the kings. The face is that of the Egyptian ruler Khafra (Kaffra) who had the sphinx carved out so that people in times to come might know what a great king he had been.

1. Nile is
   A. the largest tomb
   B. a huge stone with the head of a man
   C. the greatest river of Egypt
   D. the name of the king who built pyramids

2. The pyramids are
   A. called sphinx
   B. huge stone lion with the head of a man
   C. tombs for the kings
   D. sphinx carved out by the ruler Khafra
3. Sphinx is
   A. huge tomb
   B. a huge stone lion with the head of a man
   C. the name of great Egyptian ruler who built pyramids
   D. a river of Egypt
4. The largest tomb is known as
   A. Sphinx
   B. Khafra
   C. Great Pyramid
   D. Nile
5. Sphinx are huge stone structures. They were built
   A. to preserve the dead bodies of the kings
   B. five thousand years ago
   C. five hundred years ago
   D. to worship the river Nile

PASSAGE-12

I am a little myna bird. I live with my father and mother in the hot, sunny land of South India. My home was a cosy well built nest, which was hidden among the ferny branches of a beautiful Gulmohar tree. My parents were fierce fighters. No enemy dared come near our home, if they were anywhere in the neighbourhood. One bright sunny morning, my father and mother left the nest and went in search of food for their hungry babies. The day was hot and I became very restless. Already the nest was getting too small for us four growing baby birds. I was always hungry. Whenever my mother brought food to the nest, I would open wide my bill and gobble down whatever she had to offer. No doubt my healthy appetite for the fact that I was bigger and more lively than my brother and sisters.

1. The number of baby birds in the nest was
   A. one   B. two
   C. three   D. four
2. No enemy dared to come to the myna's nest because
   A. it was very hot
   B. the baby birds were fully armed
   C. the nest was hidden
   D. his parents were fierce fighters
3. The myna became restless because
   A. the parents were away
   B. it was dark
   C. she was hungry
   D. the nest was too small
4. The nest was
   A. comfortable
   B. very big
   C. quite unsafe
   D. on the top of a tree
5. 'Whatever she had to offer' means
   A. whatever she wanted
   B. whatever she asked for
   C. whatever she gave
   D. whatever she could collect

PASSAGE-13

People sometimes get injured in accidents and require treatment from a doctor. But before a doctor can be brought or the person is taken to a doctor or a hospital, often the person needs immediate treatment. The help which is given to the injured before arrival of a doctor or reaching a hospital, is called 'First Aid'. In India some organisations like the Indian Red Cross Society, give first aid-training to students and others.

1. Red Cross Society
   A. provides training to doctors
   B. selects students for blood donation
   C. gives training in first aid
   D. runs hospitals

2. Indian Red Cross Society
   A. provides immediate treatment to the injured
   B. sends doctor to treat sick persons
   C. supplies medicines to poor patients
   D. gives first aid-training

3. First aid is the treatment given to an injured person
   A. in the hospital
   B. at home
   C. before he is taken to a doctor or a hospital
   D. at the clinic

4. One needs first aid when
   A. one is sick
   B. one is injured in an accident
   C. one's stomach is upset
   D. one is referred to a hospital

5. First Aid means
   A. the treatment first given
   B. the treatment given by Red Cross Society
   C. immediate treatment before regular medical care service is obtained
   D. to take the injured to the nearest available doctor

PASSAGE-14

The fizzy 'cola' cold drinks are made of synthetic or chemical flavours and colourings. There is no real lime or orange juice in lime or orange drinks. So apart from some sugar, they really have nothing nutritious in them. Just as white bread, made of white flour, is not as good as chapatis made out of white wheat. When wheat is refined to make wheat flour and all the husk is removed there is not much goodness left in it. The same way, brown 'gur' is much better for us than refined white sugar. In fact, all foods contain vitamins and minerals that our body needs, but as we become more modern and developed, we sometimes start eating food that have become refined and pretty to look at, but there is really nothing of value left in them at all.

1. The only nutritious thing in 'cola' cold drinks is
   A. orange juice   B. lime
   C. sugar   D. vitamin A

2. *Chapatis* have more food value than
   A. rice   B. cold drinks
   C. tea   D. white bread

3. Bread is prepared from white flour. It loses the nutritious value because
   A. it is baked
   B. husk is removed
   C. chemicals are added to it
   D. All the three

4. Refined product, generally, has
   A. more food value
   B. less food value
   C. normal food value
   D. no food value

5. When brown *gur* is refined to make refined white sugar
   A. its food value remains intact
   B. its food value increases
   C. its food value decreases
   D. its food value becomes nil

ANSWERS

	1	2	3	4	5
PASSAGE-1	C	B	A	D	C
PASSAGE-2	C	C	A	C	B
PASSAGE-3	C	B	B	C	B
PASSAGE-4	B	A	B	C	B
PASSAGE-5	D	C	D	B	C
PASSAGE-6	A	B	A	C	B
PASSAGE-7	C	B	D	C	C
PASSAGE-8	C	C	C	C	A
PASSAGE-9	B	B	C	B	B
PASSAGE-10	C	D	B	D	C
PASSAGE-11	C	C	B	C	B
PASSAGE-12	D	D	C	A	C
PASSAGE-13	C	D	C	B	C
PASSAGE-14	C	D	B	B	C

English Grammar

PARTS OF SPEECH

Part of speech	Definition or Function	Examples
Noun	Name of a person, place, animal, quality or thing	Ram, boy, dog, pen, sun, Delhi, truth, honesty
Pronoun	Used in place of a noun	I, you, he she, they
Articles & Determiners	Points out indefinite and definite nouns	a, an, the, few, some
Adjective	Describes a noun or pronoun	big, honest, wooden, valuable, quiet, deep, soft, narrow
Adverb	Describes a verb, an adjective or another adverb	silently, widely, softly, quietly, very, carefully
Verb	Tells about action or state of something or someone	is, am, was, have, do, like, walk, work, make, throw, tell
Conjuction	Joins words, clauses or sentences	and, but, when, yet, while, else
Preposition	Links a noun or pronoun to another word	at, to, after, on for, under, over, with
Interjection	Expresses sudden feelings or emotions	Ah!, Alas!, oh!, ouch!, hi!, well!, Hurrah!

NOUNS

A word which denotes a person, a thing, an animal or a place is said to be a noun.

There are two noun numbers in English — the *Singular* and the *Plural*.

Singular Numbers : A noun that denotes one person or one thing, is said to be in the Singular number. For example — book, pencil, bird, dog, hen etc. are in singular number.

Plural Number : A noun that denotes more than one person or one thing is said to be in plural number. For example — boys, pens, lions, girls, men etc. are in plural number.

REMEMBER

Singular	Plural
Cat	Cats
Pen	Pens
Tree	Trees
Bush	Bushes
Glass	Glasses
Judge	Judges
Watch	Watches
Thief	Thieves
Scarf	Scarves
Leaf	Leaves
Half	Halves
Roof	Roofs
Gulf	Gulfs
Radio	Radios
Folio	Folios
Volcano	Volcanoes
Potato	Potatoes
Piano	Pianos

Singular	Plural
Fly	Flies
Lady	Ladies
Monkey	Monkeys
Child	Children
Woman	Women
Axis	Axes
Foot	Feet
Englishman	Englishmen
Vertex	Vertices
Book	Books
Room	Rooms
Bus	Buses
Box	Boxes
Dish	Dishes
Tax	Taxes
Calf	Calves
Knife	Knives
Wife	Wives
Wolf	Wolves
Monarch	Monarchs
Hoof	Hoofs
Staff	Staffs
Bamboo	Bamboos
Hero	Heroes
Mango	Mangoes
Photo	Photos
Baby	Babies
Country	Countries
Boy	Boys
Ox	Oxen
Man	Men
Tooth	Teeth
Basis	Bases
Goose	Geese
Radius	Radii
Stimulus	Stimuli

1. Note the plurals of the following nouns:

Singular	Plural
copy	copies
baby	babies
body	bodies
family	families
fly	flies
city	cities
army	armies
bay	bays
cry	cries
duty	duties
country	countries
diary	diaries
fairy	fairies
spy	spies
storey	storeys
monkey	monkeys

2. The following nouns do not undergo any change in plural form, in general:

Singular	Plural
deer	deer
thousand	thousand
hundred	hundred
dozen	dozen
sheep	sheep
pair	pair
score	score
gross	gross

Note: We can write—
(a) thousands of men; (b) two pairs of shoes; (c) dozens of mangoes; (d) scores of people etc. But—
(a) two thousand rupees; (b) three hundred men; (c) five dozen eggs, etc.

3. The following nouns are usually used in plural forms. They take a plural verb after them:

eatables	fetters	surroundings
riches	alms	spectacles
trousers	pants	scissors
premises	thanks	annals
congratulations	goods	shorts
tongs	pains (for troubles)	arms

4. The following are the nouns which are plural in appearance but are usually used in singular number. They are followed by a singular verb:

news	politics	physics
mathematics	economics	ethics
politics	classics	gallows
statistics	athletics	innings
mechanics	summons	mumps

5. Collective nouns often used as plurals:

public	police	cattle
audience	clergy	folk

people	poultry	nation
elite	gentry	glitterati

6. The nouns that are usually used in singular forms:

advice	hair	rice
fuel	alphabet	machinery
offspring	issue	furniture
mischief	stationery	luggage
bedding	information	abuse

7. Material nouns are always used in singular number:

gold	copper	milk
water	silk	wool

Note: They may be used in plural with a different meaning. *e.g.,* copper coins (coppers), chains or fetters (irons), cans made of tin (tins).

GENDERS

The difference in sex is denoted by Gender in grammar. The various genders are as follows:

1. **Masculine Gender :** A noun that denotes a male is said to be of the masculine gender, as man, uncle, ox, boy etc.
2. **Feminine Gender :** A noun that denotes a female is said to be of feminine gender, as woman, aunt, princess, cow etc.
3. **Common Gender :** Nouns which denote both males and females are said to be of the common gender, as friend, cousin, person, parent, baby etc.
4. **Neuter Gender :** A noun that denotes the name of object without life is said to be of neuter gender, as file, table, pencil.

REMEMBER

Masculine	*Feminine*
Boy	Girl
Brother	Sister
Sorcerer	Sorceress
Father-in-law	Mother-in-law
Land-lord	Land-lady
Gentleman	Lady
Earl	Countess
Sir	Madam
Emperor	Empress
Pea-cock	Pea-hen
Hero	Heroine
Mr.	Mrs.
Master	Mistress
Heir	Heiress
Lion	Lioness
Actor	Actress
Colt	Filly
Horse	Mare
Hunter	Huntress

Masculine	Feminine
Abbot	Abbess
Author	Authoress
Widower	Widow
He-goat	She-goat
Bridegroom	Bride
Priest	Priestess
Shepherd	Shepherdess
Stag	Hind
Son	Daughter
Murderer	Murderess
Son-in-law	Daughter-in-law
Man-servant	Maid-servant
Bachelor	Spinster
Monk	Nun
Lad	Lass
Duke	Dutchess
Milk-man	Milk-maid
Step-father	Step-mother
Viceroy	Vicerine
Governor	Governess
Wizard	Witch
Host	Hostess
Mayor	Mayoress
Buck	Doe
Dog	Bitch
Count	Countess
Prince	Princess
God	Goddess
Ox	Cow
Grand-father	Grand-mother
Milk-man	Milk-woman
Tiger	Tigress
Poet	Poetess
Nephew	Niece
Fox	Vixen

PRONOUNS

The repetition of a noun in a sentence or a set of sentences is really boring. So, instead of repeating the noun, we can use a word (for that noun) called the pronoun.

"A pronoun is a word that we use instead of a noun".

Example:
This is *Sachin. He* plays cricket.
Note: *He* is the pronoun used in place of *Sachin.*

Kinds of Pronouns

1. **Personal pronouns :** A pronoun which is used instead of the name of a person is known as a 'Personal Pronoun'. A list of the 'Personal pronouns' is listed below :
I, my, mine, me, we   (First Person)
You, your, yours   (Second Person)
He, his, him, she, her, hers, it, its, they, their, theirs, them
(Third Person)

2. **Demonstrative, Indefinite and Distributive Pronouns :**

    (*a*) **Demonstrative Pronouns :** Pronouns used to point out the objects to which they refer are called Demonstrative Pronouns.

    Examples:
    (*i*) *This* is a present from my uncle.
    (*ii*) *These* are merely excuses.
    (*iii*) Bembay mangoes are better than *those* of Bangaluru.

(*b*) **Indefinite Pronouns :** All pronouns which refer to persons or things in a general way and do not refer to any particular person or thing are called Indefinite Pronouns.

Examples:

(*i*) *Somebody* has stolen my watch.

(*ii*) *Few* escaped unhurt.

(*iii*) Did you ask *anybody* to come?

(*c*) **Distributive Pronouns :** Each, either, neither are called distributive pronouns because they refer to persons or things one at a time. For this reason they are always singular and followed by the verb in singular.

Examples:

(*i*) *Each* of the men received a reward.

(*ii*) *These* men received *each* a reward.

(*iii*) *Either* of you can go.

3. Relative Pronouns : A relative pronoun refers or relates to some noun going before, which is called its Antecedent.

Examples:

(*i*) I met Hari *who* used to live here.

(*ii*) I have found the pen *which* I had lost.

(*iii*) Here is the book *that* you lent me.

4. Interrogative Pronouns : These pronouns, are used for asking questions.

Examples:

(*i*) *Whose* book is this?

(*ii*) *What* will all the neighbours say?

(*iii*) *Which* do you prefer, tea or coffee?

Note: Interrogative pronouns can also be used in asking indirect questions. Consider the following examples :

(*i*) I asked *who* was speaking.

(*ii*) Tell me *what* you have done.

(*iii*) Say *which* you would like best.

Behaviour of the Pronouns

1. If three pronouns are used together in the same sentence they are arranged in the following order :

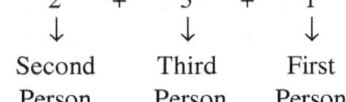

2	+	3	+	1
↓		↓		↓
Second Person		Third Person		First Person

Examples:

I, you and he must help *that* poor man. (Incorrect)

You, he and I must help *that* poor man. (Correct)

2. When two or more singular nouns are joined by and, the pronoun used for them should be plural.

Examples:

Mohan and Sohan are friends. *They* play football. *They* live at Lajpat Nagar.

3. But if these nouns joined by and refer to the same person or thing, the pronoun used should be singular.

Examples:
  (*i*) Delhi, the beautiful city and the capital of India, is famous for *its* historical monuments.
  (*ii*) The manager and owner of the firm expressed *his* views on the demands of the workers.

4. When two nouns are used with as well as, the pronoun agrees with the first subject.

   Examples:
   (*a*) Mohan as well as his friends is doing *his* work.
   (*b*) The students as well as their teachers are doing *their* work.

5. When two singular nouns joined by 'and' are preceded by *each* or *every,* the pronoun used must be singular and should agree in gender with the second noun.

   Examples:
   (*a*) Every man and every woman will do *her* best for the nation.
   (*b*) Each boy and each girl went to *her* house.

6. When two nouns are joined by using 'with', the pronoun agrees with the noun coming before 'with'.

   Examples:
   (*a*) The boy with *his* parents has gone to see a movie.
   (*b*) The children with *their* parents have gone to picnic.

7. When two different nouns are joined by either.......... or; neither .... nor, the pronoun is used according to the number and gender of the second noun.

   Examples:
   (*a*) Either your sister or you have done *your* work.
   (*b*) Neither the students nor the teacher was in *his* class.

8. The pronoun coming after '*than*' must be in the same case as that coming before '*than*'.

   Examples:
   (*a*) She plays better than *me*.
   (Incorrect)
   She plays better than *I*.
   (Correct)
   (*b*) His elder brother is more intelligent than *him*.
   (Incorrect)
   His elder brother is more intelligent than *he*. (Correct)

9. 'Many a' always takes a singular pronoun and singular verb.

   Example:
   Many a soldier has met *his* death in the battle field.

10. 'Who', 'Whose', 'Whom' are used only for persons.

    Examples:
    (*a*) *Who* is knocking at the door?
    (*b*) *Whose* pen is this?
    (*c*) *What* do you want?

11. 'Which' is used for things.

    Example:
    Which game do you like?

MULTIPLE CHOICE QUESTIONS

Directions: *In the following questions choose the correct options to fill in the blanks.*

1. The place was so dirty that ..... wished to run away from there.
   A. everybody   B. anybody
   C. few   D. some

2. ..... was there to help me.
   A. Somebody   B. Anything
   C. Anybody   D. Nobody

3. Is there .... to eat?
   A. some   B. something
   C. any   D. few

4. ..... of the students were making a great noise.
   A. Anyone   B. Somebody
   C. Many   D. Nobody

5. ..... of the students can solve this sum.
   A. Someone   B. Anybody
   C. Somebody D. None

6. ...... of us should try our best to make India a heaven.
   A. Any   B. Somebody
   C. Anybody   D. All

7. ...... of us do not know the real meaning of our lives.
   A. Any   B. Something
   C. Several   D. Many

8. My .... black.
   A. hairs are   B. hair is
   C. hairs shall   D. hair will

9. She saw two .... on the last Sunday.
   A. thiefs   B. theifs
   C. thieves   D. theives

10. My sister is a ....
    A. bacheloress   B. bachelor
    C. unmarried   D. spinster

11. One is supposed to do ....
    A. our duty   B. their duty
    C. one's duty   D. his duty

12. Take anything .... you want.
    A. that   B. which
    C. than   D. then

13. I cannot tolerate ....
    A. separated you
    B. your separation
    C. separation from you
    D. you separated

14. He is .... faithful partner.
    A. yours   B. you
    C. your   D. your's

15. Ajay is more smart than ....
    A. her   B. hers
    C. herself   D. she

16. Vivek works harder than ....
    A. me   B. I
    C. her   D. his

17. They should help ....
    A. the poor people
    B. the poor
    C. the poor persons
    D. the poor peoples

18. .... are mad.
    A. All his sons
    B. His all sons
    C. Sons all his
    D. All sons his

19. The poor fellow .... to fate.
    A. resigned
    B. resigned himself

    C. resigned itself
    D. resigned themselves
20. Nobody will help you but ....
    A. I   B. me
    C. ours   D. his
21. It is a good chance, You must avail .... this opportunity.
    A. of   B. yourself of
    C. for   D. from
22. The person who is elected .... my relative.
    A. is   B. he is
    C. his   D. him
23. He made ....
    A. yours mention
    B. mention of you
    C. mention for you
    D. mention about you
24. .... I know, he is quite faithful.
    A. As far as   B. So far as
    C. So far this D. So far so
25. It is a duty of a person to take .... for his family.
    A. pain   B. pains
    C. pain-killers D. pained
26. She does not love .... husband.
    A. his   B. her

    C. its   D. their
27. Let .... work together.
    A. him and me
    B. he and I
    C. he and him
    D. I and me
28. Copper, Silver and Gold ....
    A. each will do
    B. either will do
    C. any one will do
    D. any will do
29. Jessica and Roma are very irregular .... habits.
    A. in her   B. in their
    C. in its   D. in every
30. That is the boy .... everybody loves.
    A. whom   B. who
    C. that   D. whose
31. That is the girl .... won the first prize.
    A. whom   B. who
    C. whose   D. which
32. That is the man .... purse was lost.
    A. who   B. whom
    C. whose   D. their

ANSWERS

1	2	3	4	5	6	7	8	9	10
A	D	B	C	D	D	D	B	C	D
11	12	13	14	15	16	17	18	19	20
C	A	C	C	D	B	B	A	B	B
21	22	23	24	25	26	27	28	29	30
B	A	B	A	B	B	A	C	B	A
31	32								
B	C								

ARTICLES

The family of the articles has only three members. They are : A, An and The. However, they fall under two groups :
(a) Definite Article
(b) Indefinite Article

'The' is known as definite article whereas 'a' and 'an' are known as indefinite articles.

Use of the Definite Article 'The'

'The' is used before:

1. The superlative degree :
   He is the ablest man of the town. (ablest is a superlative degree)

2. The name of states, countries etc. having a descriptive name :
   (i) The J & K is a small state. (J & K is a descriptive name)
   (ii) He lives in the U.S.A. (U.S.A. is a descriptive name)

   (But the Delhi and the America are wrong because neither Delhi nor America is a descriptive name)

3. The names of the scriptures :
   The Gita is a holy book. (Gita is a scripture)

4. Name of newspapers :
   The Tribune is published from Chandigarh.

5. Name of rivers, canals, seas, oceans, bays, gulfs, groups of islands etc. :
   (i) The Ganga is a holy river.
   (ii) The Indian Ocean is the deepest ocean.
   (iii) The Persian Gulf is a narrow gulf.

6. The name of famous buildings :
   The Taj is one of the best buildings in India.

7. The names of nationals, sects and communities :
   (i) The English defeated the Germans in the World War.
   (ii) The rich should help the poor.
   (iii) The Hindus believe in the caste system.

8. Proper nouns used as common nouns :
   (i) Kalidas is the Shakespeare of India.
   (ii) Delhi is the London of India.

9. Famous historical events :
   The Industrial Revolution changed the face of England.

10. The directions and the celestial bodies :
    The sun rises in the east.

11. Titles :
    Akbar, the Great was loved by his subjects.

Do not use 'the' :

1. Before languages :
   The English is an international language. (Incorrect)
   English is an international language. (Correct)

2. Before the names of games :
   The hockey is a popular game. (Incorrect)
   Hockey is a popular game. (Correct)

Use of the Indefinite Articles 'A' and 'An'

'A' is used before :

1. All singular common nouns beginning with a consonant :
   (*i*) A boy sings a song.
   (*ii*) A black and a white cow were grazing in the field.
2. If a word begins with a vowel but gives the sound of a consonant, 'a' should be used before it :
   (*i*) He was helped in his work by a European.
   (*ii*) He is a one-eyed man.
   (*iii*) It is a useful work.

'An' is used as follows:

1. All singular common nouns beginning with a vowel (*i.e.*, a, e, i, o, u) :
   (*i*) He is an artist.
   (*ii*) He is an old man.
   (*iii*) I intend to buy an umbrella.
2. If a word starts with a consonant but gives the sound of a vowel, "an" should be used before it :
   (*i*) Brutus is an honourable man.
   (*ii*) He is an honour to his profession.
   (*iii*) He is an L.L.B.
   (*iv*) He is an M.A.
   (*v*) You will reach there in an hour.

Demonstratives, that, these and those :

1. The demonstrative adjectives and pronouns are for objects nearby the speaker:
   this (singular) those (plural)
   and for objects far away from the speaker.
   That (singular) those (plural)
2. Demonstratives are the only adjectives that agree in number with their nouns.
   That hat is nice.
   Those hats are nice.
3. When there is the idea of selection, the pronoun "one" (or "ones") often follows the demonstrative.
   I want a book. I'll get this (one).
   If the demonstrative is followed by an adjective, "one"(or "ones") must be used.
   I want a book. I'll get this big one.

MULTIPLE CHOICE QUESTIONS

Directions: *In the following questions choose the correct options to fill in the blanks.*

1. .... will have to be paid for this material.
   A. Half rupee
   B. Half a rupee
   C. A half rupee
   D. An half rupee

2. .... is taking keen interest in India.
   A. The USA   B. USA
   C. An USA   D. A USA

3. Only .... can save our country.
   A. the Hitler   B. a Hitler
   C. Hitler   D. an Hitler
4. I can run for ....
   A. hundred miles
   B. the hundred miles
   C. a hundred miles
   D. an hundred miles.
5. .... man-eater has been killed.
   A. The   B. A
   C. An   D. Either A or B
6. What .... fine idea!
   A. the   B. an
   C. a   D. No article
7. .... earth is moving around the sun.
   A. An   B. A
   C. The   D. No article
8. This is .... first example which I got.
   A. the   B. a
   C. an   D. No article
9. This is .... house which was built during earthquake.
   A. a   B. an
   C. the   D. No article
10. .... America is a rich country.
    A. The   B. An
    C. A   D. No article
11. .... U.S.A. is a developed country.
    A. A   B. An
    C. The   D. No article
12. .... Bible is a holy book.
    A. A   B. The
    C. An   D. No article
13. .... rich should help the poor.
    A. The   B. A
    C. An   D. No article
14. .... Gold is a costly metal.
    A. The   B. A
    C. An   D. No article
15. Kalidas is .... Shakespeare of India.
    A. a   B. an
    C. the   D. No article
16. I cannot do .... difficult work.
    A. a such   B. the such
    C. such the   D. such a
17. How foolish .... plan it is!
    A. a   B. an
    C. the   D. No article
18. An ink is .... useful article.
    A. an   B. a
    C. the   D. No article
19. There are .... husband and wife.
    A. a   B. an
    C. the   D. No article
20. He is learning .... French
    A. the   B. a
    C. an   D. No article

ANSWERS

1	2	3	4	5	6	7	8	9	10
B	A	B	C	D	C	C	A	C	D
11	12	13	14	15	16	17	18	19	20
C	B	A	D	C	D	A	B	D	D

ADJECTIVES & ADVERBS

An Adjective is a word which adds something to the meaning of a noun or a pronoun.

    Mridula is an *intelligent* girl.

    He has a *black* goat.

    He is a *brilliant* student.

    She is a *clever* girl.

    It is a *beautiful* picture.

In the sentences given above, the words in italics are adjectives.

An Adverb is a word which qualifies the meaning of a Verb, an Adjective or another Adverb.

    (*i*) He talks *slowly*.

    (*ii*) He is a *very* good student.

    (*iii*) He talks *very* slowly.

In sentence (*i*), *slowly* qualifies the verb *talks*.

In sentence (*ii*), *very* qualifies the adjective *good*.

In sentence (*iii*), *very* qualifies the adverb *slowly*.

Adjectives have three degrees of comparison :

1. **Positive Degree :** It expresses the common form of an adjective.

   Example:
   Ram is a *tall* boy.
   In the above sentence *tall* is an adjective and expresses the common form.

2. **Comparative Degree :** It expresses the more of the same form.

   Example:
   Ram is *taller* than Mahesh.
   In the above sentence *taller* is an adjective that expresses the more of the common form of the adjective *tall*.

   "When and How to Use" Comparative Degree?

   (*a*) Comparative Degree is used when two persons or two groups of persons or things are compared.

   Examples :
   (*a*) He is *wiser* than his younger brother.
   (*b*) This glass is *cleaner* than the other.

   (*b*) When two different qualities in the same person are compared, more is used instead of 'er' to form the comparative. The formula used in this case should be :

   More + Positive Degree
   She is *fairer* than polite.
                 (Incorrect)
   She is *more fair* than polite.
                 (Correct)

   (*c*) When selection of one out of two persons or things is meant, the degree of comparison is followed by of and *the* is used before it.

Example:
Zia is abler of *the* two sisters.

(d) If two comparatives are used in the same sentence to impress upon an idea, both should be preceded by the definite article.

Examples :
(i) The higher you go, the cooler it is.
(ii) The more we get, the more we desire.

(e) When one person or thing is compared with another of the same kind, other is used after the comparative degree. In such sentences other is normally preceded by any or all.

Examples:
(i) Kalidas is greater than any dramatist. (Incorrect)
Kalidas is greater than any other dramatist. (Correct)
(ii) Lead is heavier than all metals. (Incorrect)
Lead is heavier than all other metals. (Correct)

(f) Senior, junior, superior, inferior, prior, anterior (earlier than) and posterior (later than) are always followed by 'to'.

Examples:
(i) Ram is senior *to* Mohan by three years.
(ii) That pen is inferior *to* that.
(iii) He is junior *to* me in rank.
(iv) This event was posterior *to* that.

Note: Never use *than* after the above mentioned adjectives.

Important Information

(a) 'Preferable' is also used as an adjective of the comparative degree. As such, it is always followed by *to* and not *a*.
Death is preferable than dishonour. (Incorrect)
Death is preferable *to* dishonour. (Correct)

(b) To intensify the Degree of comparison, we use *far* or *much* before the comparative.

Examples:
(i) This book is *far* better than that.
(ii) His performance was *much* better than Mohan's.

Warning: Always avoid the use of double comparatives.
Don't say: Ram is more cleverer than his younger brother.
Say: Ram is cleverer than his younger brother.

3. **Superlative Degree :** It expresses the most of the common form of an adjective.

Example:
He is the ablest man of the town.

How and when to use the Superlative Degree?

(a) The Superlative Degree is used when more than two persons or things are compared.

(b) The Superlative Degree is generally preceded by 'the' and followed by 'of' in most of the cases or otherwise.

(c) When an adjective of the superlative degree is preceded by a Possessive Adjective or a Noun in the Possessive case, 'the' should not be used before it.

Example:
Which is Kalidas' best play?
It will be a blunder to use 'the' before the Superlative Degree in such cases.
Don't say : Which is Kalidas' the best play.

(d) To intensify the degree of comparison, *by far* is used before the superlative degree.

Example:
India is *by far* the most beautiful country of the world.

Note: Always avoid the use of double superlatives.

Don't say : He is the most strongest boy in the class.
Say : He is the strongest boy in the class.

Use of some Important Adjectives

1. (a) **'Some'** is used as follows :
   (i) With countable nouns where it means— a little, a small quantity.
   (ii) In a question which shows some request.

   Examples:
   (i) There is some water in the bottle.
   (ii) Some of the students were absent yesterday.
   (iii) Will you have some milk?
   (iv) Will you buy some fruit for me?

   (b) **'Any'** is used as follows :
   (i) In negative sentences.
   (ii) In interrogative sentences.
   (iii) After 'Hardly', 'Scarcely' and 'Barely'.
   (iv) After 'If'.

   Examples:
   (i) There is not any sugar in the pot.
   (ii) We haven't any rice in the house.
   (iii) I have hardly any money.
   (iv) There are scarcely any plants in this field.
   (v) If there is any danger, blow the whistle.

2. (a) **Older :** Older (and oldest) are used for persons animals and things. But 'Older' and 'Oldest' refer to the persons who do not belong to the same family.

   Examples:
   (i) Radha is older than Shyama.
   (ii) John is the oldest member of the staff.
   'Older' and 'Oldest' refer to the persons who do not belong to the same family.

(b) **Elder** (and **eldest**) are used in respect of the members of the same family like sons, daughters, brothers, sisters.

Examples:
(i) My elder sister is a lecturer.
(ii) Meenakshi is the eldest of the three sisters.

Note : (i) 'Elder' is not followed by 'than'.
(ii) 'Elder' and 'Eldest' cannot be used for things.

3. (a) **'Few'** is negative and is the opposite of 'Many'. It means 'not many'.
(b) **'A few'** is positive and means 'some at least'. It is the opposite of 'None'.
(c) **'The few'** means 'minority' and suggests 'whether there is'.

Examples:
(i) We have few holidays in school.
(ii) Only a few boys will fail in the examination.
(iii) The few poems that he wrote are very popular.

4. (a) **Further** means 'something additional'.
(b) **Farther** means 'a greater distance'.

Examples:
(i) Further discussion will be held in the office of the principal.
(ii) Amritsar is farther from Delhi than Ambala.

5. (a) **Little** is negative. It means, 'not much', or 'hardly any'.
(b) **A little** is positive. It means 'some quantity'.
(c) **The little** denotes quantity. It means, 'not much but all that is, or whatever quantity there is'.

Examples:
(i) There is little hope of his success.
(ii) He knows a little of everything.
(iii) I have spent the little money I had.
(iv) The little knowledge of shoe-making proved very useful to me.

6. (a) **'Much'** expresses 'quantity'.
(b) **'Many'** expresses 'number'.
(c) **'Many a'**—'Singular noun' and 'Singular verb' are used with 'many a'.

Examples:
(i) There is not *much* water in the jug.
(ii) *Many* boys are absent today.
(iii) *Many* a battle has been fought on the soil of India.

7. (a) **'Less'** denotes 'in a small degree'.
(b) **'Fewer'** denotes 'number'.

Examples:
(i) He devotes less time to his studies.
(ii) There are no fewer than ten chairs in this room.

8. (a) **'Each'** is used for a single number of 'two persons' or 'things'.
   (b) **'Every'** is used for a single number of 'many persons' or 'things'.
   Examples:
   (i) Each boy must take part in games.
   (ii) There are only two poets. Each poet recited his poem.
   (iii) Every man dies in this world.
   (iv) Every man is expected to do his duty.

9. (a) **'Either'** means one of the two or both.
   (b) **'Neither'** is negative of the either.
   Examples:
   (i) You may buy either of these two chairs.
   (ii) Neither of them could speak on the stage.

10. (a) **'Later'** expresses 'late in time'.
    (b) **'Latter'** means 'second in position or order'.
    Examples:
    (i) My father reached later than I expected.
    (ii) The latter position was better than the former.

Use of some Important Adverbs

1. (a) **Also, too, enough:**
   (i) He taught English. Also, he edited the school magazine
   (ii) He is a writer and also he is a painter.
   (iii) He is too obstinate to listen to any reason.
   (iv) This is too difficult a piece for the junior students.
   (v) Sarla was kind enough to help the poor.
   (vi) He is brave enough to help the truth.

Note: 'Too' is used in a negative sense, but enough is used in a positive sense.

   (b) **Fairly and rather:** Both suggest the meaning 'moderately'. But, mainly 'fairly' is used with the words that denote a positive meaning and rather is used with the words that denote a negative meaning:
   (i) Rita did fairly well in that competition, but her performance was rather poor in sports.
   (ii) Mona is fairly rich, but she is rather stingy.

Note: 'Rather' can also be used in a positive sense.
   (i) This is a rather interesting job.
   (ii) That boy is rather smart.

   (c) **Hardly, barely, scarcely:** These words mostly convey the negative suggestions and are almost similar.
   (i) I have hardly any strength now.

(ii) There was barely any supply to the township,
(iii) There were scarcely a hundred guests present.

Note: With slight variance in the meaning, the words given above convey the idea of 'very little', 'not enough', 'lack of quantity and number'.

(d) **Yet, Still:** These adverbs can often be used to connect the sentence units:
  (i) He has been defeated many times in the contest; still he wants to be a competitor.
  (ii) Mona was sick; yet she went on doing her work.

(e) **Alone:**
  (i) He alone (none else) is capable of handling that fire,
  (ii) He hunted all alone in the forest. (not in any company)

Special Note:
(a) Apart from their conven-tional positions the adverbs might be used in different positions with different meanings and angles.
  (i) He had only four books.
  (ii) John only contacted his friend in need.
  (iii) He greeted me only.
  (iv) Only he greeted me there.

(b) **Inversion:** Some adverbs can be inverted *i.e.* placed in the beginning of the sentence and then be followed by an interrogative form. The most common of these adverb are: so, seldom, never, nowhere, under no circumstances, hardly, scarcely etc.
  (i) So big was the bus that it could not enter the narrow lane.
  (ii) Hardly had he reached the station when he received the message.

MULTIPLE CHOICE QUESTIONS

Directions: *In the following questions choose the correct options to fill in the blanks.*

1. The girl whom you met is the .... sister of Ravi.
   A. eldest   B. elder
   C. older   D. oldest

2. The historical place is ....
   A. seeing worth
   B. worthy of seeing
   C. worth seeing
   D. worthy seeing

3. These flowers smell ....
   A. sweet
   B. sweetly
   C. more sweetly
   D. sweetest

4. .... aspirant cannot pass the entrance examination.
   A. Each   B. Every
   C. All   D. No

5. Prem Chand .... second Shakespeare.
   A. is a
   B. is
   C. is the
   D. is an

6. .... student in the class got prizes.
   A. Each and every
   B. Every and each
   C. Every
   D. Never

7. It is .... picture than the one we saw last Monday.
   A. interesting
   B. much interesting
   C. more interesting
   D. most interesting

8. She is clever ....
   A. that her mother is
   B. as her mother is
   C. to her mother is
   D. than her mother is

9. They will get ....
   A. Red, green and black paper
   B. Red, green black paper
   C. Red and green and black paper
   D. Red, green, black paper

10. Health is .... wealth.
    A. preferable to
    B. more preferable than
    C. more preferable to
    D. most preferable then

11. .... water that was in the jug evaporated.
    A. Little
    B. The little
    C. Small
    D. A small

12. He has not sung .... songs.
    A. much
    B. most
    C. more
    D. many

13. Srishti has searched .... office.
    A. whole the
    B. the whole
    C. a whole
    D. some whole

14. Premchand was .... best and .... famous writer.
    A. a, the most
    B. the, a most
    C. the, more
    D. the, the most

15. William Shakespeare is famous as ....
    A. a poet and a dramatist
    B. a poet and dramatist
    C. the poet and the dramatist
    D. a poet and the dramatist

16. What does the .... leader suggest?
    A. other
    B. another
    C. others
    D. anothers

17. He .... money.
    A. has few
    B. have few
    C. has little
    D. have little

18. The .... boys are rewarded.
    A. first two
    B. two first
    C. firsts two
    D. two's first

19. He is .... brave.
    A. stronger than
    B. stronger then
    C. more strong then
    D. more strong than

20. No sooner said ....
    A. so done
    B. and done
    C. then done
    D. but done

21. She returned .... than I had thought.
  A. quickly
  B. more quicker
  C. more quickly
  D. quicker
22. He is .... foolish person.
  A. rather the   B. a rather
  C. rather a   D. rather
23. This pen .... rupees.
  A. costs twenty
  B. twenty costs only
  C. costs only twenty
  D. only costs twenty
24. It is .... pride.
  A. nothing else but
  B. nothing else than
  C. else nothing than
  D. but
25. This tea is .... to drink.
  A. too hot
  B. very hot
  C. enough hot
  D. much hot

ANSWERS

1	2	3	4	5	6	7	8	9	10
A	C	A	B	A	C	C	C	A	A
11	12	13	14	15	16	17	18	19	20
B	D	B	D	B	A	C	A	D	C
21	22	23	24	25					
C	C	C	A	A					

DETERMINERS

Determiners are actually Adjectives. They are always followed by nouns. Determiners are of the following kinds:

1. **Demonstrative Determiners**
   this, that, these, those
2. **Possessive Determiners**
   my, our, your, his, her, its, their
3. **Quantitative Determiners**
   some, any, much, enough, sufficient, whole, a little, the little, little, all, both
4. **Numerical Determiners**
   a few, some, few, the few, any, several, many, no, etc.
   One, two, three ...   (Cardinals)
   First, second, third ...   (Ordinals)
5. **Distributive Determiners**
   either, neither
6. **Articles**
   Indefinite: a, an
   Definite: the

MULTIPLE CHOICE QUESTIONS

Directions: *In the following questions choose the correct options to fill in the blanks.*

1. Give me .... rice.
   A. some B. few
   C. a few D. any

2. .... sheep grazing on the slope of the hill had gone away.
   A. Any B. The few
   C. This D. Much

3. Have you got .... magazines to read?
   A. all B. much
   C. some D. little

4. I have .... money that I want to spend on shares.
   A. any B. much
   C. less D. some

5. There is .... owl on the branch of the tree.
   A. a B. the
   C. an D. some

6. My brother is .... MBA.
   A. a B. an
   C. the D. any

7. Have you got .... cheese?
   A. some B. many
   C. a few D. few

8. No, I have not got .... cheese.
   A. many B. few
   C. any D. some

9. There is only .... milk left in the bottle.
   A. enough B. few
   C. much D. a little

10. There is .... hope of his recovery.
    A. any B. little
    C. many D. few

11. .... dogs were barking at the strangers.
    A. Some B. Any
    C. Much D. Less

12. The girl bought her father .... juice.
    A. few B. some
    C. any D. many

13. You should take .... honey everyday.
    A. any B. many
    C. a little D. a few

14. .... boy was punished by the teacher.
    A. Either B. All
    C. Any D. Many

15. .... girl was asked to join the army.
    A. None B. Neither
    C. All D. Any

16. .... water in the jug has been drunk by Mohan.
    A. The little B. The few
    C. A few D. Few

17. I shall play .... piano at the party.
    A. some B. any
    C. the D. few

18. .... labourers were found dead in the mine.
    A. Any B. Fewer
    C. Many D. Less

19. Could I borrow .... umbrella?
    A. our   B. your
    C. yours   D. my

20. My brother is standing in the .... row.
    A. any   B. many
    C. some   D. first

ANSWERS

1	2	3	4	5	6	7	8	9	10
A	B	C	D	C	B	A	C	D	B
11	12	13	14	15	16	17	18	19	20
A	B	C	A	B	A	C	C	B	D

THE VERB

A Verb is a word that tells something about the action or state of or happenning to a person or thing.

A Verb tells the following:

1. What a person or thing does.
    Sachin goes to school daily.
    The bell *rang* loudly.
    Many birds fly in the sky.
    She *sang* a song.

2. What a person or thing is.
    India *is* the biggest democracy in the world.
    Ram Mehar *is* very rich.
    They *are* happy.

3. What is done to a person or thing.
    You *are liked* by all.
    Two thieves *were arrested*.
    Four students *were punished* by the teacher.

4. What happens to a person or thing.
    His maternal uncle *died* last week.
    Two ships *sank* yesterday.
    Leaves *turn* yellow in autumn.

5. What a person or thing has, had, and so on.
    I *have* a new car.
    He *had* a scooter last year.
    He *has* several cows and goats.

It goes without saying that a verb is the most important part of a sentence. No sentence is complete without a Verb.

Important Information

1. If two or more singular nouns are joined by 'and' the verb used will be plural.

    Example:
    (i) He and I were going to the market.
    (ii) Ram and Mohan are friends.

2. If two singular nouns joined by 'and' points out to the same thing or person, the verb used must be singular.

    Example:
    (i) Rice and curry is the favourite food of the Punjabis.

(*ii*) The Collector and District Magistrate is away.

3. In case two subjects are joined by 'as well as' the verb agrees with the first subject.

    Example:
    (*i*) Kanta as well as her children is playing.
    (*ii*) Children as well as their mother are playing.

    In the case of first sentence the verb (is) agrees with Kanta and in the case of second sentence the verb (are) agrees with the children.

4. 'Neither', 'Either', 'Every', 'Each', 'Everyone', and 'Many a' are followed by a singular verb.

    Example:
    (*i*) Either of the plans is to be adopted.
    (*ii*) Neither of the two brothers is sure to pass.
    (*iii*) Every student is expected to be obedient.
    (*iv*) Everyone of them desires this.
    (*v*) Many a person is drowned in the sea.

5. If two subjects are joined by 'Either .... or' / 'Neither .... nor', the verb agrees with the subject near to it.

    Example:
    (*i*) Either my brother or I am to do this work.
    (*ii*) Neither he nor they are prepared to do this work.

6. 'A great many' is always followed by a 'plural noun' and a 'plural verb'. For example :
    A great many students have been declared successful.

7. Similarly if two subjects are joined by 'with', 'together with', 'no less than', in addition to 'and not', etc. the verb agrees with the first subject.

    Example:
    (*i*) The boy with his parents has arrived.
    (*ii*) He, no less than I, is to blame.

8. Nouns, plural in form, but singular in meaning, take a singular verb.

    Example:
    This news was broadcast from television yesterday.

MULTIPLE CHOICE QUESTIONS

Directions: *In the following questions choose the correct options to fill in the blanks.*

1. The bus with all its passengers .... lost.
    A. were   B. was
    C. are   D. would

2. You as well as I .... responsible for this work.
    A. am   B. are
    C. was   D. is

3. Raghava like all his companions .... a spoiled child.
    A. are   B. were
    C. is   D. will be

4. Pen and ink .... required for me.
   A. are   B. were
   C. is   D. has required

5. Every girl and every boy .... attended the seminar.
   A. have   B. has
   C. is   D. are

6. Not only she but all her sisters ...... been married.
   A. has   B. have
   C. is   D. are

7. There .... nothing but miseries in life.
   A. is   B. are
   C. were   D. will be

8. Neither prose nor poem .... given.
   A. were   B. was
   C. has   D. have

9. Either he or I .... wrong.
   A. is   B. are
   C. am   D. were

10. Either Sulekha or Rekha .... coming here.
    A. are   B. is
    C. were   D. have

11. .... the child or his parents to blame?
    A. Is   B. Are
    C. Were   D. Has

12. You and I .... neighbours.
    A. am   B. are
    C. was   D. has

13. The house with all its belongings ..... sold away.
    A. were   B. are
    C. was   D. must

14. Either water or juice .... required.
    A. is   B. are
    C. were   D. has

15. There were not as many tables as .... required.
    A. was   B. were
    C. is   D. are

16. They each .... a book.
    A. have   B. are
    C. has   D. is

17. He and I .... class friends.
    A. is   B. am
    C. was   D. are

18. She as well as I .... guilty.
    A. is   B. are
    C. am   D. must be

19. Purushottam .... not read more on this chapter.
    A. needs
    B. has been need
    C. need
    D. had been need

20. He came .... to his aunt.
    A. run   B. running
    C. to run   D. in run

21. She dislikes .... meat.
    A. eat to   B. to eat
    C. eating   D. to eating

22. He likes ....
    A. sing to   B. singing
    C. to sing   D. to singing

23. We are ready .... the match.
    A. play to   B. to playing
    C. playing   D. to play

24. .... is injurious to health.
    A. Smoking   B. To smoke
    C. To smoking D. Smoke to

25. He loves .... raw vegetables.
   A. eaten   B. eating
   C. to eating D. eat to

26. He seemed .... finished his homework.
   A. have to   B. to have
   C. having   D. to having

ANSWERS

1	2	3	4	5	6	7	8	9	10
B	B	C	C	B	B	A	B	C	B
11	12	13	14	15	16	17	18	19	20
A	B	C	A	B	A	D	A	C	B
21	22	23	24	25	26				
C	B	D	A	B	B				

CONJUNCTIONS

A conjunction is a word which connects words, clauses or sentences.

Look at the following sentences.
(i) He bought apples *and* mangoes.
(ii) God made the country *and* man made the town.
(iii) The door was open *but* there was no one in the house.
(iv) He knows that I am here *and* that I want to see him.

In the sentence (i), *and* connects two words—*apples* and *mangoes*.

In the sentence (ii), *and* connects two sentences—*God made the country* and *man made the town*.

In the sentence (iii), *but* connects two sentences— *The door was open* and *there was no one in the house*.

In the sentence (iv), *and* connects two clauses—*that I am here* and *that I want to see him*.

The main coordinating conjunctions are:

and, but, for, or, nor, also, either ..... or, neither ..... nor.

There are some conjunctions which are used in pairs. They are:

either .... or, ... neither .... nor, both .... and, though .... yet, whether .... or, not only .... but also.

Example: *Either* take it *or* leave it.
It is *neither* useful *nor* ornamental.
They *both* like *and* respect me.
Though he is suffering from high fever, *yet* he does not cry.
He does not care *whether* you go *or* stay.
He is *not only* doltish, *but also* obstinate.

The conjunctions which are used in pairs in this way, are called correlative conjunctions, or merely correlatives.

Use of Important Conjunctions

1. **As soon as:** As soon as denotes simultaneous time.

   Example: As soon as he saw his enemy, he took to his heels.

2. **No sooner .... than :**
   (a) 'No sooner' is always followed by 'than'.
   (b) Please remember that 'No sooner' is always followed by do/does/did. As such only first form of the verb should be used after the subject.

   Example:
   No sooner did he see his enemy than he took to his heels.

3. **Hardly:** Hardly is followed by when.

   Examples:
   (i) Hardly had I left the house when it started raining.
   (ii) We had hardly come into the room when his father began chastising him.

   Note: A. Hardly is never followed by than.
   B. 'Scarcely' can also be used in the sense and manner of 'Hardly'.

4. **Lest:** Lest is used in the sense of so that .... not. It is always followed by should. Lest is negative in sense. Hence 'not' should never be used with it.

   Example:
   Work hard lest you should fail.

   Note : 'Lest' is always followed by 'should' and not 'may'.

5. **Unless:** Unless expresses condition. It is also used in the negative sense. Use of 'not' is not allowed with unless because unless is already in the negative sense.

   Example:
   Unless you labour hard you will not pass.

6. **Until:** 'Until' expresses time. It means 'till not'.

   Example:
   Wait here until I return.

   Note: Until is in the negative sense. So 'not' should not be used with it.
   Example :
   Wait here until I do not return. (Incorrect)
   Wait here until I return. (Correct)

7. **As well as:** When two subjects are joined by 'as well as', the verb always agrees with the first subject.

   Examples:
   (i) The teacher as well as students is playing.
   (ii) Students as well as the teacher are playing.

   Note: 'Both' and 'as well as' cannot be used together in the same sentence.

   Examples:
   Both Sita as well as Kanta are beautiful. (Incorrect)
   Sita as well as Kanta is beautiful. (Correct)

Both Sita and Kanta are beautiful. (Correct)

8. **As if:** 'As if' is used in the sense of pretension. While using 'as if' in a sentence, we should see that even the third person singular subject gets 'were'.

   Example:
   He talks as if he were mad.

9. **Till:** Till expresses time. Till is always used in the affirmative.

   Example:
   We did not come back till sunset.

10. **Rather than :** 'Rather than' is used in the sense of 'preference'. 'Rather' is always followed by 'than'.

    Example:
    I would rather die than submit.

11. **As long as/so long as:** Both express time during which an action or event takes place.

    Example:
    As long as there is life, there is hope.

12. **However:** It is both a subordinate and co-ordinate clause.

    Examples:
    (*a*) Mala worked hard, she however, failed.
    (*b*) However hard he may work, he cannot pass.

13. **Such as:** 'Such as' gives us the sense of 'like'. Such is always followed by 'as'.

    Example:
    Life is such a puzzle as cannot be solved.

MULTIPLE CHOICE QUESTIONS

Directions: *In the following questions choose the correct options to fill in the blanks.*

1. Neither he .... his friend is good.
   A. or B. and
   C. but D. nor

2. The officer asked the peon .... why he was late.
   A. that
   B. if
   C. but
   D. No word needed

3. Both Ajay .... Vijay are intelligent.
   A. or
   B. nor

   C. and
   D. No word needed

4. No Sooner did the thief see the public .... he ran away.
   A. then B. and
   C. but D. than

5. Abhinav .... his brothers was going to Mumbai.
   A. but
   B. yet
   C. No word needed
   D. together with

6. He behaves .... he were the captain of the team.
   A. as if
   B. as

C. No word needed
D. that

7. Either Rupali .... Sonali is going to attend the meeting.
   A. and   B. but
   C. nor   D. or

8. Neither Nirmal .... Ashwinee is going to listen the speech.
   A. and   B. but
   C. nor   D. or

9. Ravi .... Prakash are going to Kolkata.
   A. or   B. nor
   C. but   D. and

10. Rice .... curry is my usual breakfast.
    A. and   B. but
    C. then   D. than

11. Hardly had he left .... his brother came.
    A. then   B. than
    C. when   D. that

12. I would rather have a copy .... a book.
    A. then   B. than
    C. when   D. that

13. He is no other .... my friend.
    A. then   B. than
    C. when   D. but

14. He saw a snake ....he awoke.
    A. then
    B. when
    C. than
    D. No word needed

15. Ten years have passed .... my grandmother died.
    A. since   B. when
    C. then   D. than

16. She is .... good .... bad.
    A. either, not   B. neither, or
    C. neither, nor   D. neither, than

17. The cellphone is both cheap .... best.
    A. than   B. and
    C. then   D. or

18. No sooner did the rogue see the police .... he disappeared.
    A. then   B. than
    C. so   D. because

19. Srishti will go .... Sanju goes.
    A. if   B. than
    C. then   D. although

20. She is wise .... timid.
    A. and   B. yet
    C. but   D. however

21. Make hay .... the sun shines.
    A. though   B. while
    C. after   D. before

22. He is so weak .... he cannot walk.
    A. but   B. that
    C. then   D. so

23. Although he is rich, ... he is unhappy.
    A. but   B. yet
    C. so   D. still

24. Wait here .... I come back.
    A. till   B. until
    C. before   D. after

25. He is my friend .... I shall help him.
    A. so   B. hence
    C. that is why   D. therefore

26. He must go away .... he will be beaten.
    A. otherwise B. and
    C. or   D. else

27. God loves good men .... good men love God.
A. and B. or
C. that D. those

28. He was late .... he was not punished.
A. but B. yet
C. still D. therefore

29. Walk slowly ...., you may fall.
A. and B. or
C. so D. otherwise

30. Work hard, ... you will fail.
A. and B. or
C. otherwise D. else

ANSWERS

1	2	3	4	5	6	7	8	9	10
D	D	C	D	D	A	D	C	D	A
11	**12**	**13**	**14**	**15**	**16**	**17**	**18**	**19**	**20**
C	B	B	B	A	C	B	B	A	C
21	**22**	**23**	**24**	**25**	**26**	**27**	**28**	**29**	**30**
B	B	B	A	B	C	A	C	D	D

PREPOSITIONS

A *Preposition* is a word which is placed before a noun or a pronoun to show its relation to some other word in the sentence.

1. I saw a goat *in* the field.
2. I am fond *of* hot coffee.

In sentence 1, the word *in* shows the relation between two things—*goat* and *field.*

In sentence 2, the word *of* shows the relation between the attribute expressed by the adjective *found* and *tea.*

The words *in* and *of* are here used as prepositions.

The noun or pronoun which is used with a preposition is called its object. The noun or pronoun is in the objective case. It is governed by the preposition. Now it is absolutely clear that in sentence 1, the noun *field* is in the objective case. The word *field* is governed by the preposition *in.*

A preposition may have two or more objects.

The road runs over *hill* and *plain.*

Here, the words *hill* and *plain* are used as objects.

Use of Important Prepositions

1. Among, Between

'**Among**' is used for more than two persons or things; '**Between**' is used only for two.

Examples:

(*i*) Distribute these sweets *among* the poor students of the class.

(*ii*) Distribute these books *between* Ram and Shyam.

2. **Among, In**
   '**Among**' is used before collective plural nouns. '**In**' is used before collective singular nouns.
   Examples:
   (*i*) I found him standing *among* the crowd.
   (*ii*) I saw him in the crowd.

3. **Beside, Besides**
   '**Beside**' means 'by the side of'.
   '**Besides**' means 'in addition to'.
   Examples:
   (*i*) The daughter was sitting *beside* her mother.
   (*ii*) *Besides* his relatives, he invited his friends also.

4. **In, Within**
   '**In**' means at the expiry of a period of time in future, '**Within**' means before the expiry of a period of time in any tense.
   Examples:
   (*i*) She will return *in* a week.
   (*ii*) I shall finish my work *within* a weak.

5. **On, Upon**
   '**On**' is used for things at rest; '**Upon**' is used for things in motion.
   Examples:
   (*i*) He is sitting *on* the floor.
   (*ii*) The dog sprang *upon* the table.

6. **By, With**
   '**By**' denotes the agent or doer, '**With**' denotes the instrument with which anything is done.

Examples:
   (*i*) The bird was killed *by* the hunter with an arrow.
   (*ii*) He beat the dog *with* a stick.
   (*iii*) I shall reach here *by* five o'clock.

7. **After, In**
   '**After**' means at the end of a period of time in the past. '**In**' means at the end of a period of time in future.
   Examples:
   (*i*) I shall return your book *in* a week.
   (*ii*) He returned the book *after* a week.

8. **For, From, Since**
   '**For**' is used before a noun denoting a period of time with all the tenses. '**From**' is used before a noun or phrase denoting a point of time, it is used in all the tenses. '**Since**' is used before a noun or phrase denoting some point of time and is always produced by a verb in the perfect continuous tense or third form of a verb.
   Examples:
   (*i*) We have been playing cards *for* two hours.
   (*ii*) She stayed with her uncle *from* the 15th of March to the 15th of May.
   (*iii*) I have been reading this book *since* morning.

9. **Above, Over**
   '**Above**' means 'higher from', **Over** is used in the following four senses:

(i) In the sense of 'above' :
At noon, the sun is *over* our heads.
(ii) In the sense of 'beyond' :
I cannot get *over* my disappointment.
(iii) In the sense of 'Superiority' :
God *over* all blesses for ever more.
(iv) In the sense of 'Conclusion' :
It is all *over* with me.

10. **At, Towards**
'**At**' denotes the idea of aim, '**Towards**' denotes the idea of destination.
Examples:
(i) He threw the stone *at* the cat.
(ii) He went *towards* the house.

11. **At, In, On**
'At' is used as follows :
(i) '**At**' is used with small towns and villages. **Examples :**
   (a) He was born *at* Sonepat.
   (b) He lives *at* village Bangra. (Bangra is a village)
(ii) '**At**' is used before a noun denoting a definite point of time.
Example:
He called on me *at* 9 p.m. yesterday.
'In' is used as follows :
(iii) '**In**' is used with the names of big cities, provinces and countries.
Examples:
(a) His father lives *in* England.
(b) His younger brother lives *in* Kolkata.

(iv) '**In**' is used before the names of months and years.
Example:
His elder sister was born *in* 1972 *in* the month of May.
'**On**' is used with dates and names of days.
Examples :
(a) I joined college *on* the 26th April.
(b) He will leave for Kolkata *on* Wednesday next.

Important Information
1. '**In**' is also used in the following phrases :
   In the morning; In the evening, In winter, In summer.
2. '**In**' also denotes a place inside anything.
   He travelled *in* a crowded bus.
3. '**At**' is used in the following phrases :
   At home, *At* the station, *At* work, *At* play.

12. **Below, Beneath**
Below means 'of lower level in position, dignity and expectation' etc. *Beneath* means 'under'.
Examples:
(i) It is *below* my dignity to talk to her.
(ii) They rested *beneath* the shade of a tree.

13. **In, Into, To**
'**In**' expresses Rest or Motion inside anything. '**Into**' expresses Motion towards the inside of

anything or change from one medium to another. '**To**' denotes motion from one place to another.

Examples:
(i) The boys are *in* the room.
(ii) Translate this passage from English *into* Hindi.
(iii) Every morning he goes *to* the temple.

14. **Till, By, Of, Off**
    - 'Till' means upto or not earlier than.
    - 'By' means not later than.
    - 'Of' shows cause, source, separation, quality, contents, possession, apposition, point of reference, space in time etc.
    - 'Off' shows separation at a near distance, and detached condition.

Consider the following examples:
(i) I shall work *till* 5 a.m.
(ii) Madhu died *of* cancer.
(iii) The nib *of* the pen is made *of* gold.
(iv) He presented me a bottle *of* perfume.
(v) Our principal is a man *of* principle.
(vi) He lived in the house *of* his friend.
(vii) *By* this time tomorrow, I'll have finished my job.
(viii) My house is *off* the road.
(ix) The book fell *off* the table.

MULTIPLE CHOICE QUESTIONS

Directions: *Tick the correct preposition for the blank in each of the following sentences.*

1. He applied ...... the manager.
   A. for B. to
   C. with D. by

2. Trust ...... God and do the right.
   A. in B. for
   C. to D. with

3. She is worthy ...... a prize.
   A. with B. for
   C. to D. of

4. Mr. Gomes has no taste ...... music.
   A. of B. for
   C. with D. to

5. You are hard ...... hearing.
   A. at B. of
   C. with D. for

6. He is sure ...... his success
   A. for B. with
   C. on D. of

7. Preeti was warned ...... the danger ahead.
   A. for B. at
   C. of D. about

8. I am thankful ...... you for a good advice.
   A. for B. with
   C. to D. of

9. Deepak would not surrender .... the police.
   A. with B. to
   C. for D. on

10. The small plant in your lawn is very sensitive ...... touch.
A. on B. with
C. to D. about

11. Divya was sure to succeed ..... the examination.
A. for B. in
C. to D. with

12. Geeta was jealous ...... Ravina's beauty.
A. to B. with
C. for D. of

13. He was ignorant ..... what was happening there.
A. for B. of
C. to D. with

14. Your pen is inferior ...... mine.
A. than B. with
C. from D. to

15. Reenu is no match ...... Meenu.
A. to B. for
C. with D. upon

16. It is necessary ...... you to apply for this job.
A. on B. with
C. for D. to

17. Be loyal ...... your country.
A. for B. to
C. on D. with

18. Mukesh is junior ...... me.
A. than B. to
C. from D. of

19. Deepika was innocent ...... the crime.
A. of B. with
C. from D. to

20. I am desirous.... joining the Indian cricket team.
A. for B. of
C. to D. on

ANSWERS

1	2	3	4	5	6	7	8	9	10
B	A	D	B	B	D	D	D	B	D
11	**12**	**13**	**14**	**15**	**16**	**17**	**18**	**19**	**20**
B	D	B	D	B	D	B	B	A	B

SYNONYMS

A synonym is a word which conveys a meaning similar to the given word.

REMEMBER

Words	*Synonyms*
Add	Increase
Adequate	Enough
Adjust	Adapt
All	Aggregate
Allow	Permit
Abode	Dwelling
Apt	Proper

Words	*Synonyms*
Assess	Appraise
Accuse	Calumniate
Abashed	Timid
Annoy	Displease
Ample	Enough, Sufficient
Amplify	Increase
Apathetic	Unenthusiastic
Accost	Address
Authentic	True
Adjust	Fit
Approve	Assent, Allow, Accept
Adapt	Conform
Adversary	Opponent, Rival, Competitor
Beat	Whack
Benign	Kind
Breeze	Zephyr
Baffle	Puzzle
Booty	Spoils
Beauty	Charm
Beast	Animal
Bandit	Robber
Blaze	Shine
Bond	Tie
Bend	Twist
Bate	Diminish
Beg	Plead
Barbaric	Wild, Savage
Bashful	Shy, Reserved
Begin	Start
Blend	Mix, Mingle
Bizarre	Funny
Below	Under
Bedevil	Confuse

Words	*Synonyms*
Bemoan	Lament
Babble	Nonsense
Blame	Fault
Behaviour	Demeanour
Call	Accost
Copy	Imitate
Close	Shut
Caress	Love
Camp	Stay
Connect	Attach
Cut	Injure, Curtail
Cling	Stick
Comical	Funny
Convey	Carry
Conspicuous	Prominent
Cheerful	Happy, Pleasant
Curtail	Decrease
Cheerless	Sad, Dejected
Curious	Strange
Circumstance	Factor, Situation, Condition
Competent	Capable
Congruent	Overlapping
Cope	Deal, Endure
Confident	Sure
Complex	Intricate
Cajole	Coax, Flatter
Cunning	Crafty
Delectable	Joyful, Delightful
Devilish	Diabolical
Delicate	Soft
Devil	Fiend
Delay	Postpone
Dislike	Repugnance
Destroy	Ruin

Words	Synonyms	Words	Synonyms
Dwell	Live, Dilate	Grow	Develop
Declare	Pronounce	Greed	Avidity
Drunk	Flushed	Greet	Welcome
Deficient	Lacking	Grave	Serious
Damn	Condemn, Curse	Group	Constellation
Decrease	Diminish	Given	Bestowed
Destruction	Devastation	Gratitude	Thankfulness
Efficient	Competent	Have	Possess
Ethnic	Racial	Hire	Rent
Enthral	Enslave	Hit	Strike
Earnest	Serious	Handsome	Beautiful
Envious	Jealous	Hinder	Prevent
Ending	Final	Heap	Pile
Egg	Incite	Hope	Expect
Extempore	At once	Hard	Harsh
Extensive	Far-ranging	Help	Aid
Extra	Surplus	Hymn	Song
Existence	Life	Henpecked	Enslaved
Exceed	Overstep	Hoodwink	Mystify, Cheat
Enormous	Vast	Humble	Polite, Urbane, Modest
Excessive	Superfluous		
Free	Unhindered	Harass	Vex, Trouble
Frigid	Cold	Impart	Instil
Feed	Cater	Intact	Untouched
Fame	Reputation	Instal	Establish
Frame	Make	Indict	Impeach
First	Initial	Imitate	Ape
Frighten	Terrorise, Intimidate	Instigate	Incite
Fervent	Fervid	Initiate	Start, Introduce
Fall	Decline	Inimical	Unfriendly
Feeble	Frail	Insufferable	Intolerable
Fickle	Changeable	Impartiality	Justice
Finish	Conclude	Jolly	Merry
Fraud	Deception	Joyful	Delectable
Forgiving	Placable	Join	Conjoin

Words	*Synonyms*
Kind	Benign
Kill	Murder
Kindred	Similar
Kinship	Relationship
Keen	Sharp
Knowledge	Scholarship
Lazy	Slothful
Large	Substantial, Gargantuan
Listless	Careless, Lackadaisical
Lax	Loose
Little	Small
Lifelike	Realistic
Lofty	High
Lenient	Soft, Gentle
Lacking	Deficient, Wanting
Lessen	Decrease
Middleclass	Bourgeois
Mitigate	Lessen, Abate
Modesty	Humility, Lowliness
Mix	Mingle, Blend
Mixture	Mingling
Mixed	Assorted
Modify	Decrease
Mean	Imply
Multifarious	Varied
Miscarry	Abort
Note	Notice
Noble	Stately
Native	Indigenous
Needful	Necessary
Notify	Declare
Nervous	Shaky, Tremulous, Timid

Words	*Synonyms*
Natural	Spontaneous
Near	Close
Normal	Natural
Offend	Displease
Oppress	Persecute, Tyrannize
Opponent	Adversary
Obstruct	Hinder, Check
Offence	Fault
Offender	Villain
Overstep	Exceed
Overlapping	Congruent
Occult	Mystic
Profane	Unholy
Patience	Forbearance
Pornographic	Obscene
Plenitude	Abundance
Prominent	Important
Prodigal	Spender
Procrastinate	Postpone
Promote	Develop, Honour
Persecute	Tyrannise
Profess	Claim
Pliant	Flexible
Plebian	Common
Polished	Sophisticated
Quake	Shake
Quit	Leave
Queer	Eccentric
Quell	Suppress
Quantify	Allot
Reply	Answer
Relinquish	Retire
Read	Peruse
Relation	Reference
Render	Do

Words	*Synonyms*
Remainder	Residuals
Repeat	Reiterate
Repentant	Contrite
Retaliative	Retaliatory
Rumour	Hearsay
Reveal	Divulge
Ritualistic	Ceremonious
Soft	Delicate
Sort	Kind, Choose, Select
Selfish	Egoistic
Sensual	Earthly
Suppress	Quell, Check
Stimulate	Provoke
Tasteless	Insipid
Travel	Journey
True	Authentic, Faithful, Truthful
Turbulence	Turmoil
Tragedy	Calamity
Tasteful	Tasty, Delicious
Touching	Painful
Thankful	Grateful
Tremendous	Great, Huge
Tough	Strong
Terminate	Conclude, End
Theory	Doctrine
Tell	Relate
Tremble	Shake, Shiver
Urge	Spur
Unbeaten	Unsubdued
Use	Utilize, Practise
Underhand	Unfair, Undue

Words	*Synonyms*
Unfair	Unjust
Unravel	Reveal, Divulge
Unimportant	Common
Unconcerned	Apathetic
Unimitated	Inimitable
Unfortunate	Unlucky
Understand	Perceive, Comprehend
Vain	Proud, Haughty, Conceited, Shameless
Vale	Valley, Dale, Dell
Vice	Fault
Virtue	Quality
Veracity	Reality
Value	Price, Prize
Vex	Tease
Vibrate	Quiver, Shake
Violent	Excessive
Vivid	Clear, Lucid
Victory	Triumph
Vulgar	Indecent
Virtuous	Honest
Variegated	Varied, Multifarious
Well	Good
Yell	Cry, Shout
Yonder	There
Yearn	Wish, Desire
Yoke	Slavery
Zest	Earnestness, Enthusiasm
Zealous	Earnest

ANTONYMS

An antonym is a word which conveys a meaning opposite to the given word.

REMEMBER

Words	Antonyms
Abhor	Love
Abnormal	Normal
Able	Unable
Acceptable	Unacceptable
Adequate	Inadequate
Amusing	Boring
Angry	Calm
Apex	Bottom
Attract	Repel
Bad	Good
Barren	Fertile
Beautiful	Ugly
Bitter	Sweet
Brave	Cowardly
Brief	Lengthy
Bright	Dull
Calm	Violent
Careful	Careless
Clear	Vague, Cloudy
Cold	Hot
Cruel	Kind
Dear	Cheap
Deep	Shallow
Difficult	Easy
Direct	Indirect
Dishonest	Honest
Disobey	Obey
Encourage	Discourage
Enormous	Tiny

Words	Antonyms
Excellent	Bad
Expensive	Cheap
Eat	Fast
Fair	Unfair
Fake	Authentic
False	True
Famous	Notorious
Fool	Genius
Generous	Miserly
Genius	Fool
Genuine	Unauthentic
Gigantic	Tiny
Glad	Depressed
Good	Bad
Great	Little
Happy	Sad
Hard	Soft
Hate	Love
Honest	Dishonest
Idle	Busy
Immoral	Moral
Include	Exclude
Incorrect	Correct
Intelligent	Dull, Stupid
Kind	Cruel
Like	Dislike
Long	Short
Lucid	Vague
Major	Minor
Naive	Experienced
Nadir	Apex
Neat	Clumsy

Words	Antonyms	Words	Antonyms
Obedient	Disobedient	Sad	Happy
Obscure	Clear	Secret	Open
Oppose	Support	Sensible	Insensible
Optimistic	Pessimistic	Severe	Mild
Out	In	Sharp	Blunt
Patience	Impatience	Simple	Complex
Peaceful	Belligerent	Sociable	Unsociable
Pious	Impious	Tall	Short
Polite	Impolite	Tidy	Untidy
Potent	Impotent	Uncanny	Canny
Prominent	Unimportant	Violent	Calm
Proper	Improper	Vivid	Vague
Pure	Impure	Strong	Weak
Quick	Slow	Big	Small
Quiet	Disturbance	Easy	Difficult
Real	False, Unreal	Fast	Slow
Reject	Select, Choose	High	Low
Reliable	Unreliable	Catchy	Unattractive
Respect	Disrespect	Ugly	Handsome, Beautiful, Tidy
Right	Wrong	Tasty	Insipid
Robust	Feeble, Weak	Sonorous	Harsh

MULTIPLE CHOICE QUESTIONS

Directions (Qs. 1 to 20): *In the following questions choose the word which best expresses the meaning of the given word.*

1. ABSURD
   A. Foolish   B. Simple
   C. Courageous D. Silly

2. ABANDON
   A. Lose   B. Profit
   C. Vacate D. Foil

3. CAJOLE
   A. Pause   B. Lenient
   C. Blast   D. Lure

4. COMBAT
   A. Fight   B. Conflict
   C. Shoot   D. Quarrel

5. LAMENT
   A. Condone   B. Console
   C. Complain D. Contribution

6. DEBACLE
   A. Disgrace   B. Defeat
   C. Collapse   D. Decline

7. SHIVER
   A. Fear   B. Tremble
   C. Shake   D. Ache

8. TORTURE
   A. Terror   B. Harassment
   C. Torment   D. Tranquility

9. LAUDABLE
   A. Lovable
   B. Commendable
   C. Profitable
   D. Oblivious

10. FIXED
    A. Sterile   B. Static
    C. Stubborn   D. Parennial

11. QUEER
    A. Unfamiliar B. Cute
    C. Curious   D. Strange

12. SUFFICIENT
    A. Fit   B. Proper
    C. Adequate   D. Vast

13. GLOSS
    A. Brightness B. Soothing
    C. Rubbing   D. Miracle

14. LONGING
    A. Prune   B. Apathy
    C. Curtail   D. Craving

15. JEER
    A. Applaud
    B. Magnanimity
    C. Avoid
    D. Scoff

16. ZENITH
    A. Minimum   B. Nadir
    C. Plant   D. Peak

17. GARB
    A. Distort   B. Dress
    C. Trivial   D. Rage

18. ABHOR
    A. Rude   B. Reconcile
    C. Crave   D. Detest

19. YIELD
    A. Shum   B. Incisive
    C. Retain   D. Surrender

20. YOKE
    A. Twist   B. Release
    C. Link   D. Extra

Directions (Qs. 21 to 40): *In the following questions choose the word which best expresses the opposite of the given word.*

21. TRAGIC
    A. Dramatic   B. Strong
    C. Gentle   D. Comic

22. ORAL
    A. Verbal   B. Sane
    C. Minor   D. Written

23. ADMIRE
    A. Hate   B. Unlike
    C. Dislike   D. Enough

24. VIOLENT
    A. Gentle   B. Savage
    C. Haughty   D. Decline

25. ADVERSITY
    A. Windfall   B. Inprosperity
    C. Prosperity D. Slave

26. GENUINE
    A. Spurious   B. Obscure
    C. Countless D. Apathetic

27. GRUDGE
    A. Essence   B. Guile
    C. Goodwill   D. Ill-will

28. STIFF
   A. Soft   B. Courteous
   C. Lively   D. Flexible
29. VANITY
   A. Conceit   B. Pride
   C. Ostentious   D. Humility
30. FRONT
   A. Upper   B. Unusual
   C. Back   D. Rear
31. ATTRACT
   A. Lured   B. Longing
   C. Repel   D. Disguise
32. COMFORT
   A. Discomfort   B. Discontent
   C. Uncomfort   D. Miscomfort
33. WELCOME
   A. Repel   B. Accept
   C. Resist   D. Fight
34. TACTFUL
   A. Naive   B. Loose
   C. Strict   D. Uncivilized
35. DUTIFUL
   A. Harmful   B. Watchful
   C. Forgetful   D. Remiss
36. RIGID
   A. Flux   B. Adoptable
   C. Yielding   D. Adaptable
37. RARE
   A. Petty   B. Poor
   C. Small   D. Common
38. ZEAL
   A. Despair   B. Calmness
   C. Passiveness   D. Indifference
39. AMPLE
   A. Sufficient   B. Plentiful
   C. Insufficient   D. Roomy
40. RESUME
   A. Discontinue   B. Start
   C. Begin   D. Construct

ANSWERS

1	2	3	4	5	6	7	8	9	10
D	C	D	A	C	C	B	C	B	B
11	12	13	14	15	16	17	18	19	20
D	C	A	D	D	D	B	D	D	C
21	22	23	24	25	26	27	28	29	30
D	D	C	A	C	A	C	D	D	D
31	32	33	34	35	36	37	38	39	40
C	A	C	A	D	D	D	D	C	A

ONE WORD SUBSTITUTION

There are many single words in English language which can be perfectly used against a number of words. These words help in expressing ideas in a short and correct manner for the right occasion. Such words not only increase the vocabulary but also enable you to economise in the use of words to a great extent.

Multiple Word Expression	*Substitution*
One who always looks towards the bright side of things	Optimist
One who always looks towards the dark side of things	Pessimist
The time when one develops from a child into an adult	Adolescence
The process of growing more plants in order to form a forest	Afforestation
The science which deals with farming	Agriculture
From some other country or place etc.	Alien
A term, etc. giving more than one meaning	Ambiguous
A vehicle which is used to carry sick persons	Ambulance
An animal which can live both in water and on land	Amphibian
A lawless situation when there is no government	Anarchy
Belonging to the history of thousands of years old	Ancient
Once a year	Annual
A very old object but still valuable	Antique
Words of opposite meanings	Antonyms
Words of similar meanings	Synonyms
Signatures of a famous person	Autograph
A government led by one person with absolute authority	Autocracy
A written work of one's own life history	Autobiography

Multiple Word Expression	Substitution
A person who has never been married	Bachelor
A person usually having no hair on his head	Bald
A place where one can deposit money and get interest	Bank
A person who cuts our hair	Barber
A building/group of buildings where soldiers live	Barracks
A person who makes buns and biscuits	Baker
A person who lives by asking people for food and money without doing any useful job	Beggar
The crime of having married to two persons at the same time	Bigamy
The branch of science which deals with the study of plants	Botany
Able to speak two languages	Bilingual
Able to speak more than two languages	Polyglot
The branch of science which deals with the living organisms	Biology
A powerful snow storm	Blizzard
A great successful book or movie	Blockbuster
A short news on the radio or TV	Bulletin
A system in which the most important works are organised by the government officials	Bureaucracy
A person who has no vision in his eyes	Blind
A page or a series of pages on which the information of days, weeks, months, etc. is given	Calendar
A person who eats human flesh	Cannibal
A complete list of items often arranged alphabetically	Catalogue
A sudden disaster	Catastrophe
A period of 100 years	Century
A branch of science which deals with chemicals	Chemistry
A printed leaf usually issued by banks that we sign to carry certain financial deal	Cheque
A person who makes or mends shoes	Cobbler
A group of people who has been chosen by others to make decisions on their own	Committee
A building in which nuns live	Convent

Multiple Word Expression	Substitution
Handwriting that cannot be read	Illegible
A person who does jobs beneficial to mankind	Philanthropist
A person who goes on foot	Pedestrian
A person who fights for his own country	Patriot
An act of killing oneself	Suicide
A woman whose husband is dead	Widow
A man whose wife is dead	Widower
A person who eats vegetarian and non-vegetarian diets	Omnivorous
Something which is everywhere at the same time	Omnipresent
One who knows everything	Omniscient
A child who does not have parents	Orphan
An award etc. given after the death of the person	Posthumous
The place where animals are kept for amusement and to increase the knowledge of the public	Zoo
The science which deals with the study of animals	Zoology

MULTIPLE CHOICE QUESTIONS

Directions (Qs. 1 to 40): *In questions given below, out of the four alternatives, choose the one which can be substituted for the given words/sentences.*

1. Something that relates to everyone in the world
   A. General B. Common
   C. Usual   D. Universal

2. An expression of mild disapproval
   A. Warning B. Denigration
   C. Impertinence D. Reproof

3. One who is not easily pleased by anything
   A. Maiden   B. Medieval
   C. Precarious D. Fastidious

4. Murder of a king
   A. Infanticide
   B. Matricide
   C. Genocide
   D. Regicide

5. A remedy for all diseases
   A. Stoic   B. Marvel
   C. Panacea D. Recompense

6. A dramatic performance
   A. Mask   B. Mosque
   C. Masque   D. Mascot

7. Study of birds
   A. Orology
   B. Optology
   C. Ophthalmology
   D. Ornithology

8. Ready to believe
   A. Credulous   B. Credible
   C. Creditable D. Incredible
9. Incapable of being seen through
   A. Ductile   B. Opaque
   C. Obsolete D. Potable
10. One who eats everything
    A. Omnivorous B. Omniscient
    C. Irresistible D. Insolvent
11. A place where bees are kept is called
    A. An apiary   B. A mole
    C. A hive   D. A sanctuary
12. One who cannot be corrected
    A. Incurable   B. Incorrigible
    C. Hardened   D. Invulnerable
13. One who is in charge of a museum
    A. Curator   B. Supervisor
    C. Caretaker   D. Warden
14. Continuing fight between parties, families, clans, etc.
    A. Enmity   B. Feud
    C. Quarrel   D. Skirmish
15. A voice loud enough to be heard
    A. Audible   B. Applaudable
    C. Laudable   D. Oral
16. A paper written by hand
    A. Handicraft B. Manuscript
    C. Handiwork   D. Thesis
17. Habitually silent or talking little
    A. Servile   B. Unequivocal
    C. Taciturn   D. Synoptic
18. To slap with a flat object
    A. Chop   B. Hew
    C. Gnaw   D. Swat
19. A person who speaks many languages
    A. Linguist
    B. Monolingual
    C. Polyglot
    D. Bilingual
20. A light sailing-boat built specially for racing
    A. Canoe   B. Yacht
    C. Frigate   D. Dinghy
21. A fixed orbit in space in relation to earth
    A. Geological
    B. Geo-synchronous
    C. Geo-centric
    D. Geo-stationary
22. A style in which a writer makes a display of his knowledge
    A. Pedantic   B. Verbose
    C. Pompous   D. Ornate
23. A religious discourse
    A. Preach   B. Stanza
    C. Sanctorum   D. Sermon
24. A place that provides refuge
    A. Asylum   B. Sanatorium
    C. Shelter   D. Orphanage
25. Detailed plan of a journey
    A. Travelogue B. Travelkit
    C. Schedule   D. Itinerary
26. A person who insists on something
    A. Disciplinarian
    B. Stickler
    C. Instantaneous
    D. Boaster
27. A drawing on transparent paper
    A. Red print
    B. Blue print
    C. Negative
    D. Transparency

28. One who believes that all things and events in life are predetermined is a
    A. Fatalist   B. Puritan
    C. Egoist   D. Tyrant
29. A school boy who cuts classes frequently is a
    A. Defeatist   B. Sycophant
    C. Truant   D. Martinet
30. The act of violating the sanctity of the church is
    A. Blasphemy   B. Heresy
    C. Sacrilege   D. Desecration
31. A place where monks live as a secluded community
    A. Cathedral   B. Diocese
    C. Convent   D. Monastery
32. One who is fond of fighting
    A. Bellicose   B. Aggressive
    C. Belligerent D. Militant
33. Tending to move away from the centre or axis
    A. Centrifugal B. Centripetal
    C. Axiomatic   D. Awry
34. Words inscribed on tomb
    A. Epitome   B. Epistle
    C. Epilogue   D. Epitaph
35. Leave or remove from a place considered dangerous
    A. Evade   B. Evacuate
    C. Avoid   D. Exterminate
36. Word for word replication
    A. Verbatim   B. Compound
    C. Synonym   D. Oral
37. Government by the officials
    A. Theocracy   B. Plutocracy
    C. Bureaucracy D. Democracy
38. Incapable of being exhausted
    A. Inexhaustible
    B. Inaexhaustible
    C. Exhaustable
    D. Non-tired
39. A person of good understanding, knowledge and reasoning power
    A. Expert   B. Intellectual
    C. Snob   D. Literate
40. One absorbed in his own thoughts and feelings rather than in things outside
    A. Scholar   B. Recluse
    C. Introvert   D. Intellectual

ANSWERS

1	2	3	4	5	6	7	8	9	10
D	D	D	D	C	C	D	A	B	A
11	12	13	14	15	16	17	18	19	20
A	B	A	B	A	B	C	D	C	B
21	22	23	24	25	26	27	28	29	30
D	A	D	A	D	B	D	A	C	C
31	32	33	34	35	36	37	38	39	40
D	A	A	D	B	A	C	A	B	C

TENSES

1. Tense indicates a point in time or period of time in the past, present, or future tense.
2. The verb may consist of a single word, or a main verb and one or more auxiliary words.

   The key point is that tense is related to the form of verb. There are normally three forms of the verb, say, V_1, V_2, V_3 and for convenience a fourth form V_4 as verb+ing may be assumed.

A Comparative Chart Regarding Tenses and Verbs

Simple Present	Simple Past	Simple Future
V_1	V_2	shall/will + V_1
Present Continuous	**Past Continuous**	**Future Continuous**
is/am/are + V_4	was/were + V_4	shall/will + be + V_4
Present Perfect	**Past Perfect**	**Future Perfect**
has/have + V_3	had + V_3	shall/will + have + V_3
Present Perfect Cont.	**Past Perfect Cont.**	**Future Perfect Cont.**
has/have + been + V_4	had + been + V_4	shall/will + have been + V_4

Tenses tell us the time of actions.

There are three kinds of Tenses.

    I. Present Tense

    II. Past Tense

    III. Future Tense

I. Present Tense

The tense which shows action in the present time is known as the present tense. It is of the following kinds :

    (A) Present Indefinite Tense or Simple Present Tense

(B) Present Continuous Tense
(C) Present Perfect Tense.
(D) Present Perfect Continuous Tense.

(A) *Present Indefinite Tense or Simple Present Tense*

This tense is used:

1. To show an action in the present time without referring to its finishing time
   - (*i*) I write a letter to my friend.
   - (*ii*) She helps the old man lift the bag.

Note: With I, we, you, they or Plural Noun the first form of the Verb is used. But with He, She, It, or Singular Noun, first form of the verb + s/es is used.

2. To show a habit or liking or disliking in the present time
   - (*i*) She hates meat.
   - (*ii*) We like singing and dancing.
   - (*iii*) I daily go out for a walk.
   - (*iv*) My uncle daily drinks a cup of tea after dinner.

3. To refer to a universal truth
   - (*i*) The sun rises in the east.
   - (*ii*) A bat flies better when it is dark around.
   - (*iii*) The stars twinkle at night.

Negative and Interrogative Sentences

With I, we, you, they or Plural Nouns: do not + 1st form of the verb is used.

In case of interrogative sentences Do + subject + 1st form of the verb + object is used.

With He, She, It, or a Singular Noun does not + 1st form of the verb is used.

In case of interrogative sentences Does + Subject + 1st form of the verb + object is used.
   - (*i*) He does not borrow anything from anybody.
   - (*ii*) I do not advise you to do this job.
   - (*iii*) Do they know how to write business letters?
   - (*iv*) Does she understand French?

(B) *Present Continuous Tense*

It is used to show the continuity of an action in the present time.

Affirmative Sentences
   - (*i*) I am sending a telegram to Jack.
   - (*ii*) You are admiring my opponent.
   - (*iii*) She is speaking for the manager.

Note: When 'I' is the Subject of the sentence use am + present participle.

When 'we, you, they or a Plural Noun' is the Subject of sentence 'are + present participle' is used. But if 'he, she, it or a Singular Noun' is the Subject of the sentence 'is + present participle' is used.

Negative and Interrogative Sentences
   - (*i*) I am not trying to find out errors in your essay.
   - (*ii*) Am I trying to find out errors in your essay?
   - (*iii*) He is not creating any problem to the children.
   - (*iv*) Is he creating any problem to the children?

(*v*) They are not decorating the room.

(*vi*) Are they decorating the room?

(C) *Present Perfect Tense*

The tense which shows the completion of an action in the present tense is known as the Present Perfect Tense

Affirmative Sentence

(*i*) I have eaten/taken breakfast.

(*ii*) She has mixed up the ingredients to bake a cake.

When the subject of the sentence is I, we, you, they or a plural noun use have + past participle.

When the subject of the sentence is 'he, she, it or a singular noun, use has + past participle.

Negative and Interrogative Sentences

(*i*) The officer has not granted leave to the clerk.

(*ii*) Has the officer granted leave to the clerk?

(*iii*) They have not shovelled snow on to the truck yet.

(*iv*) Have they shovelled snow on to the truck?

(D) *Present Perfect Continuous Tense*

The tense shows a part of an action having been completed and another part of it still being done in the Present Tense.

(*i*) He has been mending the shoes since morning.

(*ii*) We have been flying kites for three hours.

Note: Preposition 'since' is used when the point of time is given, *i.e.,* since 2001, since 5 o'clock, since morning, since evening etc.

Preposition 'for' is used when the period of time is given, *e.g.,* for two weeks, for three days, for five years, etc.

Negative and Interrogative Sentences

(*i*) The peon has not been ringing the bell for two hours.

(*ii*) Have the firemen been trying to extinguish fire since morning?

II. Past Tense

The tense which shows action in the past time is known as Past Tense. It is of the following kinds.

(A) Past Indefinite Tense or Simple Past Tense

(B) Past Continuous Tense

(C) Past Perfect Tense

(D) Past Perfect Continuous Tense

(A) *Past Indefinite or Simple Past Tense*

It is used:

Affirmative Sentences

1. To show an action in the past time without referring to its finishing time

   (*i*) The scientist found the food contaminated with bacteria.

   (*ii*) The calves frisked in the courtyard.

   (*iii*) He typed three letters this morning.

Note: Subject + IInd form of verb + Object is used.

2. To show a habit in the past time

   (*i*) She used to go to temple daily.

   (*ii*) He daily prayed to God before going to office.

(iii) They most often took a long walk in the morning.

3. To show historical truth
   (i) India got its freedom on 15 August, 1947.
   (ii) Mr. J.L. Nehru was elected the first Prime Minister of India.

Negative and Interrogative Sentences
   (i) She did not attend the meeting.
   (ii) We did not allow the children to play in the lawn.
   (iii) Did he complain to the officer against you?

With 'did' first form of the verb is used.

With some Adverbs, *e.g.*, yesterday, ago, etc. Past Indefinite Tense is used.
   (i) My father bought me a new bicycle five days ago.
   (ii) A thief broke into my neighbour's last night.
   (iii) We saw a movie yesterday.

(B) *Past Continuous Tense*

This tense shows the continuity of an action in the past.

Affirmative Sentences
   (i) He was driving a car.
   (ii) I was memorizing the lesson.
   (iii) The workers were building the flyover.
   Subject + was/were + Present Participle + object (if any)

Negative and Interrogative Sentences
   (i) They were not planning to go to Sweden in Summer.
   (ii) Was he advising his friends to help the poor?
   (iii) Were the mechanics repairing the machines?
   (iv) She was not taking any interest in household chores.

(C) *Past Perfect Tense*

This tense shows the completion of an action in the past time.

Affirmative Sentences
   (i) She had finished painting the pictures.
   (ii) We had planted the saplings of mango plants.
   (iii) The doctor had operated upon the patient.
   Subject + had + Past Participle + Object.

Negative and Interrogative Sentences
   (i) Had she applied for the post of a clerk?
   (ii) He had not reserved a berth in the Rajdhani Express.

(D) *Past Perfect Continuous Tense*

This tense shows the part completion of an action/work when the other part of the action/work is still continuing in the Past Tense.

Affirmative Sentences
   (i) She had been working in that office for five years.
   (ii) They had been living in that house since 2001.

Negative and Interrogative Sentences
   (i) Had the gardener been watering the plants since morning?

(ii) The birds had not been chirping on the branches of the tree for three hours.

III. Future Tense

The tense which used to express the actions in future time is known as the future tense. It is of the following kinds:

(A) Future Indefinite Tense or Simple Future Tense
(B) Future Continuous Tense.
(C) Future Perfect Tense.
(D) Future Perfect Continuous Tense.

(A) *Future Indefinite Tense*

It is used to indicate the actions planned for future.

Affirmative Sentences

(i) I shall write a letter to my mother.
(ii) The maid will wash the clothes after the sunrise.
(iii) They will varnish the chairs. Subject + Will/Shall + 1st form of the verb + Object

Negative and Interrogative Sentences

(i) He will not associate with those boys.
(ii) We shall not walk over the slippery snowy path.

(B) *Future Continuous Tense*

It is used to show a continuous action in the future time.

Affirmative Sentences

(i) She will be planning to meet the P.M.

The policeman will be standing on guard at the check post.

Negative and Interrogative Sentences

(i) They will not be carrying coal to the city from the mine.
(ii) Will you be singing on radio the next month?

(C) *Future Perfect Tense*

It is used to show the completion of an action in the future.

Affirmative Sentences

(i) You will have got admission in the new school by then.
(ii) He will have joined the army by then.

Negative and Interrogative Sentences

(i) She will not have told you the story of a lion and a mouse.
(ii) Shall we have reserved two berths in the Janata Express by then?

(D) *Future Perfect Continuous Tense*

It is used to show the part completion of a work/action and the continuity of the other part in the Future Tense.

Affirmative Sentences

(i) He will have been working in the office for five years.
(ii) They will have been painting the pictures since morning.

Negative and Interrogative Sentences

(i) She will not have been discussing the matter with her friends for two hours.
(ii) Will they have been begging for food since morning?

MULTIPLE CHOICE QUESTIONS

Directions: *Choose the correct tense form from the options given below.*

1. I speak.
   A. Simple past tense
   B. Simple present tense
   C. Present continuous tense
   D. Simple future tense

2. He is speaking.
   A. Present continuous tense
   B. Simple future tense
   C. Future continuous tense
   D. Present perfect tense

3. You are speaking.
   A. Present perfect continuous tense
   B. Present continuous tense
   C. Past perfect continuous tense
   D. Past continuous tense

4. He spoke.
   A. Past perfect tense
   B. Simple future tense
   C. Present perfect tense
   D. Simple past tense

5. You will have spoken.
   A. Simple future tense
   B. Future perfect tense
   C. Simple past tense
   D. Past perfect tense

6. He will speak.
   A. Simple present tense
   B. Future perfect tense
   C. Simple past tense
   D. Simple future tense

7. We speak.
   A. Simple present tense
   B. Simple past tense
   C. Simple future tense
   D. Present perfect tense

8. You will have been speaking.
   A. Future continuous tense
   B. Simple future tense
   C. Future perfect continuous tense
   D. Future perfect tense

9. They will have spoken.
   A. Past perfect tense
   B. Future perfect tense
   C. Present perfect tense
   D. Simple past tense

10. He has spoken.
    A. Simple present tense
    B. Present perfect tense
    C. Simple past tense
    D. Past perfect tense

11. You will be speaking.
    A. Future continuous tense
    B. Past continuous tense
    C. Present perfect continuous
    D. Present continuous tense

12. I spoke.
    A. Simple present tense
    B. Present perfect tense
    C. Past perfect tense
    D. Simple past tense

13. They were speaking.
    A. Present continuous tense
    B. Past continuous tense
    C. Future continuous tense
    D. Past perfect tense

14. I had spoken.
    A. Past perfect tense
    B. Future perfect tense
    C. Simple present tense
    D. Present perfect tense

15. They have spoken.
    A. Past perfect tense
    B. Future perfect tense
    C. Simple present tense
    D. Present perfect tense
16. They have been speaking.
    A. Present continuous tense
    B. Past continuous tense
    C. Future continuous tense
    D. Present perfect continuous tense
17. He shall/will have been speaking.
    A. Future continuous tense
    B. Simple future tense
    C. Future perfect continuous tense
    D. Future perfect tense
18. We had been speaking.
    A. Past perfect tense
    B. Past perfect continuous tense
    C. Future perfect continuous tense
    D. Simple past tense
19. You have been speaking.
    A. Present perfect continuous tense
    B. Present continuous tense
    C. Past perfect continuous tense
    D. Past continuous tense
20. We had spoken.
    A. Simple past tense
    B. Past perfect tense
    C. Present perfect tense
    D. Future perfect tense
21. They will speak.
    A. Simple present tense
    B. Past perfect tense
    C. Simple future tense
    D. Future perfect tense
22. I had been speaking.
    A. Present perfect continuous tense
    B. Present continuous tense
    C. Past perfect continuous tense
    D. Past continuous tense
23. We shall/will be speaking.
    A. Past perfect tense
    B. Present perfect tense
    C. Past continuous tense
    D. Future continuous tense
24. You were speaking.
    A. Past continuous
    B. Present continuous
    C. Past perfect tense
    D. Past perfect continuous tense
25. I shall/will have been speaking.
    A. Past perfect tense
    B. Present perfect continuous tense
    C. Present continuous tense
    D. Future perfect continuous tense

ANSWERS

1	2	3	4	5	6	7	8	9	10
B	A	B	D	B	D	A	C	B	B
11	12	13	14	15	16	17	18	19	20
A	D	B	A	D	D	C	B	A	B
21	22	23	24	25					
C	C	D	A	D					

MODEL TEST PAPER-1

Directions (Qs. 1 to 5): *Find the correctly spelt words.*

1. A. Damage B. Dammage
   C. Damaige D. Dammege
2. A. Efficiant B. Effecient
   C. Efficient D. Eficient
3. A. Schedule B. Schdule
   C. Schedale D. Schedeule
4. A. Occurad B. Occurred
   C. Ocurred D. Occured
5. A. Grieff B. Grief
   C. Grieef D. Grrief

Directions (Qs. 6 and 15): *Each of the following passages is followed by five questions. Read the passage carefully and then answer the questions that follow each. For each question, four probable answers A, B, C and D are given. Only one out of these is correct. Choose the correct answer.*

PASSAGE-1

The use of words like 'welcome', 'thank you', 'please', etc., at the right moment reflects a polite nature. The civic sense also lies within the scope of good manners. We should not shout or talk loudly in public places like hospitals and libraries and create disturbance. We should not cheat people or make fun of them. Cleanliness is also necessary. We must not throw the waste on roads and make use of dustbins. We should not harm the public property as it belongs to all of us. While in a queue, discipline should be maintained. We must give fair chance to others.

6. Expressions like 'welcome' 'thank you' and 'please' reflect
   A. happiness B. discipline
   C. civic sense D. polite nature
7. While in a library, we should
   A. respect others
   B. avoid arguments
   C. talk in low tone
   D. be courteous
8. A public property belongs to
   A. nobody
   B. all of us
   C. government
   D. one who maintains it
9. Discipline is
   A. the rule of proper conduct or action
   B. the rule of road sense
   C. making use of dustbins
   D. forming a queue
10. The most appropriate title for this passage would be
    A. Polite Nature
    B. Courtesy
    C. Good Manners
    D. Civic Sense

PASSAGE-2

There is an old proverb 'Early to bed and early to rise makes a man healthy and wise.' I am in the habit of getting up early in the morning and have formed the habit of taking long morning walks in the past two years. It is a light exercise and best for physical fitness. The morning air which is fresh and pure is beneficial for the lungs. The early rays of the rising sun are good for healthy skin. 'Health is wealth' and doctors also recommend morning walk to their patients for gaining sound health and freshness of energy.

11. What is good for lungs?
    A. Sunrays
    B. Fresh air
    C. Sound sleep
    D. Light exercise

12. What is a light exercise?
    A. Early to bed
    B. Early to rise
    C. Morning walk
    D. Gaining sound health

13. What is good for skin?
    A. Fresh air
    B. Morning air
    C. Morning walk
    D. Rising sun's rays

14. What is best for physical fitness?
    A. Light exercise
    B. Long morning walk
    C. Early to rise
    D. Fresh and pure air

15. Long morning walk
    A. bring sound sleep
    B. ensures physical fitness
    C. ensures healthy skin
    D. keeps healthy, wealthy and wise

Directions (Qs. 16 to 30): *In the following questions choose the correct options to fill the blanks.*

16. The place was so dirty that ..... wished to run away from there.
    A. everybody
    B. anybody
    C. few
    D. some

17. ..... was there to help me.
    A. Anyone   B. Anything
    C. Anybody   D. Nobody

18. .... will have to be paid for this material.
    A. Half rupee
    B. Half a rupee
    C. A half rupee
    D. An half rupee

19. .... is taking keen interest in India.
    A. The USA   B. USA
    C. An USA   D. A USA

20. The girl whom you met is the .... sister of Ravi.
    A. eldest   B. elder
    C. older   D. oldest

21. The Taj Mahal is ....
    A. seeing worth
    B. worthy of seeing
    C. worth seeing
    D. worthy seeing

22. Give me .... rice.
    A. some   B. few
    C. a few   D. any

23. .... sheep grazing on the slope of the hill had gone away.
    A. Any B. The few
    C. This D. Much

24. The bus with all its passengers .... lost.
    A. were B. was
    C. are D. would

25. You as well as I .... responsible for this work.
    A. am B. are
    C. was D. is

26. Neither he .... his friend is good.
    A. or B. and
    C. but D. nor

27. The officer asked the peon .... why he was late.
    A. that
    B. if
    C. but
    D. No word needed

28. He applied ...... the manager.
    A. for B. to
    C. with D. by

29. Trust ...... God and do the right.
    A. in B. for
    C. to D. with

30. The student ...... that book from the library to study at home.
    A. issued B. borrowed
    C. hired D. lent

Directions (Qs. 31 to 35): *In questions given below, out of the four alternatives, choose the one which can be substituted for the given words/ sentences.*

31. Something that relates to everyone in the world
    A. General B. Common
    C. Usual D. Universal

32. An expression of mild disapproval
    A. Warning
    B. Denigration
    C. Impertinence
    D. Reproof

33. One who is not easily pleased by anything
    A. Maiden B. Medieval
    C. Precarious D. Fastidious

34. Murder of a king
    A. Infanticide B. Matricide
    C. Genocide D. Regicide

35. A remedy for all diseases
    A. Stoic B. Marvel
    C. Panacea D. Recompense

Directions (Qs. 36 to 40): *Choose the correct tense form from the options given below.*

36. I have spoken.
    A. Simple past tense
    B. Simple present tense
    C. Present perfect tense
    D. Simple future tense

37. I was speaking.
    A. Past continuous tense
    B. Simple future tense
    C. Future continuous tense
    D. Present perfect tense

38. I shall/will be speaking.
    A. Future continuous tense
    B. Present continuous tense
    C. Past perfect continuous tense
    D. Past continuous tense

39. I shall/will speak.
  A. Past perfect tense
  B. Simple future tense
  C. Present perfect tense
  D. Simple past tense

40. You speak.
  A. Simple present tense
  B. Future perfect tense
  C. Simple past tense
  D. Past perfect tense

ANSWERS

1	2	3	4	5	6	7	8	9	10
A	C	A	B	B	D	C	B	A	C
11	12	13	14	15	16	17	18	19	20
B	C	D	B	B	A	D	B	A	A
21	22	23	24	25	26	27	28	29	30
C	A	B	B	B	D	D	B	A	B
31	32	33	34	35	36	37	38	39	40
D	D	D	D	C	C	A	A	B	A

MODEL TEST PAPER-2

Directions (Qs. 1 to 5): *Find the correctly spelt words.*

1. A. Guarantee   B. Garuntee
   C. Guaruntee   D. Gaurantee
2. A. Meddicine   B. Medicine
   C. Medicene   D. Medicinne
3. A. Benefeted   B. Benefitted
   C. Benifited   D. Benefited
4. A. Acommodation
   B. Acomodation
   C. Accomodation
   D. Accommodation
5. A. Querrelsome
   B. Quarrelsame
   C. Quarrelsome
   D. Querralsome

Directions (Qs. 6 to 15): *Each of the following passages is followed by five questions. Read the passage carefully and then answer the questions that follow each. For each question, four probable answers A, B, C and D are given. Only one out of these is correct. Choose the correct answer.*

PASSAGE-1

Mahatma Gandhi lived a splendid long life and has set great moral standards before us. He showed to the world the true way to peace. He wished to see India prosper but he became a martyr for the noble cause of Hindu-Muslim unity at the time of partition when a religious fanatic, Nathuram Godse, shot him dead on January 30, 1948. His last words were 'Hey Ram'. He lived and died for his country and countryman.

6. Mahatma Gandhi showed the world the true way to
   A. prosperity   B. love
   C. truth   D. peace
7. Mahatma Gandhi became a martyr for the noble cause of
   A. truth
   B. non-violence
   C. freedom of India
   D. Hindu-Muslim unity
8. Mahatma Gandhi was shot dead
   A. before India achieved independence
   B. by a mad man
   C. by an intolerant religious person
   D. by a non-religious person
9. Mahatma Gandhi set great moral standards. It means
   A. he was a great religious teacher
   B. he was a great moralist
   C. he made India morally stronger
   D. moral was everything to him
10. Gandhiji lived and died for his country and countryman. It means
    A. he was born in India and died in India

B. he was a patriot
C. he was a great moralist
D. he sacrified his life for India and her people

PASSAGE-2

On one hot day a crow felt very thirsty. He flew from one place to another in search of water. After long hours of labour he found a pitcher. Eagerly, he perched on the mouth of the pitcher. He found that the water was at the bottom of the vessel. He tried his best to dip his beak but did not succeed. He did not know what to do. Suddenly some pebbles lying nearby gave him an idea. One-by-one he dropped the pebbles with his beak into the pitcher. The level of water slowly came up to the mouth of the pitcher. The crow then drank the water and quenched his thirst.

11. The crow found a pitcher
    A. as it flew
    B. after many hours of labour
    C. full of water
    D. which was empty

12. What is the moral of the passage?
    A. No pains, no gains
    B. God helps those who help themselves
    C. Necessity is the mother of invention
    D. Try and try again, you will succeed at last

13. The crow flew from place to place
    A. in search of pitcher
    B. in search of pebbles
    C. in search of water
    D. in search of a vessel

14. The pitcher, the crow found
    A. was full of water
    B. was dry
    C. had little water in the bottom
    D. had water up to its mouth

15. As the crow dropped pebbles into the pitcher, what happend?
    A. The pitcher broke down
    B. The water leaked one of the pitcher
    C. The level of water into the pitcher rose up slowly
    D. Water level immediately rose to the mouth of the pitcher

Directions (Qs. 16 to 30): *In the following questions choose the correct options to fill the blanks.*

16. Is there .... to eat?
    A. some   B. something
    C. any   D. few

17. ..... of the students were making a great noise.
    A. Anyone   B. Somebody
    C. Many   D. Nobody

18. Only .... can save our country.
    A. the Hitler B. a Hitler
    C. Hitler   D. an Hitler

19. I can run for ....
    A. hundred miles
    B. the hundred miles
    C. a hundred miles
    D. an hundred miles.

20. These flowers smell ....
    A. sweet
    B. sweetly

C. more sweetly
D. sweetest

21. .... aspirant cannot pass the entrance examination.
    A. Each   B. Every
    C. All   D. No

22. Have you got .... magazines to read?
    A. all   B. much
    C. some   D. little

23. I have .... money that I want to spend on books.
    A. any   B. much
    C. less   D. some

24. Rohan like all his companions .... a spoiled child.
    A. are   B. were
    C. is   D. will be

25. Pen and ink .... required for me.
    A. are   B. were
    C. is   D. has required

26. Both Ajay .... Vijay are intelligent.
    A. or   B. nor
    C. and   D. as well as

27. No sooner did the thief see the police .... he ran away.
    A. then   B. and
    C. but   D. than

28. She is worthy ...... a prize.
    A. with   B. for
    C. to   D. of

29. Mr. Gomes has no taste ...... music.
    A. of   B. for
    C. with   D. to

30. I wish I ...... a king.
    A. was   B. am
    C. should be D. were

Directions (Qs. 31 to 35): *In questions given below, out of the four alternatives, choose the one which can be substituted for the given words/ sentences.*

31. A dramatic performance
    A. Mask   B. Mosque
    C. Masque   D. Mascot

32. Study of birds
    A. Orology
    B. Optology
    C. Ophthalmology
    D. Ornithology

33. Ready to believe
    A. Credulous B. Credible
    C. Creditable D. Incredible

34. Incapable of being seen through
    A. Ductile   B. Opaque
    C. Obsolete D. Potable

35. One who eats everything
    A. Omnivorous B. Omniscient
    C. Irresistible D. Insolvent

Directions (Qs. 36 to 40): *Choose the correct tense form from the options given below.*

36. You speak.
    A. Simple past tense
    B. Simple present tense
    C. Present continuous tense
    D. Simple future tense

37. I shall/will have spoken.
    A. Present continuous tense
    B. Simple future tense
    C. Future continuous tense
    D. Future perfect tense

38. You had spoken.
    A. Past perfect tense
    B. Present continuous tense

C. Past perfect continuous tense
D. Past continuous tense

39. He has been speaking.
A. Past perfect contintuous tense
B. Simple future tense
C. Present perfect continuous tense

D. Simple past tense

40. You spoke.
A. Present perfect continuous tense
B. Past perfect contintuous tense
C. Simple past tense
D. Past perfect tense

ANSWERS

1	2	3	4	5	6	7	8	9	10
A	B	B	D	C	D	D	C	B	D
11	12	13	14	15	16	17	18	19	20
B	C	C	C	C	B	C	B	C	A
21	22	23	24	25	26	27	28	29	30
B	C	D	C	C	C	D	D	B	D
31	32	33	34	35	36	37	38	39	40
C	D	A	B	A	B	D	A	C	C

MODEL TEST PAPER-3

Directions (Qs. 1 to 5): *Find the correctly spelt words.*

1. A. Sympathetic B. Smypathetic
   C. Sympothetic D. Sympethetic
2. A. Prograssive B. Progressive
   C. Progresive   D. Prograsive
3. A. Uncivilized B. Uncevilized
   C. Uncivillized D. Uncevelized
4. A. Extravagant B. Extreragent
   C. Extreregant D. Extravegent
5. A. Missunderstood
   B. Miesunderstood
   C. Misunderstood
   D. Misunderstod

Directions (Qs. 6 to 15): *Each of the following passages is followed by five questions. Read the passage carefully and then answer the questions that follow each. For each question, four probable answers A, B, C and D are given. Only one out of these is correct. Choose the correct answer.*

PASSAGE-1

Once upon a time a crane and a fox lived in a forest. They were good friends. One day the fox invited the crane to a feast. He made a tasty food and served it before the crane on a plate. The crane could not eat anything because of the long beak. But the fox licked all his food. The crane felt insulted. He decided to teach the fox a lesson. Next day he invited the fox. He prepared the same tasty food and placed it in front of the fox inside a narrow glass. The crane ate easily while the fox looked on. Now, it was the fox's turn to remain hungry.

6. What is the moral of the passage?
   A. Beware of the wicked
   B. One good turn deserves another
   C. Be contented with what you have
   D. Tit for tat

7. The crane could not eat tasty food because the
   A. food was served in a shallow plate
   B. food was very hot
   C. food was served in a long jar
   D. crane was not hungry

8. The fox had to remain hungry because
   A. the food served was not enough in quantity
   B. the food was served inside a narrow glass
   C. the food served was not tasty
   D. the food was all liquid

9. Why did the crane feel insulted?
   A. Because he was invited to feast but he could not eat anything

B. Because the food was served in a shallow plate and he could not eat
C. Because the food was too hot
D. Because the fox gulped all the food quickly

10. The crane successfully taught a lesson to the fox when he invited the fox to a feast and served the food
    A. in a narrow glass
    B. in a large plate
    C. in a broken plate
    D. in a long jar

PASSAGE-2

The family set down at the table and began to talk about the summer holidays. They had to decide a place to visit during the vacation. Should they go to their village or to a hill station? The parents preferred the village while the children wished to go the hill station. After few moments of discussion the elders decided to visit both the places. First they shall go to the village for a week and then stay at the hill station for the remaining days. For the first time the family shall be together during the holidays. The children were happy with the holiday plan.

11. The purpose for which the family set down at the table was
    A. to decide a place to visit during the vacation
    B. to educate the children how to carry articles during a visit to a hill station
    C. to decide the date when they should start their journey
    D. to tell the children that they will visit a hill station during this vacation

12. The final plan was to visit
    A. their village
    B. a hill station
    C. their village as well as a hill station
    D. their home town

13. The final decision was made by
    A. the boys   B. the girls
    C. the women   D. the elders

14. They decided first to go to their village and stay there for
    A. a day   B. a week
    C. ten days   D. a fortnight

15. Why were children happy?
    A. Because a hill station was included in their holiday plan
    B. Because a visit to their village was excluded from their holiday plan
    C. Because their choice prevailed
    D. Because they were going all alone to the hill station

Directions (Qs. 16 to 30): *In the following questions choose the correct options to fill in the blanks.*

16. ..... of the students can solve this sum.
    A. Someone   B. Anybody
    C. Somebody   D. None

17. ...... of us should try our best to make India a heaven.
    A. Any   B. Somebody
    C. Anybody   D. All

18. .... man-eater has been killed.
    A. The   B. A
    C. An   D. Either A or B
19. What .... fine idea!
    A. the   B. an
    C. a   D. No article
20. Harivansh Rai .... second Shakespeare.
    A. is a   B. is
    C. is the   D. is an
21. .... student in the class got prizes.
    A. Each and every
    B. Every and each
    C. Every
    D. Never
22. There is .... owl on the branch of the tree.
    A. a   B. the
    C. an   D. some
23. My brother is .... MBA.
    A. a   B. an
    C. the   D. any
24. Every girl and every boy .... attended the seminar.
    A. have   B. has
    C. is   D. are
25. Not only she but all her sisters .... been married.
    A. has   B. have
    C. is   D. are
26. Abhinav .... his brothers was going to Mumbai.
    A. or   B. all
    C. and   D. together with
27. He behaves .... he were the captain of the team.
    A. as if
    B. as
    C. No word needed
    D. that
28. He is hard ...... hearing.
    A. at   B. of
    C. with   D. for
29. He is sure ...... his success
    A. for   B. with
    C. on   D. of
30. He ...... to listen to my arguments and walked away.
    A. denied   B. disliked
    C. objected D. refused

Directions (Qs. 31 to 35): *In questions given below, out of the four alternatives, choose the one which can be substituted for the given words/sentences.*

31. A place where bees are kept is called
    A. An apiary   B. A mole
    C. A hive   D. A sanctuary
32. One who cannot be corrected
    A. Incurable   B. Incorrigible
    C. Hardened   D. Invulnerable
33. One who is in charge of a museum
    A. Curator   B. Supervisor
    C. Caretaker   D. Warden
34. Continuing fight between parties, families, clans, etc.
    A. Enmity   B. Feud
    C. Quarrel   D. Skirmish
35. A voice loud enough to be heard
    A. Audible
    B. Applaudable
    C. Laudable
    D. Oral

Directions (Qs. 36 to 40): *Choose the correct tense form from the options given below.*

36. They speak.
    A. Simple past tense
    B. Simple present tense
    C. Present continuous tense
    D. Simple future tense

37. I have been speaking.
    A. Present continuous tense
    B. Present perfect continuous tense
    C. Future continuous tense
    D. Past perfect continuous tense

38. He will have spoken.
    A. Present perfect continuous tense
    B. Present continuous tense
    C. Future perfect tense
    D. Past continuous tense

39. We shall/will have spoken.
    A. Past perfect tense
    B. Future perfect tense
    C. Past perfect continuous tense
    D. Future perfect continuous tense

40. He had been speaking.
    A. Past perfect tense
    B. Future perfect tense
    C. Past perfect continuous tense
    D. Future perfect continuous tense

ANSWERS

1	2	3	4	5	6	7	8	9	10
A	B	A	A	C	D	A	B	B	A
11	12	13	14	15	16	17	18	19	20
A	C	D	B	A	D	D	D	C	A
21	22	23	24	25	26	27	28	29	30
C	C	B	B	B	D	A	B	D	D
31	32	33	34	35	36	37	38	39	40
A	B	A	B	A	B	B	C	B	C

MODEL TEST PAPER-4

Directions (Qs. 1 to 5): *Find the correctly spelt words.*

1. A. Belligerent B. Beligirent
   C. Belligarant D. Belligerrent
2. A. Astonished B. Astronished
   C. Astoneshed D. Asstonished
3. A. Sincerely B. Sencerely
   C. Sincerelly D. Sincerrely
4. A. Rigourous B. Rigerous
   C. Rigorous D. Regerous
5. A. Satellite B. Sattellite
   C. Satelite D. Sattelite

Directions (Qs. 6 to 15): *Each of the following passages is followed by five questions. Read the passage carefully and then answer the questions that follow each. For each question, four probable answers A, B, C and D are given. Only one out of these is correct. Choose the correct answer.*

PASSAGE-1

Once Govind intended to go on pilgrimage with his family. He asked Mirind to accompany. But for his trade's reason, he did not go with him. So Govind thought it safe to leave the box of his jewellery with him, as it was dangerous to leave it in a lone house or take it on the journey. So he went to him with the box. He took him to a lonely place under a tree and handed it over to him. He told Mirind, "Keep it safe with you. I shall return from the journey after six month then I shall take it back from you." Mirind said, "Don't worry, I shall keep it as safe as own."

6. Govind intended to go
   A. for a business trip
   B. to a hill station
   C. on a long journey to a sacred place
   D. to his home town for a long period

7. Why did Govind leave his box of jewellery with Mirind?
   A. Because it was not safe to take the box with him on a long journey
   B. Because Mirind was his fast friend
   C. Because the box was very heavy
   D. Because his house was unsafe

8. Why did Govind take Mirind to a lonely place?
   A. To tell him that the box contained valuable jewellery
   B. So that no third person could see box
   C. To show him what was within the box
   D. To tell him that the box will remain with him

9. Where did Govind hand over the box of jewellery to Mirind?
   A. At Mirind's house
   B. At his own house
   C. In a lonely place
   D. In a lonely place under a tree

10. It was not safe to leave the box in a lone house. Here the word 'lone house' means
    A. a house in a deserted place
    B. a house where none lives
    C. a house without door and lock
    D. a house near the forest

PASSAGE-2

Zahir-ud-din Babar was the first Mughal emperor of India. A descendent of Timur on father's side and Changez Khan on his mother's side, Babar was a brave warrior. After defeating Ibrahim Lodhi in the First Battle of Panipat in 1526 he entered Delhi and soon gained control over Agra. After many more battles with Rajputs he extended his empire over Punjab, Uttar Pradesh and north Bihar. He died at a young age of 48 years in 1530 at his capital Agra without getting much time to consolidate his victories.

11. Zahir-ud-din Babar was the first
    A. Muslim ruler of India
    B. Mughal ruler of India
    C. Afghan ruler of India
    D. Turk ruler of India

12. Babar was born in the year
    A. 1472   B. 1482
    C. 1492   D. 1462

13. Babar first occupied
    A. Punjab   B. Agra
    C. Delhi   D. Panipat

14. Babar was a brave warrior. Here brave warrior means
    A. courageous soldier
    B. a kind hearted soldier
    C. a clever fighter
    D. a victorious general

15. Babar extended his empire over Punjab and Uttar Pradesh after many more battles with the
    A. Afghans   B. Rajputs
    C. Mughals   D. Lodhies

Directions (Qs. 16 to 30): *In the following questions choose the correct options to fill the blanks.*

16. ...... of us do not know the real meaning of our lives.
    A. Any   B. Something
    C. Several   D. Many

17. My .... black.
    A. hairs are   B. hair is
    C. hairs shall D. hair will

18. .... earth moves around the sun.
    A. An   B. A
    C. The   D. No article

19. This is .... first example which I got.
    A. the   B. a
    C. an   D. No article

20. It is .... picture than the one we saw last Monday.
    A. interesting
    B. much interesting
    C. more interesting
    D. most interesting

21. She is clever ....
    A. that her mother is

B. as her mother is
C. to her mother is
D. than her mother is

22. Have you got .... cheese?
    A. some   B. many
    C. a few   D. few

23. No, I have not got .... cheese.
    A. many   B. few
    C. any   D. some

24. There .... nothing but miseries in life.
    A. is   B. are
    C. were   D. will be

25. Neither prose nor poem .... given.
    A. were   B. was
    C. has   D. have

26. Either Rupali .... Sonali is going to attend the meeting.
    A. and   B. but
    C. nor   D. or

27. Neither Nirmal .... Ashwinee is going to listen the speech.
    A. and   B. but
    C. nor   D. or

28. Preeti was warned ...... the danger ahead.
    A. for   B. at
    C. of   D. about

29. I am thankful ...... you for a good advice.
    A. for   B. with
    C. to   D. of

30. The flow of blood was so ...... that the patient died.
    A. intense   B. adequate
    C. profuse   D. extensive

Directions (Qs. 31 to 35): *In questions given below, out of the four alternatives, choose the one which can be substituted for the given words/sentences.*

31. A paper written by hand
    A. Handicraft   B. Manuscript
    C. Handiwork   D. Thesis

32. Habitually silent or talking little
    A. Servile   B. Unequivocal
    C. Taciturn   D. Synoptic

33. To slap with a flat object
    A. Chop   B. Hew
    C. Gnaw   D. Swat

34. A person who speaks many languages
    A. Linguist
    B. Monolingual
    C. Polyglot
    D. Bilingual

35. A light sailing-boat built specially for racing
    A. Canoe   B. Yacht
    C. Frigate   D. Dinghy

Directions (Qs. 36 to 40): *Choose the correct tense form from the options given below.*

36. They spoke
    A. Simple past tense
    B. Simple present tense
    C. Present continuous tense
    D. Simple future tense

37. You have spoken
    A. Present continuous tense
    B. Simple future tense
    C. Future continuous tense
    D. Present perfect tense

38. He had spoken
  A. Past perfect tense
  B. Present continuous tense
  C. Past perfect continuous tense
  D. Past continuous tense

39. He was speaking
  A. Past perfect tense
  B. Past continuous tense
  C. Present continuous tense
  D. Simple past tense

40. They are speaking
  A. Past perfect continuous tense
  B. Past continuous tense
  C. Present continuous tense
  D. Simple past tense

ANSWERS

1	2	3	4	5	6	7	8	9	10
A	A	A	C	A	C	A	B	D	B
11	12	13	14	15	16	17	18	19	20
B	B	C	A	B	D	B	C	A	C
21	22	23	24	25	26	27	28	29	30
C	A	C	A	B	D	C	D	D	C
31	32	33	34	35	36	37	38	39	40
B	C	D	C	B	A	D	A	B	C

MODEL TEST PAPER-5

Directions (Qs. 1 to 5): *Find the correctly spelt words.*

1. A. Pesanger B. Passenger
   C. Pessenger D. Pasanger
2. A. Humurous B. Humorous
   C. Humoreus D. Humorrous
3. A. Exeggerate B. Exaggerate
   C. Exadgerate D. Exagerate
4. A. Fariegn B. Forein
   C. Foriegn D. Foreign
5. A. Excesive B. Excessive
   C. Exccessive D. Exccesive

Directions (Qs. 6 to 15): *Each of the following passages is followed by five questions. Read the passage carefully and then answer the questions that follow each. For each question, four probable answers A, B, C and D are given. Only one out of these is correct. Choose the correct answer.*

PASSAGE-1

Our National Flag is tricolour. It has three equal horizontal strips. The strip at the top is saffron, in the middle is white and at the bottom is green. The ratio of width to length of the flag is 2 : 3. In the centre of the white strip is a wheel in navy blue. The wheel represents the *chakra*. Its design is similar to the wheel which appears on the abacus of the Sarnath Lion Capital of Ashoka. Its diameter approximates to the width of the white strip. The wheel has 24 spokes. It was adopted by Constituent Assembly on July 22, 1947. We love our national flag. We respect it. We are ready to sacrifice our life to protect its honour. It represents the nation. So it is a symbol of national honour.

6. In our national flag the wheel is located in the centre of
   A. saffron strip B. white strip
   C. green strip D. blue strip
7. In our national flag which of the strips is at the bottom in our national flag
   A. blue C. saffron
   B. white D. green
8. Why do we love our national flag?
   A. Because it is tricolour
   B. Because it has three strips
   C. Because it has a wheel at the centre
   D. Because it is a symbol of national honour
9. Our national flag was approved by
   A. President
   B. Lok Sabha
   C. Parliament
   D. Constituent Assembly

10. The diameter approximates to the width of the white strip. Here the word 'approximates' means
    A. is more or less equal
    B. is exactly equal
    C. is not equal
    D. is related

PASSAGE-2

Distance in large cities are long. All the people do not have their own means of transport. They have to depend upon the state or private buses. The number of bus users is very large. Every bus stop is, therefore, crowded. The number of buses is not adequate. Thus people suffer the torture of long wait at the bus stop. Some bus stops are quite orderly. People form queues and get into the buses turn by turn. However, often this order is forgotten and confusion spreads when the bus comes and the law of jungle prevails.

11. Why are the bus stops crowded?
    A. Because they are small is size
    B. Because the number of passengers is very large
    C. Because they are situated at some busy centre
    D. Because people do not form queues

12. Long wait at the bus stop is the result of
    A. over-crowding in the buses
    B. late running of buses
    C. shortage of buses
    D. slow speed of buses

13. Some bus stops are quite orderly where

    A. there is no crowd
    B. the number of buses is adequate
    C. people do not have to wait for long
    D. people form queues and enter the buses one by one

14. Most of the people who travel by buses are
    A. non-working
    B. do not have their own vehicles
    C. have to go a long distance
    D. live in large cities

15. What happens when people do not have their own transport?
    A. They have to wait for a bus at a bus stop
    B. They have to depend upon the state or private buses
    C. They have to travel long distances
    D. They form queues and get into buses one by one

Directions (Qs. 16 to 30): *In the following questions choose the correct options to fill the blanks.*

16. She saw two .... on the last Sunday.
    A. thiefs   B. theifs
    C. thieves   D. theives

17. My sister is a ....
    A. bacheloress B. bachelor
    C. unmarried   D. spinster

18. This is .... house which was built during earthquake.
    A. a   B. an
    C. the   D. No article

19. .... America is a rich country.
    A. The   B. An
    C. A   D. No article

20. They will get ....
   A. Red, green and black paper
   B. Red, green black paper
   C. Red and green and black paper
   D. Red green black paper
21. Health is .... wealth.
   A. preferable to
   B. more preferable than
   C. more preferable to
   D. most preferable then
22. There is only .... milk left in the bottle.
   A. enough   B. few
   C. much   D. a little
23. There is .... hope of his recovery.
   A. any   B. little
   C. many   D. few
24. Either he or I .... wrong.
   A. is   B. are
   C. am   D. were
25. Either Sulekha or Rekha .... coming here.
   A. are   B. is
   C. were   D. have
26. Ravi .... Prakash are going to Kolkata.
   A. or   B. nor
   C. but   D. and
27. Rice .... curry is my usual breakfast.
   A. and   B. but
   C. then   D. than
28. Deepak would not surrender ...... the police.
   A. with   B. to
   C. for   D. on
29. The small plant in your lawn is very sensitive ...... touch.
   A. on   B. with
   C. to   D. about
30. Can you pay ...... all these articles?
   A. for   B. of
   C. off   D. out

Directions (Qs. 31 to 35): *In questions given below, out of the four alternatives, choose the one which can be substituted for the given words/ sentences.*

31. A fixed orbit in space in relation to earth
   A. Geological
   B. Geo-synchronous
   C. Geo-centric
   D. Geo-stationary
32. A style in which a writer makes a display of his knowledge
   A. Pedantic   B. Verbose
   C. Pompous   D. Ornate
33. A religious discourse
   A. Preach   B. Stanza
   C. Sanctorum D. Sermon
34. A place that provides refuge
   A. Asylum   B. Sanatorium
   C. Shelter   D. Orphanage
35. Detailed plan of a journey
   A. Travelogue B. Travelkit
   C. Schedule   D. Itinerary

Directions (Qs. 36 to 40): *Choose the correct tense form from the options given below.*

36. I am speaking.
   A. Past continuous tense
   B. Simple present tense
   C. Present continuous tense
   D. Simple future tense

37. We have spoken.
   A. Present continuous tense
   B. Simple future tense
   C. Future continuous tense
   D. Present perfect tense

38. He will have spoken.
   A. Present perfect continuous tense
   B. Present continuous tense
   C. Future perfect tense
   D. Past continuous tense

39. You will speak.
   A. Past perfect tense
   B. Simple future tense
   C. Present perfect tense
   D. Simple past tense

40. They will be speaking.
   A. Future continuous tense
   B. Future perfect tense
   C. Past continuous tense
   D. Present continuous tense

ANSWERS

1	2	3	4	5	6	7	8	9	10
B	B	B	D	B	B	D	D	D	A
11	12	13	14	15	16	17	18	19	20
B	C	D	B	B	C	D	C	D	A
21	22	23	24	25	26	27	28	29	30
A	D	B	C	B	D	A	B	D	A
31	32	33	34	35	36	37	38	39	40
D	A	D	A	D	C	D	C	B	A

गणित

संख्याएँ
(Numbers)

0, 1, 2, 3, 4, 5, 6, 7, 8 व 9 संकेतों का प्रयोग करके संख्याएँ लिखी जाती हैं। इन संकेतों को **अंक** कहते हैं। एक या एक से अधिक अंकों को एक साथ लिखने से **संख्या** बनती है।

परिमेय संख्याएँ (Rational Numbers):

वे संख्याएँ जिन्हें $\frac{p}{q}$ के रूप में लिखा जा सके 'परिमेय संख्याएँ' कहलाती हैं। जहाँ p और q दोनों पूर्णांक हों परन्तु q कभी शून्य न हो। जैसे: $4, \frac{3}{4}, \frac{5}{7}, 0$ आदि परिमेय संख्याएँ हैं।

अपरिमेय संख्याएँ (Irrational Numbers): वे संख्याएँ जिन्हें $\frac{p}{q}$ के रूप में न लिखा जा सके 'अपरिमेय संख्याएँ' कहलाती हैं। जहाँ p और q दोनों पूर्णांक हैं परन्तु q कभी शून्य न हो। जैसे $\sqrt{7}, \sqrt{5}, 2+\sqrt{5}$, आदि।

भाज्य संख्याएँ: वे संख्याएँ जो स्वयं और 1 के अतिरिक्त अन्य किसी संख्या से पूरी-पूरी विभाजित हों, वे 'भाज्य संख्याएँ' कहलाती हैं। जैसे 6, 9, 15, 18 आदि।

अभाज्य संख्याएँ: वे संख्याएँ जो स्वयं और 1 के अतिरिक्त अन्य किसी संख्याओं से पूरी-पूरी विभाजित न हों, वे 'अभाज्य संख्याएँ' कहलाती हैं। जैसे 2, 5, 7, 11, 17 आदि।

संख्या का अंकित मान या जातीय मानः किसी भी संख्या में किसी अंक का अंकित मान या जातीय मान वही अंक होता है। जैसे 82 में अंक 2 का जातीय मान 2 होगा तथा 8 का जातीय मान 8 होगा।

संख्या का स्थानीय मानः किसी संख्या के प्रत्येक अंक का स्थानीय मान उसके स्थान के अनुसार होता है। जैसे 342 में 4 का स्थानीय मान 40 होगा। क्योंकि 4 दहाई के स्थान पर है। इसलिए स्थानीय मान = 4 × 10 = 40.

वस्तुनिष्ठ प्रश्न

1. किसी संख्या का दो-तिहाई, संख्या से 30 कम हो, तो वह संख्या क्या होगी?
   A. 70 B. 72
   C. 90 D. 108

2. यदि किसी संख्या में उसका दस गुना जोड़ा जाए तो परिणाम 264 आता है। संख्या ज्ञात कीजिए।
   A. 24 B. 23
   C. 21 D. 18

3. एक संख्या में, वही संख्या तथा 5 जोड़ने पर परिणाम 17 आता हो, तो वह संख्या होगीः
   A. 4 B. 6
   C. 3 D. 5

4. यदि किसी संख्या के वर्गमूल में 8 जोड़ने पर उत्तर 33 आता है तो वह संख्या क्या होगी?
   A. 441 B. 625
   C. 464 D. 528

5. यदि किसी संख्या के वर्गमूल में से 7 घटाने पर परिणाम 5 आता है तो वह संख्या होगी:
   A. 169 B. 125
   C. 144 D. 196

6. दो संख्याओं का योगफल 103 तथा उनका अन्तर 33 हो तो संख्याएँ होंगी:
   A. 68, 35 B. 67, 36
   C. 60, 43 D. 50, 53

7. यदि किसी संख्या के घन में 7 जोड़ दिया जाए तो परिणाम 519 आता है। बताइये संख्या क्या होगी?
   A. 8 B. 6
   C. 4 D. 3

8. दो संख्याओं का योग 168 है। यदि उनमें से एक संख्या, दूसरी संख्या से 24 अधिक हो, तो वे संख्याएँ क्रमशः होंगी:
   A. 90, 78 B. 96, 72
   C. 72, 96 D. 80, 88

9. एक संख्या के दो अंकों का योग 9 है। यदि उस संख्या में 9 और जोड़ दिया जाए तो उस संख्या के अंक अपना स्थान बदल लेते हैं। बताइये वह संख्या क्या होगी?
   A. 54 B. 45
   C. 36 D. 63

10. निम्न में से वह संख्या कौन-सी होगी जिसके $\frac{1}{7}$ में से 7 घटा दिया जाए तो शेष 7 बचे?
    A. 97 B. 98
    C. 101 D. 107

उत्तरमाला

1	2	3	4	5	6	7	8	9	10
C	A	B	B	C	A	A	B	B	B

व्याख्यात्मक उत्तर

1. माना कि संख्या x है।
   प्रश्नानुसार, $x \times \frac{2}{3} = x - 30$
   $\Rightarrow \frac{2x}{3} = x - 30$
   $\Rightarrow \frac{2x}{3} - x = -30$
   $\Rightarrow \frac{2x - 3x}{3} = -30$
   $\Rightarrow -x = -90$
   $\Rightarrow x = 90$
   अतः वह संख्या 90 होगी।

2. माना कि संख्या $= x$
   प्रश्नानुसार, $x + 10x = 264$
   $\Rightarrow 11x = 264$
   $\Rightarrow x = \frac{264}{11} = 24$
   अतः वह संख्या 24 होगी।

3. माना कि वह संख्या $= x$ है।
   प्रश्नानुसार,
   $x + (x + 5) = 17$

$\Rightarrow \quad 2x + 5 = 17$
$\Rightarrow \quad 2x = 17 - 5 = 12$
$\Rightarrow \quad x = \dfrac{12}{2} = 6$

अतः संख्या 6 होगी।

4. माना कि वह संख्या $= x$

प्रश्नानुसार, $\sqrt{x} + 8 = 33$
$\Rightarrow \quad \sqrt{x} = 33 - 8 = 25$
$\Rightarrow \quad x = 25 \times 25$
$\quad\quad\quad = 625$

अतः संख्या 625 होगी।

5. माना कि वह संख्या x है।

प्रश्नानुसार, $\sqrt{x} - 7 = 5$
$\Rightarrow \quad \sqrt{x} = 5 + 7 = 12$
$\Rightarrow \quad x = 12 \times 12$
$\quad\quad\quad = 144$

अतः वह संख्या 144 होगी।

6. माना कि संख्याएँ x तथा y हैं।

प्रश्नानुसार, $x + y = 103$ ...(i)
तथा $\quad\quad x - y = 33$ ...(ii)

समीकरण (i) तथा (ii) से,
$\quad\quad\quad 2x = 136$
$\Rightarrow \quad x = \dfrac{136}{2} = 68$

समीकरण (i) में x का मान रखने पर,
$y = 103 - 68 = 35$

अतः संख्याएँ 68 तथा 35 हैं।

7. माना कि संख्या x है।

प्रश्नानुसार, $(x)^3 + 7 = 519$
$\quad\quad\quad x^3 = 519 - 7$
$\Rightarrow \quad x^3 = 512 = (8)^3$
$\Rightarrow \quad x = 8$

अतः संख्या $= 8$.

8. माना कि वे संख्याएँ x तथा y हैं।

प्रश्नानुसार, $x + y = 168$
तथा $\quad\quad x = y + 24$
$\Rightarrow \quad y + 24 + y = 168$
$\Rightarrow \quad 2y = 168 - 24$
$\quad\quad\quad = 144$
$\Rightarrow \quad y = \dfrac{144}{2} = 72$

$\therefore \quad x + y = 168$
$\Rightarrow \quad x + 72 = 168$
$\Rightarrow \quad x = 168 - 72 = 96$

अतः संख्याएँ 96 तथा 72 होंगी।

9. माना कि संख्या में दहाई का अंक x तथा इकाई का अंक y है।

अतः संख्या $= 10x + y$

प्रश्नानुसार, $x + y = 9$ ...(i)
$10x + y + 9 = 10y + x$
$\Rightarrow 10x - x + y - 10y = -9$
$\Rightarrow \quad 9x - 9y = -9$
$\therefore \quad x - y = -1$ ...(ii)

समीकरण (i) तथा (ii) से,
$\quad\quad 2x = 8 \Rightarrow x = 4$

समीकरण (i) में x का मान रखने पर,
$y = 9 - 4 = 5$

अतः संख्या $= 45$.

10. माना कि वह संख्या x है।

प्रश्नानुसार, $\dfrac{x}{7} - 7 = 7$

$\Rightarrow \quad \dfrac{x}{7} = 7 + 7 = 14$

$\Rightarrow \quad x = 14 \times 7 = 98$

अतः संख्या 98 होगी।

सरलीकरण
(Simplification)

संख्याओं के जटिल व्यंजक या भिन्न को एक साधारण भिन्न या संख्या के रूप में परिवर्तित करने को 'सरलीकरण' कहते हैं। इस प्रकार के प्रश्नों का सरलीकरण करने के लिए 'BODMAS' शब्द का प्रयोग करते हैं। 'BODMAS' शब्द का क्रमानुसार आशय है—

1. B → Bracket (कोष्ठक) [{ (¯) }]
2. O → of (का) का
3. D → Division (भाग) ÷
4. M → Multiplication (गुणा) ×
5. A → Addition (जोड़) +
6. S → Subtraction (घटाना) −

नीचे कुछ बीजगणितीय सूत्र दिये हैं जो संख्याओं का सरलीकरण करने में सहायक होते हैं:

(i) $a^2 - b^2 = (a+b)(a-b)$

(ii) $\dfrac{a^2 - b^2}{a+b} = (a-b)$

(iii) $\dfrac{a^2 - b^2}{a-b} = a+b$

(iv) $(a+b)^2 = a^2 + 2ab + b^2$

(v) $(a-b)^2 = a^2 - 2ab + b^2$

(vi) $\dfrac{a^3 + b^3}{a^2 - ab + b^2} = a+b$

(vii) $\dfrac{a^3 - b^3}{a^2 + ab + b^2} = a-b$

(viii) $(a+b)^3 = a^3 + 3ab(a+b) + b^3$

(ix) $(a-b)^3 = a^3 - 3ab(a-b) - b^3$

उदाहरण

1. 18 का $3 \div 6 + 4 \times 2 - 2$ को सरल करो।

हल: 'BODMAS' शब्द के अनुसार सबसे पहले 'का' फिर 'भाग' फिर 'गुणा' इसके बाद 'जोड़' और अन्त में 'घटाना' होगा।

$\therefore$ 18 का $3 \div 6 + 4 \times 2 - 2$

$= 54 \div 6 + 4 \times 2 - 2$

$= \dfrac{54}{6} + 4 \times 2 - 2$

$= 9 + 4 \times 2 - 2$

$= 9 + 8 - 2 = 15.$

2. $\dfrac{11}{5} - \dfrac{3}{8}$ का $\dfrac{4}{3} \div \dfrac{6}{7} + \dfrac{4}{3}$ को सरल करो।

हल: $\dfrac{11}{5} - \dfrac{3}{8}$ का $\dfrac{4}{3} \div \dfrac{6}{7} + \dfrac{4}{3}$

$= \dfrac{11}{5} - \dfrac{1}{2} \div \dfrac{6}{7} + \dfrac{4}{3}$

$= \dfrac{11}{5} - \dfrac{7}{12} + \dfrac{4}{3}$

$= \dfrac{53}{15} - \dfrac{7}{12} = \dfrac{177}{60} = 2\dfrac{19}{20}.$

वस्तुनिष्ठ प्रश्न

1. $\dfrac{7-3\times 5+12}{12\times 3+2-32}$ का मान है:
   A. $\dfrac{1}{3}$ B. $\dfrac{2}{3}$
   C. $\dfrac{3}{4}$ D. $\dfrac{5}{6}$

2. $\dfrac{(160-130)(270-240)}{2250\div 50}$ का मान है:
   A. 22   B. 18
   C. 16   D. 20

3. $\dfrac{\{(12)^2-(8^2)\}\times 10}{20\times 2}$ को सरल करने पर परिणाम होगा:
   A. 20   B. 32
   C. 4   D. 8

4. यदि $\dfrac{9}{4}-\dfrac{x}{4}=2$ हो, तो x का मान होगा:
   A. 1   B. 2
   C. 4   D. 8

5. $\dfrac{6}{119}\times\dfrac{63}{8}\times\dfrac{17}{9}$ का मान क्या होगा?
   A. $\dfrac{5}{7}$ B. $\dfrac{3}{4}$
   C. $\dfrac{9}{11}$ D. $1\dfrac{3}{4}$

6. $(8844\div 44+17\times 23)$ को सरल करने पर परिणाम कितना होगा?
   A. 611   B. 592
   C. 582   D. 573

7. $\left(25\text{ का }\dfrac{1}{5}+10\times 5-6\div 3\right)$ का मान है:
   A. 64   B. 53
   C. 56   D. 47

8. $\left(\dfrac{4}{5}+2\dfrac{1}{5}+2\dfrac{2}{3}\right)$ का मान कितना होगा?
   A. $5\dfrac{2}{3}$ B. $4\dfrac{3}{7}$
   C. $11\dfrac{3}{4}$ D. $9\dfrac{1}{3}$

9. $\left(\dfrac{64}{14}\div\dfrac{1.6}{28}\times\dfrac{8}{0.4}\right)$ को सरल करने पर परिणाम होगा:
   A. 1500   B. 1100
   C. 1152   D. 1600

10. यदि $8\dfrac{1}{3}+4\dfrac{1}{2}-3\dfrac{1}{4}=\dfrac{7}{12}+x$, तो x का मान है:
    A. 9   B. 8
    C. 6   D. 3

उत्तरमाला

1	2	3	4	5	6	7	8	9	10
B	D	A	A	B	B	B	A	D	A

व्याख्यात्मक उत्तर

1. $\dfrac{7-15+12}{36+2-32} = \dfrac{19-15}{38-32} = \dfrac{4}{6} = \dfrac{2}{3}$.

2. $\dfrac{(160-130)(270-240)}{\dfrac{2250}{50}} = \dfrac{30 \times 30}{45}$

   $= \dfrac{900}{45} = 20$.

3. $\dfrac{\{(12)^2 - (8)^2\} \times 10}{20 \times 2}$

   $= \left(\dfrac{144-64}{40}\right) \times 10 = \dfrac{80}{40} \times 10$

   $= 2 \times 10 = 20$.

4. $\because \quad \dfrac{9}{4} - \dfrac{x}{4} = 2$

   $\Rightarrow \dfrac{9}{4} - \dfrac{2}{1} = \dfrac{x}{4}$

   $\Rightarrow \dfrac{9-8}{4} = \dfrac{x}{4}$

   $\Rightarrow \dfrac{1}{4} = \dfrac{x}{4} \Rightarrow 4x = 4 \Rightarrow x = 1$.

5. $\dfrac{6}{119} \times \dfrac{63}{8} \times \dfrac{17}{9} = \dfrac{6}{17} \times \dfrac{1}{8} \times \dfrac{17}{1}$

   $= \dfrac{6}{8} = \dfrac{3}{4}$.

6. $\dfrac{8844}{44} + 17 \times 23$

   $= 201 + 391 = 592$.

7. $\left(25 \text{ का } \dfrac{1}{5} + 10 \times 5 - 6 \div 3\right)$

   $= 25 \times \dfrac{1}{5} + 50 - 2$

   $= 5 + 50 - 2 = 55 - 2 = 53$.

8. $\left(\dfrac{4}{5} + \dfrac{11}{5} + \dfrac{8}{3}\right)$

   $= \dfrac{15}{5} + \dfrac{8}{3} = 3 + \dfrac{8}{3}$

   $= \dfrac{9+8}{3} = \dfrac{17}{3} = 5\dfrac{2}{3}$.

9. $\dfrac{64}{14} \div \dfrac{16}{280} \times \dfrac{\dfrac{8}{4}}{10}$

   $= \dfrac{64}{14} \times \dfrac{280}{16} \times \dfrac{80}{4}$

   $= 4 \times 20 \times \dfrac{80}{4} = 20 \times 80 = 1600$.

10. $\because \quad \dfrac{25}{3} + \dfrac{9}{2} - \dfrac{13}{4} = \dfrac{7}{12} = x$

    $\Rightarrow \dfrac{100+54-39-7}{12} = x$

    $\Rightarrow \dfrac{154-46}{12} = x$

    $\Rightarrow \dfrac{108}{12} = x \Rightarrow x = 9$.

अनुपात और समानुपात
(Ratio and Proportion)

अनुपातः अनुपात ज्ञात करने के लिए किन्हीं दो राशियों का सजातीय होना आवश्यक होता है। एक सजातीय राशि का दूसरी सजातीय राशि में भाग देने पर जो संख्या प्राप्त होती है, उसे उन राशियों का अनुपात कहते हैं। इसकी कोई इकाई या मात्रक नहीं होता है।

समानुपातः जब दो अनुपात समान होते हैं, तो वे समानुपात कहलाते हैं। यदि $\frac{p}{q} = \frac{r}{s}$ हो, तो इसका अर्थ यह है कि $\left(\frac{p}{q}\right)$ समानुपात में है $\left(\frac{r}{s}\right)$ के, या $\left(\frac{r}{s}\right)$ समानुपात में है $\left(\frac{p}{q}\right)$ के, इसे इस प्रकार प्रदर्शित करते हैं–
$$p : q :: r : s$$

उदाहरण

1. 2 : 3 तथा 5 : 7 में से कौन-सा अनुपात छोटा होगा?

हलः $2 : 3 = \frac{2}{3}$ तथा $5 : 7 = \frac{5}{7}$

$\therefore \frac{2}{3} = \frac{2}{3} \times \frac{5}{5} = \frac{10}{15}$

तथा $\frac{5}{7} = \frac{5}{7} \times \frac{2}{2} = \frac{10}{14}$

[दोनों के अंश बराबर करने पर]

$\because \ 15 > 14 \ \therefore \ \frac{10}{15} < \frac{10}{14}$

या $2 : 3 < 5 : 7$

अतः 2 : 3 छोटा होगा।

वस्तुनिष्ठ प्रश्न

1. 62.5 तथा 0.9 का मध्यानुपाती कितना होगा?
   A. 7.5 B. 6.7
   C. 8.7 D. 8.8

2. 16 पैसे तथा ₹ 8 में क्या अनुपात होगा?
   A. 1 : 3 B. 1 : 8
   C. 1 : 50 D. 5 : 13

3. 3 : 2 तथा 7 : 5 में से कौन-सा अनुपात बड़ा होगा?
   A. दोनों समान हैं B. 3 : 2
   C. 7 : 5 D. 10 : 7

4. यदि $9 : 4 :: 3 : x$ हो, तो x का मान है:
   A. $\frac{4}{3}$ B. $\frac{5}{6}$
   C. $\frac{8}{9}$ D. $\frac{11}{17}$

5. यदि $x : y = 12 : 5$ तथा $z : y = 21 : 16$ हो, तो $x : z$ का मान कितना होगा?
   A. 35 : 64 B. 64 : 35
   C. 37 : 43 D. 53 : 60

6. दो संख्याओं में 1 : 2 का अनुपात है। यदि प्रत्येक संख्या में 7 जोड़ने पर उनका अनुपात 3 : 5 हो जाता है तो बताइये उनमें छोटी संख्या का मान कितना होगा?

A. 12 B. 10
C. 14 D. 8

7. मोटर साइकिल व साइकिल की कीमत के बीच 31 : 2 का अनुपात है। यदि मोटर साइकिल की कीमत साइकिल से ₹14500 अधिक हो, तो साइकिल की कीमत क्या होगी?
A. ₹ 1000 B. ₹ 980
C. ₹ 1060 D. ₹ 1025

8. यदि ₹ 180 को A, B तथा C में क्रमशः 2 : 3 : 5 के अनुपात में बाँटा जाए तो बताइये C का हिस्सा A के हिस्से से कितना अधिक होगा?

A. ₹ 52 B. ₹ 54
C. ₹ 48 D. ₹ 45

9. 5 लीटर चीनी के घोल में 40% चीनी की मात्रा है। उस घोल में चीनी और पानी की मात्रा के बीच अनुपात है:
A. 4 : 3 B. 2 : 3
C. 4 : 5 D. 5 : 6

10. एक थैली में 25 पैसे के सिक्कों तथा 20 पैसे के सिक्कों के मूल्यों में 5 ; 6 का अनुपात है। यदि थैली में सिक्कों की कुल संख्या 200 हो तो 20 पैसे के सिक्कों की संख्या कितनी होगी?
A. 90 B. 120
C. 130 D. 140

उत्तरमाला

1	2	3	4	5	6	7	8	9	10
A	C	B	A	B	C	A	B	B	B

व्याख्यात्मक उत्तर

1. माना कि 62.5 तथा 0.9 का मध्यानुपाती x है।
∴ $62.5 : x :: x : 0.9$
⇒ $\dfrac{62.5}{x} = \dfrac{x}{0.9}$
⇒ $x^2 = 62.5 \times 0.9$
⇒ $x = \sqrt{62.5 \times 0.9}$
$= \sqrt{\dfrac{625 \times 9}{100}} = \sqrt{\dfrac{5625}{100}}$
$= \dfrac{75}{10} = 7.5$.

2. अभीष्ट अनुपात $= \dfrac{16}{800} = \dfrac{1}{50}$
$= 1 : 50$.

3. $\dfrac{3}{2} = 1.5$

तथा $\dfrac{7}{5} = 1.4$

अतः स्पष्ट है कि उपरोक्त दोनों अनुपातों में 3 : 2 बड़ा होगा।

4. चूँकि $\dfrac{9}{4} = \dfrac{3}{x}$
⇒ $9x = 12$
⇒ $x = \dfrac{12}{9} = \dfrac{4}{3}$

अतः x का मान $\dfrac{4}{3}$ होगा।

5. $x : y = 12 : 5$
 $\Rightarrow \dfrac{x}{y} = \dfrac{12}{5}$ ...(i)

 तथा $z : y = 21 : 16$
 $\Rightarrow \dfrac{z}{y} = \dfrac{21}{16}$ ...(ii)

 समीकरण (i) तथा (ii) से,
 $\dfrac{x}{y} \times \dfrac{y}{z} = \dfrac{12}{5} \times \dfrac{16}{21}$

 $\Rightarrow \dfrac{x}{z} = \dfrac{64}{35}$

 $\Rightarrow x : z = 64 : 35.$

6. माना कि संख्याएँ x तथा $2x$ हैं।
 प्रश्नानुसार,
 $\dfrac{x+7}{2x+7} = \dfrac{3}{5}$
 $\Rightarrow 6x + 21 = 5x + 35$
 $\Rightarrow 6x - 5x = 35 - 21$
 $\Rightarrow x = 14$
 अतः छोटी संख्या = 14.

7. माना कि मोटरसाइकिल की कीमत
 = ₹ $31x$
 तथा साइकिल की कीमत = ₹ $2x$
 प्रश्नानुसार,
 $31x - 2x = 14500$
 $\Rightarrow 29x = 14500$
 $\Rightarrow x = \dfrac{14500}{29} = 500$
 $2x = 2 \times 500 = 1000$
 अतः साइकिल की कीमत = ₹ 1000.

8. ∵ A, B तथा C के हिस्सों में 2 : 3 : 5 का अनुपात है।

 अनुपाती संख्याओं का योग
 = 2 + 3 + 5 = 10
 C और A के अनुपातों में अन्तर
 = 5 − 2 = 3
 अतः C का हिस्सा, A के हिस्से से अधिक
 $= \dfrac{3}{10} \times 180 =$ ₹ 54.

9. चीनी की मात्रा $= \dfrac{40}{100} \times 5 = 2$ ली.

 पानी की मात्रा $= \dfrac{60}{100} \times 5 = 3$ ली.

 अभीष्ट अनुपात $= \dfrac{2}{3} = 2 : 3.$

10. माना कि 20 पैसे के सिक्कों की संख्या
 $= x$
 अतः 25 पैसे के सिक्कों की संख्या
 $= (200 - x)$
 25 पैसे के सिक्कों का मूल्य
 $= 25 \times (200 - x)$ पैसे
 तथा 20 पैसे के सिक्कों का मूल्य
 $= 20x$ पैसे
 प्रश्नानुसार,
 $\dfrac{25(200 - x)}{20x} = \dfrac{5}{6}$
 ∴ $25(200 - x) \times 6 = 20x \times 5$
 $\Rightarrow (5000 - 25x)6 = 100x$
 $\Rightarrow 30000 - 150x = 100x$
 $\Rightarrow 250x = 30000$
 $\Rightarrow x = \dfrac{30000}{250} = 120.$

 अतः 20 पैसे के सिक्कों की संख्या 120 होगी।

ऐकिक नियम
(Unitary Method)

जिस नियम से किसी वस्तु की इकाई का मान ज्ञात किया जाता है उस नियम को ऐकिक नियम कहा जाता है। जैसे: 5 किलो चीनी की कीमत ₹ 60 है तो 8 किलो चीनी का दाम ज्ञात कीजिए।

∵ 5 किलो चीनी की कीमत = ₹ 60
∴ 1 किलो चीनी की कीमत = ₹ $\frac{60}{5}$
　　　　　　　　　　　= ₹ 12
∴ 8 किलो चीनी की कीमत = ₹ 12 × 8
　　　　　　　　　　　= ₹ 96 होगी।

वस्तुनिष्ठ प्रश्न

1. यदि 1 तौलिए का मूल्य ₹ 18 हो, तो 12 तौलियों का मूल्य क्या होगा ?
   A. ₹ 214　　　B. ₹ 216
   C. ₹ 218　　　D. ₹ 220

2. यदि 1 रिफिल का मूल्य 70 पैसे हो, तो 8 रिफिलों का मूल्य ज्ञात करो।
   A. ₹ 5.60　　　B. ₹ 5.70
   C. ₹ 5.50　　　D. ₹ 5.80

3. यदि 1 कम्बल का मूल्य ₹ 240 हो तो, बताओ ऐसे ही 6 कम्बलों के लिए कितनी राशि देनी होगी।
   A. ₹ 1430　　　B. ₹ 1450
   C. ₹ 1440　　　D. ₹ 1460

4. यदि 5 इलेक्ट्रॉनिक घड़ियों का मूल्य ₹ 225 हो, तो एक घड़ी का मूल्य ज्ञात करो।
   A. ₹ 45　　　B. ₹ 40
   C. ₹ 55　　　D. ₹ 50

5. यदि 3 पंखे ₹ 1650 में खरीदे गए हों, तो 1 पंखे का मूल्य ज्ञात करो।
   A. ₹ 555　　　B. ₹ 540
   C. ₹ 545　　　D. ₹ 550

6. एक रेलगाड़ी 6 घंटे में 432 किमी. की दूरी तय करती है, तो रेलगाड़ी द्वारा 1 घण्टे में तय की गई दूरी ज्ञात करो।
   A. 74 किमी.　　　B. 70 किमी.
   C. 72 किमी.　　　D. 75 किमी.

7. यदि एक टी.वी. सैट का मूल्य ₹ 3200 हो, तो 5 टी.वी. सैट खरीदने के लिए कितना धन चाहिए ?
   A. ₹ 16200　　　B. ₹ 16000
   C. ₹ 16300　　　D. ₹ 16100

8. यदि एक साइकिल का मूल्य ₹ 850 हो, तो 12 साईकिलों का मूल्य ज्ञात करो।
   A. ₹ 10200　　　B. ₹ 10300
   C. ₹ 10400　　　D. ₹ 10500

9. यदि एक दर्जन कांच के गिलासों का मूल्य ₹ 36 हो, तो एक गिलास का मूल्य बताओ।
   (1 दर्जन = 12)
   A. ₹ 2　　　B. ₹ 4
   C. ₹ 3　　　D. ₹ 5

10. यदि 8 अलमारियों का मूल्य ₹ 9600 हो, तो एक अलमारी का मूल्य ज्ञात करो।
    A. ₹ 1100   B. ₹ 1150
    C. ₹ 1175   D. ₹ 1200

11. यदि 8 थैलों का मूल्य ₹ 64 दिया हुआ हो, तो 6 थैलों का मूल्य कितना होगा?
    A. ₹ 46   B. ₹ 48
    C. ₹ 50   D. ₹ 52

12. यदि ₹ 210 में 6 बाल्टियां खरीदी जा सकती हैं तो ₹ 140 में कितनी बाल्टियां खरीदी जा सकेंगी।
    A. 4   B. 5
    C. 6   D. 7

13. गणित की 14 पुस्तकों का मूल्य ₹ 105 है तो बताइए ऐसी ही 24 पुस्तकों के लिए क्या मूल्य देना होगा?
    A. ₹ 165   B. ₹ 170
    C. ₹ 175   D. ₹ 180

14. यदि ₹ 3000 में 12 रेडियो सैट खरीदे जा सकते हों, तो बताओ ₹ 3750 में कितने रेडियो सैट खरीदे जा सकेंगे।
    A. 11   B. 13
    C. 15   D. 17

15. किसी परिवार के 6 सदस्यों के लिए 20 दिन की भोजन सामग्री है, तो बताओ 4 सदस्यों वाले परिवार के लिए यही भोजन सामग्री कितने दिनों के लिए पर्याप्त होगी।
    A. 30   B. 35
    C. 25   D. 20

उत्तरमाला

1	2	3	4	5	6	7	8	9	10
B	A	C	A	D	C	B	A	C	D

11	12	13	14	15
B	A	D	C	A

व्याख्यात्मक उत्तर

1. तौलिए   मूल्य
       1   ₹ 18
      12   ?
    ∵ 1 तौलिए का मूल्य = ₹ 18
    ∴ 12 तौलियों का मूल्य = 12 × 18
                         = ₹ 216

2. रिफिल   मूल्य
       1   70 पैसे
       8   ?
    ∵ 1 रिफिल का मूल्य = 70 पैसे
    ∴ 8 रिफिल का मूल्य = 70 × 8
                     = 560 पैसे (यानि ₹ 5.60)

3. कम्बल   मूल्य
       1   ₹ 240
       6   ?
    ∵ 1 कम्बल का मूल्य = ₹ 240
    ∴ 6 कम्बल का मूल्य = 240 × 6
                     = ₹ 1440

4. इलेक्ट्रॉनिक घड़ियां   मूल्य
           5   ₹ 225
           1   ?
    ∵ इलेक्ट्रॉनिक 5 घड़ियों का मूल्य
                        = ₹ 225

$\therefore$ इलेक्ट्रॉनिक 1 घड़ी का मूल्य = $\frac{225}{5}$

= ₹ 45

5. **पंखे** **मूल्य**

3	₹ 1650
1	?

$\because$ 3 पंखों का मूल्य = ₹ 1650

$\therefore$ 1 पंखे का मूल्य = ₹ $\frac{1650}{3}$

= ₹ 550

6. **समय** **तय की गई दूरी (किमी. में)**

6 घंटे	432 किमी.
1 घंटे	?

$\because$ 6 घंटे में रेलगाड़ी द्वारा तय की गई दूरी

= 432 किमी.

$\therefore$ 1घंटे में रेलगाड़ी द्वारा तय की गई दूरी

= $\frac{432}{6}$ किमी.

= 72 किमी.

7. **टी.वी.** **मूल्य**

1	₹ 3200
5	?

$\because$ 1 टी.वी. सैट का मूल्य है = ₹ 3200

$\therefore$ 5 टी.वी. सैटों का मूल्य है = 3200×5

= ₹ 16000

8. **साईकिल** **मूल्य**

1	₹ 850
12	?

$\because$ 1 साईकिल का मूल्य है = ₹ 850

$\therefore$ 12 साईकिलों का मूल्य होगा

= 850×12 = ₹ 10200

9. **गिलास** **मूल्य**

1 दर्जन (12 गिलास)	₹ 36
1 गिलास	?

$\because$ 1 दर्जन (12 गिलास) का मूल्य है = ₹ 36

$\therefore$ 1 गिलास का मूल्य होगा = ₹ $\frac{36}{12}$

= ₹ 3

10. **अलमारी** **मूल्य**

8	₹ 9600
1	?

$\because$ 8 अलमारियों का मूल्य है = ₹ 9600

$\therefore$ 1 अलमारी का मूल्य होगा = $\frac{9600}{8}$

= ₹ 1200

11. **थैले** **मूल्य**

8	₹ 64
6	?

$\because$ 8 थैलों का मूल्य है = ₹ 64

$\therefore$ 1 थैले का मूल्य होगा = ₹$\frac{64}{8}$ = ₹ 8

अब $\because$ 1 थैले का मूल्य है = ₹ 8

$\therefore$ 6 थैलों का मूल्य होगा= 8×6 = ₹ 48

12. **₹** **बाल्टियां**

210	6
140	?

$\because$ ₹ 210 में खरीदी जाने वाली बाल्टियों की संख्या = 6

$\therefore$ ₹ 1 में खरीदी जाने वाली बाल्टियां

= $\frac{6}{210}$

$\therefore$ ₹ 140 में खरीदी जाने वाली बाल्टियां

= $\frac{6}{210} \times 140$ = 4 बाल्टियां

अत: ₹ 140 में 4 बाल्टियां खरीदी जा सकेंगी।

13. **पुस्तक** **मूल्य**

14	₹ 105
24	?

∵ गणित की 14 पुस्तकों का मूल्य = ₹ 105

∴ गणित की 1 पुस्तक का मूल्य = ₹ $\frac{105}{14}$

∴ गणित की 24 पुस्तकों का मूल्य

$= \frac{105}{14} \times 24$

$= ₹ 180$

अतः गणित की 24 पुस्तकों का मूल्य = ₹ 180

14. ₹   रेडियो सैट
    3000   12
    3750   ?

∵ ₹ 3000 में खरीदे जा सकते हैं
= 12 रेडियो सैट

∴ ₹ 1 में खरीदे जा सकते हैं

$= \frac{12}{3000}$ रेडियो सैट

∴ ₹ 3750 में खरीदे जा सकते हैं

$= \frac{12}{3000} \times 3750$ रेडियो सैट

= 15 रेडियो सैट

अतः ₹ 3750 में 15 रेडियो सैट खरीदे जा सकेंगे।

15. सदस्य   दिन
    6   20
    4   ?

∵ 6 सदस्यों के लिए भोजन सामग्री है
= 20 दिनों के लिए

∴ 1 सदस्य के लिए भोजन सामग्री है
= 20 × 6 दिनों के लिए

∴ 4 सदस्यों के लिए भोजन सामग्री है

$= \frac{20 \times 6}{4}$ दिनों के लिए

= 30 दिन के लिए

अतः 4 सदस्यों वाले परिवार के लिए यही भोजन सामग्री 30 दिन के लिए पर्याप्त होगी।

औसत
(Average)

किन्हीं एक ही प्रकार की राशियों का औसत ज्ञात करने के लिए उन समस्त राशियों के योग को उनकी संख्याओं से भाग देते हैं। अर्थात्

औसत = $\dfrac{\text{समस्त राशियों का योग}}{\text{राशियों की संख्या}}$

समस्त राशियों का योग = औसत × राशियों की संख्या

तथा राशियों की संख्या = $\dfrac{\text{समस्त राशियों का योग}}{\text{औसत}}$

उदाहरण

1. यदि 5, 10, 20, 25 तथा x का औसत मान 20 हो, तो x का मान ज्ञात कीजिए।

हलः समस्त राशियों का योग
= 5 + 10 + 20 + 25 + x
= 60 + x
तथा राशियों की संख्या = 5

प्रश्नानुसार, $\dfrac{60 + x}{5} = 20$

$\Rightarrow$ 60 + x = 100
$\Rightarrow$ x = 100 − 60 = 40

2. 10 कुर्सी और 6 मेजों का औसत मूल्य ₹ 30 है। यदि मेजों का औसत मूल्य ₹ 50 हो, तो कुर्सियों का औसत मूल्य कितना होगा?

हलः ∵ 10 कुर्सी तथा 6 मेजों का कुल मूल्य
= 16 × 30 = ₹ 480
6 मेजों का कुल मूल्य = 6 × 50 = ₹ 300
∴ 10 कुर्सियों का कुल मूल्य
= 480 − 300 = ₹ 180
अतः कुर्सियों का औसत मूल्य
= $\dfrac{180}{10}$ = ₹ 18.

वस्तुनिष्ठ प्रश्न

1. एक कक्षा के 15 छात्रों की औसत आयु 15 वर्ष है। यदि उनमें अध्यापक को भी सम्मिलित कर लिया जाए तो उनकी औसत आयु 16 वर्ष हो जाती है। अध्यापक की आयु होगीः
   A. 21 वर्ष B. 33 वर्ष
   C. 35 वर्ष D. 37 वर्ष

2. 12 संख्याओं का औसत मान 30 है। यदि प्रत्येक संख्या को 3 से गुणा कर दिया जाए तो नई संख्याओं का औसत मान होगाः
   A. 70 B. 80
   C. 90 D. 100

3. 9 संख्याओं का औसत 12 है। यदि प्रत्येक संख्या में से 2 घटा दिया जाए तो नई संख्याओं का औसत होगाः
   A. 8 B. 7
   C. 10 D. 6

4. 15 लड़कों वाली कक्षा की औसत आयु 11 वर्ष है। यदि 9 वर्ष की औसत आयु वाले 5 नये लड़के कक्षा में और आ जायें तो कक्षा की नई औसत आयु कितनी होगी?
   A. 9.5 वर्ष
   B. 7.5 वर्ष
   C. 11.2 वर्ष
   D. 10.5 वर्ष

5. तीन संख्याओं में पहली संख्या दूसरी संख्या के दो गुनी तथा तीसरी संख्या के तीन गुनी है। यदि तीनों संख्याओं का औसत 22 हो, तो संख्याएं ज्ञात कीजिए।
   A. 18, 36, 12
   B. 36, 18, 12
   C. 12, 18, 36
   D. 36, 12, 18

6. दो संख्याओं के बीच 3 : 4 का अनुपात है। यदि दोनों संख्याओं का औसत 28 हो, तो वे संख्याएँ क्रमशः क्या होंगी?
   A. 33, 44
   B. 24, 32
   C. 45, 60
   D. 48, 64

7. कुल 12 परिणामों में से 11 परिणामों का औसत 32 है। यदि उनमें से प्रथम 6 परिणामों का औसत 34 तथा अन्तिम 6 परिणामों का औसत 33 हो, तो बताइये बारहवें परिणाम का मान कितना होगा?
   A. 45
   B. 50
   C. 44
   D. 43

8. किसी बल्लेबाज ने किसी मौसम में 17 पारियां खेलीं और वह कभी भी नॉट-आउट नहीं रहा। 17वीं पारी में 85 रन के स्कोर से उसका औसत 3 रन बढ़ गया तो उसका औसत रन स्कोर क्या रहा?
   A. 37
   B. 38
   C. 42
   D. 39

9. एक व्यक्ति ₹ 50 प्रति पुस्तक के हिसाब से 4 पुस्तकें ₹ 60 प्रति पुस्तक के हिसाब से 5 पुस्तकें तथा ₹ 70 प्रति पुस्तक के हिसाब से 6 पुस्तकें खरीदता है। बताइये पुस्तक का औसत मूल्य कितना होगा?
   A. ₹ 62.33
   B. ₹ 41.50
   C. ₹ 61.33
   D. ₹ 61.75

10. एक कक्षा में 25 छात्र हैं। उनकी औसत ऊँचाई 140 सेमी. है। 5 और नये छात्र उसमें भर्ती हो जाते हैं जिससे कक्षा के सब बच्चों की औसत ऊँचाई बढ़कर 145 सेमी. हो जाती है। बताइये 5 नये छात्रों की औसत ऊँचाई कितनी थी?
    A. 172 सेमी.
    B. 170 सेमी.
    C. 175 सेमी.
    D. 180 सेमी.

उत्तरमाला

1	2	3	4	5	6	7	8	9	10
A	C	C	D	B	B	B	A	C	B

व्याख्यात्मक उत्तर

1. 15 छात्रों की कुल आयु का योग
   = 15 × 15 = 225 वर्ष
   (अध्यापक +15 छात्रों) की कुल आयु का योग = 16 × 16 = 256 वर्ष।

   अतः अध्यापक की आयु
   = 256 – 225 = 31 वर्ष

2. 12 संख्याओं का औसत मान = 30
   12 संख्याओं का कुल योग
   = 30 × 12 = 360

प्रश्नानुसार,
प्रत्येक संख्या को 3 से गुणा करने पर
12 संख्याओं का कुल योग
$\quad = 360 \times 3 = 1080$
12 नई संख्याओं का औसत मान
$$= \frac{1080}{12} = 90.$$

3. ∵ 9 संख्याओं का औसत मान = 12
∴ 9 संख्याओं का कुल योग
$\quad = 12 \times 9 = 108$

प्रश्नानुसार,
प्रत्येक संख्या में से 2 घटा देने पर
उनके कुल योग में कमी = $9 \times 2 = 18$
नई 9 संख्याओं का कुल योग
$\quad = 108 - 18 = 90$
नई संख्याओं का औसत मान
$$= \frac{90}{9} = 10.$$

4. ∵ 15 लड़कों की औसत आयु = 11 वर्ष
∴ 15 लड़कों की आयु का कुल योग
$\quad = 15 \times 11 = 165$ वर्ष
तथा 5 नये लड़कों की औसत आयु
$\quad = 9$ वर्ष
5 नये लड़कों की आयु का कुल योग
$\quad = 9 \times 5 = 45$ वर्ष
कुल (15 लड़के +5 नये लड़के) की आयु
का योग = $165 + 45 = 210$ वर्ष
∴ कक्षा की नई औसत आयु
$$= \frac{210}{20} = 10.5 \text{ वर्ष।}$$

5. माना कि पहली संख्या का मान = x
दूसरी संख्या = $\dfrac{x}{2}$
तथा तीसरी संख्या = $\dfrac{x}{3}$

चूँकि तीनों संख्याओं का औसत = 22
तीनों संख्याओं का कुल योग
$\quad = 22 \times 3 = 66$
$$x + \frac{x}{2} + \frac{x}{3} = 66$$
$\Rightarrow \quad \dfrac{6x + 3x + 2x}{6} = 66$
$\Rightarrow \quad 11x = 6 \times 66$
$\Rightarrow \quad x = \dfrac{6 \times 66}{11}$
$\quad\quad\quad = 6 \times 6 = 36$

$\dfrac{x}{2} = \dfrac{36}{2} = 18$

$\dfrac{x}{3} = \dfrac{36}{3} = 12.$

अतः संख्याएँ क्रमशः 36, 18, 12 होंगी।

6. माना कि संख्याएँ $3x$ तथा $4x$ हैं
चूँकि दोनों संख्याओं का औसत = 28
∴ दोनों संख्याओं का कुल योग
$\quad = 28 \times 2 = 56$
$3x + 4x = 56$
$\Rightarrow \quad 7x = 56 \Rightarrow x = \dfrac{56}{7} = 8$
$3x = 3 \times 8 = 24,\ 4x = 4 \times 8 = 32$
अतः संख्याएँ 24 तथा 32 होंगी।

7. चूँकि 11 परिणामों का औसत = 32
∴ 11 परिणामों का कुल योग
$\quad = 32 \times 11 = 352$
प्रथम 6 परिणामों का औसत = 34
प्रथम 6 परिणामों का कुल योग
$\quad = 34 \times 6 = 204$
तथा अन्तिम 6 परिणामों का औसत = 33
∴ अन्तिम 6 परिणामों का कुल योग
$\quad = 33 \times 6 = 198$

कुल 12 परिणामों का कुल योग
$= 204 + 198 = 402$
अतः 12वें परिणाम का मान
$= 402 − 352 = 50.$

8. माना कि बल्लेबाज का 16वीं पारी तक रन औसत $= x$

∴ 16वीं पारी तक रनों की कुल संख्या $= 16x$ होगी

तथा 17वीं पारी तक रन औसत
$= (x + 3)$

∴ 17वीं पारी तक रनों की कुल संख्या
$= 17 (x + 3)$

प्रश्नानुसार,
बल्लेबाज ने 17वीं पारी में रन बनाये $= 85$
∴ 17वीं पारी तक रनों की कुल संख्या
$=$ 16वीं पारी तक रनों की कुल संख्या
$+ 85$
∴ $17(x + 3) = 16x + 85$
⇒ $17x + 51 = 16x + 85$
⇒ $x = 85 − 51 = 34$

अतः बल्लेबाज का रन औसत
$= (34 + 3) = 37$ रहा।

9. ∵ ₹ 50 प्रति पुस्तक के हिसाब से 4 पुस्तकों का क्रय मूल्य $= ₹ 200$

₹ 60 प्रति पुस्तक के हिसाब से 5 पुस्तकों का क्रय मूल्य $= ₹ 300$
तथा ₹ 70 प्रति पुस्तक के हिसाब से 6 पुस्तकों का क्रय मूल्य $= ₹ 420$
15 पुस्तकों का कुल क्रय मूल्य
$= 200 + 300 + 420 = ₹ 920$

अतः औसत मूल्य $= \dfrac{920}{15} = ₹ 61.33.$

10. ∵ 25 छात्रों की औसत ऊँचाई $= 140$ सेमी.

∴ 25 छात्रों की ऊँचाई का कुल योग
$= 140 \times 25 = 3500$ सेमी.
तथा (25 छात्र + 5 नये छात्र) की औसत ऊँचाई $= 145$ सेमी.
(25 छात्र + 5 नये छात्र) की ऊँचाई का कुल योग
$= 30 \times 145 = 4350$ सेमी.
5 नये छात्रों की ऊँचाई का योग
$= 4350 − 3500 = 850$ सेमी.
अतः 5 नये छात्रों की औसत ऊँचाई
$= \dfrac{850}{5} = 170$ सेमी.

साधारण ब्याज
(Simple Interest)

उधार दी गई राशि का उपयोग करने हेतु जो किराया मिलता है उसे ब्याज कहते हैं तथा जो राशि उधार दी जाती है उसे मूलधन कहते हैं। इस तरह के ब्याज में ब्याज की गणना सिर्फ मूलधन पर की जाती है, ब्याज को मूलधन में जोड़ा नहीं जाता।

मूलधन तथा ब्याज सहित जो राशि वापस लौटायी जाती है उसे मिश्रधन कहते हैं।

महत्त्वपूर्ण फार्मूलेः

1. मिश्रधन = मूलधन + ब्याज

2. साधारण ब्याज

$$= \frac{\text{मूलधन} \times \text{समय} \times \text{दर}}{100}$$

3. ब्याज की दर $= \frac{\text{साधारण ब्याज} \times 100}{\text{मूलधन} \times \text{समय}}$

4. मूलधन $= \frac{\text{साधारण ब्याज} \times 100}{\text{समय} \times \text{दर}}$

5. समय $= \frac{\text{साधारण ब्याज} \times 100}{\text{मूलधन} \times \text{दर}}$

वस्तुनिष्ठ प्रश्न

1. किस धन राशि पर 4% वार्षिक ब्याज की दर से 5 वर्ष का साधारण ब्याज ₹ 64 होगा?

A. ₹ 220 B. ₹ 280
C. ₹ 320 D. ₹ 300

2. ₹ 600 की राशि पर $2\frac{1}{2}$ वर्ष का साधारण ब्याज ₹ 30 हो, तो ब्याज की वार्षिक दर होगीः

A. 1% B. 2%
C. 4% D. 8%

3. कितने वर्ष में ₹ 3600 पर 6% वार्षिक ब्याज की दर से साधारण ब्याज ₹ 432 होगा?

A. 1 वर्ष B. 2 वर्ष
C. $1\frac{1}{2}$ वर्ष D. $2\frac{1}{4}$ वर्ष

4. ₹ 5000 की राशि पर 10% वार्षिक ब्याज की दर से 5 वर्ष का साधारण ब्याज कितना होगा?

A. ₹ 2200 B. ₹ 2500
C. ₹ 2300 D. ₹ 2600

5. कितने वर्षों में कोई राशि 10% वार्षिक ब्याज की दर से अपने से दोगुनी हो जाएगी?

A. 10 वर्ष B. 8 वर्ष
C. 5 वर्ष D. 12 वर्ष

6. कोई धन राशि 20 वर्षों में दो गुनी हो जाती है तो वह धन राशि कितने समय में तीन गुनी हो जाएगी?

A. 30 वर्षों में B. 50 वर्षों में
C. 40 वर्षों में D. 45 वर्षों में

7. कोई धन राशि किसी प्रतिशत दर से 3 वर्ष में बढ़कर ₹ 1150 तथा 5 वर्ष में बढ़कर ₹ 1250 हो जाती है तो उस राशि पर प्रतिशत दर क्या होगी?
A. 5% B. 8%
C. 7% D. 6%

8. किसी राशि का 6% की दर से $4\frac{1}{2}$ वर्ष का साधारण ब्याज ₹ 81 हो जाता है तो वह राशि कितनी होगी?
A. ₹ 325 B. ₹ 225

C. ₹ 300 D. ₹ 340

9. यदि किसी राशि पर 3 वर्ष का साधारण ब्याज की दर से मिश्रधन ₹ 2100 तथा 5 वर्ष का मिश्रधन ₹ 2250 हो, तो उस राशि पर ब्याज की वार्षिक दर कितनी होगी?
A. 4% B. 3%
C. 2% D. 5%

10. यदि किसी धन राशि का 2 वर्ष में मिश्रधन ₹ 1760 तथा 5 वर्ष में मिश्रधन ₹ 2000 हो, तो वह धन राशि कितनी होगी?
A. ₹ 1650 B. ₹ 1500
C. ₹ 1580 D. ₹ 1600

उत्तरमाला

1	2	3	4	5	6	7	8	9	10
C	B	B	B	A	C	A	C	A	D

व्याख्यात्मक उत्तर

1. मूलधन = $\dfrac{\text{ब्याज} \times 100}{\text{दर} \times \text{समय}}$

   = $\dfrac{64 \times 100}{5 \times 4}$ = ₹ 320.

2. दर = $\dfrac{\text{ब्याज} \times 100}{\text{मूलधन} \times \text{समय}}$

   = $\dfrac{30 \times 100 \times 2}{600 \times 5}$ = 2%.

3. समय = $\dfrac{\text{ब्याज} \times 100}{\text{मूलधन} \times \text{दर}}$

   = $\dfrac{432 \times 100}{3600 \times 6}$ = 2 वर्ष।

4. साधारण ब्याज

   = $\dfrac{\text{मूलधन} \times \text{समय} \times \text{दर}}{100}$

   = $\dfrac{5000 \times 5 \times 10}{100}$ = ₹ 2500.

5. माना कि मूलधन = P, मिश्रधन = 2P
   ब्याज = 2P − P = P

   समय = $\dfrac{\text{ब्याज} \times 100}{\text{मूलधन} \times \text{दर}}$ = $\dfrac{P \times 100}{P \times 10}$

   = 10 वर्ष।

6. मूलधन = ₹ P, मिश्रधन = ₹ 2P,
   समय = 20 वर्ष
   अतः ब्याज = मिश्रधन − मूलधन
   = 2P − P = P

$$\text{दर} = \frac{\text{ब्याज} \times 100}{\text{मूलधन} \times \text{समय}}$$

$$= \frac{P \times 100}{P \times 20} = 5\%$$

पुनः मूलधन = P, मिश्रधन = 3P,
दर = 5%

ब्याज = मिश्रधन − मूलधन
= 3P − P = 2P

$$\text{समय} = \frac{\text{ब्याज} \times 100}{\text{मूलधन} \times \text{दर}}$$

$$= \frac{2P \times 100}{P \times 5} = 40 \text{ वर्ष}$$

अतः वह धनराशि 40 वर्षों बाद तीन गुनी हो जाएगी।

7. ∵ 3 वर्ष का मिश्रधन = ₹ 1150
तथा 5 वर्ष का मिश्रधन = ₹ 1250
∴ 2 वर्ष का साधारण ब्याज = 5 वर्ष का मिश्रधन − 3 वर्ष का मिश्रधन
= 1250 − 1150 = ₹ 100

1 वर्ष का साधारण ब्याज = $\frac{100}{2}$
= ₹ 50

3 वर्ष का साधारण ब्याज = 50 × 3
= ₹ 150

∴ मूलधन = 3 वर्ष का मिश्रधन − 3 वर्ष का साधारण ब्याज
= 1150 − 150 = ₹ 1000

अतः दर = $\frac{\text{ब्याज} \times 100}{\text{मूलधन} \times \text{समय}}$

$$= \frac{50 \times 100}{1000 \times 1} = 5\%$$

8. मूलधन = $\frac{\text{ब्याज} \times 100}{\text{समय} \times \text{दर}}$

$$= \frac{81 \times 100 \times 2}{9 \times 6} = ₹ 300$$

अतः वह राशि ₹ 300 होगी।

9. ∵ 3 वर्ष का मिश्रधन = ₹ 2100 तथा
5 वर्ष का मिश्रधन = ₹ 2250
∴ 2 वर्ष का साधारण ब्याज = 5 वर्ष का मिश्रधन − 3 वर्ष का मिश्रधन
= 2250 − 2100 = ₹ 150

1 वर्ष का साधारण ब्याज = $\frac{150}{2}$
= ₹ 75

3 वर्ष का साधारण ब्याज = 75 × 3
= ₹ 225

मूलधन = 3 वर्ष का मिश्रधन − 3 वर्ष का ब्याज
= 2100 − 225 = ₹ 1875

दर = $\frac{\text{ब्याज} \times 100}{\text{मूलधन} \times \text{समय}} = \frac{225 \times 100}{1875 \times 3}$
= 4%.

10. 2 वर्ष का मिश्रधन = ₹ 1760
5 वर्ष का मिश्रधन = ₹ 2000
3 वर्ष का साधारण ब्याज = 5 वर्ष का मिश्रधन − 2 वर्ष का मिश्रधन
= 2000 − 1760 = ₹ 240

1 वर्ष का साधारण ब्याज = $\frac{240}{3}$
= ₹ 80

2 वर्ष का साधारण ब्याज = 80 × 2
= ₹ 160

मूलधन = 2 वर्ष का मिश्रधन − 2 वर्ष का ब्याज
= 1760 − 160 = ₹ 1600.

लाभ और हानि
(Profit and Loss)

कोई वस्तु जिस मूल्य पर खरीदी जाती है उसे उस वस्तु का लागत मूल्य या **क्रय मूल्य** कहते हैं तथा जिस मूल्य पर वस्तु बेची जाती है उसे उस वस्तु का **विक्रय मूल्य** कहते हैं।

नियम—
1. लाभ = विक्रय मूल्य – क्रय मूल्य
2. हानि = क्रय मूल्य – विक्रय मूल्य
3. लाभ प्रतिशत = $\dfrac{\text{लाभ} \times 100}{\text{क्रय मूल्य}}$
4. हानि प्रतिशत = $\dfrac{\text{हानि} \times 100}{\text{क्रय मूल्य}}$

नियम 1 और नियम 3 से—

प्रतिशत लाभ = $\dfrac{\text{लाभ} \times 100}{\text{क्रय मूल्य}}$

= $\dfrac{(\text{विक्रय मूल्य} - \text{क्रय मूल्य}) \times 100}{\text{क्रय मूल्य}}$

या $\dfrac{\%\text{ लाभ}}{100} = \dfrac{\text{विक्रय मूल्य}}{\text{क्रय मूल्य}} - 1$

∴ $\dfrac{\text{विक्रय मूल्य}}{\text{क्रय मूल्य}} = \left(1 + \dfrac{\%\text{ लाभ}}{\text{क्रय मूल्य}}\right)$

∴ विक्रय मूल्य = क्रय मूल्य $\left(1 + \dfrac{\%\text{ लाभ}}{\text{क्रय मूल्य}}\right)$

इसी प्रकार नियम 2 और नियम 4 से—

विक्रय मूल्य = क्रय मूल्य $\left(1 + \dfrac{\%\text{ हानि}}{\text{क्रय मूल्य}}\right)$

नोटः लाभ और हानि हमेशा क्रय मूल्य पर होते हैं।

उदाहरण

1. एक किताब का अंकित मूल्य ₹ 64 है। यदि उसे ₹ 48 में बेचा जाता है तो कितनी हानि होगी तथा प्रतिशत हानि भी ज्ञात करो?

   हलः किताब का क्रय मूल्य = ₹ 64
   तथा किताब का विक्रय मूल्य = ₹ 48
   ∴ हानि = क्रय मूल्य – विक्रय मूल्य
   = 64 – 48 = ₹ 16

   तथा प्रतिशत हानि = $\dfrac{\text{हानि} \times 100}{\text{क्रय मूल्य}}$

   = $\dfrac{16 \times 100}{64}$

   = 25%।

2. राम ने एक गाय ₹ 660 में खरीदी। यदि राम ने गाय को 15% लाभ पर बेच दिया तो गाय का विक्रय मूल्य बताये।

   हलः ∵ गाय का क्रय मूल्य = ₹ 660,
   लाभ = 15%
   ∴ गाय का विक्रय मूल्य
   = गाय का क्रय मूल्य $\left(1 + \dfrac{\%\text{ लाभ}}{100}\right)$
   = $660\left(1 + \dfrac{15}{100}\right) = \dfrac{660 \times 115}{100}$
   = ₹ 759।

वस्तुनिष्ठ प्रश्न

1. यदि किसी वस्तु को ₹ 21 में बेचने पर 12% का लाभ होता हो, तो उस वस्तु का क्रय मूल्य कितना होगा?
   A. ₹ 15.50   B. ₹ 20.15
   C. ₹ 18.75   D. ₹ 17.50

2. यदि किसी वस्तु को ₹ 2040 में बेचने पर 15% की हानि होती है तो उस वस्तु का क्रय मूल्य कितना होगा?
   A. ₹ 2300   B. ₹ 2400
   C. ₹ 2475   D. ₹ 2800

3. एक वस्तु का क्रय मूल्य ₹ 150 है। यदि इसे 13% लाभ पर बेचा जाए तो वस्तु का विक्रय मूल्य कितना होगा?
   A. ₹ 170.75   B. ₹ 169.50
   C. ₹ 160.50   D. ₹ 174.75

4. यदि 12 वस्तुओं का क्रय मूल्य 9 वस्तुओं के विक्रय मूल्य के बराबर हो, तो प्रतिशत लाभ होगा:
   A. $33\frac{1}{3}\%$ B. $23\frac{1}{7}\%$
   C. 20%   D. 25%

5. एक वस्तु को ₹ 38 में बेचने पर 5% की हानि होती है। यदि इसे ₹ 42 में बेचा जाए तो कितने प्रतिशत लाभ या हानि होगी?
   A. 6% लाभ   B. 5% लाभ
   C. 8% हानि   D. 4% हानि

6. एक ट्रांजिस्टर का क्रय मूल्य उसके विक्रय मूल्य से 5% कम है। यदि ट्रांजिस्टर का क्रय मूल्य ₹ 665 हो, तो विक्रय मूल्य कितना होगा?
   A. ₹ 660   B. ₹ 680
   C. ₹ 700   D. ₹ 710

7. यदि किसी वस्तु को 5% हानि पर बेचने पर ₹ 3990 मिले हों तो उस वस्तु का क्रय मूल्य कितना होगा?
   A. ₹ 4100   B. ₹ 4200
   C. ₹ 3890   D. ₹ 4400

8. एक मशीन 20% लाभ पर बेची गई। यदि इसे 25% लाभ पर बेची जाती तो उस पर ₹ 34 और अधिक प्राप्त होते। मशीन का क्रय मूल्य कितना होगा?
   A. ₹ 780   B. ₹ 880
   C. ₹ 650   D. ₹ 680

9. एक व्यक्ति ने एक मकान ₹ 4200 में खरीदा और ₹ 800 उसकी मरम्मत आदि पर खर्च किये। यदि वह उस मकान पर $12\frac{1}{2}\%$ का लाभ कमाना चाहे तो उसे मकान कितने रुपये में बेचना चाहिए?
   A. ₹ 5630   B. ₹ 5625
   C. ₹ 5680   D. ₹ 5675

10. एक गाय ₹ 240 में खरीद कर 5% के लाभ पर बेच दी गई तो गाय का विक्रय मूल्य कितना होगा?
    A. ₹ 240   B. ₹ 260
    C. ₹ 252   D. ₹ 280

उत्तरमाला

1	2	3	4	5	6	7	8	9	10
C	B	B	A	B	C	B	D	B	C

व्याख्यात्मक उत्तर

1. $100 + 12 =$ ₹ 112
   जब वस्तु का विक्रय मूल्य ₹ 112 है तो क्रय मूल्य ₹ 100 है
   जब वस्तु का विक्रय मूल्य ₹ 21 है तो क्रय मूल्य
   $= \dfrac{100}{112} \times 21 =$ ₹ 18.75
   अतः वस्तु का क्रय मूल्य = ₹ 18.75.

2. $100 - 15 =$ ₹ 85
   जब वस्तु का विक्रय मूल्य ₹ 85 है तो क्रय मूल्य ₹ 100 है
   जब वस्तु का विक्रय मूल्य 2040 है तो क्रय मूल्य
   $= \dfrac{100}{85} \times 2040$
   $= \dfrac{20}{17} \times 2040 = 20 \times 120$
   $=$ ₹ 2400
   अतः वस्तु का क्रय मूल्य = ₹ 2400.

3. क्रय मूल्य = ₹ 150
   लाभ % = 13%
   लाभ $= \dfrac{13}{100} \times 150 = \dfrac{39}{2} =$ ₹ 19.50
   विक्रय मूल्य $= 150 + 19.50 =$ ₹ 169.50.

4. माना कि 12 वस्तुओं का क्रय मूल्य = ₹ x
   प्रश्नानुसार,
   9 वस्तुओं का विक्रय मूल्य = ₹ x होगा
   ∴ 1 वस्तु का क्रय मूल्य = ₹ $\dfrac{x}{12}$
   तथा 1 वस्तु का विक्रय मूल्य = ₹ $\dfrac{x}{9}$
   लाभ = विक्रय मूल्य – क्रय मूल्य
   $= \dfrac{x}{9} - \dfrac{x}{12} = \dfrac{4x - 3x}{36} = \dfrac{x}{36}$
   प्रतिशत लाभ $= \dfrac{\text{लाभ}}{\text{क्रय मूल्य}} \times 100$
   $= \dfrac{\dfrac{x}{36}}{\dfrac{x}{12}} \times 100$
   $= \dfrac{x}{36} \times \dfrac{12}{x} \times 100$
   $= \dfrac{100}{3} = 33\dfrac{1}{3}\%$.

5. पहली स्थिति में, वस्तु का विक्रय मूल्य = ₹ 38
   ∴ वस्तु का क्रय मूल्य
   = विक्रय मूल्य $\left(\dfrac{100}{100 - \%\text{हानि}}\right)$
   $= 38\left(\dfrac{100}{100 - 5}\right) = 38 \times \dfrac{100}{95}$
   $= 2 \times 20 =$ ₹ 40
   दूसरी स्थिति में, क्रय मूल्य = ₹ 40
   विक्रय मूल्य = ₹ 42
   लाभ = $42 - 40 =$ ₹ 2
   % लाभ $= \dfrac{2}{40} \times 100 = 5\%$.

6. माना कि ट्रांजिस्टर का विक्रय मूल्य = ₹ x
   प्रश्नानुसार, ट्रांजिस्टर का क्रय मूल्य
   $= x - x$ का 5%
   $= x - \dfrac{x}{20} =$ ₹ $\dfrac{19x}{20}$

परन्तु ट्रांजिस्टर का क्रय मूल्य = ₹ 665
(दिया हुआ है)

$\therefore \dfrac{19x}{20} = 665$

$\Rightarrow x = \dfrac{20 \times 665}{19} = 700$

अतः ट्रांजिस्टर का विक्रय मूल्य = ₹ 700.

7. 100 − 5 = ₹ 95

जब विक्रय मूल्य ₹ 95 तब क्रय मूल्य ₹ 100 है

जब विक्रय मूल्य 3990 है तब क्रय मूल्य

$= \dfrac{100}{95} \times 3990 = ₹ 4200$.

8. माना कि मशीन का क्रय मूल्य = ₹ x

प्रथम स्थिति में, मशीन को 20% लाभ पर बेचने पर, मशीन का विक्रय मूल्य

$= x \times \dfrac{120}{100} = ₹ \dfrac{6x}{5}$

दूसरी स्थिति में, मशीन को 25% लाभ पर बेचने पर, मशीन का विक्रय मूल्य

$= x \times \dfrac{125}{100} = ₹ \dfrac{5x}{4}$

प्रश्नानुसार, दूसरी स्थिति में ₹ 34 और अधिक प्राप्त होते हैं।

$\dfrac{5x}{4} = \dfrac{6x}{5} + 34$

$\Rightarrow \dfrac{5x}{4} - \dfrac{6x}{5} = 34$

$\Rightarrow \dfrac{25x - 24x}{20} = 34$

$\Rightarrow x = 20 \times 34 = 680$

अतः मशीन का क्रय मूल्य = ₹ 680 होगा।

9. मकान का कुल खरीद मूल्य या क्रय मूल्य
= 4200 + 800 = ₹ 5000

तथा मकान पर $12\dfrac{1}{2}\%$ लाभ प्राप्त करने पर मकान का विक्रय मूल्य

= क्रय मूल्य $\left(\dfrac{100 + \% \text{ लाभ}}{100}\right)$

$= \dfrac{5000 \times 112\frac{1}{2}}{100}$

$= \dfrac{5000 \times 225}{2 \times 100} = ₹ 5625$

अतः विक्रय मूल्य = ₹ 5625.

10. 100 + 5 = 105

जब क्रय मूल्य ₹ 100 है तब विक्रय मूल्य ₹ 105 है

जब क्रय मूल्य ₹ 240 है तब विक्रय मूल्य

$= \dfrac{105}{100} \times 240 = ₹ 252$

अतः गाय का विक्रय मूल्य = ₹ 252 होगा।

प्रतिशत
(Percentage)

प्रतिशत का अर्थ प्रत्येक 100 के लिए होता है। 8 प्रतिशत का अर्थ यह है कि प्रत्येक 100 के लिए 8 है। इसे $\frac{8}{100}$ से प्रदर्शित करते हैं। वह भिन्न जिसका हर 100 होता है प्रतिशत कहलाती है तथा उसका अंश प्रतिशत की दर कहलाता है। इसे चिन्ह (%) द्वारा लिखा जाता है।

ध्यान देने योग्य कुछ नियमः

(i) 5% का अर्थ $\frac{5}{100}$ होता है। $\frac{5}{100}$ भिन्न के रूप में प्रदर्शित है तथा 5% प्रतिशत के रूप में।

(ii) 100% का अर्थ 1 होता है
$$\left[\because 100\% = \frac{100}{100} = 1\right]$$

(iii) किसी साधारण भिन्न को प्रतिशत भिन्न में बदलने के लिए उस भिन्न में 100% से गुणा कर देते हैं।

(iv) यदि किसी संख्या या राशि में $x\%$ की वृद्धि कर दी जाये तो उसे मूल स्थिति में प्राप्त करने के लिए उसमें $\left(\frac{x \times 100}{100 + x}\right)$ प्रतिशत की कमी करनी पड़ेगी।

(v) यदि किसी संख्या या राशि में $x\%$ की कमी कर दी जाये तो उसे मूल स्थिति में प्राप्त करने के लिए $\left(\frac{x \times 100}{100 - x}\right)$ प्रतिशत की वृद्धि करने पड़ेगी।

(vi) प्रतिशत की कोई विमा या इकाई नहीं होती है।

उदाहरण

1. 15% को साधारण भिन्न के रूप में लिखिए।

हलः 15% का $\frac{15}{100}$ अर्थ होता है।

$\therefore \frac{15}{100}$ साधारण भिन्न के रूप में है।

$\therefore$ 15% का साधारण भिन्न रूप
$$= \frac{15}{100} = \frac{3}{20}.$$

2. 25% का 20% + 18% का 50% कितने % होगा?

हलः $\because$ 25% का 20% $= \frac{25}{100} \times \frac{20}{100}$
$$= \frac{5}{100} = 5\%$$

तथा 18% का 50% $= \frac{18}{100} \times \frac{50}{100}$
$$= \frac{9}{100} = 9\%$$

$\therefore$ 25% का 20% + 18% का 50%
$= 5\% + 9\% = 14\%.$

3. यदि किसी संख्या का 30% का मान 12 है तो वह संख्या कितनी होगी?

हल: माना कि वह संख्या x है

∴ x का 30% = 12

∴ $\dfrac{x \times 30}{100} = 12$

∴ $x = \dfrac{12 \times 100}{30}$
= 40

अतः वह संख्या 40 होगी।

वस्तुनिष्ठ प्रश्न

1. $\dfrac{4}{5}$ भिन्न को प्रतिशत में बदलने पर मान होगा:
   A. 80%   B. 70%
   C. 60%   D. 40%

2. 36 का कितने % 24 के बराबर होगा?
   A. $16\dfrac{2}{3}\%$ B. $66\dfrac{2}{3}\%$
   C. $11\dfrac{1}{9}\%$ D. $31\dfrac{1}{9}\%$

3. 75 का $6\dfrac{2}{3}\%$ = ?
   A. 4   B. 5
   C. 3   D. 8

4. 10% का 10% कितने % होगा?
   A. 7   B. 6
   C. 1   D. 5

5. किसी शहर की जनसंख्या 50000 से बढ़कर 52000 हो जाती हो, तो कितने प्रतिशत की वृद्धि होगी?
   A. 3%   B. 6%
   C. 4%   D. 5%

6. मिट्टी के तेल का भाव 10% बढ़ जाने के कारण किसी गृहिणी को तेल की खपत कितने प्रतिशत कम कर देनी चाहिए ताकि उसका खर्च बिल्कुल न बढ़े?
   A. $11\dfrac{1}{9}\%$ B. $16\dfrac{2}{3}\%$
   C. 20%   D. $9\dfrac{1}{11}\%$

7. एक विद्यार्थी को पास होने के लिए 40% अंक चाहिएँ। यदि वह 220 अंक प्राप्त करता हो और 20 अंकों से फेल हो जाता हो तो बताइये परीक्षा के कुल अंक कितने होंगे?
   A. 540   B. 700
   C. 600   D. 800

8. मोहन अपने वेतन का 20% बच्चों की शिक्षा पर तथा 75% अन्य मदों पर खर्च करता है। यदि उसकी मासिक बचत ₹ 195 हो, तो बताइये उसका मासिक वेतन कितना होगा?
   A. ₹ 4100   B. ₹ 3800
   C. ₹ 3900   D. ₹ 4200

9. एक परीक्षा में 42% विद्यार्थी गणित में तथा 52% विद्यार्थी अंग्रेजी में फेल हुए। यदि 19% विद्यार्थी दोनों विषयों में फेल हुए हों तो दोनों विषयों में कितने प्रतिशत विद्यार्थी पास हुए?
   A. 25%   B. 20%
   C. 18%   D. 27%

10. यदि कोई दुकानदार अपने ग्राहक को दो क्रमिक छूट क्रमशः 20% तथा 25% देता हो तो बताइये दुकानदार ग्राहक को कुल कितने % छूट देता है?
    A. 40%   B. 28%
    C. 32%   D. 45%

उत्तरमाला

1	2	3	4	5	6	7	8	9	10
A	B	B	C	C	D	C	C	A	A

व्याख्यात्मक उत्तर

1. $\dfrac{4}{5} \times 100 = 4 \times 20 = 80\%.$

2. 36 का $x\% = 24$
   $\Rightarrow 36 \times \dfrac{x}{100} = 24$
   $\Rightarrow x = \dfrac{100 \times 24}{36} = \dfrac{100 \times 2}{3}$
   $= \dfrac{200}{3} = 66\dfrac{2}{3}\%.$

3. 75 का $\dfrac{20}{3}\%$
   $= 75 \times \dfrac{20}{3} \times \dfrac{1}{100} = 5.$

4. $\because$ 10% का 10%
   $= \dfrac{10}{100} \times \dfrac{10}{100} = \dfrac{1}{100} = 1\%$
   अतः 10% का 10%, 1% के बराबर होगा।

5. प्रश्नानुसार, शहर की प्रारम्भिक जनसंख्या
   $= 50000$
   तथा शहर की वर्तमान जनसंख्या
   $= 52000$
   $\therefore$ जनसंख्या में वृद्धि
   $= 52000 - 50000 = 2000$
   $\therefore$ प्रतिशत वृद्धि $= \dfrac{2000}{50000} \times 100$
   $= 4\%.$

6. **प्रथम स्थिति में:** तेल का भाव
   $= ₹ 100$ प्रति किलोग्राम
   तथा तेल की खपत = 100 किलोग्राम (माना)
   $\therefore$ गृहिणी का खर्च $= 100 \times 100$
   $= ₹ 10000$
   द्वितीय स्थिति में: तेल का भाव
   $= ₹ 110$ प्रति किलोग्राम
   तथा तेल की खपत $= x$ किलोग्राम
   $\therefore$ गृहिणी का खर्च $= 110 \times x$
   $= ₹ 110\, x$
   प्रश्नानुसार, खर्च न बढ़ने की स्थिति में,
   $110x = 10000$
   $x = \dfrac{10000}{110} = 90\dfrac{10}{11}$
   अतः द्वितीय स्थिति में तेल की खपत
   $90\dfrac{10}{11}$ किलोग्राम होनी चाहिए।
   $\therefore$ खपत में कमी $= 100 - 90\dfrac{10}{11}$
   $= 9\dfrac{1}{11}$
   अतः खपत में प्रतिशत कमी
   $= \dfrac{9\dfrac{1}{11}}{100} \times 100 = 9\dfrac{1}{11}\%.$

7. माना कि परीक्षा के कुल अंक $= x$
   प्रश्नानुसार,
   विद्यार्थी 220 अंक प्राप्त करता है और 20 अंकों से फेल हो जाता है।

∴ विद्यार्थी को पास होने के लिए आवश्यक अंक = 220 + 20 = 240 होने चाहिएँ।

∴ x का 40% = 240

$\Rightarrow x \times \dfrac{40}{100} = 240$

$\Rightarrow x = \dfrac{100 \times 240}{40}$

$= 100 \times 6 = 600$

अतः परीक्षा के कुल अंक = 600 होंगे।

8. चूँकि मोहन का भिन्न-भिन्न मदों पर मासिक खर्च

$= 20\% + 75\% = 95\%$

मोहन की मासिक बचत

$= 100 - 95 = 5\%$

माना कि मासिक वेतन ₹ x है।

प्रश्नानुसार,

x का 5% = 195

$\Rightarrow x \times \dfrac{5}{100} = 195$

$x = \dfrac{100 \times 195}{5}$

$= 100 \times 39 = 3900$

अतः मोहन का मासिक वेतन ₹ 3900 होगा।

9. ∵ गणित में फेल हुए विद्यार्थी = 42%

अंग्रेजी में फेल हुए विद्यार्थी = 52%

तथा दोनों विषयों में फेल हुए विद्यार्थी = 19%

∴ केवल गणित में फेल हुए विद्यार्थी = 42% – 19% = 23%

तथा केवल अंग्रेजी में फेल हुए विद्यार्थी = 52% – 19% = 33%

∴ कुल फेल हुए विद्यार्थी = 23% + 33% + 19% = 75%

अतः दोनों विषयों में पास हुए विद्यार्थी = 100% – 75% = 25%.

10. माना कि वस्तु का सूची मूल्य = ₹ 100

पहली छूट पर, वस्तु का विक्रय मूल्य

$= 100 - \dfrac{20}{100} \times 100 =$ ₹ 80

दूसरी छूट पर, वस्तु का विक्रय मूल्य

$= 80 - \dfrac{25}{100} \times 80$

$= 80 - 20 =$ ₹ 60

अतः स्पष्ट है कि दुकानदार ग्राहक को (100 – 60)% = 40% की छूट देता है।

चाल, समय और दूरी
(Speed, Time and Distance)

1. औसत चाल = $\dfrac{\text{तय की गई दूरी}}{\text{लिया गया समय}}$
2. तय की गई दूरी = औसत चाल × लिया गया समय
3. लिया गया समय = $\dfrac{\text{तय की गई दूरी}}{\text{औसत चाल}}$
4. एक किलो मीटर/घंटा = $\dfrac{5}{18}$ × मी./सेकण्ड

या एक मीटर/सेकण्ड

= $\dfrac{18}{5}$ × कि.मी./घंटा

वस्तुनिष्ठ प्रश्न

1. एक मोटर साइकिल की चाल 36 किमी./घंटा है। इसकी चाल मी./सेकण्ड में कितनी होगी?
   A. 10 B. 12
   C. 14 D. 18

2. 400 मीटर लम्बी एक रेलगाड़ी 72 किमी./घंटा की गति से चल रही है। 100 मीटर लम्बे एक प्लेटफार्म को पार करने में कितना समय लगेगा?
   A. 22 सेकण्ड B. 25 सेकण्ड
   C. 23 सेकण्ड D. 24 सेकण्ड

3. एक 100 मीटर लम्बी रेलगाड़ी 65 किमी./घंटा की चाल से चल रही है। गाड़ी विपरीत दिशा में 5 किमी./घंटा की चाल से आते हुए एक आदमी को पार करने में कितना समय लेगी?
   A. $5\frac{1}{7}$ सेकण्ड B. $6\frac{2}{3}$ सेकण्ड
   C. $4\frac{1}{7}$ सेकण्ड D. $3\frac{1}{7}$ सेकण्ड

4. एक रेलगाड़ी, जो 90 किमी./घंटा की गति से चली जा रही है। एक खम्भे को पार करने में 10 सेकण्ड का समय लेती है। रेलगाड़ी की लम्बाई (मीटर में) कितनी होगी?
   A. 250 B. 240
   C. 280 D. 270

5. A एक स्थान से कार द्वारा 60 किमी./घंटा की चाल से चलता है। B एक घंटे बाद उसी स्थान से उसी दिशा में 80 किमी./घंटे की चाल से चलता है। बताइये B, A को कितने समय पश्चात् पकड़ लेगा?
   A. $2\frac{1}{2}$ घंटे B. 2 घंटे
   C. 3 घंटे D. $3\frac{1}{2}$ घंटे

6. एक रेलगाड़ी जिसकी चाल 54 कि.मी/घंटा है, प्लेटफार्म पर खड़े एक व्यक्ति को 9 सेकण्ड में पार कर लेती है। रेलगाड़ी की लम्बाई (मीटर) में क्या होगी?

A. 140 B. 135
C. 145 D. 120

7. एक रेलगाड़ी 130 किमी./घंटा की चाल से चल रही है। यदि रेलगाड़ी की लम्बाई 110 मी. हो, तो 165 मी. लम्बे प्लेटफार्म को कितने समय में पार कर लेगी?

A. $8\frac{9}{13}$ सेकण्ड B. $7\frac{9}{13}$ सेकण्ड
C. $7\frac{8}{13}$ सेकण्ड D. $8\frac{3}{13}$ सेकण्ड

8. कंचन अपने मकान से 4 किमी./घंटा की चाल से चलकर अपने स्कूल 5 मिनट देर से पहुँचती है। यदि वह 5 किमी./घंटा की चाल से चलती है तो स्कूल $2\frac{1}{2}$ मिनट पहले पहुँच जाती है। बताइये घर से स्कूल की दूरी कितनी होगी?

A. 3.5 किमी. B. 2.5 किमी.
C. 2.75 किमी. D. 3.2 किमी.

9. दो रेलगाड़ियाँ एक-दूसरे की ओर क्रमशः 40 किमी. प्रतिघंटा तथा 30 किमी. प्रतिघंटा की चाल से समान्तर पटरियों पर चल रहीं हैं। यदि दोनों गाड़ियों की बीच की दूरी 35 किमी. हो, तो वे कब मिलेंगी?

A. 18 मि. बाद B. 30 मि. बाद
C. 27 मि. बाद D. 35 मि. बाद

10. दो बिन्दुओं A से B तक के बीच की दूरी 150 किमी. है। यदि कोई व्यक्ति A से B तक जाने में 3 घंटे 20 मिनट तथा B से A तक वापस आने में 4 घंटे 10 मिनट का समय लेता हो, तो उसकी सम्पूर्ण यात्रा में औसत चाल, A से B तक की यात्रा की औसत चाल से कितनी कम होगी?

A. 5 किमी./घंटा B. 7.5 किमी./घंटा
C. 9 किमी./घंटा D. 3 किमी./घंटा

उत्तरमाला

1	2	3	4	5	6	7	8	9	10
A	B	A	A	C	B	C	B	B	A

व्याख्यात्मक उत्तर

1. मोटरसाइकिल की चाल = 36 किमी./घंटा

$\therefore$ मोटर साइकिल की चाल $= 36 \times \frac{5}{18}$

= 10 मी./से.

[$\because$ 1 किमी./घंटा = $\frac{5}{18}$ मी./से.]

2. चूँकि रेलगाड़ी प्लेटफार्म को पार करती है।

$\therefore$ प्लेटफार्म को पार करने में लगा समय

$$= \frac{\text{रेलगाड़ी की लम्बाई + प्लेटफार्म की लम्बाई}}{\text{रेलगाड़ी की चाल}}$$

$$= \frac{(400+100) \text{ मी.}}{72 \text{ किमी./घंटा}}$$

$$= \frac{500}{72\times\frac{5}{18}} = \frac{500}{20} = 25 \text{ सेकण्ड}$$

3. चूँकि आदमी रेलगाड़ी की विपरीत दिशा में चल रहा है।

$\therefore$ सापेक्ष चाल

= रेलगाड़ी की चाल + आदमी की चाल

= 65 + 5 = 70 किमी./घंटा

रेलगाड़ी की लम्बाई = 100 मी.

70 किमी./घंटा = $70 \times \frac{5}{18}$ मी./से.

$\therefore$ पार करने में लगा समय

$$= \frac{100 \times 18}{70 \times 5} = \frac{36}{7} = 5\frac{1}{7} \text{ सेकण्ड}$$

4. चूँकि रेलगाड़ी सिर्फ खम्भे को पार करती है।

$\therefore$ खम्भे को पार करने में लगा समय

$$= \frac{\text{रेलगाड़ी की लम्बाई}}{\text{रेलगाड़ी की चाल}}$$

$$\Rightarrow 10 = \frac{\text{रेलगाड़ी की लम्बाई}}{90 \times \frac{5}{18}}$$

$\therefore$ रेलगाड़ी की लम्बाई = 10 × 25

= 250 मीटर।

5. माना कि B, A को t घंटे बाद पकड़ लेगा।

A के द्वारा 60 किमी./घंटा की चाल से $(t + 1)$ घंटे में तय की गई दूरी

$60 \times (t + 1)$ किमी. ...(*i*)

तथा B के द्वारा 60 किमी./घंटा की चाल से t घंटे में तय की गई दूरी

= $80t$ किमी. ...(*ii*)

परन्तु समीकरण (*i*) तथा (*ii*) में तय की गई दूरी समान है

$\therefore 60 \times (t + 1) = 80t$

$\Rightarrow 80t - 60t = 60$

$\Rightarrow 20t = 60 \Rightarrow t = 3$ घंटे

अतः B, A को 3 घंटे के बाद पकड़ लेगा।

6. चूँकि रेलगाड़ी सिर्फ व्यक्ति को पार करती है।

अतः दिये गये समय में अपनी लम्बाई के बराबर ही दूरी तय करेगी।

$\because$ रेलगाड़ी की चाल = 54 किमी./घंटा

= $54 \times \frac{5}{18}$ मी./से.

$\therefore$ रेलगाड़ी की लम्बाई = चाल × समय

= 15 × 9 = 135 मी.

7. चूँकि रेलगाड़ी अपनी लम्बाई के साथ-साथ प्लेटफार्म की लम्बाई की दूरी को भी तय करेगी।

$\therefore$ रेलगाड़ी द्वारा तय की गई दूरी

= 110 + 165 = 275 मी.

तथा रेलगाड़ी की चाल = 130 किमी./ घंटा

$$= 130 \times \frac{5}{18} = \frac{325}{9} \text{ मी./से.}$$

$\therefore$ प्लेटफार्म को पार करने में लिया गया

$$\text{समय} = \frac{275}{\frac{325}{9}} = \frac{275 \times 9}{325} = \frac{99}{13}$$

$$= 7\frac{8}{13} \text{ से.।}$$

8. माना कि घर से स्कूल की दूरी x किमी. है। 4 किमी./घंटा की चाल से x किमी. की दूरी तय करने में लगा समय = $\frac{x}{4}$ घंटा।

परन्तु कंचन अपने स्कूल 5 मिनट देर से पहुँचती है

$\therefore$ पहुँचने का वास्तविक समय

$$= \frac{x}{4} \text{ घंटा} - 5 \text{ मिनट}$$

$$= \left(\frac{x}{4} - \frac{1}{12}\right) \text{ घंटा}$$

तथा 5 किमी./घंटा की चाल से x किमी. की दूरी तय करने में लगा समय = $\dfrac{x}{5}$ घंटा

परन्तु कंचन अपने स्कूल $2\dfrac{1}{2}$ मिनट जल्दी पहुँचती है

∴ पहुँचने का वास्तविक समय

$= \dfrac{x}{5}$ घंटा $+ \dfrac{5}{2}$ मिनट

$= \left(\dfrac{x}{5} + \dfrac{1}{24}\right)$ घंटा

∴ $\dfrac{x}{4} - \dfrac{1}{12} = \dfrac{x}{5} + \dfrac{1}{24}$

$\Rightarrow \dfrac{x}{4} - \dfrac{x}{5} = \dfrac{1}{24} + \dfrac{1}{12}$

$\Rightarrow \dfrac{5x - 4x}{20} = \dfrac{1+2}{24} = \dfrac{3}{24} = \dfrac{1}{8}$

$\Rightarrow \dfrac{x}{20} = \dfrac{1}{8} \Rightarrow 8x = 20$

$\Rightarrow x = \dfrac{20}{8} = \dfrac{5}{2} = 2.5$

अतः घर से स्कूल की दूरी 2.5 किमी. होगी।

9. चूँकि दोनों रेलगाड़ियाँ एक दूसरे की ओर चलती हैं।

∴ सापेक्ष गति = 40 + 30
   = 70 किमी/घंटा

तथा बीच की दूरी = 35 किमी.

∴ मिलने का समय = $\dfrac{35}{70} = \dfrac{1}{2}$ घंटा
   = 30 मिनट बाद

10. A से B तक जाने में, चली गई दूरी
    = 150 किमी.

तथा समय = 3 घंटे 20 मिनट

$= 3\dfrac{1}{3} = \dfrac{10}{3}$ घंटे

व्यक्ति की औसत चाल = $\dfrac{150}{\dfrac{10}{3}}$

$= \dfrac{150 \times 3}{10} = 45$ किमी./घंटा

B से A तक आने में, चली गई दूरी
= 150 किमी.

तथा समय = 4 घंटे 10 मिनट

$= 4\dfrac{1}{6} = \dfrac{25}{6}$ घंटा

व्यक्ति की औसत चाल = $\dfrac{150}{\dfrac{25}{6}}$

$= \dfrac{150 \times 6}{25} = 36$ किमी./घंटा

चूँकि आने और जाने में तय की गई दूरी समान है

∴ सम्पूर्ण यात्रा में औसत चाल

$= \dfrac{2 \times 45 \times 36}{45 + 36} = \dfrac{90 \times 36}{81}$

= 40 किमी./घंटा

अतः स्पष्ट है कि सम्पूर्ण यात्रा में औसत चाल, A से B तक की औसत चाल से (45 – 40) = 5 किमी./घंटा कम है।

समय, कार्य और मजदूरी
(Time, Work and Wages)

किसी कार्य को पूरा करने के लिए व्यक्तियों द्वारा लिए गये समय की अवधि भिन्न-भिन्न होती है। इस प्रकार के प्रश्नों में उनका एक-एक दिन का काम निकाल लेते हैं तथा फिर यह मालूम करते हैं कि वे सब मिलकर एक दिन में कितना काम करते हैं। उनकी मजदूरी उनके द्वारा किये गये कार्य के अनुपात में विभाजित की जाती है।

ऐसे प्रश्नों में निम्नलिखित बातों को ध्यान में रखना चाहिए:

1. यदि कोई आदमी किसी काम को 4 दिन में करता है, तो एक दिन में वह उस काम का $\frac{1}{4}$ भाग ही करेगा।

2. समय और कार्य के प्रश्नों में यह मानना चाहिये कि व्यक्ति एक समान दर से कार्य कर रहा है, जब तक कि इसके लिए अलग से कोई उल्लेख न हो।

3. यदि A, B से दुगुनी गति से काम करता है, तो A, B से आधे समय में काम को पूरा कर सकता है।

4. किसी कार्य को पूरा करने के लिए व्यक्तियों की संख्या जिस अनुपात में बढ़ती है, उनके द्वारा लिया जाने वाला समय भी उसी अनुपात में घटता है।

5. मजदूरी ज्ञात करते समय यह ध्यान रखना चाहिये कि मजदूर द्वारा किये गये कार्य के अनुपात में ही मजदूरी का बाँटवारा हो।

वस्तुनिष्ठ प्रश्न

1. 24 आदमी एक मशीन को 12 दिन में तैयार करते हैं तो 36 आदमी ऐसी ही मशीन को कितने दिन में तैयार करेंगे?
   A. 10 दिन   B. 4 दिन
   C. 12 दिन   D. 8 दिन

2. A, B और C मिलकर कोई काम करके ₹ 380 कमाते हैं। यदि उनके कामों में 4 : 7 : 8 का अनुपात हो, तो वे अपनी मजदूरी को क्रमशः बाँटेंगे:
   A. ₹ 80, 140, 160
   B. ₹ 100, 120, 160
   C. ₹ 80, 160, 140
   D. ₹ 140, 80, 160

3. A, B और C किसी काम को क्रमशः 4, 6 तथा 8 दिन में पूरा कर सकते हैं। यदि उस काम की मजदूरी ₹ 390 हो, तो B की मजदूरी में हिस्सा ज्ञात कीजिए?
   A. ₹ 110   B. ₹ 130
   C. ₹ 120   D. ₹ 125

4. A एक काम को 6 दिन में तथा B उसी काम को 10 दिन में पूरा करता है। A और B दोनों मिलकर उस काम को कितने दिनों में पूरा कर सकते हैं?

A. $2\frac{3}{4}$ दिन   B. $3\frac{3}{4}$ दिन
C. $3\frac{1}{4}$ दिन   D. $2\frac{1}{4}$ दिन

5. एक काम को 6 आदमी और 5 औरतें मिलकर 6 दिन में तथा उसी काम को 3 आदमी और 4 औरतें मिलकर 10 दिन में पूरा करते हैं। 9 आदमी और 15 औरतें मिलकर उस काम को कितने दिनों में पूरा करेंगे।
   A. 4 दिन   B. 3 दिन
   C. 2 दिन   D. 7 दिन

6. एक हौज को एक नल 4 घंटे में तथा दूसरा नल उसी हौज को 5 घंटे में भरता है। यदि दोनों नल एक साथ खोल दिये जाएँ तो हौज कितने घंटे में भर जाएगा?
   A. $3\frac{2}{9}$ घंटे   B. $2\frac{2}{9}$ घंटे
   C. $2\frac{1}{9}$ घंटे   D. $3\frac{5}{9}$ घंटे

7. A, B तथा C मिलकर ₹ 480 कमाते हैं। यदि उनके कामों का अनुपात 2 : 3 : 5 हो, तो बताइये B को अपने हिस्से का कितना धन प्राप्त होगा?
   A. ₹ 145   B. ₹ 144
   C. ₹ 160   D. ₹ 170

8. एक काम को 2 आदमी और 3 बच्चे मिलकर 6 दिन में कर सकते हैं। उसी काम को 4 आदमी और 3 बच्चे मिलकर 4 दिन में कर सकते हैं। बताइये 8 आदमी और 3 बच्चे मिलकर उस काम को कितने दिनों में पूरा कर सकते हैं?
   A. $2\frac{2}{5}$ दिन   B. $1\frac{1}{5}$ दिन
   C. $3\frac{1}{5}$ दिन   D. $3\frac{2}{5}$ दिन

9. जिस काम को 12 आदमी 80 दिनों में कर सकते हों तो उसी काम को 16 आदमी कितने दिनों में करेंगे?
   A. 30   B. 60
   C. 45   D. 15

10. 12 आदमी एक काम को 8 दिन में कर सकते हैं। काम शुरू करने के 3 दिन बाद 3 आदमी और काम में सम्मिलित हो गये। शेष काम को पूरा होने में कितने दिन लगेंगे?
    A. 2   B. 5
    C. 3   D. 4

उत्तरमाला

1	2	3	4	5	6	7	8	9	10
D	A	C	B	B	B	B	A	B	D

व्याख्यात्मक उत्तर

1. ∵ 24 आदमी किसी मशीन को 12 दिन में तैयार करते हैं
   ∴ 1 आदमी उस मशीन को 24 × 12 दिनों में तैयार करेगा

   ∴ 36 आदमी उस मशीन को $\frac{24 \times 12}{36}$
   = 8 दिनों में तैयार करेंगे।

2. कुल मजदूरी = ₹ 380

A : B : C = 4 : 7 : 8

A का हिस्सा = $\frac{4}{19} \times 380$
= ₹ 4 × 20 = ₹ 80

B का हिस्सा = $\frac{7}{19} \times 380$
= ₹ 7 × 20 = ₹ 140

C का हिस्सा = $\frac{8}{19} \times 380$
= ₹ 8 × 20 = ₹ 160.

3. ∵ A का 1 दिन का काम = $\frac{1}{4}$

B का 1 दिन का काम = $\frac{1}{6}$

C का 1 दिन का काम = $\frac{1}{8}$

∴ A, B तथा C के कामों का अनुपात
= $\frac{1}{4} : \frac{1}{6} : \frac{1}{8} = 6 : 4 : 3$

अनुपाती संख्याओं का योग
= 6 + 4 + 3 = 13

B का हिस्सा = $\frac{4}{13} \times$ ₹ 390
= ₹ 4 × 30 = ₹ 120.

4. A का 1 दिन का काम = $\frac{1}{6}$

B का 1 दिन का काम = $\frac{1}{10}$

(A + B) का 1 दिन का काम = $\frac{1}{6} + \frac{1}{10}$

= $\frac{5+3}{30} = \frac{8}{30} = \frac{4}{15}$

अतः दोनों मिलकर $\frac{15}{4}$ दिन = $3\frac{3}{4}$ दिनों में करेंगे।

5. ∵ (6 आदमी + 5 औरतों) का 1 दिन का काम = $\frac{1}{6}$ ...(i)

तथा (3 आदमी + 4 औरतों) का 1 दिन का काम = $\frac{1}{10}$

∴ (6 आदमी + 8 औरतों) का 1 दिन का काम = $\frac{1}{10} \times 2 = \frac{1}{5}$ ...(ii)

समीकरण (i) तथा (ii) से,

3 औरतों का 1 दिन का काम = $\frac{1}{5} - \frac{1}{6}$

= $\frac{6-5}{30} = \frac{1}{30}$

∴ 15 औरतों का 1 दिन का काम

= $\frac{1}{30} \times \frac{15}{3} = \frac{1}{6}$

4 औरतों का 1 दिन का काम

= $\frac{1}{30} \times \frac{4}{3} = \frac{2}{45}$

3 आदमियों का 1 दिन का काम

= $\frac{1}{10} - \frac{2}{45} = \frac{9-4}{90} = \frac{5}{90} = \frac{1}{18}$

9 आदमियों का 1 दिन का काम

= $\frac{1}{18} \times \frac{9}{3} = \frac{1}{6}$

∴ (9 आदमी + 15 औरतें) का 1 दिन का काम = $\frac{1}{6} + \frac{1}{6} = \frac{2}{6} = \frac{1}{3}$

अतः (9 आदमी + 15 औरतें) मिलकर उस काम को 3 दिनों में पूरा कर लेंगी।

6. पहले नल द्वारा 1 घंटे में हौज का भरा भाग = $\frac{1}{4}$

तथा दूसरे नल द्वारा 1 घंटे में हौज का भरा भाग = $\frac{1}{5}$

दोनों नल द्वारा 1 घंटे में हौज का भरा भाग = $\frac{1}{4} + \frac{1}{5} = \frac{5+4}{20} = \frac{9}{20}$

अतः दोनों नल $\frac{20}{9}$ घंटे = $2\frac{2}{9}$ घंटे में हौज को पूरा भर देंगे।

7. A, B, C की कुल मजदूरी = ₹ 480
कामों का अनुपात = 2 : 3 : 5

अतः B का हिस्सा = $\frac{3}{10}$ × ₹ 480
= ₹ 144

8. ∵ (2 आदमी + 3 बच्चे) का 1 दिन का काम = $\frac{1}{6}$

तथा (4 आदमी + 3 बच्चे) का 1 दिन का काम = $\frac{1}{4}$

2 आदमी का 1 दिन का काम = $\frac{1}{4} - \frac{1}{6}$

= $\frac{3-2}{12} = \frac{1}{12}$

8 आदमी का 1 दिन का काम

= $\frac{1}{12} \times \frac{8}{2} = \frac{1}{3}$

3 बच्चे का 1 दिन का काम

= $\frac{1}{6} - \frac{1}{12} = \frac{2-1}{12} = \frac{1}{12}$

(8 आदमी + 3 बच्चे) का 1 दिन का काम = $\frac{1}{3} + \frac{1}{12} = \frac{4+1}{12} = \frac{5}{12}$

अतः 8 आदमी तथा 3 बच्चे मिलकर उस काम को $\frac{12}{5}$ = $2\frac{2}{5}$ दिनों में पूरा करेंगे।

9. ∵ 12 आदमी किसी काम को 80 दिनों में पूरा करते हैं

∴ 1 आदमी उसी काम को 12 × 80 दिनों में पूरा करेगा

∴ 16 आदमी उसी काम को $\frac{12 \times 80}{16}$

= 60 दिनों में पूरा करेंगे।

10. चूँकि 3 दिन काम होने के बाद 3 आदमी बढ़ गये।
8 दिन – 3 दिन = 5 दिन
आदमियों की संख्या = 12 + 3
= 15 आदमी

∵ 12 आदमी शेष काम को 5 दिनों में पूरा कर सकते हैं

∴ 1 आदमी उस काम को 12 × 5 दिनों में पूरा करेगा

∴ 15 आदमी उस काम को $\frac{12 \times 5}{15}$

= 4 दिनों में पूरा करेंगे।

महत्तम समापवर्तक तथा लघुत्तम समापवर्त्य
(H.C.F. and L.C.M.)

महत्तम समापवर्तक

किन्हीं दो या दो से अधिक दी हुई संख्याओं का महत्तम समापवर्तक (म.स.प.) वह बड़ी-से-बड़ी संख्या है जो प्रत्येक दी हुई संख्याओं को पूरा-पूरा विभाजित कर दे।

महत्तम समापवर्तक ज्ञात करने की दो विधियाँ हैं:
(*i*) अभाज्य गुणनखण्ड विधि द्वारा, तथा
(*ii*) भाग विधि द्वारा।

लघुत्तम समापवर्त्य

किन्हीं दो या दो से अधिक दी हुई संख्याओं का लघुत्तम समापवर्त्य (ल.स.व.) वह छोटी-से-छोटी संख्या है जो प्रत्येक दी हुई संख्याओं से पूरी-पूरी विभाजित हो जाए।

लघुत्तम समापवर्तक ज्ञात करने की दो विधियाँ हैं:
(*i*) अभाज्य गुणनखण्ड विधि द्वारा, तथा
(*ii*) भाग विधि द्वारा।

वस्तुनिष्ठ प्रश्न

1. यदि $3 : 8 = 9 : x$, तो x का मान कितना होगा?
   A. 20 B. 27
   C. 24 D. 25

2. यदि $A : B = 3 : 4$ तथा $B : C = 5 : 6$, तो $A : B : C$ में क्या अनुपात होगा?
   A. 20 : 15 : 24   B. 15 : 20 : 24
   C. 15 : 24 : 20   D. 20 : 24 : 15

3. निम्नलिखित में से कौन-सा अनुपात सबसे छोटा है?
   A. 2 : 5   B. 3 : 8
   C. 5 : 6   D. 4 : 7

4. यदि $18 : x = x : 8$ हो, तो x किसके बराबर होगा?
   A. 11   B. 10
   C. 16   D. 12

5. $8 : 12 :: 10 : ?$ है तो प्रश्नचिह्न (?) के स्थान पर क्या मान होगा?
   A. 14   B. 15
   C. 16   D. 18

6. यदि $x : y = 2 : 3$ तथा $2 : x = 1 : 2$ हो, तो y का मान कितना होगा?
   A. 6   B. 8
   C. 10   D. 12

7. निम्न में से कौन-सा अनुपात सबसे बड़ा है?
   A. 3 : 5   B. 5 : 7
   C. 3 : 4   D. 2 : 3

8. निम्न में से कौन-सा अनुपात सबसे छोटा होगा?
   A. 1 : 10
   B. 1 : 100
   C. 9 : 1000
   D. 500 : 10,000

9. यदि $x : y = y : z$ हो, तो x का मान कितना होगा?

A. $\dfrac{y^2}{z}$ B. $\dfrac{z}{y^2}$

C. yz D. $\dfrac{z^2}{y}$

10. यदि $x : y = 3 : 2$ हो, तो $(x + y) : (x - y) = ?$

A. 1 : 5
B. 2 : 5
C. 5 : 1
D. 3 : 5

उत्तरमाला

1	2	3	4	5	6	7	8	9	10
C	B	B	D	B	A	C	C	A	C

व्याख्यात्मक उत्तर

1. $\because$ $3 : 8 = 9 : x$

   $\Rightarrow \dfrac{3}{8} = \dfrac{9}{x}$

   $\Rightarrow x = \dfrac{8 \times 9}{3} = 24$

   अतः x का मान = 24 होगा।

2. $\because$ दिया हुआ है : $A : B = 3 : 4$ तथा $B : C = 5 : 6$

   दोनों अनुपातों में B को बराबर करने के लिए पहले अनुपात को 5 से तथा दूसरे अनुपात को 4 से गुणा करने पर,

   $\therefore$ $A : B = 3 : 4$
   $= 3 \times 5 : 4 \times 5$
   $= 15 : 20$

   तथा $B : C = 5 : 6$
   $= 5 \times 4 : 6 \times 4$
   $= 20 : 24$

   $\therefore A : B : C = 15 : 20 : 24$.

3. चूंकि दिये गये विकल्पों में अनुपात $2 : 5, 3 : 8, 5 : 6$ तथा $4 : 7$

   $\therefore$ $2 : 5 = \dfrac{2}{5}$, $3 : 8 = \dfrac{3}{8}$,

   $5 : 6 = \dfrac{5}{6}$

   तथा $4 : 7 = \dfrac{4}{7}$

   $\therefore$ भिन्नों के हरों का ल०स०व० अर्थात् 5, 8, 6 तथा 7 का ल०स०व० = 840

   $\therefore$ $\dfrac{2}{5} \times 840 = 336,$

   $\dfrac{3}{8} \times 840 = 315,$

   $\dfrac{5}{6} \times 840 = 700$

   तथा $\dfrac{4}{7} \times 840 = 480$

   अतः स्पष्ट है कि 336, 315, 700 तथा 480 में सबसे छोटा 315 है।

   $\therefore$ $\dfrac{3}{8}$ अर्थात् $3 : 8$ सबसे छोटा अनुपात होगा।

4. $\because$ $18 : x = x : 8 \Rightarrow \dfrac{18}{x} = \dfrac{x}{8}$

   $\Rightarrow x \times x = 18 \times 8 \Rightarrow x^2 = 144$

$\Rightarrow x = \sqrt{144} = 12$

अतः x, 12 के बराबर होगा।

5. चूंकि समानुपात में दोनों बाहरी संख्याओं का गुणनफल, मध्य की दोनों संख्याओं के गुणनफल के बराबर होता है।

   $\because 8 : 12 :: 10 : ?$
   $\therefore 8 \times ? = 12 \times 10$
   $\Rightarrow ? = \dfrac{12 \times 10}{8} = 15$

   अतः प्रश्नचिह्न (?) के स्थान पर मान = 15 होगा।

6. $\because x : y = 2 : 3 \Rightarrow \dfrac{x}{y} = \dfrac{2}{3}$

   $\Rightarrow y = \dfrac{x \times 3}{2}$ ...(I)

   तथा $2 : x = 1 : 2 \dfrac{2}{x} = \dfrac{1}{2}$

   $\Rightarrow x = 2 \times 2$ ...(II)

   x का मान समीकरण (I) में रखने पर,

   $y = \dfrac{2 \times 2 \times 3}{2} = 6$ अतः y का मान = 6 होगा।

7. $\because$ दिये गये विकल्पों में अनुपात

   $3 : 5 = \dfrac{3}{5},\ 5 : 7 = \dfrac{5}{7}$

   $3 : 4 = \dfrac{3}{4}$ तथा $2 : 3 = \dfrac{2}{3}$

   $\therefore$ भिन्नों के हरों का ल०स०व० अर्थात् 5, 7, 4 तथा 3 का ल०स०व० = 420

   $\therefore \dfrac{3}{5} \times 420 = 252,$

   $\dfrac{5}{7} \times 420 = 300,$

   $\dfrac{3}{4} \times 420 = 315$ तथा

   $\dfrac{2}{3} \times 420 = 280$

   अतः स्पष्ट है कि 252, 300, 315 तथा 280 में सबसे बड़ा 315 है। $\therefore \dfrac{3}{4}$ अर्थात् 3 : 4 सबसे बड़ा अनुपात है।

8. $\because 1 : 10 \Rightarrow 45 : 450,\ 1 : 100$
   $\Rightarrow 45 : 4500$
   $9 : 1000 \Rightarrow 405 : 45000$ तथा
   $500 : 10000 \Rightarrow 225 : 4500$

   अतः स्पष्ट है कि तीसरे अनुपात अर्थात् उस भिन्न के हर का मान सबसे अधिक है।

   $\therefore$ यही भिन्न अर्थात् अनुपात सबसे छोटा होगा। अतः सबसे छोटा अनुपात 9 : 1000 होगा।

9. $\because\ \ x : y = y : z \Rightarrow \dfrac{x}{y} = \dfrac{y}{z}$

   $\Rightarrow y \times y = x \times z \Rightarrow x = \dfrac{y^2}{z}$

   अतः x का मान = $\dfrac{y^2}{z}$ होगा।

10. $\because\ \ \ x : y = 3 : 2 \Rightarrow \dfrac{x}{y} = \dfrac{3}{2}$

    $\Rightarrow\ \ \dfrac{x+y}{x-y} = \dfrac{3+2}{3-2} = \dfrac{5}{1}$

    $\therefore\ \ (x+y) : (x-y) = 5 : 1.$

क्षेत्रमिति
(Mensuration)

क्षेत्रमिति विभिन्न आकृतियों का क्षेत्रफल एवं आयतन मापने का विज्ञान है। इसके तहत हम विभिन्न रेखीय एवं वृत्तीय आकृतियों की भुजाओं अथवा त्रिज्या के माध्यम से क्षेत्रफल एवं आयतन ज्ञात करने से सम्बन्धित प्रश्नों का अध्ययन करते हैं।

क्षेत्रफल (Area) एवं परिमाप (Perimeter): किसी आकृति की भुजाओं द्वारा घिरा हुआ क्षेत्र या तल उस आकृति का क्षेत्रफल कहलाता है। क्षेत्रफल का मात्रक वर्ग सेमी., वर्ग मी. या वर्ग किमी. आदि होता है।

किसी आकृति की सभी भुजाओं की लम्बाइयों का योग उस आकृति का परिमाप कहलाता है। दूसरे शब्दों में किसी आकृति के चारों ओर का घेरा परिमाप होता है। परिमाप की इकाई या मात्रक मी. या सेमी. या किमी. इत्यादि होता है।

क्षेत्रमिति से सम्बन्धित प्रश्नों को हल करने के लिए निम्नलिखित सूत्रों को ध्यान में रखिये:

प्रमुख सूत्र:

आयत का क्षेत्रफल = लम्बाई × चौड़ाई
लम्बाई = क्षेत्रफल/चौड़ाई
चौड़ाई = क्षेत्रफल/लम्बाई
आयत का परिमाप = 2(लम्बाई + चौड़ाई)
वर्ग का क्षेत्रफल = (भुजा)^2
वर्ग का परिमाप = 4 × भुजा
भुजा = परिमाप/4
त्रिभुज का क्षेत्रफल
 = 1/2 × आधार × ऊँचाई
घन का आयतन = (भुजा)^3
घनाभ का आयतन
 = लम्बाई × चौड़ाई × ऊँचाई

वस्तुनिष्ठ प्रश्न

1. एक आयताकार खेत की लम्बाई 675 मीटर और चौड़ाई 420 मीटर है। क्षेत्रफल ज्ञात कीजिए।
   A. 28500 वर्ग मी.
   B. 25300 वर्ग मी.
   C. 283500 वर्ग मी.
   D. 238500 वर्ग मी.

2. एक साड़ी की लम्बाई 4 मीटर 80 सेमी और चौड़ाई 1 मीटर 20 सेमी है तो इस साड़ी का परिमाप ज्ञात करो।
   A. 8 मी.   B. 12 मी.
   C. 16 मी.   D. 10 मी.

3. जमीन के एक आयताकार भाग की लम्बाई तथा चौड़ाई का अनुपात 5 : 3 है। मालिक ने चारों ओर से इसकी घेराबंदी पर ₹ 7.50 प्रति मीटर की दर से ₹ 3000 खर्च किये। जमीन की लम्बाई और चौड़ाई में अन्तर है:

A. 50 मी. B. 30 मी.
C. 40 मी. D. 60 मी.

4. एक आयताकार आकृति की लम्बाई 1 मीटर 20 सेमी. और चौड़ाई 40 सेमी है तो इसका क्षेत्रफल ज्ञात कीजिए।
A. 480 सेमी^{2} B. 4800 सेमी^{2}
C. 420 सेमी^{2} D. 4200 सेमी^{2}

5. एक आयताकार चौक की लम्बाई 12 मीटर और चौड़ाई 8 मीटर है। चौक में ₹ 40 प्रति वर्ग मीटर की दर से सीमेंट कराने का खर्चा ज्ञात कीजिए।
A. ₹ 3240 B. ₹ 3640
C. ₹ 3840 D. ₹ 3040

6. 60 मीटर लम्बे और 40 मीटर चौड़े एक आयताकार मैदान के चारों ओर 5 चक्कर लगाने पर कितने मीटर की दूरी तय करनी पड़ेगी?
A. 900 मी. B. 850 मी.
C. 1100 मी. D. 1000 मी.

7. एक आयताकार बगीचे की लम्बाई 15 मीटर और चौड़ाई 10 मीटर है। इसके चारों ओर तार लगाना है। ₹ 12 प्रति मीटर की दर से तार का मूल्य ज्ञात कीजिए।
A. ₹ 500 B. ₹ 600
C. ₹ 300 D. ₹ 800

8. एक वर्गाकार मैदान की प्रत्येक भुजा 32 मीटर है। मैदान के चारों ओर पाँच चक्कर लगाने पर कितने मीटर की दौड़ हो जाएगी?
A. 640 मी. B. 620 मी.
C. 500 मी. D. 400 मी.

9. एक वर्गाकार चबूतरे के चारों ओर चार चक्कर लगाने पर 800 मीटर की दौड़ हो जाती है। चबूतरे पर 25 सेमी भुजा के कितने वर्गाकार चौके लगाये जा सकते हैं?
A. 20,000 B. 30,000
C. 40,000 D. 50,000

10. मोहन के एक वर्गाकार खेत की भुजा 24 मीटर है यदि मोहन इस खेत के क्षेत्रफल के चार बराबर भाग करे, तो प्रत्येक भाग का क्षेत्रफल ज्ञात कीजिए।
A. 36 मी.^{2} B. 576 मी.^{2}
C. 144 मी.^{2} D. 120 मी.^{2}

उत्तरमाला

1	2	3	4	5	6	7	8	9	10
C	B	A	B	C	D	B	A	C	C

व्याख्यात्मक उत्तर

1. आयत का क्षेत्रफल = लम्बाई × चौड़ाई
   = 675 × 420
   = 283500 वर्गमीटर।

2. साड़ी का परिमाप = 2 (लम्बाई + चौड़ाई)
   = 2(4.80 + 1.20) मी.
   = 2(6) = 12 मी.।

3. माना कि लम्बाई = $5x$ मी. तथा चौड़ाई $3x$ मी. है।
   परिमाप = $2(5x + 3x) = 16x$ मीटर
   1 मीटर घेराबंदी पर खर्च = ₹ 7.50
   $16x$ मी. पर खर्च = ₹ $7.50 × 16x$

प्रश्नानुसार,
$7.50 \times 16x = 3000$
$\Rightarrow x = \dfrac{3000}{7.50 \times 16}$
$= \dfrac{3000 \times 100}{750 \times 16} = 25$

∴ लम्बाई $= 5 \times 25 = 125$ मी.
चौड़ाई $= 3 \times 25 = 75$ मी.
अन्तर $= 125 - 75 = 50$ मी.।

4. आयत की लम्बाई $= 120$ सेमी.
आयत की चौड़ाई $= 40$ सेमी.
आयत का क्षेत्रफल $=$ लम्बाई $\times$ चौड़ाई
$= 120 \times 40$
$= 4800$ वर्ग सेमी.
$= 4800$ सेमी^{2}।

5. चौक का क्षेत्रफल $=$ लम्बाई $\times$ चौड़ाई
$= 12 \times 8$
$= 96$ मीटर^2
1 वर्गमीटर सीमेंट कराने का खर्च $= ₹ 40$
96 वर्गमीटर सीमेंट कराने का खर्च
$= ₹ 40 \times 96$
$= ₹ 3840.$

6. आयताकार मैदान का परिमाप
$= 2(ल. + चौ.)$
$= 2(60 + 40)$
$= 200$ मीटर
1 चक्कर $= 200$ मीटर
5 चक्कर $= 200 \times 5$
$= 1000$ मीटर।

7. बगीचे का परिमाप $= 2$ (ल. + चौ.)
$= 2(15 + 10)$ मीटर
$= 2(25)$ मी. $= 50$ मी.
1 मीटर तार का मूल्य $= ₹ 12$
50 मीटर तार का मूल्य $= ₹ 12 \times 50$
$= ₹ 600.$

8. वर्गाकार मैदान का परिमाप $=$ भुजा $\times 4$
$= 32 \times 4 = 128$ मी.
1 चक्कर $= 128$ मीटर
5 चक्कर $= 128 \times 5$
$= 640$ मीटर।

9. 4 चक्करों की दौड़ $= 800$ मीटर
∴ 1 चक्कर की दौड़ $= \dfrac{800}{4}$
$= 200$ मीटर
अतः वर्गाकार चबूतरे का परिमाप
$= 200$ मीटर
वर्गाकार चबूतरे की भुजा $= \dfrac{200}{4}$
$= 50$ मीटर
चबूतरे का क्षेत्रफल $= 50 \times 50$
$= 2500$ वर्ग मीटर
एक चौके की भुजा $= 25$ सेमी
$= \dfrac{25}{100} = \dfrac{1}{4}$ मी.
एक चौके का क्षेत्रफल $= \dfrac{1}{4} \times \dfrac{1}{4}$
$= \dfrac{1}{16}$ वर्ग मीटर
चौकों की संख्या $= \dfrac{\text{चबूतरे का क्षेत्रफल}}{\text{एक चौके का क्षेत्रफल}}$
$= \dfrac{2500}{\frac{1}{16}} = 2500 \times 16$
$= 40,000.$

10. वर्गाकार खेत की भुजा $= 24$ मीटर
वर्गाकार खेत का क्षेत्रफल $= 24 \times 24$
$= 576$ वर्ग मीटर
प्रत्येक भाग का क्षेत्रफल $= \dfrac{576}{4}$
$= 144$ मीटर^2।

ज्यामिति
(Geometry)

1. **रेखा :** वह दूरी जो दो बिंदुओं को आपस में जोड़ती है, रेखा कहलाती है। इसकी कोई चौड़ाई या मोटाई नहीं होती, यह असीमित होती है।
2. **बिन्दु :** जहां दो सीधी रेखाएँ आपस में एक दूसरे को काटती हैं, बिन्दु कहलाती हैं। इसकी न लम्बाई होती है न चौड़ाई और न मोटाई।
3. **कोण :** दो सीधी रेखाओं के एक बिन्दु पर मिलने पर कोण बनता है।

   न्यून कोण : ऐसा कोण जिसका माप 0° से अधिक तथा 90° से कम हो।

   समकोण : ऐसा कोण जिसका माप 90° होता है।

   अधिक कोण : ऐसा कोण जिसका माप 90° से अधिक तथा 180° से कम हो।

   पूरक कोण : ऐसे दो कोणों का योग 90° हो तो वो पूरक कोण कहे जाते हैं। प्रत्येक दूसरे का पूरक होता है।

   सम्पूरक कोण : ऐसे दो कोण जिनका योग 180° हो सम्पूरक कोण कहलाते हैं तथा प्रत्येक कोण दूसरे का सम्पूरक होता है।

   सरल कोण : ऐसे कोण जिनका माप 180° और 2 समकोण हो। ऐसे कोण जिनका माप 180° से अधिक और 360° से कम हो, बहु कोण कहलाते हैं।
4. **त्रिभुज :** एक बन्द आकृति जो तीन सरल रेखाओं में बन्द हो, त्रिभुज कहलाती है।
5. **आयत :** आयताकार वह आकृति है जो 4 भुजाओं से बंधी हो। इसमें आमने-सामने की भुजाएं बराबर होती हैं और प्रत्येक कोण एक समकोण का होता है।
6. **वर्ग :** वर्ग वह है जिसकी चारों भुजाएं बराबर हों और सभी कोण समकोण हों।
7. **वृत्त :** ऐसी आकृति जिसका घेरा गोल हो वह वृत्त कहलाता है। इसकी लम्बाई घेरे के समान होती है, इसकी कोई भुजा नहीं होती।

   परिधि : वृत्त के घेरे के माप को परिधि कहते हैं।

   अर्धव्यास : केन्द्र और वृत्त को मिलाने वाली सरल रेखा को अर्धव्यास कहते हैं।

   व्यास : एक सीधी रेखा जो केन्द्र और परिधि को जोड़ती है और परिधि को दोनों ओर से जोड़ती है, उसे व्यास कहते हैं।

   अर्द्धवृत्त : व्यास जो वृत्त को दो भागों में बांटता है वृत्त का प्रत्येक भाग अर्द्धवृत्त कहलाता है।
8. **समद्विबाहु त्रिभुज :** वह त्रिभुज जिसकी दो भुजाएं बराबर हों।

   समबाहु त्रिभुज : वह त्रिभुज जिसकी तीनों भुजाएं बराबर हों।

   विषम-भुज त्रिभुज : वह त्रिभुज जिसकी तीनों भुजाएं अलग-अलग हों।

   समकोण त्रिभुज : यदि त्रिभुज का एक कोण समकोण हो।

   न्यून कोण त्रिभुज : यदि एक त्रिभुज के सभी कोण 90° से कम हों।

   अधिक कोण त्रिभुज : यदि एक त्रिभुज का एक कोण 90° से अधिक हो।

वस्तुनिष्ठ प्रश्न

1. 45° का पूरक कोण होता है:
   A. 75°   B. 45°
   C. 90°   D. 135°

2. निम्न में अधिक कोण है:
   A. 280°   B. 210°
   C. 170°   D. 260°

3. एक समकोण में कितने अंश होते हैं:
   A. 180°   B. 260°
   C. 360°   D. 90°

4. दो बिन्दुओं से कितनी रेखाएँ खींची जा सकती हैं?
   A. दो
   B. सिर्फ एक
   C. अनेक
   D. इनमें से कोई नहीं

5.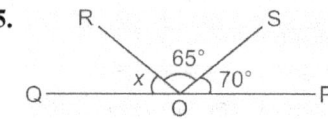

   x का मान ज्ञात करें जबकि POQ एक सरल रेखा है:
   A. 65°   B. 45°
   C. 55°   D. 40°

6. निम्न में न्यून कोण है:
   A. 75°   B. 181°
   C. 135°   D. 150°

7. एक बिन्दु से कितनी रेखाएँ खींची जा सकती हैं?
   A. दो   B. एक
   C. अनेक   D. इनमें कोई नहीं

8. तीन असरेख बिन्दुओं से कितनी रेखाएँ खींची जा सकती हैं?
   A. सिर्फ तीन   B. सिर्फ दो
   C. सिर्फ एक   D. इनमें कोई नहीं

9. एक कोण अपने पूरक का पाँच गुना है। इसकी माप ज्ञात कीजिए।
   A. 60°   B. 75°
   C. 135°   D. 120°

10. यदि दो सम्पूरक कोण 2 : 3 के अनुपात में हैं तो बड़े कोण का मान है:
    A. 54°   B. 36°
    C. 108°   D. 72°

11. यदि एक कोण अपने पूरक कोण से 28° कम है, तो इसकी माप ज्ञात कीजिए।
    A. 51°   B. 48°
    C. 35°   D. 31°

12.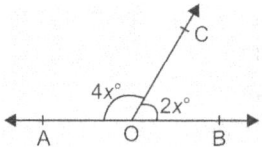

    चित्र में, ∠AOC तथा ∠BOC एक रैखिक युग्म बनाते हैं तो x का मान ज्ञात कीजिए।
    A. 30°   B. 50°
    C. 60°   D. 15°

13. एक ऋजुकोण का $\frac{2}{5}$ कितने अंश के बराबर होगा?
    A. 90°   B. 180°
    C. 72°   D. 60°

14. समकोण का $\frac{1}{10}$ वें भाग में कितने अंश होंगे?

A. 10° B. 9°
C. 40° D. 80°

15. 80° का पूरक कोण ज्ञात कीजिए।
A. 100° B. 10°
C. 20° D. 50°

16. 150° का सम्पूरक कोण कितना होगा?
A. 135° B. 115°
C. 60° D. 30°

17.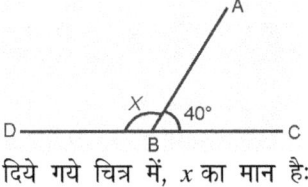
दिये गये चित्र में, x का मान है:
A. 160° B. 120°
C. 140° D. 85°

18.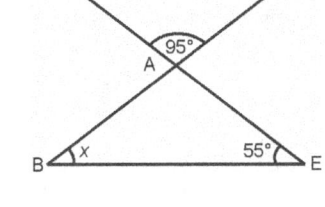

दिये गये चित्र में, x का मान ज्ञात कीजिए।
A. 95° B. 35°
C. 45° D. 30°

19.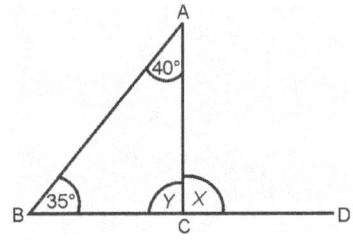

दिये गये चित्र में, x का मान है:
A. 75°
B. 105°
C. 80°
D. 120°

20. यदि किसी त्रिभुज के दो कोण क्रमशः 45° तथा 25° हों, तो तीसरे कोण का मान होगा:
A. 10° B. 110°
C. 135° D. 120°

उत्तरमाला

1	2	3	4	5	6	7	8	9	10
B	C	D	B	B	A	C	A	B	C
11	12	13	14	15	16	17	18	19	20
D	A	C	B	B	D	C	D	A	B

व्याख्यात्मक उत्तर

1. 45° का पूरक कोण = (90° − 45°)
   = 45°
2. जिस कोण का माप 90° से ज्यादा तथा 180° से कम हो, उसे अधिक कोण कहते हैं।
   अतः विकल्प (C) 170° होगा।
3. 90° का एक समकोण होता है।
4. दो बिन्दुओं से सिर्फ एक रेखा खींची जा सकती है।
5. $x + 65° + 70° = 180°$
   $\Rightarrow x + 135° = 180°$
   $\Rightarrow x = 180° − 135°$
   $= 45°$

6. जिस कोण का माप 0° से अधिक तथा 90° से कम हो उसे न्यून कोण कहते हैं। अतः 75° न्यूनकोण है।

7. एक बिन्दु से अनेक रेखाएँ खींची जा सकती हैं।

8. तीन असरेख बिन्दुओं से सिर्फ तीन रेखाएँ खींची जा सकती हैं।

9. माना कि एक कोण की माप $x°$ है। तब, इसका पूरक कोण $(90° - x)$ होगा।
प्रश्नानुसार,
$$x = 5(90 - x)$$
$\Rightarrow \quad x = 450 - 5x$
$\Rightarrow \quad 6x = 450$
$\Rightarrow \quad x = \dfrac{450}{6} = 75$

अतः दिये गये कोण की माप 75° है।

10. माना कि दो सम्पूरक कोण $2x°$ तथा $3x°$ है।
$$2x + 3x = 180°$$
$\Rightarrow \quad 5x = 180°$
$\Rightarrow \quad x = \dfrac{180}{5} = 36°$

बड़ा कोण $= 3x° = 3 \times 36 = 108°$

11. माना कि एक कोण x है तो इसका पूरक कोण $= (90 - x)°$ है।
प्रश्नानुसार,
$$x = (90 - x)° - 28$$
$\Rightarrow \quad x = 90 - x - 28$
$\Rightarrow \quad 2x = 62$
$\Rightarrow \quad x = \dfrac{62}{2} = 31°$

12. $4x + 2x = 180°$
$\Rightarrow \quad 6x = 180° \Rightarrow x = \dfrac{180}{6} = 30°$

13. $\dfrac{2}{5} \times 180° = 2 \times 36 = 72°$

14. $\dfrac{1}{10} \times 90° = 9°$

15. 80° का पूरक कोण $= (90 - 80)°$
$\qquad = 10°$

16. 150° का सम्पूरक कोण $= (180 - 150)°$
$\qquad = 30°$

17. $x + 40 = 180°$
$\Rightarrow \quad x = 180 - 40$
$\qquad = 140°$

18. $\angle DAC = \angle BAE = 90°$
(सम्मुख कोण बराबर होते हैं)
त्रिभुज ABE में,
$x + 95 + 55 = 180°$
$\Rightarrow \quad x + 150 = 180$
$\Rightarrow \quad x = 180 - 150$
$\qquad = 30°$

19. त्रिभुज ABC में,
$\angle C = 180° - (40° + 35°)$
$\qquad = 180 - 75° = 105°$
अर्थात् $y = 105°$
अब $x + y = 180°$
$\Rightarrow \quad x + 105 = 180°$
$\Rightarrow \quad x = 180 - 105 = 75°$

20. तीसरे कोण का मान
$= 180° - (45° + 25°)$
$= 180 - 70°$
$= 110°$

मॉडल प्रश्नपत्र संख्या-1

1. 8 × 7 + 6 − 10 + 13 का मान है:
   A. 65 B. 75
   C. 45 D. 55

2. 3 वर्ष 4 महीने 2 सप्ताह और 5 दिन मिलकर कितने दिन बनेंगे?
   A. 1224 B. 1234
   C. 1244 D. 1214

3. 25 पुस्तकों की कीमत ₹ 350 है। 15 पुस्तकों की कीमत है:
   A. ₹ 105 B. ₹ 180
   C. ₹ 210 D. ₹ 225

4. 75, 100, 150 तथा 250 का महत्तम समापवर्तक है:
   A. 15 B. 75
   C. 50 D. 25

5. एक गाँव की जनसंख्या 4550 है। 20% वार्षिक वृद्धि होती है। एक साल के बाद जनसंख्या ज्ञात कीजिए।
   A. 5060 B. 5460
   C. 5260 D. 5340

6. 30 मीटर कपड़े का दाम ₹ 345 है। 16 मीटर कपड़े का दाम है:
   A. ₹ 184 B. ₹ 274
   C. ₹ 164 D. ₹ 204

7. $6\frac{1}{4}$ % का मान है:
   A. $\frac{1}{25}$ B. $\frac{1}{8}$
   C. $\frac{1}{16}$ D. 625

8. 10 और 40 के बीच अभाज्य संख्याओं का योगफल है:
   A. 150 B. 165
   C. 175 D. 180

9. यदि एक ट्रक में सीमेंट के 60 बोरे लादे जा सकते हैं तो 4200 बोरी सीमेंट के लिए कितने ट्रकों की आवश्यकता पड़ेगी?
   A. 75 B. 70
   C. 65 D. 80

10. एक मैदान 450 मीटर लम्बा तथा 250 मीटर चौड़ा है। 50 पैसे प्रति मीटर की दर से इसके चारों ओर घेरा डालने की लागत ज्ञात करें।
    A. ₹ 550 B. ₹ 675
    C. ₹ 700 D. ₹ 600

11. दो संख्याओं का महत्तम समापवर्तक तथा लघुत्तम समापवर्तक क्रमशः 11 तथा 693 है। यदि एक संख्या 77 है तो दूसरी संख्या है:
    A. 88 B. 110
    C. 132 D. 99

12. 5.45, .0037, 35.8 तथा 8.97562 का योगफल है:
    A. 50.22932 B. 48.24932
    C. 48.45332 D. 60.00932

13. एक सम्पत्ति के $\frac{2}{3}$ हिस्से का मूल्य ₹ 2200 है। सम्पत्ति का मूल्य है:
    A. ₹ 4000 B. ₹ 3200
    C. ₹ 3600 D. ₹ 3300

14. 125.6321 और 27.54 का अन्तर है:
A. 90.0921 B. 95.3
C. 98.0921 D. 100

15. एक आयत की परिमिति 240 मीटर है। लम्बाई और चौड़ाई का अनुपात 5 : 3 है। आयत का क्षेत्रफल है:
A. 1250 वर्ग मीटर B. 3375 वर्ग मीटर
C. 2825 वर्ग मीटर D. 3615 वर्ग मीटर

16. एक लड़का एक आयताकार मैदान के किनारे चक्कर लगाता है जिसकी लम्बाई चौड़ाई से दोगुनी है। यदि चौड़ाई 25 मीटर है तो उसके द्वारा तय की गई दूरी है:
A. 120 मीटर B. 160 मीटर
C. 140 मीटर D. 150 मीटर

17. एक सोसायटी ने ₹ 81 इकट्ठा किये। प्रत्येक सदस्य ने उतना ही योगदान दिया जितनी उनकी कुल संख्या थी। वहाँ कुल मिलाकर कितने सदस्य थे?
A. 8   B. 9
C. 11 D. 27

18. $1.75 \times .27$ का मान है:
A. 47.25 B. .4275
C. 4.725 D. .4725

19. निम्न में सबसे बड़ा भिन्न है:
$\frac{2}{15}, \frac{3}{10}, \frac{4}{21}, \frac{7}{30}$
A. $\frac{2}{15}$ B. $\frac{3}{10}$
C. $\frac{4}{21}$ D. $\frac{7}{30}$

20. $\frac{5}{6} \div \frac{3}{4}$ का $\frac{2}{3}$ का मान है:
A. $\frac{5}{3}$ B. $\frac{20}{27}$

C. $\frac{5}{12}$ D. $\frac{10}{9}$

21. सोहन किसी काम को 10 दिनों में कर सकता है और मोहन उसी काम को 15 दिनों में कर सकता है। दोनों मिलकर इस काम को कर सकते हैं:
A. 4 दिनों में B. 5 दिनों में
C. 6 दिनों में D. 8 दिनों में

22. 63 से पूरी तरह विभाजित 4 अंकों की सबसे छोटी संख्या है:
A. 1008 B. 1063
C. 1055 D. 1099

23. 8 व्यक्ति मिलकर क्रिकेट के मैदान को 52 दिनों में तैयार करते हैं। 13 व्यक्तियों को इसे बनाने में कितने दिन लगेंगे?
A. 20 दिन B. 22 दिन
C. 24 दिन D. 32 दिन

24. 7 लड़कों की औसत आयु 15 वर्ष है। एक नया लड़का विद्यालय में प्रवेश पाता है और यह औसत 14 वर्ष हो जाती है। नये लड़के की आयु है:
A. 11 वर्ष B. 7 वर्ष
C. 9 वर्ष   D. 8 वर्ष

25. एक परीक्षा में सम्मिलित हुए 200 उम्मीदवारों में से 25 प्रतिशत अनुत्तीर्ण हो गये। सफल उम्मीदवारों की संख्या है:
A. 125 B. 135
C. 150 D. 130

26. एक मेडिकल विद्यार्थी को परीक्षा में पास करने के लिए 40 प्रतिशत अंक प्राप्त करने थे। उसे 40 अंक प्राप्त हुए और 40 नम्बर से फेल हो गया। कुल पूर्णांक निकालें।
A. 300 B. 200
C. 250 D. 280

27. राम श्याम से 20 प्रतिशत अधिक धन कमाता है। यदि श्याम ₹ 40 कमाता है तो राम की आय है:
    A. ₹ 50   B. ₹ 42
    C. ₹ 45   D. ₹ 48

28. 93 से पूरी तरह विभाजित 5 अंकों की सबसे बड़ी संख्या है:
    A. 99975   B. 99935
    C. 99957   D. 99953

29. 8 संख्याओं का औसत 56 है। उनमें से तीन संख्याएँ 49, 57 और 72 हैं। शेष पाँच संख्याओं का औसत है:
    A. 55   B. 54
    C. 50   D. 52

30. सुरेन्द्र ने एक साइकिल ₹ 1250 में खरीदी तथा ₹ 1300 में बेच दी। प्रतिशत लाभ है:
    A. 8%   B. 6%
    C. 4%   D. 5%

31. 54 किमी./घंटा बराबर है:
    A. 15 मी./से.   B. 20 मी./से.
    C. 10 मी./से.   D. 18 मी./से.

32. शताब्दी एक्सप्रेस अमृतसर और नई दिल्ली के बीच 441 किलोमीटर की दूरी 4 घंटे 30 मिनट में तय करती है। ट्रेन की गति ज्ञात करें।
    A. 50 किमी./घंटा
    B. 100 किमी./घंटा
    C. 98 किमी./घंटा
    D. 95 किमी./घंटा

33. 5% वार्षिक साधारण ब्याज की दर से कितने समय में ₹ 350 का मिश्रधन ₹ 420 हो जाएगा?
    A. 2 वर्ष   B. 4 वर्ष
    C. 5 वर्ष   D. 3 वर्ष

34. यदि 3 वर्षों में ₹ 450 का मिश्रधन ₹ 504 हो जाता है तो ब्याज की दर है:
    A. 2%   B. 3%
    C. 5%   D. 4%

35. किसी विद्यालय में छात्रों की संख्या 840 है। यदि उनमें 40 प्रतिशत लड़कियाँ हैं तो लड़कों की संख्या ज्ञात करें।
    A. 450   B. 504
    C. 405   D. 540

36. किसी राशि का 25 प्रतिशत ₹ 600 के बराबर है तो राशि ज्ञात कीजिए।
    A. ₹ 2000   B. ₹ 2500
    C. ₹ 2800   D. ₹ 2400

37. 543217 में 4 का स्थानीय मान निकालें।
    A. 40000   B. 43217
    C. 4   D. 10000

38. 3745 × 65 + 3745 × 35 का मान निकालें।
    A. 757900   B. 579700
    C. 374500   D. 734500

39. 75° का अनुपूरक कोण होता है:
    A. 15°   B. 105°
    C. 285°   D. 195°

40. एक ट्रेन 80 किलोमीटर प्रति घंटे की रफ्तार से चल रही है। 540 किलोमीटर की दूरी तय करने में कितना समय लगेगा?
    A. 6 घंटे
    B. 7 घंटे
    C. 6 घंटे 45 मिनट
    D. 6 घंटे 30 मिनट

उत्तरमाला

1	2	3	4	5	6	7	8	9	10
A	B	C	D	B	A	C	D	B	C
11	12	13	14	15	16	17	18	19	20
D	A	D	C	B	D	B	D	B	A
21	22	23	24	25	26	27	28	29	30
C	A	D	B	C	B	D	A	B	C
31	32	33	34	35	36	37	38	39	40
A	C	B	D	B	D	A	C	B	C

व्याख्यात्मक उत्तर

1. $8 \times 7 + 6 - 10 + 13$
   $= 56 + 19 - 10 = 75 - 10 = 65.$

2. 3 वर्ष $= 365 \times 3 = 1095$ दिन
   4 महीना $= 30 \times 4 = 120$ दिन
   2 सप्ताह $= 7 \times 2 = 14$ दिन
   तथा 5 दिन $= 5$ दिन
   कुल दिन $= \underline{1234 \text{ दिन}}$

3. 25 पुस्तकों की कीमत = ₹ 350

   1 पुस्तक की कीमत = ₹ $\dfrac{350}{25}$

   15 पुस्तकों की कीमत = ₹ $\dfrac{350}{25} \times 15$

   $= ₹ 70 \times 3 = ₹ 210.$

4. $75 = 25 \times 3$
   $100 = 25 \times 4$
   $150 = 25 \times 6$
   $250 = 25 \times 10$
   अतः महत्तम समापवर्तक = 25.

5. जनसंख्या में वृद्धि $= \dfrac{20}{100} \times 4550$
   $= 455 \times 2 = 910$
   एक वर्ष बाद जनसंख्या $= 4550 + 910$
   $= 5460.$

6. 30 मीटर कपड़े का दाम = ₹ 345

   1 मीटर कपड़े का दाम = ₹ $\dfrac{345}{30}$

   16 मीटर कपड़े का दाम = ₹ $\dfrac{345}{30} \times 16$

   $= ₹ 23 \times 8 = ₹ 184.$

7. $6\dfrac{1}{4}\% = \dfrac{25}{4}\% = \dfrac{25}{4 \times 100} = \dfrac{1}{16}.$

8. 10 और 40 के बीच अभाज्य संख्याएँ हैं 11, 13, 17, 19, 23, 29, 31 तथा 37
   इनका योगफल $= 11 + 13 + 17 + 19 + 23 + 29 + 31 + 37 = 180.$

9. 60 बोरी के लिए 1 ट्रक की आवश्यकता है

   4200 बोरी के लिए $\dfrac{1}{60} \times 4200 = 70$

   अतः 70 ट्रकों की आवश्यकता पड़ेगी।

10. आयत की परिमिति = 2(लम्बाई + चौड़ाई)
    $= 2(450 + 250) = 1400$ मीटर

    1 मीटर घेरा डालने का खर्च = ₹ $\dfrac{1}{2}$

1400 मीटर घेरा डालने का खर्च
= ₹ $\frac{1}{2}$ × 1400 = ₹ 700.

11. महत्तम समापवर्तक × लघुत्तम समापवर्तक
= पहली संख्या × दूसरी संख्या
∴ दूसरी संख्या
= $\frac{\text{महत्तम समापवर्तक} \times \text{लघुत्तम समापवर्तक}}{\text{पहली संख्या}}$
= $\frac{11 \times 693}{77}$ = 99.

12. 5.4500
     .0037
     35.8000
   + 8.97562
   ─────────
     50.22932

13. $\frac{2}{3}$ × सम्पत्ति = ₹ 2200
⇒ सम्पत्ति = $\frac{3 \times 2200}{2}$
= 3 × 1100 = 3300
अतः सम्पत्ति का मूल्य = ₹ 3300.

14.   125.6321
    − 27.5400
    ─────────
      98.0921

15. माना कि आयत की लम्बाई = $5x$ मीटर
तथा चौड़ाई = $3x$ मीटर
प्रश्नानुसार,
  2(लम्बाई + चौड़ाई) = 240
⇒ 2(5x + 3x) = 240
⇒ 8x = 120
⇒ x = 15
∴ लम्बाई = 5 × 15 = 75 मी.
  चौड़ाई = 3 × 15 = 45 मी.
आयत का क्षेत्रफल = लम्बाई × चौड़ाई
= 75 × 45 = 3375 वर्ग मीटर

16. ∵ आयताकार मैदान की चौड़ाई
= 25 मीटर
∴ आयताकार मैदान की लम्बाई
= 25 × 2 = 50 मीटर
∴ आयताकार मैदान की परिमिति
= 2(लम्बाई + चौड़ाई)
= 2(50 + 25) = 150 मीटर

17. सदस्यों की संख्या = $\sqrt{81}$ = 9.

18. 1.75 × .27 का मान = .4725
   175
   × 27
   ─────
   1225
   350
   ─────
   4725

19. $\frac{2}{15}, \frac{3}{10}, \frac{4}{21}, \frac{7}{30}$
15, 10, 21 तथा 30 का लघुत्तम समापवर्तक = 210
$\frac{28, 63, 40, 49}{210}$
स्पष्टतः $\frac{3}{10}$ सबसे बड़ी भिन्न है।

20. $\frac{5}{6} \div \frac{3}{4}$ का $\frac{2}{3}$
= $\frac{5}{6} \div \frac{6}{12} = \frac{5}{6} \times \frac{12}{6} = \frac{5}{3}$

21. सोहन किसी काम को 10 दिनों में पूरा करता है
सोहन का एक दिन का काम = $\frac{1}{10}$ भाग
मोहन उसी काम को 15 दिनों में पूरा करता है
मोहन का एक दिन का काम = $\frac{1}{15}$ भाग

(सोहन + मोहन) का एक दिन का काम

$$= \frac{1}{10} + \frac{1}{15} = \frac{3+2}{30}$$

$$= \frac{5}{30} = \frac{1}{6} \text{ भाग}$$

अतः मोहन तथा सोहन मिलकर उस काम को 6 दिनों में पूरा कर सकते हैं।

22. चार अंकों की सबसे छोटी संख्या = 1000

$$63 \overline{)1000} (15$$
$$\underline{63}$$
$$370$$
$$\underline{315}$$
$$55$$

अभीष्ट नम्बर = 1000 + (63 – 55)
= 1000 + 8 = 1008

23. 8 व्यक्ति मिलकर क्रिकेट के मैदान को 52 दिनों में तैयार करते हैं
1 व्यक्ति उस मैदान को 52 × 8 दिनों में तैयार करेगा

13 व्यक्ति उस मैदान को $\frac{52 \times 8}{13}$

= 4 × 8 = 32 दिनों में तैयार करेंगे।

24. 7 लड़कों की आयु का कुल योग
= 7 × 15 = 105 वर्ष
8 लड़कों की आयु का कुल योग
= 8 × 14 = 112 वर्ष
अतः नये लड़के की आयु
= 112 – 105 = 7 वर्ष

25. अनुत्तीर्ण उम्मीदवारों की संख्या

$$= \frac{25}{100} \times 200 = 50$$

अतः सफल उम्मीदवारों की संख्या
= 200 – 50 = 150.

26. माना कि कुल पूर्णांक = x
प्रश्नानुसार,
x का 40% = 40 + 40

$$\Rightarrow x \times \frac{40}{100} = 80$$

$$\Rightarrow x = \frac{80 \times 100}{40}$$

$$= 200.$$

27. ∵ श्याम ₹ 40 कमाता है

अतः राम कमाता है $40 + \frac{20}{100} \times 40$
= 40 + 8 = ₹ 48
अतः राम की आय = ₹ 48.

28. 5 अंकों की सबसे बड़ी संख्या = 99999
99999 को 93 से भाग देने पर शेषफल 24 प्राप्त होता है।
अतः अभीष्ट संख्या
= 99999 – 24
= 99975.

$$93 \overline{)99999} (1075$$
$$\underline{93}$$
$$699$$
$$\underline{651}$$
$$489$$
$$\underline{465}$$
$$24$$

29. 8 संख्याओं का कुल योग = 8 × 56 = 448
तीन संख्याओं का योग
= 49 + 57 + 72 = 178
शेष 5 संख्याओं का योगफल
= 448 – 178 = 270

शेष 5 संख्याओं का औसत = $\frac{270}{5} = 54.$

30. साइकिल का क्रय मूल्य = ₹ 1250
साइकिल का विक्रय मूल्य = ₹ 1300
लाभ = विक्रय मूल्य – क्रय मूल्य
= 1300 – 1250 = ₹ 50

प्रतिशत लाभ = $\frac{\text{लाभ}}{\text{क्रय मूल्य}} \times 100$

$$= \frac{50}{1250} \times 100 = 4\%.$$

31. 54 किलोमीटर/घंटा = $\dfrac{54 \times 1000}{60 \times 60}$ मी./से.

    = $\dfrac{9 \times 10}{6}$ = 3 × 5 = 15 मी./से.

    या 54 किमी./घंटा = $54 \times \dfrac{5}{18}$ मी./से.

    = 15 मी./से.।

32. दूरी = 441 किमी.
    समय = 4 घंटे 30 मिनट

    = $4\dfrac{1}{2}$ घंटे = $\dfrac{9}{2}$ घंटे

    गति = $\dfrac{\text{दूरी}}{\text{समय}}$ = $\dfrac{441}{\dfrac{9}{2}}$ = $\dfrac{441 \times 2}{9}$

    = 49 × 2 = 98 किमी./घंटा

    अतः ट्रेन की गति = 98 किमी./घंटा।

33. मूलधन = ₹ 350, दर = 5%
    मिश्रधन = ₹ 420
    साधारण ब्याज = मिश्रधन – मूलधन
                = 420 – 350 = ₹ 70

    समय = $\dfrac{\text{साधारण ब्याज} \times 100}{\text{मूलधन} \times \text{दर}}$

    = $\dfrac{70 \times 100}{350 \times 5}$ = 4 वर्ष।

34. मूलधन = ₹ 450
    मिश्रधन = ₹ 504
    समय = 3 वर्ष
    साधारण ब्याज = मिश्रधन – मूलधन
               = 504 – 450 = ₹ 54

    ब्याज की दर = $\dfrac{\text{साधारण ब्याज} \times 100}{\text{मूलधन} \times \text{समय}}$

    = $\dfrac{54 \times 100}{450 \times 3}$ = 4%.

35. लड़कियों की संख्या = $\dfrac{40}{100} \times 840$

    = 4 × 84 = 336

    अतः लड़कों की संख्या = 840 – 336
                      = 504.

36. माना कि राशि = ₹ x
    प्रश्नानुसार,
    x का 25 प्रतिशत = ₹ 600

    ⇒ $x \times \dfrac{25}{100}$ = 600

    ⇒ x = 4 × 600 = 2400

    अतः अभीष्ट राशि = ₹ 2400.

37. 543217 में 4 का स्थानीय मान 40000 होगा।

38. 3745 × 65 + 3745 × 35
    = 3745 (65 + 35) = 3745 × 100
    = 374500

39. 75° का अनुपूरक कोण (180 – 75)
                    = 105° होगा।

40. गति = 80 किमी./घंटा
    दूरी = 540 किमी.

    समय = $\dfrac{\text{दूरी}}{\text{गति}}$ = $\dfrac{540}{80}$ = $\dfrac{27}{4}$ घंटा

    = $6\dfrac{3}{4}$ घंटा = 6 घंटा 45 मिनट।

मॉडल प्रश्नपत्र संख्या-2

1. 38 × (15 + 71) – 14 + 8 का मान निकालें।

A. 2632 B. 3262
C. 3226 D. 2236

2. 84, 156 और 204 का महत्तम समापवर्तक है:

A. 12 B. 6
C. 18 D. 21

3. किसी कक्षा के चार लड़कों के भार क्रमशः 47.2 किलोग्राम, 39.4 किलोग्राम, 40.8 किलोग्राम तथा 45.2 किलोग्राम है। उनका औसत भार ज्ञात करें।

A. 41.5 B. 42.25
C. 43.15 D. 431.5

4. किसी शहर में 6,49,784 व्यक्ति थे। उनमें 4,43,703 औरतें थीं। पुरुषों की संख्या कितनी थी?

A. 2,60,081 B. 2,06,081
C. 2,08,061 D. 2,60,801

5. एक किसान के पास 38 जानवरों के लिए 60 दिनों का चारा था। उसके और ज्यादा जानवर लाने से चारा 40 दिनों में समाप्त हो गया। उसने कितने ज्यादा जानवर लाये थे?

A. 15 B. 16
C. 18 D. 19

6. किसी वर्ग का परिमाप 3 किलोमीटर 440 मीटर है। वर्ग की भुजा मीटर में ज्ञात करें।

A. 680 मीटर B. 860 मीटर
C. 560 मीटर D. 650 मीटर

7. एक व्यक्ति ने एक गाय ₹ 472 में बेची और उसे ₹ 38 की हानि हुई। ₹ 32 का लाभ अर्जित करने के लिए उसे गाय को कितने मूल्य पर बेचना चाहिए?

A. ₹ 524 B. ₹ 562
C. ₹ 574 D. ₹ 542

8. एक दुकानदार 16 मशीनें ₹ 6496 में खरीदता है। ऐसी 25 मशीनों की लागत ज्ञात कीजिए।

A. ₹ 10150 B. ₹ 8650
C. ₹ 10250 D. ₹ 9350

9. यदि 8 किलाग्राम मिठाई की लागत ₹ 392.80 है तो प्रति किलोग्राम मिठाई की लागत क्या है?

A. ₹ 50.10 B. ₹ 48.20
C. ₹ 49.10 D. ₹ 50.60

10. यदि एक दर्जन पेंसिल की कीमत ₹ 15 है तो 192 पेंसिलों की कीमत ज्ञात करें।

A. ₹ 225 B. ₹ 240
C. ₹ 260 D. ₹ 232

11. 25, 35 और 105 का लघुत्तम समापवर्तक है:

A. 425 B. 105
C. 325 D. 525

12. 35 × .07 – 21 × .03 का मान क्या है?

A. 2.75 B. 1.72
C. 1.82 D. 2.13

13. 8 का 20% + 15 का 18% का मान ज्ञात करें।

A. 3.8 B. 4.3
C. 3.5 D. 4.8

14. दो संख्याओं का महत्तम समापवर्तक तथा लघुत्तम समापवर्तक क्रमशः 18 तथा 252 हैं। अगर एक संख्या 126 है तो दूसरी संख्या ज्ञात कीजिए।

A. 12 B. 18
C. 36 D. 15

15. 12, 18 तथा 24 से पूर्ण विभाजित होने वाली तीन अंकों की सबसे छोटी संख्या होगी:

A. 72 B. 144
C. 180 D. 224

16. ₹ 48 का $37\frac{1}{2}\%$ है:

A. ₹ 15 B. ₹ 14
C. ₹ 22 D. ₹ 18

17. एक संख्या का 80% 20 है तो उस संख्या का 20% होगा:

A. 4 B. 3
C. 2 D. 5

18. एक विद्यार्थी को पास होने के लिए 40% अंक चाहिए। वह 178 अंक प्राप्त करता है और 22 अंकों से फेल हो जाता है। परीक्षा के कुल अंक ज्ञात कीजिए।

A. 500 B. 400
C. 300 D. 600

19. एक चुनाव में कुल 3000 वोट डाले गये। एक प्रत्याशी ने अपने प्रतिद्वन्द्वी के मुकाबले 40% वोट प्राप्त किये। वह कितने वोटों से हार गया?

A. 800 B. 700
C. 600 D. 500

20. A की आय B की आय का $\frac{2}{5}$ भाग का 40% है। यदि B की आय ₹ 4000 हो, तो A की आय क्या होगी?

A. ₹ 640 B. ₹ 560
C. ₹ 486 D. ₹ 800

21. यदि किसी राशि पर 6% प्रतिवर्ष की दर से 3 वर्ष का साधारण ब्याज ₹ 90 है, तो वह राशि कितनी होगी?

A. ₹ 500 B. ₹ 450
C. ₹ 525 D. ₹ 560

22. कितने समय में ₹ 2000 की राशि 4% वार्षिक दर से ₹ 2240 हो जाएगी?

A. 5 वर्ष B. 4 वर्ष
C. 3 वर्ष D. 2 वर्ष

23. एक वस्तु का क्रय मूल्य ₹ 150 है। यदि वस्तु को 18% लाभ पर बेचा जाए तब वस्तु का विक्रय मूल्य क्या होगा?

A. ₹ 180 B. ₹ 175
C. ₹ 177 D. ₹ 160

24. एक वस्तु को ₹ 4080 में बेचने पर 15% की हानि होती है, तो वस्तु का क्रय मूल्य है:

A. ₹ 4800 B. ₹ 4500
C. ₹ 5000 D. ₹ 5180

25. A और B दोनों एक साथ मिलकर किसी काम को 15 दिनों में पूरा करते हैं। यदि A अकेले इस काम को 24 दिनों में पूरा करता है, तो B अकेले इस काम को कितनी दिनों में पूरा करेगा?

A. 25 दिन B. 40 दिन
C. 35 दिन D. 30 दिन

26. 400 मीटर लम्बी एक रेलगाड़ी, रेलवे लाइन के पास खड़े एक व्यक्ति को

12 सेकेण्ड में पार कर जाती है। रेलगाड़ी की चाल (किलोमीटर/घंटा) में कितनी है?
A. 90 किमी./घंटा   B. 100 किमी./घंटा
C. 120 किमी./घंटा D. 96 किमी./घंटा

27. एक प्लेटफार्म की लम्बाई 80 मीटर है। यदि 120 मीटर लम्बी रेलगाड़ी 90 किमी./घंटा की चाल से चल रही हो, तो वह रेलगाड़ी कितने समय में प्लेटफार्म को पार कर लेगी?
A. 8 सेकेण्ड   B. 10 सेकेण्ड
C. 12 सेकेण्ड   D. 6 सेकेण्ड

28. एक आयताकार खेत की लम्बाई 50 मीटर तथा चौड़ाई 25 मीटर है। आयताकार खेत का क्षेत्रफल निकालें।
A. 1150 वर्ग मी.   B. 1250 वर्ग मी.
C. 1275 वर्ग मी.   D. 1280 वर्ग मी.

29. एक वर्गाकार मैदान का परिमाप 580 मीटर है। इस मैदान का क्षेत्रफल है:
A. 20025 वर्ग मी.   B. 20225 वर्ग मी.
C. 30025 वर्ग मी.   D. 19975 वर्ग मी.

30. एक घनाभ की कोरें क्रमशः 4 सेमी., 3 सेमी. तथा 2 सेमी. हैं। घनाभ का आयतन होगा:
A. 20 घन सेमी.   B. 22 घन सेमी.
C. 28 घन सेमी.   D. 24 घन सेमी.

31. दो संख्याओं का अन्तर 215 है। अगर बड़ी संख्या का मान 827 है, तो छोटी संख्या का मान ज्ञात कीजिए।
A. 512   B. 444
C. 612   D. 630

32. किसी संख्या को 296 से भाग देने पर शेष 75 बचता है। यदि उस संख्या को 37 से भाग किया जाए तो शेष बचेगा।
A. 2   B. 3
C. 4   D. 1

33. किसी संख्या को 119 से भाग देने पर शेष 19 बचता है। यदि उस संख्या को 17 से भाग किया जाए तो शेष बचेगा:
A. 1   B. 15
C. 2   D. 13

34. $10 \times 10 \times 10 \div (20 \div 10 \times 10 - 10) + 6$ का मान क्या होगा?
A. 106   B. 108
C. 111   D. 114

35. प्रथम दस अभाज्य संख्याओं का औसत मान निकालें।
A. 12.9   B. 11.9
C. 16.4   D. 13.8

36. चार संख्याओं का औसत 10 है। यदि इनमें दो संख्याएँ 6 तथा 8 को भी सम्मिलित कर लिया जाए तब नया औसत कितना होगा?
A. 8   B. 9
C. 11   D. 7

37. एक त्रिभुज के तीनों कोण 1 : 2 : 3 के अनुपात में हैं। सबसे बड़े कोण का मान क्या है?
A. 105°   B. 120°
C. 90°   D. 80°

38. ₹ 625 का 8% + ₹ 120 का 15% का मान कितना होगा?
A. ₹ 55   B. ₹ 60
C. ₹ 65   D. ₹ 68

39. पाँच क्रमिक विषम संख्याओं का औसत 23 है। सबसे बड़ी संख्या ज्ञात कीजिए।
A. 21   B. 27
C. 29   D. 25

40. एक वस्तु को ₹ 480 में बेचने पर 20% की हानि होती है। 20% लाभ के लिए वस्तु का विक्रय मूल्य है:
A. ₹ 720   B. ₹ 600
C. ₹ 620   D. ₹ 700

उत्तरमाला

1	2	3	4	5	6	7	8	9	10
B	A	C	B	D	B	D	A	C	B
11	12	13	14	15	16	17	18	19	20
D	C	B	C	B	D	D	A	C	A
21	22	23	24	25	26	27	28	29	30
A	C	C	A	B	C	A	B	A	D
31	32	33	34	35	36	37	38	39	40
C	D	C	A	A	B	C	D	B	A

व्याख्यात्मक उत्तर

1. $38 \times (15 + 71) - 14 + 8$
   $= 38 \times 86 - 14 + 8$
   $= 3268 + 8 - 14$
   $= 3276 - 14 = 3262.$

2. 84, 156 तथा 204 का महत्तम समापवर्तक

   ```
   84)156(1
      84
      ---
      72)84(1
         72
         --
         12)72(6
            72
            ××
   ```

   ```
   12)204(17
      12
      --
       84
       84
       ××
   ```

   अतः 84, 156 तथा 204 का महत्तम समापवर्तक = 12.

3. 4 लड़कों का कुल भार
   $= 47.2 + 39.4 + 40.8 + 45.2$
   $= 172.6$ किलोग्राम
   औसत भार $= \dfrac{172.6}{4} = 43.15$ किलोग्राम।

4. पुरुषों की संख्या = $\begin{array}{r} 6,49,784 \\ -4,43,703 \\ \hline 2,06,081 \end{array}$

5. उपलब्ध चारा 60 दिन के लिए पर्याप्त है
   = 38 जानवरों के लिए
   1 दिन के लिए जानवरों की संख्या
   $= 38 \times 60$
   40 दिनों के लिए जानवरों की संख्या
   $= \dfrac{38 \times 60}{40} = 57$
   नये जानवर खरीदने से पूर्व कुल जानवर
   $= 38$
   खरीदे गये जानवर $= 57 - 38 = 19$
   अतः उसने 19 नये जानवर खरीदे।

6. वर्ग का परिमाप = 3440 मीटर
   वर्ग की भुजा $= \dfrac{\text{परिमाप}}{4} = \dfrac{3440}{4}$
   $= 860$ मीटर।

7. गाय का विक्रय मूल्य = ₹ 472
   हानि = ₹ 38
   अतः गाय का क्रय मूल्य
   = विक्रय मूल्य + हानि
   = 472 + 38 = ₹ 510

लाभ = ₹ 32
अतः गाय का विक्रय मूल्य
  = क्रय मूल्य + लाभ
  = 510 + 32 = ₹ 542.

8. 16 मशीनों का क्रय मूल्य = ₹ 6496

1 मशीन का क्रय मूल्य = ₹ $\dfrac{6496}{16}$

25 मशीनों का क्रय मूल्य = ₹ $\dfrac{6496}{16} \times 25$
  = ₹ 406 × 25
  = ₹ 10150.

9. 8 किलोग्राम मिठाई की कीमत = ₹ 392.80
1 किलोग्राम मिठाई की कीमत
  = ₹ $\dfrac{392.80}{8}$ = ₹ 49.10.

10. 12 पेंसिलों की कीमत = ₹ 15

1 पेंसिल की कीमत = ₹ $\dfrac{15}{12}$

192 पेंसिलों की कीमत = ₹ $\dfrac{15}{12} \times 192$
  = ₹ 15 × 16 = ₹ 240

11. 25, 35 और 105 का लघुत्तम समापवर्तक

5	25, 35, 105
7	5, 7, 21
	5, 1, 3

लघुत्तम समापवर्तक = 5 × 7 × 5 × 3
  = 525.

12. 35 × .07 − 21 × .03
  = 2.45 − .63 = 1.82.

13. 8 का 20% + 15 का 18%
  = $8 \times \dfrac{20}{100} + 15 \times \dfrac{18}{100}$

= $\dfrac{8}{5} + \dfrac{27}{10} = \dfrac{16+27}{10} = \dfrac{43}{10}$
= 4.3.

14. पहली संख्या × दूसरी संख्या
  = महत्तम समापवर्तक × लघुत्तम समापवर्तक

दूसरी संख्या
= $\dfrac{\text{महत्तम समापवर्तक} \times \text{लघुत्तम समापवर्तक}}{\text{पहली संख्या}}$

= $\dfrac{18 \times 252}{126}$ = 36.

15.
2	12, 18, 24
2	6, 9, 12
3	3, 9, 6
	1, 3, 2

लघुत्तम समापवर्तक
  = 2 × 2 × 3 × 3 × 2 = 72
72 × 2 = 144
अतः 12, 18 तथा 24 से पूर्ण विभाजित होने वाली तीन अंकों की सबसे छोटी संख्या = 144.

16. ₹ 48 का $37\dfrac{1}{2}$%

= $48 \times \dfrac{75}{2 \times 100} = 48 \times \dfrac{3}{8}$
= 3 × 6 = ₹ 18.

17. संख्या का 80% = 20

संख्या × $\dfrac{80}{100}$ = 20

संख्या = $\dfrac{100 \times 20}{80}$ = 25

अतः 25 का 20% = $25 \times \dfrac{20}{100}$ = 5.

18. प्रश्नानुसार,

कुल अंक का 40% = 178 + 22

कुल अंक $\times \dfrac{40}{100} = 200$

कुल अंक $= \dfrac{100 \times 200}{40}$

$= 100 \times 5 = 500$

अतः परीक्षा के कुल अंक = 500.

19. प्रश्नानुसार,

अभीष्ट वोटों की संख्या = 3000 का

$(60 - 40)\% = 3000 \times \dfrac{20}{100} = 600$

अतः वह 600 वोटों से हार गया।

20. प्रश्नानुसार,

A की आय = B की आय का $\dfrac{2}{5}$ भाग का 40%

$= 4000 \times \dfrac{2}{5} \times \dfrac{40}{100}$

$= 40 \times 16 =$ ₹ 640.

21. मूलधन $= \dfrac{\text{साधारण ब्याज} \times 100}{\text{दर} \times \text{समय}}$

$= \dfrac{90 \times 100}{6 \times 3} =$ ₹ 500

अतः मूलधन ₹ 500 होगा।

22. साधारण ब्याज = मिश्रधन – मूलधन
= 2240 – 2000 = ₹ 240

समय $= \dfrac{\text{ब्याज} \times 100}{\text{मूलधन} \times \text{दर}}$

$= \dfrac{240 \times 100}{2000 \times 4} = 3$ वर्ष।

23. लाभ = 150 का 18%

$= 150 \times \dfrac{18}{100} = 9 \times 3 =$ ₹ 27

विक्रय मूल्य = क्रय मूल्य + लाभ
= 150 + 27 = ₹ 177.

24. 100 – 15 = 85

जब विक्रय मूल्य ₹ 85 तब क्रय मूल्य
= ₹ 100

जब विक्रय मूल्य ₹ 4080 तब क्रय मूल्य

$= \dfrac{100}{85} \times 4080 = 20 \times 240 = 4800$

अतः वस्तु का विक्रय मूल्य = ₹ 4800.

25. A और B मिलकर किसी काम को 15 दिनों में करते हैं

(A + B) का एक दिन का काम $= \dfrac{1}{15}$ भाग

A अकेला इस काम को 24 दिनों में कर सकता है

A का एक दिन का काम $= \dfrac{1}{24}$ भाग

B का एक दिन का काम $= \dfrac{1}{15} - \dfrac{1}{24}$

$= \dfrac{8-5}{120} = \dfrac{3}{120} = \dfrac{1}{40}$

अतः B अकेले इस काम को 40 दिनों में कर सकता है।

26. रेलगाड़ी की चाल $= \dfrac{\text{दूरी}}{\text{समय}}$

$= \dfrac{400}{12}$ मी./से.

$= \dfrac{400}{12} \times \dfrac{18}{5}$ किमी./घंटा

= 120 किमी./घंटा

$\left[\because 1 \text{ मी./से.} = \dfrac{18}{5} \text{ किमी./घंटा} \right]$

27. दूरी = 80 मी. + 120 मी. = 200 मीटर
    चाल = 90 किमी./घंटा
    $= 90 \times \dfrac{5}{18}$ मी./से. = 25 मी./से.
    $\left[\because 1 \text{ किमी./घंटा} = \dfrac{5}{18} \text{ मी./से.}\right]$
    समय = $\dfrac{\text{दूरी}}{\text{चाल}} = \dfrac{200}{25} = 8$ सेकेण्ड।

28. आयताकार खेत का क्षेत्रफल
    = लम्बाई × चौड़ाई
    = 50 × 25 = 1250 वर्ग मी.

29. वर्गाकार मैदान का परिमाप = 4 × भुजा
    वर्ग की भुजा = $\dfrac{\text{परिमाप}}{4} = \dfrac{580}{4}$
    = 145 मीटर
    वर्गाकार मैदान का क्षेत्रफल
    = भुजा × भुजा
    = 145 × 145 = 20025 वर्गमीटर।

30. घनाभ का आयतन
    = लम्बाई × चौड़ाई × ऊँचाई
    = 4 × 3 × 2 = 24 घन सेमी.।

31. छोटी संख्या का मान = बड़ी संख्या का मान – संख्याओं का अन्तर
    = 827 – 215 = 612.

32. संख्या = भाजक × भागफल + शेष
    प्रथम स्थिति में,
    संख्या = 296 × भागफल + 75
    [भागफल जो भी हो]
    दूसरी स्थिति में,
    37 × 8 भागफल + 37 × 2 भागफल + 1 शेष
    या संख्या = 37 × 10 भागफल + 1
    या संख्या = 37 × भागफल + 1
    [भागफल जो भी हो]

अतः स्पष्ट है कि उस संख्या को 37 से भाग देने पर शेष 1 बचेगा।

33. संख्या = भाजक × भागफल + शेष
    प्रथम स्थिति में,
    संख्या = 119 × भागफल + 19
    [भागफल जो भी हो]
    दूसरी स्थिति में,
    ∵ संख्या को 17 से भाग किया जाता है
    ∴ संख्या = 17 × 7 भागफल + 17 × 1 भागफल + 2
    = 17 × 8 भागफल + 2
    $\left(\because \dfrac{119}{17} = 7, \dfrac{19}{17} = 1\right)$
    अतः स्पष्ट है कि उस संख्या को 17 से भाग देने पर शेष 2 बचेगा।

34. 10 × 10 × 10 ÷ (20 ÷ 10 × 10 – 10) + 6
    = 10 × 10 × 10 ÷ (2 × 10 – 10) + 6
    = 10 × 10 × 10 ÷ 10 + 6
    = 10 × 10 × 1 + 6
    = 100 + 6 = 106.

35. प्रथम दस अभाज्य संख्याएँ हैं:
    2, 3, 5, 7, 11, 13, 17, 19, 23 और 29
    औसत = $\dfrac{2+3+5+7+11+13+17+19+23+29}{10}$
    = $\dfrac{129}{10}$ = 12.9.

36. चार संख्याओं का कुल योग
    = 4 × 10 = 40
    दो संख्याएँ 6 तथा 8 सम्मिलित करने पर छः संख्याओं का योग
    = 40 + 6 + 8 = 54
    ∴ संख्याओं का नया औसत = $\dfrac{54}{6}$ = 9.

37. प्रश्नानुसार,
$1x + 2x + 3x = 180°$

$\Rightarrow 6x = 180° \Rightarrow x = \dfrac{180}{6} = 30°$

सबसे बड़ा कोण $= 3x = 3 \times 30 = 90°$.

38. ₹ 625 का 8% + ₹ 120 का 15%

$= 625 \times \dfrac{8}{100} + 120 \times \dfrac{15}{100}$

$= 50 + 18 =$ ₹ 68.

39. माना कि पाँच क्रमिक विषम संख्याएँ $x, x+2, x+4, x+6$ तथा $x+8$ हैं, प्रश्नानुसार,

$\dfrac{x+(x+2)+(x+4)+(x+6)+(x+8)}{5} = 23$

$5x + 20 = 5 \times 23 = 115$

$5x = 115 - 20 = 95.$

$\therefore \quad x = \dfrac{95}{5} = 19$

अतः सबसे बड़ी संख्या $= x + 8$
$= 19 + 8 = 27.$

40. $100 - 20 = 80$

जब विक्रय मूल्य ₹ 80 तब क्रय मूल्य
= ₹ 100

जब विक्रय मूल्य ₹ 480 तब क्रय मूल्य

$= \dfrac{100}{80} \times 480$

$\therefore$ क्रय मूल्य = ₹ 600
$100 + 20 = 120$

जब क्रय मूल्य ₹ 100 तब विक्रय मूल्य
= ₹ 120

जब क्रय मूल्य ₹ 600 तब विक्रय मूल्य

$= \dfrac{120}{100} \times 600$

विक्रय मूल्य = ₹ 720.

मॉडल प्रश्नपत्र संख्या-3

1. $\frac{14}{3}$ का $\frac{5}{8}$ का 72 का मान है:
   A. 209   B. 217
   C. 210   D. 199

2. तीन अंकों की वह बड़ी-से-बड़ी संख्या क्या होगी जिसमें 6, 9 तथा 12 से भाग देने पर प्रत्येक दशा में 1 शेष बचे?
   A. 887   B. 987
   C. 973   D. 730

3. वह छोटी-से-छोटी पूर्ण वर्ग संख्या क्या होगी जो 10, 20, 30 तथा 40 से अलग-अलग पूर्णतः विभाजित हो?
   A. 4800   B. 3600
   C. 4400   D. 2500

4. दो संख्याओं का लघुत्तम समापवर्तक तथा महत्तम समापवर्तक क्रमशः 4284 तथा 32 हैं। अगर एक संख्या 204 है तो दूसरी संख्या है:
   A. 672   B. 576
   C. 676   D. 572

5. पाँच संख्याओं का औसत 7 है। अगर तीन नयी संख्याएँ शामिल कर ली जाती हैं तो कुल 8 संख्याओं का औसत 8.5 हो जाता है। नई संख्याओं का औसत होगा:
   A. 10   B. 8
   C. 15   D. 11

6. सात संख्याओं का औसतमान 7 है। यदि उनमें एक संख्या को और जोड़ दिया जाए तो भी औसतमान वही रहता है। नई संख्या है:
   A. 14   B. 7
   C. 8   D. 11

7. मीना और नीतू की आयु में 4 : 3 का अनुपात है। उनकी आयुओं का योग 28 वर्ष है। 8 वर्ष के बाद उनकी आयु का अनुपात होगाः
   A. 2 : 3   B. 5 : 3
   C. 6 : 5   D. 3 : 5

8. $\sqrt{676} + \sqrt{784} - \sqrt{289}$ का मान क्या होगा?
   A. 38   B. 42
   C. 37   D. 36

9. $\sqrt{95 + \sqrt{13 + \sqrt{144}}}$ का मान है:
   A. 12   B. 11
   C. 10   D. 19

10. अगर $10^{\frac{2}{5}} \times 10^{\frac{8}{5}} = 10^n$, तो n का मान है:
    A. 2   B. 3
    C. 6   D. 4

11. $\frac{5}{8}$ को % के रूप में लिखा जा सकता है:
    A. 50%   B. $62\frac{1}{2}$%
    C. 48%   D. 43%

12. एक वस्तु नकद मूल्य देने पर 12% छूट पर उपलब्ध है। यदि ग्राहक ने उसे नकद मूल्य ₹ 440 देकर खरीदा हो, तो उस वस्तु का सूची मूल्य कितना होगा?
 A. ₹ 600 B. ₹ 400
 C. ₹ 560 D. ₹ 500

13. एक विद्यार्थी जो 20% अंक प्राप्त करता है परन्तु 30 अंकों से फेल हो जाता है। दूसरा विद्यार्थी जो 32% अंक प्राप्त करता है परन्तु वह न्यूनतम पास अंकों से 42 अंक अधिक प्राप्त करता है। परीक्षा के कुल अधिकतम अंक ज्ञात कीजिए।
 A. 600 B. 500
 C. 700 D. 450

14. कोई धन राशि 20 वर्षों में दो गुनी हो जाती है। वह धन राशि कितने वर्षों में तीन गुनी हो जाएगी?
 A. 30 वर्षों में B. 50 वर्षों में
 C. 40 वर्षों में D. 45 वर्षों में

15. किसी राशि का 6% की दर से $4\frac{1}{2}$ वर्ष का साधारण ब्याज ₹ 81 हो जाता है तो वह राशि होगी:
 A. ₹ 325 B. ₹ 225
 C. ₹ 300 D. ₹ 340

16. एक बढ़ई एक कुर्सी ₹ 770 में बेचकर 10% का लाभ कमाता है। यदि वह कुर्सी को ₹ 707 में बेचे तो उसे कितने प्रतिशत लाभ या हानि होगी?
 A. 1% हानि B. 1% लाभ
 C. 7% लाभ D. 10% हानि

17. मोहन को एक घड़ी ₹ 765 में बेचने पर 10% की हानि होती है। वह घड़ी को कितने रुपये में बेचे ताकि उसे 10% का लाभ हो?
 A. ₹ 935 B. ₹ 940
 C. ₹ 965 D. ₹ 880

18. A किसी काम को 30 दिनों में करता है। B उसी काम को 45 दिनों में करता है। दोनों मिलकर उसी काम को कितने दिनों में करेंगे?
 A. 12 दिन B. 13 दिन
 C. 15 दिन D. 18 दिन

19. 12 लड़के किसी काम को 16 दिनों में पूरा करते हैं। उसी काम को 6 लड़के कितने दिनों में कर सकते हैं?
 A. 16 दिन B. 32 दिन
 C. 23 दिन D. 24 दिन

20. A और B एक साथ मिलकर किसी काम को 35 दिनों में पूरा करते हैं। अगर A अकेले उस काम को 60 दिन में पूरा करता है, तो B अकेले उसी काम को कितने दिनों में पूरा करेगा?
 A. 64 दिन B. 72 दिन
 C. 81 दिन D. 84 दिन

21. 130 मीटर लम्बी एक रेलगाड़ी 45 किमी./घंटे की चाल से चल रही है। एक पुल को पार करने में 30 सेकेण्ड का समय लगता है तो पुल की लम्बाई कितनी है?
 A. 245 मीटर B. 265 मीटर
 C. 220 मीटर D. 230 मीटर

22. एक रेलगाड़ी 60 मीटर लम्बे प्लेटफार्म को 20 सेकेण्ड में तथा प्लेटफार्म पर खड़े एक व्यक्ति को 10 सेकेण्ड में पार कर जाती है। गाड़ी की गति किलोमीटर/घंटा है:

A. 22.8 किमी./घंटा
B. 18.6 किमी./घंटा
C. 17.6 किमी./घंटा
D. 21.6 किमी./घंटा

23. एक आयताकार मैदान का परिमाप 400 मीटर है। अगर आयताकार मैदान की लम्बाई 125 मीटर है तो उसकी चौड़ाई निकालें।
A. 15 मीटर   B. 25 मीटर
C. 75 मीटर   D. 55 मीटर

24. एक वर्ग की परिमिति 324 मीटर है। वर्ग का क्षेत्रफल है:
A. 6021 वर्ग मीटर
B. 6521 वर्ग मीटर
C. 6261 वर्ग मीटर
D. 6561 वर्ग मीटर

25. एक घन का पृष्ठ क्षेत्रफल 1014 वर्ग सेमी. है। इसका आयतन होगा:
A. 2197 घन सेमी.
B. 2297 घन सेमी.
C. 2179 घन सेमी.
D. 2117 घन सेमी.

26. एक कमरे की लम्बाई, चौड़ाई तथा ऊँचाई क्रमशः 12 मी., 9 मी. तथा 8 मी. है, तो उस छड़ की अधिक-से-अधिक लम्बाई क्या होगी जो कमरे में ठीक प्रकार रखी जा सके?
A. 17 मीटर   B. 18 मीटर
C. 25 मीटर   D. 16 मीटर

27. तीन घन जिनके किनारे क्रमशः 3 सेमी., 4 सेमी. तथा 5 सेमी. हैं, को पिघलाकर एक नया घन बनाया जाता है। उस नये घन का किनारा होगा:

A. 8 सेमी.   B. 10 सेमी.
C. 6 सेमी.   D. 12 सेमी.

28. एक घनाकार कमरे की भुजा 10 मीटर है। यदि एक बंडल रूई 5 घन मीटर जगह घेरता हो तो ऐसे कितने बंडल रूई के कमरे में रखे जा सकते हैं?
A. 100   B. 175
C. 200   D. 225

29. वह छोटी संख्या ज्ञात कीजिए जिसको 24, 28 और 35 से भाग देने पर प्रत्येक में 3 शेष बचे।
A. 840   B. 843
C. 740   D. 743

30. वह सबसे बड़ी संख्या ज्ञात कीजिए जिसे 61, 145 और 89 को भाग देने पर प्रत्येक में 5 शेष बचे।
A. 28   B. 25
C. 24   D. 22

31. एक कमरा 7 मीटर लम्बा तथा 4 मीटर चौड़ा है। इस पर कालीन बिछाने का खर्च ज्ञात करें यदि कालीन बिछाने का प्रति वर्ग मीटर खर्च ₹ 21.50 है।
A. ₹ 580   B. ₹ 602
C. ₹ 620   D. ₹ 592

32. एक खेत को 96 आदमी 12 दिनों में जोत सकते हैं। यदि खेत को 8 दिनों में जोता जाना हो तो कितने आदमियों की आवश्यकता होगी?
A. 120 आदमी   B. 134 आदमी
C. 144 आदमी   D. 128 आदमी

33. एक व्यापारी ने 7 भेड़ें ₹ 450 प्रति भेड़ की दर से खरीदीं। फिर उसने 5 भेड़ें ₹ 520 प्रति भेड़ की दर से खरीदीं। उसने सभी भेड़ों को ₹ 500 प्रति भेड़ की दर से बेच दिया। उसको कितना लाभ या हानि हुई।

A. ₹ 250 हानि B. ₹ 250 लाभ
C. ₹ 225 हानि D. ₹ 225 लाभ

34. एक नाव 1450 किमी. की दूरी 28 घंटे में तय करती है। उसे 750 किमी. की दूरी तय करने में कितना समय लगेगा?
A. 14.48 घंटे B. 14.35 घंटे
C. 12.48 घंटे D. 13.35 घंटे

35. 450 पैकेट बिस्कुट का भार 15 किलो 750 ग्राम है तो एक पैकेट का भार ज्ञात कीजिए।
A. 25 ग्राम B. 28 ग्राम
C. 35 ग्राम D. 45 ग्राम

36. एक आदमी ₹ 408 खर्च करता है 24 दिनों में तो वह ₹ 238 कितने दिनों में खर्च करेगा?
A. 12 दिन B. 14 दिन
C. 16 दिन D. 15 दिन

37. एक तरणताल की गहराई चार अलग-अलग स्थानों पर क्रमशः 4.5 मी., 3.5 मी., 3.25 मी. तथा 2.75 मी. है। तरणताल की औसत गहराई ज्ञात करें।
A. 2.8 मीटर B. 2.5 मीटर
C. 3.8 मीटर D. 3.5 मीटर

38. एक त्रिभुज के कोण क्रमशः 4 : 6 : 8 के अनुपात में हैं। सबसे छोटे कोण का मान है:
A. 25° B. 35°
C. 40° D. 45°

39. 34° का पूरक कोण होता है:
A. 50° B. 56°
C. 146° D. 66°

40. एक समकोण का $\frac{4}{5}$ होता है:
A. 52° B. 60°
C. 80° D. 72°

उत्तरमाला

1	2	3	4	5	6	7	8	9	10
C	C	B	A	D	B	C	C	C	A
11	**12**	**13**	**14**	**15**	**16**	**17**	**18**	**19**	**20**
B	D	A	C	C	B	A	D	B	D
21	**22**	**23**	**24**	**25**	**26**	**27**	**28**	**29**	**30**
A	D	C	D	A	A	C	C	B	A
31	**32**	**33**	**34**	**35**	**36**	**37**	**38**	**39**	**40**
B	C	B	A	C	B	D	C	B	D

व्याख्यात्मक उत्तर

1. $\frac{14}{3}\times\frac{5}{8}\times 72 = 14 \times 5 \times 3$
$= 210.$

2. 6, 9 और 12 का लघुत्तम समापवर्तक

2	6, 9, 12
3	3, 9, 6
	1, 3, 2

∴ लघुत्तम समापवर्तक = $3 \times 2 \times 3 \times 2$
$= 36$

3 अंकों की सबसे बड़ी संख्या = 999
999 को 36 से भाग देने पर 27 शेष बचता है।

$$36 \overline{)999} \begin{array}{r} 27 \\ \underline{72} \\ 279 \\ \underline{252} \\ 27 \end{array}$$

∴ $999 - 27 = 972$ जो 6, 9 तथा 12 से पूर्णतः विभाजित हो जाती है।

∴ अभीष्ट संख्या = $972 + 1 = 973$.

3. 10, 20, 30 और 40 का लघुत्तम समापवर्तक

$$\begin{array}{c|c} 2 & 10, 20, 30, 40 \\ \hline 2 & 5, 10, 15, 20 \\ \hline 5 & 5, 5, 15, 10 \\ \hline & 1, 1, 3, 2 \end{array}$$

लघुत्तम समापवर्तक = $2 \times 2 \times 5 \times 3 \times 2$
लेकिन संख्या एक पूर्ण वर्ग संख्या है।
अतः अभीष्ट संख्या
= $\underline{2 \times 2} \times \underline{5 \times 5} \times \underline{3 \times 3} \times \underline{2 \times 2}$
= 3600.

4. दूसरी संख्या =
$$\frac{\text{लघुत्तम समापवर्तक} \times \text{महत्तम समापवर्तक}}{\text{पहली संख्या}}$$
$$= \frac{4284 \times 32}{204} = 672.$$

5. 5 संख्याओं का औसत = 7
∴ इन 5 संख्याओं का योग = $7 \times 5 = 35$
(5 + 3 नई संख्याएँ) का औसत = 8.5
इन 8 संख्याओं का योग = $8.5 \times 8 = 68$
तीन नई संख्याओं का योग = $68 - 35 = 33$
तीन नई संख्याओं का औसत
$$= \frac{33}{3} = 11.$$

6. 7 संख्याओं का औसत = 7
7 संख्याओं का योग = $7 \times 7 = 49$
(7 संख्याएँ + नयी संख्या) का औसत = 7
इन आठ संख्याओं का योग = 8×7
$= 56$
∴ नई संख्या = $56 - 49 = 7$.

7. माना कि मीना की आयु $4x$ तथा नीतू की आयु $3x$ है।
$4x + 3x = 28 \Rightarrow 7x = 28 \Rightarrow x = 4$
मीना की वर्तमान आयु = $4 \times 4 = 16$ वर्ष
नीतू की वर्तमान आयु = $4 \times 3 = 12$ वर्ष
8 वर्ष के बाद मीना की आयु
$= 16 + 8 = 24$ वर्ष
8 वर्ष के बाद नीतू की आयु
$= 12 + 8 = 20$ वर्ष
मीना : नीतू = $24 : 20 = 6 : 5$.

8. $\sqrt{676} + \sqrt{784} - \sqrt{289}$
$= 26 + 28 - 17$
$= 54 - 17 = 37$.

9. $\sqrt{95 + \sqrt{13 + \sqrt{144}}}$
$= \sqrt{95 + \sqrt{13 + 12}} = \sqrt{95 + \sqrt{25}}$
$= \sqrt{95 + 5} = \sqrt{100} = 10$.

10. ∵ $10^{\frac{2}{5}} \times 10^{\frac{8}{5}} = 10^n$
$\Rightarrow 10^{\frac{2}{5} + \frac{8}{5}} = 10^n$
$\Rightarrow 10^2 = 10^n \Rightarrow n = 2$.

11. $\frac{5}{8} \times 100 = \frac{5}{2} \times 25 = \frac{125}{2}\%$
$= 62\frac{1}{2}\%$.

12. $100 - 12 = 88$
जब विक्रय मूल्य ₹ 88 तब अंकित मूल्य
= ₹ 100

जब विक्रय मूल्य ₹ 440 तब अंकित मूल्य

$= ₹ \dfrac{100}{88} \times 440$

$= ₹ 100 \times 5 = ₹ 500$

अतः वस्तु का अंकित मूल्य = ₹ 500.

13. माना कि परीक्षा के अधिकतम अंक x हैं।
पहले विद्यार्थी के लिए:
उत्तीर्ण अंक = x का $20\% + 30$ ... (i)
दूसरे विद्यार्थी के लिए:
उत्तीर्ण अंक = x का $32\% - 42$ ...(ii)
समीकरण (i) और (ii) से,
x का $20\% + 30 = x$ का $32\% - 42$
$\Rightarrow x$ का $32\% - x$ का $20\% = 42 + 30$
$\Rightarrow x$ का $12\% = 72$

$\Rightarrow x \times \dfrac{12}{100} = 72$

$\Rightarrow x = \dfrac{100 \times 72}{12} = 600$

अतः परीक्षा के अधिकतम अंक = 600.

14. माना कि मूलधन = ₹ x
मिश्रधन = ₹ $2x$
साधारण ब्याज = मिश्रधन – मूलधन
$= 2x - x = x$
समय = 20 वर्ष

दर $= \dfrac{\text{ब्याज} \times 100}{\text{मूलधन} \times \text{समय}}$

$= \dfrac{x \times 100}{x \times 20} = 5\%$

अब, मूलधन = ₹ x
मिश्रधन = ₹ $3x$
ब्याज = $3x - x = ₹ 2x$

समय $= \dfrac{\text{ब्याज} \times 100}{\text{मूलधन} \times \text{दर}}$

$= \dfrac{2x \times 100}{x \times 5}$

= 40 वर्ष।

15. मूलधन $= \dfrac{\text{ब्याज} \times 100}{\text{दर} \times \text{समय}} = \dfrac{81 \times 100}{6 \times \dfrac{9}{2}}$

$= \dfrac{81 \times 100}{27} = 3 \times 100 = ₹ 300.$

16. पहली स्थिति में:
विक्रय मूल्य = ₹ 770
लाभ = 10%

क्रय मूल्य $= 770 \times \dfrac{100}{110} = ₹ 700$

दूसरी स्थिति में:
क्रय मूल्य = ₹ 700
विक्रय मूल्य = ₹ 707
लाभ = 707 – 700 = ₹ 7

लाभ % $= \dfrac{7}{700} \times 100 = 1\%.$

17. पहली स्थिति में:
विक्रय मूल्य = ₹ 765
हानि = 10%

क्रय मूल्य $= 765 \times \dfrac{100}{90} = ₹ 850$

दूसरी स्थिति में:
क्रय मूल्य = ₹ 850
लाभ = 10%

विक्रय मूल्य $= 850 \times \dfrac{110}{100} = ₹ 935.$

18. A किसी काम को 30 दिनों में कर सकता है

A का एक दिन का काम $= \dfrac{1}{30}$ भाग

B उसी काम को 45 दिनों में करता है

B का एक दिन का काम = $\frac{1}{45}$ भाग

(A + B) का एक दिन का काम

$$= \frac{1}{30}+\frac{1}{45} = \frac{3+2}{90}=\frac{5}{90}=\frac{1}{18}$$

अतः A और B दोनों मिलकर इस काम को 18 दिनों में कर सकते हैं।

19. 12 लड़के किसी काम को 16 दिनों में करते हैं

1 लड़का उसी काम को 16 × 12 दिनों में करेगा

6 लड़के उसी काम को $\frac{16\times12}{6}$ दिनों में करेंगे

= 32 दिनों में करेंगे।

20. A और B दोनों मिलकर किसी काम को 35 दिनों में करते हैं

(A + B) का एक दिन का काम = $\frac{1}{35}$ भाग

A अकेले इस काम को 60 दिनों में करता है

A का एक दिन का काम = $\frac{1}{60}$ भाग

B का एक दिन का काम = $\frac{1}{35}-\frac{1}{60}$

$$= \frac{12-7}{420}=\frac{5}{420} = \frac{1}{84}$$

अतः B अकेलेउस काम को 84 दिनों में करेगा।

21. माना कि पुल की लम्बाई = x मीटर

गाड़ी द्वारा तय की गई दूरी

= (130 + x) मीटर

पुल को पार करने में लगा समय

= 30 सेकेण्ड

∵ दूरी = चाल × समय

$\Rightarrow 130 + x = 45 \times \frac{5}{18} \times 30$

= 375 मीटर

$\Rightarrow \quad x = 375 - 130 = 245$

$\left[1 \text{ किमी./घंटा} = \frac{5}{18}\text{मी./से.}\right]$

∴ अतः पुल की लम्बाई = 245 मीटर।

22. माना कि रेलगाड़ी की लम्बाई = x मीटर

पहली स्थिति में:

रेलगाड़ी द्वारा तय की गई दूरी

= (x + 60) मीटर

लिया गया समय = 20 सेकेण्ड

गाडी की चाल = $\left(\frac{x+60}{20}\right)$मी./से. ...(*i*)

दूसरी स्थिति में:

रेलगाड़ी द्वारा तय की गई दूरी = (x) मीटर

लिया गया समय = 10 सेकेण्ड

गाड़ी की चाल = $\frac{x}{10}$ मी./से. ...(*ii*)

समीकरण (*i*) और (*ii*) से,

$$\frac{x+60}{20} = \frac{x}{10}$$

$\Rightarrow \quad x + 60 = 2x \quad \Rightarrow \quad x = 60$

∴ गाड़ी की चाल = $\frac{60}{10}$ = 6 मी./से.

$\left[1 \text{ मी./से.} = \frac{18}{5}\text{ किमी./घंटा.}\right]$

= 6 × $\frac{18}{5}$ किमी./घंटा

= $\frac{108}{5}$ = 21.6 किमी./घंटा।

23. आयताकार मैदान का परिमाप

$= 2(\text{ल.} + \text{चौ.})$

$\Rightarrow \; 2(\text{ल.} + \text{चौ.}) = 400$

$\Rightarrow \quad \text{ल.} + \text{चौ.} = \frac{400}{2} = 200$

$\Rightarrow \; 125 + \text{चौ.} = 200$

$\Rightarrow \quad \text{चौड़ाई} = 200 - 125$

$= 75$ मीटर

अतः आयताकार मैदान की चौड़ाई

$= 75$ मीटर।

24. वर्ग की भुजा $= \frac{\text{परिमिति}}{4}$

$= \frac{324}{4} = 81$ मीटर

वर्ग का क्षेत्रफल = भुजा × भुजा

$= 81 \times 81$

$= 6561$ वर्ग मीटर।

25. घन का पृष्ठ क्षेत्रफल $= 6(\text{भुजा})^2$

$\Rightarrow \quad 6(\text{भुजा})^2 = 1014$

$\Rightarrow \quad (\text{भुजा})^2 = \frac{1014}{6} = 169$

$\therefore \quad$ भुजा = 13 सेमी.

घन का आयतन $= (\text{भुजा})^3$

$= 13 \times 13 \times 13$

$= 2197$ घन सेमी.।

26. अधिक-से-अधिक लम्बाई की छड़ = घनाभ के विकर्ण की लम्बाई

$= \sqrt{(\text{ल.})^2 + (\text{चौ.})^2 + (\text{ऊँ})^2}$

$= \sqrt{(12)^2 + (9)^2 + (8)^2}$

$= \sqrt{144+81+64} = \sqrt{289}$

$= 17$ मीटर

अतः उस छड़ की अधिक-से-अधिक लम्बाई जो ठीक प्रकार से कमरे में रखी जा सके 17 मी. होगी।

27. $\because$ तीन घन के किनारे क्रमशः 3 सेमी., 4 सेमी. तथा 5 सेमी. हैं।

$\therefore$ तीनों घनों के आयतन क्रमशः $(3)^3$ = 27 घन सेमी., $(4)^3$ = 64 घन सेमी. तथा $(5)^3$ = 125 घन सेमी. होंगे।

$\because$ नये घन का आयतन = तीनों घनों के आयतनों का योग

$\therefore$ नये घन का आयतन

$= 27 + 64 + 125 = 216$ घन सेमी.

अतः नये घन का किनारा $= \sqrt[3]{216}$

$= 6$ सेमी.।

28. घनाकार कमरे का आयतन $= (10)^3$

$= 1000$ घन मीटर

रूई के बंडलों की संख्या

$= \frac{1000}{5} = 200.$

29. प्रश्न से स्पष्ट है कि वह अभीष्ट छोटी संख्या दी गई संख्याओं के लघुत्तम समापवर्तक से 3 ज्यादा होगी।

24, 28 तथा 35 का लघुत्तम समापवर्तक

2	24, 28, 35
2	12, 14, 35
7	6, 7, 35
	6, 1, 5

लघुत्तम समापवर्तक $= 2 \times 2 \times 7 \times 6 \times 5$

$= 840$

अतः अभीष्ट संख्या $= 840 + 3 = 843.$

30. $61 - 5 = 56$, $145 - 5 = 140$,

$89 - 5 = 84$

अब 56, 140 तथा 84 का महत्तम समापवर्तक

```
56)140 (2
   112
    28)56 (2
       56
        ×
    28)84 (3
       84
        ×
```

महत्तम समापवर्तक = 28

अतः अभीष्ट बड़ी संख्या = 28

31. कमरे का क्षेत्रफल = $7 \times 4 = 28$ वर्ग मी.

कालीन बिछाने का खर्च = 28×21.50

= ₹ 602

32. 12 दिनों में जोतने के लिए 96 आदमी चाहिए

1 दिन में जोतने के लिए 96×12 आदमी चाहिए

8 दिनों में जोतने के लिए = $\frac{96 \times 12}{8}$

= $12 \times 12 = 144$ आदमी चाहिए

अतः 8 दिनों में जोतने के लिए 144 आदमियों की आवश्यकता होगी।

33. प्रति भेड़ ₹ 450 की दर से 7 भेड़ों की कीमत

= 450×7 = ₹ 3150

प्रति भेड़ ₹ 520 की दर से 5 भेड़ों की कीमत

= 520×5 = ₹ 2600

कुल भेड़ों का क्रय मूल्य = $3150 + 2600$

= ₹ 5750

प्रति भेड़ ₹ 500 की दर से 12 भेड़ों का विक्रय मूल्य

= 500×12 = ₹ 6000

लाभ = $6000 - 5750$ = ₹ 250.

34. एक नाव 1450 किमी. की दूरी 28 घंटे में तय करती है

एक नाव 1 किमी. की दूरी $\frac{28}{1450}$ घंटे में तय करेगी

एक नाव 750 किमी. की दूरी $\frac{28}{1450} \times 750$

= $\frac{420}{29}$ = 14.48 घंटे में तय करेगी।

35. 450 पैकेट का भार = 15750 ग्राम

1 पैकेट का भार = $\frac{15750}{450}$ ग्राम

= 35 ग्राम।

36. चूँकि आदमी ₹ 408 खर्च करता है 24 दिनों में

आदमी ₹ 1 खर्च करेगा $\frac{24}{408}$ दिनों में

आदमी ₹ 238 खर्च करेगा $\frac{24}{408} \times 238$

= $\frac{1}{17} \times 238 = 14$ दिन

अतः वह आदमी ₹ 238 खर्च करेगा 14 दिनों में।

37. तरणताल की औसत गहराई

= $\frac{(4.5 + 3.5 + 3.25 + 2.75)}{4}$ मीटर

= $\frac{14}{4} = \frac{7}{2}$ मीटर = 3.5 मीटर।

38. त्रिभुज के तीनों कोण x के अनपात में हैं।

अतः $4x + 6x + 8x = 180°$

$\Rightarrow \quad 18x = 180°$

$\Rightarrow \quad x = 10°$

अतः सबसे छोटा कोण का मान

= $4 \times 10 = 40°$.

39. 34° का पूरक कोण = $90 - 34° = 56°$

40. एक समकोण का $\frac{4}{5} = 90° \times \frac{4}{5}$

= $18 \times 4 = 72°$.

मॉडल प्रश्नपत्र संख्या-4

1. संख्या 9075 में 9 के अंक के स्थानीय तथा जातीय मानों के बीच कितना अन्तर है?
   A. 8891 B. 9891
   C. 8991 D. 8981

2. 1 से 100 के बीच अभाज्य संख्याओं की गिनती कितनी होगी?
   A. 22 B. 18
   C. 25 D. 24

3. $1150 \div 50 \div 23 + 15$ का मान ज्ञात करें।
   A. 16 B. 20
   C. 22 D. 18

4. अगर $75^2 - 65^2 = 2x$ हो, तो x का मान है:
   A. 715 B. 700
   C. 688 D. 711

5. चार अंकों की बड़ी-से-बड़ी उस संख्या का मान क्या होगा जो 2, 3, 4 तथा 5 से पूर्णतः विभाजित हो?
   A. 9960 B. 9690
   C. 8990 D. 9980

6. दो संख्याओं का गुणनफल 2560 है। यदि दोनों संख्याओं का महत्तम समापवर्तक 16 है तो उनका लघुत्तम समापवर्तक ज्ञात करें।
   A. 140 B. 150
   C. 120 D. 160

7. दस संख्याओं का औसत 25 है। अगर प्रथम नौ संख्याओं का औसत 26 हो तो अन्तिम संख्या का मान क्या है?

   A. 12 B. 16
   C. 15 D. 18

8. 20 से कम अभाज्य संख्याओं का योग क्या है?
   A. 72 B. 75
   C. 77 D. 78

9. 8 किमी., 8 डेकामी. कितने मीटर के बराबर होगा?
   A. 8080 मी. B. 8008 मी.
   C. 8800 मी. D. 16000 मी.

10. एक सम्पूर्ण दिन व रात्रि का $\frac{5}{6}$ क्या है?
    A. 12 घंटे B. 18 घंटे
    C. 15 घंटे D. 20 घंटे

11. सबसे बड़ी भिन्न संख्या है:
    A. $\frac{3}{2}$ B. $\frac{6}{5}$
    C. $\frac{4}{3}$ D. $\frac{7}{15}$

12. यदि किसी संख्या का 40% 36 है, तो इसका 60% क्या होगा?
    A. 27 B. 54
    C. 18 D. 20

13. एक मशीन कोका-कोला की 250 बोतलें 10 मिनट में भरती है। इसी दर से 400 बोतलें कितने मिनट में भरेंगी।
    A. 12 मिनट B. 15 मिनट
    C. 16 मिनट D. 18 मिनट

14. 3.5 मीटर लम्बे तथा 1.5 मीटर चौड़े बोर्ड के चारों तरफ लगाने के लिए कितने मीटर टेप चाहिए?
   A. 5 मीटर   B. 6 मीटर
   C. 8 मीटर   D. 10 मीटर

15. एक कार एक लीटर पेट्रोल में 17 किमी. चलती है। इसे 136 किमी. जाने में कितना पेट्रोल लगेगा?
   A. 8 लीटर   B. 9 लीटर
   C. 6 लीटर   D. 10 लीटर

16. 25 सेमी. और 3 मीटर के बीच अनुपात है:
   A. 25 : 3   B. 3 : 25
   C. 1 : 12   D. 12 : 1

17. दो संख्याओं का योग 70 है तथा उनका अन्तर 16 है। बड़ी संख्या का मान है:
   A. 27   B. 43
   C. 86   D. 54

18. अगर 76 को 7, 5, 3 और 4 के अनुपात में विभाजित करने पर सबसे छोटी संख्या होगी:
   A. 14   B. 18
   C. 32   D. 12

19. दो संख्याओं का अनुपात 12 और 19 है। इन दोनों संख्याओं का योग 217 है, तो छोटी संख्या का मान है:
   A. 81   B. 64
   C. 70   D. 84

20. अगर $\dfrac{x}{y} = \dfrac{5}{2}$ हो, तो $\dfrac{8x+9y}{8x+2y}$ का मान निकालें।
   A. $\dfrac{29}{22}$ B. $\dfrac{17}{16}$
   C. $\dfrac{22}{29}$ D. $\dfrac{16}{17}$

21. $(100)^\circ$ का मान बराबर है:
   A. 0   B. 10
   C. 1   D. 100

22. 4 की घात 3, निम्न में से किस संख्या के बराबर होगी?
   A. 64   B. 81
   C. 12   D. 49

23. 2 की घात 3 तथा 3 की घात 2 में कितना अन्तर होगा?
   A. 2   B. 5
   C. 3   D. 1

24. ₹ 400 का $12\dfrac{1}{2}$ % निकालें।
   A. ₹ 25   B. ₹ 50
   C. ₹ 75   D. ₹ 100

25. 250 का 10% और 280 का 5% के अन्तर का मान है:
   A. 8   B. 10
   C. 11   D. 12

26. एक संख्या का 75% 15 है तो संख्या है:
   A. 20   B. 25
   C. 40   D. 35

27. राम ने एक पुरानी कार ₹ 5200 में खरीदी और ₹ 1700 उसकी मरम्मत पर खर्च किये। वह उसे ₹ 8200 में बेच देता है। उसे कितना लाभ हुआ?
   A. ₹ 1500   B. ₹ 1300
   C. ₹ 1200   D. ₹ 3000

28. एक आयताकार बाग की लम्बाई 8 हेक्टोमीटर और चौड़ाई 6 डेकामीटर है। एक व्यक्ति को इसके चारों ओर एक बार चक्कर लगाने में कितना समय लगेगा यदि वह 4 डेकामीटर एक मिनट में तय करे?
   A. 28 मिनट   B. 33 मिनट
   C. 43 मिनट   D. 34 मिनट

29. एक रेलगाड़ी 36 किमी./घंटे की चाल से चलती है। 36 सेकेण्ड में कितने मीटर की दूरी तय करेगी?
   A. 220 मीटर   B. 300 मीटर
   C. 440 मीटर   D. 360 मीटर

30. एक ठेकेदार ने भूमि के एक टुकड़े पर एक हौज निर्मित किया। भूमि के टुकड़े की लम्बाई 45 मीटर और चौड़ाई 34 मीटर है। उसको ₹ 625 प्रति वर्ग मीटर की दर से भुगतान किया गया। उसको कुल काम के लिए कितने रुपयों का भुगतान किया गया?
   A. ₹ 9,56,250   B. ₹ 9,23,560
   C. ₹ 9,56,320   D. ₹ 9,30,562

31. एक बस एक स्थान के 7 चक्कर लगाती है। इसमें 52 व्यक्ति बैठ सकते हैं जबकि 8 खड़े हो सकते हैं। प्रत्येक चक्कर में बस पूर्णतया भरी रहती है। सातों चक्करों में यात्रा करने वाले व्यक्तियों की कुल संख्या ज्ञात करें।
   A. 220   B. 320
   C. 420   D. 240

32. 5 टेबलों की लागत 7 कुर्सियों की लागत के बराबर है। यदि एक टेबल की कीमत ₹ 210 हो तो एक कुर्सी की कीमत ज्ञात कीजिए।
   A. ₹ 150   B. ₹ 140
   C. ₹ 160   D. ₹ 145

33. एक परिवार में 8 सदस्य हैं। उनकी महीने की कुल आय ₹ 900 है। प्रत्येक व्यक्ति की महीने की औसत आय क्या है?
   A. ₹ 120.50   B. ₹ 112.50
   C. ₹ 122.50   D. ₹ 102.50

34. 40 लड़के किसी काम को 6 दिनों में कर सकते हैं। 10 लड़के उसी काम को कितने दिनों में करेंगे?
   A. 36 दिन   B. 18 दिन
   C. 24 दिन   D. 30 दिन

35. एक रेलगाड़ी 72 किमी./घंटे की चाल से चलकर एक बिजली के खम्भे को 15 सेकेण्ड में पार करती है। गाड़ी की लम्बाई ज्ञात कीजिए।

   A. 250 किमी.   B. 300 किमी.
   C. 350 किमी.   D. 275 किमी.

36. 300 मीटर लम्बी एक रेलगाड़ी 54 किमी./घंटे की चाल से चल रही है। अगर यह एक पुल को पार करने में 40 सेकेण्ड का समय लेती है तो पुल की लम्बाई निकालें।
   A. 250 मी.   B. 300 मी.
   C. 325 मी.   D. 350 मी.

37. एक आयत की परिमिति 28 सेमी. है। अगर आयत की एक भुजा 8 सेमी. है तो इसका क्षेत्रफल निकालें।
   A. 48 वर्ग सेमी.   B. 40 वर्ग सेमी.
   C. 58 वर्ग सेमी.   D. 50 वर्ग सेमी.

38. एक वर्गाकार कमरा जिसकी प्रत्येक भुजा 14 मीटर है। उसमें संगमरमर बिछाया जाता है। यदि संगमरमर बिछाने की कुल लागत ₹ 5880 है तो संगमरमर बिछाने की लागत प्रति वर्ग मीटर क्या होगी?
   A. ₹ 50   B. ₹ 40
   C. ₹ 30   D. ₹ 25

39. एक लड़का अपने घर से स्कूल और वापिस अपने घर साइकिल पर आता-जाता है। रविवार के दिन वह स्कूल नहीं जाता है। यदि उसका स्कूल अपने घर से 6 किमी. की दूरी पर है तो एक हफ्ते में वह कितने मील साइकिल चलाता है?
   A. 80 मील   B. 45 मील
   C. 60 मील   D. 77 मील

40. एक समद्विबाहु त्रिभुज की दो भुजाओं की लम्बाई x है। तीसरी भुजा की लम्बाई x की आधी है तो त्रिभुज का परिमाप ज्ञात कीजिए।
   A. $2\frac{1}{2}x$ B. $5x$
   C. $3x$ D. $4\frac{1}{2}x$

उत्तरमाला

1	2	3	4	5	6	7	8	9	10
C	C	A	B	A	D	B	C	A	D
11	12	13	14	15	16	17	18	19	20
A	B	C	D	A	C	B	D	D	A
21	22	23	24	25	26	27	28	29	30
C	A	D	B	C	A	B	C	D	A
31	32	33	34	35	36	37	38	39	40
C	A	B	C	B	B	A	C	B	A

व्याख्यात्मक उत्तर

1. संख्या 9075 में
   9 का स्थानीय मान = 9000
   9 का जातीय मान = 9
   अन्तर = 9000 – 9
   = 8991.

2. 1 और 100 के बीच 25 अभाज्य संख्याएँ होती हैं।
   2, 3, 5, 7, 11, 13, 17, 19, 23, 29, 31, 37, 41, 43, 47, 53, 59, 61, 67, 71, 73, 79, 83, 89, 97.

3. $1150 \div 50 \div 23 + 15$
   $= 1150 \times \dfrac{1}{50} \times \dfrac{1}{23} + 15$
   $= \dfrac{1150}{1150} + 15 = 1 + 15 = 16.$

4. $(75)^2 - (65)^2 = 2x$
   $\Rightarrow (75 + 65)(75 - 65) = 2x$
   $\Rightarrow 140 \times 10 = 2x$
   $\Rightarrow x = \dfrac{140 \times 10}{2} = \dfrac{1400}{2}$
   $= 700.$

5. 2, 3, 4 और 5 का लघुत्तम समापवर्तक = 60

   4 अंकों की सबसे बड़ी संख्या = 9999
   9999 को 60 से भाग देने पर 39 शेष आता है।
   अतः 2, 3, 4 तथा 5 से विभाजित होनेवाली चार अंकों की सबसे बड़ी संख्या
   = 9999 – 39 = 9960
   अतः अभीष्ट संख्या = 9960.

   $60 \overline{)9999\,(166}$
   $\underline{60}$
   399
   $\underline{360}$
   399
   $\underline{360}$
   39

6. महत्तम समापवर्तक × लघुत्तम समापवर्तक = संख्याओं का गुणनफल
   ∴ लघुत्तम समापवर्तक
   $= \dfrac{\text{संख्याओं का गुणनफल}}{\text{महत्तम समापवर्तक}}$
   $= \dfrac{2560}{16} = 160.$

7. 10 संख्याओं का कुल योग
   $= 10 \times 25 = 250$
   9 संख्याओं का कुल योग
   $= 9 \times 26 = 234$
   ∴ अन्तिम संख्या का मान
   $= 250 - 234 = 16.$

8. 20 से कम अभाज्य संख्याएँ
2, 3, 5, 7, 11, 13, 17 और 19 होती हैं।
इन संख्याओं का योग
$= 2 + 3 + 5 + 7 + 11 + 13 + 17 + 19$
$= 77$.

9. 8 किलोमीटर = 8×1000 = 8000 मीटर
8 डेकामीटर = 8×10 = 80 मीटर
8 किमी. + 8 डेकामीटर का मान (मीटर में)
= 8080 मीटर।

10. $\frac{5}{6} \times 24$ घंटा = 5×4 = 20 घंटे

11. $\frac{3}{2}, \frac{6}{5}, \frac{4}{3}, \frac{7}{15} = \frac{45, 36, 40, 14}{30}$

अतः $\frac{3}{2}$ सबसे बड़ी भिन्न है।

12. माना कि संख्या = x
x का 40% = 36
$\Rightarrow x \times \frac{40}{100} = 36$
$x = \frac{100 \times 36}{40} = 90$
अतः x का 60% = $\frac{90 \times 60}{100} = 54$.

13. 250 बोतलें भरने में 10 मिनट समय लगता है।
400 बोतलें भरने में
$= \frac{10}{250} \times 400$ मिनट
= 16 मिनट समय लगेगा।

14. बोर्ड का परिमाप = 2(लम्बाई + चौड़ाई)
= 2(3.5 + 1.5) = 2×5
= 10 मीटर।

15. 17 किमी. के लिए 1 लीटर पेट्रोल चाहिए
1 किमी. के लिए $\frac{1}{17}$ लीटर पेट्रोल चाहिए

136 किमी. के लिए $\frac{1}{17} \times 136$ लीटर
= 8 लीटर पेट्रोल चाहिए।

16. 25 सेमी. और 3 मीटर का अनुपात
$= \frac{25}{300} = \frac{1}{12}$
अतः 25 सेमी : 3 मी. = 1 : 12.

17. माना कि संख्याएँ x तथा y हैं।
$x + y = 70$ ...(i)
तथा $x - y = 16$ ...(ii)
समीकरण (i) तथा (ii) को जोड़ने पर
$2x = 86$
$\Rightarrow x = 43$
$\therefore y = 70 - 43 = 27$
अतः बड़ी संख्या का मान = 43.

18. अनुपातों का योग = $7x + 5x + 3x + 4x$
$= 19x$
$19x = 76$
$\Rightarrow x = \frac{76}{19} = 4$
सबसे छोटी संख्या = $3x = 3 \times 4 = 12$.

19. $12x + 19x = 217 \Rightarrow 31x = 217$
$\Rightarrow x = \frac{217}{31} = 7$
अतः छोटी संख्या का मान = $12x$
$= 12 \times 7 = 84$.

20. चूँकि $\frac{x}{y} = \frac{5}{2}$

$\therefore \frac{8x + 9y}{8x + 2y} = \frac{8\frac{x}{y} + 9\frac{y}{y}}{8\frac{x}{y} + 2\frac{y}{y}}$

[अंश और हर को y से भाग देने पर]

$$= \frac{8\left(\frac{5}{2}\right)+9}{8\left(\frac{5}{2}\right)+2} = \frac{20+9}{20+2} = \frac{29}{22}$$

अतः $\frac{8x+9y}{8x+2y}$ का मान $\frac{29}{22}$ है।

21. हम जानते हैं कि $x° = 1$
अतः $(100)°$ का मान $= 1$.

22. 4 की घात 3 $= (4)^3 = 4 \times 4 \times 4 = 64$
अतः 4 की घात 3 संख्या 64 के बराबर होगी।

23. अन्तर = 3 की घात 2 – 2 की घात 3
$= (3)^2 - (2)^3 = 9 - 8 = 1.$

24. ₹ 400 का $12\frac{1}{2}$%
$= ₹ 400 \times \frac{25}{2 \times 100} = ₹ 50.$

25. 250 का 10% – 280 का 5%
$= \frac{250 \times 10}{100} - \frac{280 \times 5}{100}$
$= 25 - 14 = 11.$

26. माना कि संख्या x है।
x का 75% = 15
$\Rightarrow x \times \frac{75}{100} = 15$
$\Rightarrow x = \frac{100 \times 15}{75} = \frac{4}{3} \times 15$
$= 4 \times 5 = 20$
अतः संख्या = 20.

27. कार का क्रय मूल्य
$= 5200 + 1700 = ₹ 6900$
कार का विक्रय मूल्य = ₹ 8200
लाभ = विक्रय मूल्य – क्रय मूल्य
$= 8200 - 6900 = ₹ 1300.$

28. लम्बाई = 8 हेक्टोमीटर $= 8 \times 10$
= 80 डेकामीटर

चौड़ाई = 6 डेकामीटर
आयताकार बाग की परिमिति
$= 2($ ल. + चौ.$) = 2(80 + 6)$
$= 2 \times 86 = 172$ डेकामीटर
4 डेकामीटर दूरी तय करने में 1 मिनट समय लगता है
172 डेकामीटर दूरी तय करने में $\frac{1}{4} \times 172$ मिनट समय लगेगा
= 43 मिनट समय लगेगा।

29. 36 किमी./घंटा $= \frac{36 \times 1000}{60 \times 60}$ मी./से.
$= 36 \times \frac{5}{18} = 10$ मी./से.
चाल = 10 मी./से.
समय = 36 मी./से.
$\therefore$ दूरी = चाल × समय
$= 36 \times 10 = 360$ मीटर
अतः रेलगाड़ी 36 सेकेण्ड में 360 मीटर दूरी तय करेगी।

30. हौज का क्षेत्रफल $= 45 \times 34$
= 1530 वर्गमीटर
1 वर्ग मीटर पर खर्च = ₹ 625
1530 वर्ग मीटर पर खर्च = ₹ 1530×625
= ₹ 9,56,250
अतः ठेकेदार को कुल काम के लिए ₹ 9,56,250 भुगतान किया गया।

31. 52 + 8 = 60
7 चक्करों में यात्रा करने वाले व्यक्तियों की कुल संख्या $= 60 \times 7 = 420$.

32. चूँकि 5 टेबलों की लागत 7 कुर्सियों की लागत के बराबर है।
$\because$ 1 टेबल की लागत = ₹ 210
$\therefore$ 5 टेबलों की लागत = 210 × 5
= ₹ 1050

अब ∵ 7 कुर्सियों की लागत = ₹ 1050

∴ 1 कुर्सी की लागत = ₹ $\frac{1050}{7}$ = ₹ 150.

33. कुल आठ सदस्यों की आय = ₹ 900

औसत आय = ₹ $\frac{900}{8}$ = ₹ 112.50.

34. 40 लड़के किसी काम को 6 दिनों में पूरा करते हैं

1 लड़का उसी काम को 6×40 दिनों में पूरा करेगा

10 लड़के उसी काम को $\frac{6 \times 40}{10}$

= 24 दिनों में पूरा करेंगे।

35. चाल = 72 किमी./घंटा

= $\frac{72 \times 1000}{60 \times 60}$ मी./से.

= $72 \times \frac{5}{18}$ = 4×5

= 20 मी./से.

समय = 15 सेकेण्ड

दूरी = चाल $\times$ समय

= 20×15 = 300 मी.

चूंकि गाड़ी बिजली के खम्भे को पार करती है।

∴ गाड़ी की लम्बाई = 300 मीटर।

36. चाल = 54 किमी./घंटा

= $\frac{54 \times 1000}{60 \times 60}$ मी./से. = $54 \times \frac{5}{18}$

= 3×5 = 15 मी./से.

माना कि पुल की लम्बाई = x मीटर

दूरी = $(300 + x)$ मीटर

समय = 40 सेकेण्ड

चूँकि चाल = $\frac{दूरी}{समय}$

⇒ $15 = \frac{300 + x}{40}$

⇒ $300 + x = 15 \times 40 = 600$ मीटर

$x = 600 - 300 = 300$

अतः पुल की लम्बाई = 300 मीटर।

37. 2(ल. + चौ.) = 28

⇒ ल. + चौ. = $\frac{28}{2}$ = 14

⇒ 8 + चौ. = 14

⇒ चौड़ाई = 14 – 8 = 6 मीटर

आयत का क्षेत्रफल = ल. $\times$ चौ.

= 8×6 = 48 वर्ग मीटर

38. वर्गाकार कमरे का क्षेत्रफल = 14×14

= 196 वर्ग मीटर

196 वर्ग मीटर संगमरमर बिछाने का खर्च

= ₹ 5880

1 वर्ग मीटर संगमरमर बिछाने का खर्च

= $\frac{5880}{196}$ = ₹ 30

अतः प्रति वर्ग मीटर संगमरमर बिछाने का खर्च = ₹ 30.

39. एक दिन में तय की गई दूरी

= 6 + 6 = 12 किमी.

एक हफ्ते में तय की गई दूरी (रविवार को छोड़कर) = 12×6 = 72 किमी.

हम जानते हैं कि 5 मील = 8 किलोमीटर

∵ 8 किलोमीटर = 5 मील

∴ 72 किलोमीटर = $\frac{5}{8} \times 72$ मील

= 5×9 = 45 मील।

40. प्रश्नानुसार,

त्रिभुज की परिमिति = $x + x + \frac{x}{2}$

= $\frac{2x + 2x + x}{2}$ = $\frac{5x}{2}$ = $2\frac{1}{2}x$.

मॉडल प्रश्नपत्र संख्या-5

1. सरल कीजिए:
   $3720 \div 30 - 2 \times (36 + 48 \div 24)$
   A. 48 B. 52
   C. 40 D. 42

2. दो संख्याएँ 3 : 7 के अनुपात में हैं। अगर प्रत्येक में 6 जोड़ा जाता है तो उन संख्याओं का अनुपात 5 : 9 हो जाता है। बड़ी संख्या ज्ञात कीजिए।
   A. 35 B. 21
   C. 28 D. 14

3. तीन घंटे क्रमशः 15, 20 तथा 24 सेकेण्ड के अन्तर से बजते हैं। यदि वे 12 मिनट तक लगातार बजते रहते हैं तो इस अवधि के बीच वे कितनी बार एक साथ बजेंगे?
   A. 2 बार B. 6 बार
   C. 5 बार D. 3 बार

4. $11^2 - 6^2 \div 6 \times \dfrac{5}{2} + 10$ का 2 का क्या मान है?
   A. 126 B. 108
   C. 110 D. 125

5. वह छोटी-से छोटी संख्या क्या होगी जिसमें 5, 6, 8, 9 और 12 से भाग देने पर प्रत्येक दशा में 1 शेष बचे और वह 13 से पूर्णतः विभाजित हो?
   A. 4603 B. 6305
   C. 4503 D. 3601

6. तीन संख्याओं का औसत 135 है। इन संख्याओं में सबसे बड़ी संख्या 180 है तथा दूसरी दोनों संख्याओं का अन्तर 25 है। सबसे छोटी संख्या का मान क्या है?
   A. 100 B. 105
   C. 110 D. 95

7. एक मनुष्य किसी स्थान तक 20 किमी./घंटे की रफ्तार से जाता है और 16 किमी./घंटे की रफ्तार से वापस आता है, तो उसकी सम्पूर्ण यात्रा के दौरान औसत रफ्तार (किमी./घंटा में) क्या होगी?
   A. $15\dfrac{7}{9}$ B. $18\dfrac{7}{9}$
   C. $17\dfrac{7}{9}$ D. $16\dfrac{7}{9}$

8. दो संख्याओं का योग 40 है तथा उनका अन्तर 4 है। दोनों संख्याओं का अनुपात निकालें।
   A. 10 : 9 B. 11 : 9
   C. 13 : 9 D. 8 : 9

9. एक बाग में 4624 पेड़ लगे हुए हैं। यदि प्रत्येक पंक्ति में उतने ही पेड़ लगे हों जितनी कुल पंक्तियाँ हैं तो एक पंक्ति में पेड़ों की संख्या कितनी होगी?
   A. 63 B. 68
   C. 78 D. 58

10. एक सेना में 14500 सिपाही एक ठोस वर्ग के रूप में खड़े किये जाएँ तो 100 सिपाही शेष बच जाते हैं। वर्ग की बाहरी पंक्ति में सिपाहियों की संख्या निकालें।

A. 110 B. 105
C. 120 D. 115

11. 11 परिणामों की औसत 60 है। प्रथम पाँच परिणामों का औसत 58 है तथा अन्तिम पाँच परिणामों का औसत 56 है, तो छठे का परिणाम है:
A. 90 B. 80
C. 82 D. 92

12. दो संख्याओं का अनुपात 2 : 3 है। अगर प्रत्येक में 8 जोड़ा जाए तो संख्याओं का अनुपात 3 : 4 हो जाता है। संख्याएँ हैं:
A. 8, 16 B. 16, 24
C. 16, 30 D. 24, 30

13. यदि 5 सेबों तथा 8 आमों का क्रय मूल्य 8 सेबों तथा 6 आमों के क्रय मूल्य के बराबर हो तो एक सेब का क्रय मूल्य और एक आम का क्रय मूल्य का अनुपात क्या होगा?
A. 2 : 3 B. 3 : 2
C. 2 : 5 D. 3 : 5

14. 3 मीटर का कितना प्रतिशत 75 सेमी. है?
A. 20% B. 22%
C. 25% D. 28%

15. 301, 175 तथा 126 का महत्तम समापवर्तक निकालें।
A. 7 B. 8
C. 9 D. 10

16. 72, 90 तथा 162 का लघुत्तम समापवर्तक निकालें।
A. 3025 B. 3240
C. 2340 D. 4320

17. $(16 \div 4) \div 4$ का मान बराबर है:
A. 4 B. 3
C. 2 D. 1

18. सरल कीजिए:
$$\left(1+\frac{1}{4}\right)\left(1-\frac{1}{4}\right)\left(1+\frac{1}{5}\right)\left(1-\frac{1}{5}\right)\left(1+\frac{1}{6}\right)\left(1-\frac{1}{6}\right)$$
A. $\frac{3}{8}$ B. $\frac{5}{8}$
C. $\frac{1}{8}$ D. $\frac{7}{8}$

19. $\sqrt{17+\sqrt{51+\sqrt{152+\sqrt{289}}}}$ का मान निकालें।
A. 11 B. 5
C. 7 D. 9

20. पाँच संख्याओं का योग 555 है। प्रथम दो संख्याओं का औसत 75 है तथा तीसरी संख्या 115 है। अन्तिम दो संख्याओं का औसत क्या है?
A. 145 B. 290
C. 240 D. 150

21. किस राशि का साधारण ब्याज 9% वार्षिक ब्याज की दर से 6 वर्षों में ₹ 810 हो जाएगा?
A. ₹ 1500 B. ₹ 1000
C. ₹ 1200 D. ₹ 1800

22. एक किसान ने 10% की दर से ₹ 4200 कर्ज लिया। पाँच वर्ष के अन्त में उसने नकद ₹ 5000 और एक गाय देकर अपना खाता समाप्त किया। गाय की कीमत कितनी लगाई गई?
A. ₹ 1300 B. ₹ 1240
C. ₹ 1200 D. ₹ 1340

23. एक घड़ी का क्रय मूल्य ₹ 250 है तथा विक्रय मूल्य ₹ 300। प्रतिशत लाभ था:
A. 20% B. 15%
C. $16\frac{2}{3}\%$ D. 25%

24. किसी वस्तु को ₹ 444 में बेचने पर 20% का लाभ होता है। इस वस्तु का क्रय मूल्य कितना है?
    A. ₹ 350   B. ₹ 360
    C. ₹ 370   D. ₹ 365

25. एक दुकानदार किसी वस्तु के अंकित मूल्य पर 10% छूट देने के बाद भी 25% का लाभ कमाता है। वस्तु का क्रय मूल्य निकालें जिसका अंकित मूल्य ₹ 150 है।
    A. ₹ 105   B. ₹ 108
    C. ₹ 110   D. ₹ 120

26. 18 लड़के किसी काम को 24 दिनों में पूरा करते हैं तो 16 लड़के उसी काम को कितने दिनों में पूरा कर सकते हैं?
    A. 25 दिन   B. 28 दिन
    C. 27 दिन   D. 30 दिन

27. A किसी काम को 6 दिनों में करता है तथा B उसी काम को 9 दिनों में पूरा करता है। दोनों मिलकर उस काम को कितने दिनों में पूरा कर लेंगे?
    A. 7.5 दिन   B. 5.4 दिन
    C. 3.6 दिन   D. 3 दिन

28. 200 मीटर लम्बी एक रेलगाड़ी 72 किमी./घंटा की चाल से चलती है। एक बिजली के खम्भे को पार करने में कितना समय लगेगा?
    A. 12 सेकेण्ड   B. 8 सेकेण्ड
    C. 10 सेकेण्ड   D. 15 सेकेण्ड

29. किसी त्रिभुज की तीनों भुजाएँ 3 : 4 : 5 के अनुपात में हैं। इसकी परिमिति 24 मीटर है तो त्रिभुज का क्षेत्रफल निकालें।
    A. 12 वर्ग मी.   B. 24 वर्ग मी.
    C. 6 वर्ग मी.   D. 60 वर्ग मी.

30. किसी त्रिभुज का क्षेत्रफल निकालें जिसका आधार 8 सेमी. तथा ऊँचाई 10 सेमी. है।
    A. 40 वर्ग सेमी.   B. 20 वर्ग सेमी.
    C. 49 वर्ग सेमी.   D. 64 वर्ग सेमी.

31. एक वर्ग का परिमाप 24 मीटर है तथा दूसरे वर्ग का परिमाप 32 मीटर है। एक तीसरे वर्ग की परिमिति ज्ञात कीजिए जिसका क्षेत्रफल दोनों वर्गों के क्षेत्रफलों के योग के बराबर है।
    A. 42 मीटर   B. 44 मीटर
    C. 48 मीटर   D. 40 मीटर

32. एक गाड़ी A से B तक 20 किमी./घंटा की रफ्तार से जाती है तथा फिर B से A तक 30 किमी./घंटा की रफ्तार से वापस आती है। उसकी सम्पूर्ण यात्रा के दौरान औसत चाल कितनी है?
    A. 20 किमी./घंटा   B. 25 किमी./घंटा
    C. 24 किमी./घंटा   D. 28 किमी./घंटा

33. किसी छात्र का चार विषयों का औसत अंक 75 है। अगर छात्र ने पाँचवें विषय में 80 अंक प्राप्त किए हों तो उसका नया औसत होगा:
    A. 80   B. 76
    C. 92   D. 95

34. लड़का और उसके पिता की आयु का योग 56 वर्ष है। चार वर्ष के बाद, पिता की आयु पुत्र की आयु की तिगुनी हो जाएगी तो पुत्र की आयु है:
    A. 12 वर्ष   B. 10 वर्ष
    C. 15 वर्ष   D. 14 वर्ष

35. एक लड़का एक खिलौना ₹ 25 में खरीदता है तथा ₹ 30 में बेच देता है, उसका प्रतिशत लाभ निकालें।

A. 15% B. 25%
C. 20% D. 10%

36. राजू, रिंकू और राम किसी काम को क्रमशः 6 दिनों में, 12 दिनों में तथा 24 दिनों में पूरा कर सकते हैं। वे तीनों मिलकर उसी काम को कितने दिनों में कर सकेंगे?
A. $3\frac{3}{7}$ दिन B. $2\frac{3}{7}$ दिन
C. $4\frac{3}{7}$ दिन D. $5\frac{3}{7}$ दिन

37. 8 आदमी किसी काम को 36 दिनों में पूरा करते हैं तो 24 आदमी उसी काम को कितने दिनों में करेंगे?
A. 16 दिन B. 15 दिन
C. 14 दिन D. 12 दिन

38. निम्न में कौन अभाज्य संख्या नहीं है?
A. 79 B. 83
C. 87 D. 97

39. राम 8 केले सुबह में, 5 केले दोपहर में और 2 केले शाम को खाता है। वह एक दिन में कितने दर्जन केले खाता है?
A. $1\frac{1}{4}$ B. $\frac{1}{4}$
C. $\frac{3}{13}$ D. $14\frac{17}{30}$

40. एक संख्या लीजिए उसको 9 से भाग दीजिए और उसमें 9 जोड़ दीजिए। अगर परिणाम 27 होता हो तो संख्या है:
A. 18 B. 162
C. 21 D. 100

उत्तरमाला

1	2	3	4	5	6	7	8	9	10
A	B	B	A	D	A	C	B	B	C
11	12	13	14	15	16	17	18	19	20
A	B	A	C	A	B	D	D	B	A
21	22	23	24	25	26	27	28	29	30
A	A	A	C	B	C	C	C	B	A
31	32	33	34	35	36	37	38	39	40
D	C	B	A	C	A	D	C	A	B

व्याख्यात्मक उत्तर

1. $3720 \div 30 - 2 \times (36 + 2)$
= $3720 \div 30 - 2 \times 38$
= $124 - 76 = 48$.

2. माना कि बड़ी संख्या $7x$ तथा छोटी संख्या = $3x$ है।

$\frac{3x+6}{7x+6} = \frac{5}{9}$
$\Rightarrow 35x + 30 = 27x + 54$
$\Rightarrow 35x - 27x = 54 - 30$
$\Rightarrow 8x = 24 \Rightarrow x = 3$
अतः बड़ी संख्या = $7x = 7 \times 3 = 21$.

3. 15, 20 और 24 का लघुत्तम समापवर्तक

2	15, 20, 24
2	15, 10, 12
3	15, 5, 6
5	5, 5, 2
	1, 1, 2

लघुत्तम समापवर्तक $= 2 \times 2 \times 3 \times 5 \times 2$
$= 120$

$\because$ 12 मिनट $= 12 \times 60$
$= 720$ सेकेण्ड

अतः 12 मिनट में एक साथ घण्टों के बजने की संख्या $= \frac{720}{120} = 6$ बार।

4. $11^2 - 6^2 \div 6 \times \frac{5}{2} + 10$ का 2

$= 121 - 36 \div 6 \times \frac{5}{2} + 10 \times 2$

$= 121 - 6 \times \frac{5}{2} + 20$

$= 121 - 15 + 20$
$= 141 - 15 = 126.$

5. $\because$ 5, 6, 8, 9 तथा 12 का लघुत्तम समापवर्तक $= 360$
अतः वह छोटी-से-छोटी संख्या जिसको 5, 6, 8, 9 तथा 12 से भाग देने पर प्रत्येक दशा में 1 शेष बचे $= 360 + 1 = 361$ होगी। परन्तु यह संख्या 13 से पूर्णतः विभाजित नहीं है। हमें $\underline{360 \times 2 + 1}$, $\underline{360 \times 3 + 1}$, $\underline{360 \times 4 + 1}$, $\underline{360 \times 5 + 1}$, $\underline{360 \times 4 + 1}$, $\underline{360 \times 5 + 1}$, ... $\underline{360 \times n + 1}$ आदि संख्याओं पर विचार करना होगा। अतः छोटी-से-छोटी ऐसी संख्या जो 13 से भी पूर्णतः विभाजित हो $360 \times 10 + 1 = 3601$ होगी।

6. माना कि संख्याएँ A, B, C में सबसे बड़ी संख्या A तथा सबसे छोटी संख्या C है।
$A + B + C = 135 \times 3 = 405$

$B + C = 405 - 180$
$= 225$ ...(*i*)

तथा $B - C = 25$ ...(*ii*)

समीकरण (*i*) तथा (*ii*) से हम पाते हैं
$B = 125$ तथा $C = 100$
$[\because 2B = 250 \Rightarrow B = 125,$
$2C = 200 \Rightarrow C = 100]$

अतः सबसे छोटी संख्या $= 100.$

7. औसत चाल $= \frac{2 \times 20 \times 16}{20 + 16}$

$= \frac{2 \times 20 \times 16}{36}$

$\left[\because \text{औसत गति} = \frac{2xy}{x+y}\right]$

$= \frac{160}{9} = 17\frac{7}{9}$ किमी./घंटा

औसत गति $= 17\frac{7}{9}$ किमी./घंटा।

8. माना कि संख्याएँ A और B हैं।
$A + B = 40$ ...(*i*)
$A - B = 4$ ...(*ii*)

समीकरण (*i*) तथा (*ii*) को जोड़ने पर,

$2A = 44 \Rightarrow A = \frac{44}{2} = 22$

$\therefore \quad A + B = 40 \Rightarrow 22 + B = 40$

$\Rightarrow \quad B = 40 - 22 = 18$

A और B का अनुपात $= \frac{22}{18} = 11 : 9.$

9. प्रत्येक पंक्ति में पेड़ों की संख्या
$= \sqrt{4624} = 68$

6	4624 36	68
128	1024 1024	
	×	

or

2	4624
2	2312
2	1156
2	578
17	289
17	17
	1

अतः 4624 का वर्गमूल
$= \underline{2 \times 2} \times \underline{2 \times 2} \times \underline{17 \times 17}$
$= 2 \times 2 \times 17 = 68.$

10. $14500 - 100 = 14400$
सिपाहियों की संख्या = 14400 का वर्गमूल
$= \sqrt{14400}$
$= \sqrt{\underline{2 \times 2} \times \underline{2 \times 2} \times \underline{2 \times 2} \times \underline{5 \times 5} \times \underline{3 \times 3}}$
$= 2 \times 2 \times 2 \times 5 \times 3 = 120$

2	14400
2	7200
2	3600
2	1800
2	900
2	450
5	225
5	45
3	9
3	3
	1

11. 6वाँ का परिणाम
$= 60 \times 11 - (58 \times 5 + 56 \times 5)$
$= 660 - 5 (58 + 56)$
$= 660 - 5 \times 114$
$= 660 - 570 = 90.$

12. माना कि संख्याएँ $2x$ तथा $3x$ हैं।
$\dfrac{2x+8}{3x+8} = \dfrac{3}{4}$
$\Rightarrow \quad 9x + 24 = 8x + 32$
$\Rightarrow \quad 9x - 8x = 32 - 24$
$\Rightarrow \quad x = 8$
अतः संख्याएँ $2x = 2 \times 8 = 16$
$\qquad \qquad 3x = 3 \times 8 = 24$
अतः संख्याएँ 16, 24 हैं।

13. 5 सेबों का क्रय मूल्य + 8 आमों का क्रय मूल्य
$= 8$ सेबों का क्रय मूल्य + 6 आमों का क्रय मूल्य
$\Rightarrow 8$ आमों का क्रय मूल्य – 6 आमों का क्रय मूल्य
$= 8$ सेबों का क्रय मूल्य – 5 सेबों का क्रय मूल्य
$\Rightarrow 2$ आमों का क्रय मूल्य = 3 सेबों का क्रय मूल्य
$\dfrac{1 \text{ सेब का क्रय मूल्य}}{1 \text{ आम का क्रय मूल्य}} = \dfrac{2}{3}$
अतः 1 सेब और 1 आम का अनुपात
$= 2 : 3.$

14. माना कि 3 मीटर का $x\%$ = 75 सेमी.
$\Rightarrow \quad 300 \times \dfrac{x}{100} = 75$
[चूँकि 3 मी. = 300 सेमी.]
$\Rightarrow \quad 3x = 75 \Rightarrow x = \dfrac{75}{3} = 25\%.$

15. 301, 175 तथा 126 का महत्तम समापवर्तक

$126 \overline{)175} (1$
$\quad \underline{126}$
$\quad \;\; 49 \overline{)126} (2$
$\qquad \underline{\;98}$
$\qquad \;\; 28 \overline{)49} (1$
$\qquad \quad \underline{28}$
$\qquad \quad \;\; 21 \overline{)28} (1$
$\qquad \qquad \underline{21}$
$\qquad \qquad \;\; 7 \overline{)21} (3$
$\qquad \qquad \quad \underline{21}$
$\qquad \qquad \quad \;\; \times$

$7 \overline{)301} (43$
$\;\; \underline{28}$
$\;\; \;\; 21$
$\;\; \;\; \underline{21}$
$\;\; \;\; \;\; \times$

अतः 301, 175 तथा 126 का महत्तम समापवर्तक = 7.

16. 72, 90 तथा 162 का लघुत्तम समापवर्तक

2	72, 90, 162
3	36, 45, 81
3	12, 15, 27
	4, 5, 9

लघुत्तम समापवर्तक
$= 2 \times 3 \times 3 \times 4 \times 5 \times 9$
$= 9 \times 9 \times 40$
$= 81 \times 40 = 3240.$

17. $(16 \div 4) \div 4 = 4 \div 4 = 1.$

18. $\left(1+\dfrac{1}{4}\right)\left(1-\dfrac{1}{4}\right)\left(1+\dfrac{1}{5}\right)\left(1-\dfrac{1}{5}\right)$
$\left(1+\dfrac{1}{6}\right)\left(1-\dfrac{1}{6}\right)$

$= \dfrac{5}{4} \times \dfrac{3}{4} \times \dfrac{6}{5} \times \dfrac{4}{5} \times \dfrac{7}{6} \times \dfrac{5}{6}$

$= \dfrac{3}{6} \times \dfrac{7}{4} = \dfrac{1}{2} \times \dfrac{7}{4} = \dfrac{7}{8}.$

19. $\sqrt{17+\sqrt{51+\sqrt{152+\sqrt{289}}}}$
$= \sqrt{17+\sqrt{51+\sqrt{152+17}}}$
$= \sqrt{17+\sqrt{51+\sqrt{169}}}$
$= \sqrt{17+\sqrt{51+13}}$
$= \sqrt{17+\sqrt{64}} = \sqrt{17+8} = \sqrt{25} = 5.$

20. अन्तिम दो संख्याओं का योग
$= 555 - (75 \times 2 + 115)$
$= 555 - (150 + 115)$
$= 555 - 265 = 290$
अन्तिम दो संख्याओं का औसत
$= \dfrac{290}{2} = 145.$

21. मूलधन $= \dfrac{\text{साधारण ब्याज} \times 100}{\text{समय} \times \text{दर}}$
$= \dfrac{810 \times 100}{6 \times 9} = 1500$
अतः मूलधन = ₹ 1500.

22. साधारण ब्याज $= \dfrac{\text{मूलधन} \times \text{दर} \times \text{समय}}{100}$
$= \dfrac{4200 \times 10 \times 5}{100}$
$=$ ₹ 2100.

मिश्रधन = मूलधन + ब्याज
$= 4200 + 2100$
$=$ ₹ 6300
₹ 5000 + एक गाय की कीमत = ₹ 6300
गाय की कीमत $= 6300 - 5000$
$=$ ₹ 1300
अतः गाय की कीमत ₹ 1300 लगाई गई।

23. क्रय मूल्य = ₹ 250, विक्रय मूल्य = ₹ 300
लाभ = विक्रय मूल्य − क्रय मूल्य
$= 300 - 250 =$ ₹ 50

प्रतिशत लाभ $= \dfrac{\text{लाभ}}{\text{क्रय मूल्य}} \times 100$

$= \dfrac{50}{250} \times 100 = 20\%.$

24. विक्रय मूल्य = ₹ 444
लाभ = 20%
क्रय मूल्य $= \dfrac{100}{100+\text{लाभ}\%} \times$ विक्रय मूल्य

$= \dfrac{100}{100+20} \times 444$

$= \dfrac{100 \times 444}{120} = 5 \times 74$
$= 370$
अतः वस्तु का क्रय मूल्य = ₹ 370.

25. वस्तु का अंकित मूल्य = ₹ 150
छूट = ₹ 150 का 10%
$= \dfrac{150 \times 10}{100} =$ ₹ 15
विक्रय मूल्य $= 150 - 15 =$ ₹ 135
$100 + 25 =$ ₹ 125
जब विक्रय मूल्य ₹ 125 है तब क्रय मूल्य ₹ 100 है

जब विक्रय मूल्य ₹ 135 है तब क्रय मूल्य

$$= \frac{100}{125} \times 135$$

$$= \frac{4}{5} \times 135 = 4 \times 27$$

$$= 108$$

अतः वस्तु का क्रय मूल्य = ₹ 108.

26. ∵ 18 लड़के किसी काम को 24 दिनों में करते हैं

∴ 1 लड़का उसी काम को 24 × 18 दिनों में करेगा

∴ 16 लड़के उसी काम को $\frac{24 \times 18}{16}$ = 27 दिनों में करेंगे।

27. A किसी काम को 6 दिनों में करता है

A का एक दिन का काम = $\frac{1}{6}$

B उसी काम को 9 दिनों में करता है

B का एक दिन का काम = $\frac{1}{9}$

(A + B) का एक दिन का काम

$$= \frac{1}{6} + \frac{1}{9} = \frac{3+2}{18} = \frac{5}{18}$$

अतः A और B दोनों मिलकर उस काम को $\frac{18}{5} = 3\frac{3}{5}$ दिन = 3.6 दिनों में कर लेंगे।

28. चाल = 72 किमी./घंटा

$$= \frac{72 \times 1000}{60 \times 60} \text{ मी./सेकेण्ड}$$

$$= 72 \times \frac{5}{18} \text{ मी./सेकेण्ड}$$

= 4 × 5 = 20 मी./सेकेण्ड

दूरी = 200 मीटर

$$\text{समय} = \frac{\text{दूरी}}{\text{चाल}} = \frac{200}{20}$$

= 10 सेकेण्ड।

29. माना कि त्रिभुज की भुजायें x के अनुपात में हैं

अतः $3x + 4x + 5x = 24$

$12x = 24 \Rightarrow x = 2$

भुजा हैं 6 मी., 8 मी. तथा 10 मी.

$\because (6)^2 + (8)^2 = 36 + 64 = 100$

$(10)^2 = 100$

अतः त्रिभुज समकोण त्रिभुज है।

त्रिभुज का क्षेत्रफल

$$= \frac{1}{2} \times \text{आधार} \times \text{ऊँचाई}$$

$$= \frac{1}{2} \times 6 \times 8 = 24 \text{ वर्ग मीटर।}$$

30. समकोण त्रिभुज का क्षेत्रफल

$$= \frac{1}{2} \times \text{आधार} \times \text{ऊँचाई}$$

$$= \frac{1}{2} \times 8 \times 10 = 40 \text{ वर्ग सेमी.।}$$

31. पहले वर्ग का परिमाप = 24 मीटर

वर्ग की भुजा = $\frac{24}{4}$ = 6 मीटर

इस वर्ग का क्षेत्रफल = 6 × 6 = 36 वर्ग मी.

पुनः दूसरे वर्ग का परिमाप = 32 मीटर

वर्ग की भुजा = $\frac{32}{4}$ = 8 मीटर

इस वर्ग का क्षेत्रफल = 8 × 8 = 64 वर्ग मी.

तीसरे वर्ग का क्षेत्रफल = इन दोनों वर्गों के क्षेत्रफलों के योग के बराबर हैं

= 36 + 64 = 100 वर्ग मी.

अतः तीसरे वर्ग की भुजा = 10 मीटर

तीसरे वर्ग का परिमाप = 10 × 4

= 40 मीटर।

32. औसत चाल $= \dfrac{2xy}{x+y}$

$= \dfrac{2 \times 20 \times 30}{20 + 30}$

$= \dfrac{2 \times 20 \times 30}{50}$

$= 24$ किमी./घंटा

33. 4 विषयों के अंकों का योग
$= 4 \times 75 = 300$
5 विषयों के अंकों का योग
$= 300 + 80 = 380$
नया औसत $= \dfrac{380}{5} = 76$.

34. माना कि पुत्र की आयु x वर्ष है
पिता की आयु $= 56 - x$ वर्ष
चार साल के बाद
पुत्र की आयु $= (x + 4)$ वर्ष
पिता की आयु $= 56 - x + 4$
$= (60 - x)$ वर्ष
प्रश्नानुसार,
$60 - x = 3(x + 4)$
$60 - x = 3x + 12$
$\Rightarrow 60 - 12 = 3x + x$
$\Rightarrow 48 = 4x$
$\Rightarrow 4x = 48$
$\Rightarrow x = \dfrac{48}{4} = 12$
अतः पुत्र की आयु $= 12$ वर्ष।

35. खिलौने का क्रय मूल्य $=$ ₹ 25
विक्रय मूल्य $=$ ₹ 30
लाभ $=$ विक्रय मूल्य $-$ क्रय मूल्य
$= 30 - 25 =$ ₹ 5
प्रतिशत लाभ $= \dfrac{\text{लाभ}}{\text{क्रय मूल्य}} \times 100$
$= \dfrac{5}{25} \times 100 = 20\%$.

36. (राजू + रिंकू + राम) का एक दिन का काम
$= \dfrac{1}{6} + \dfrac{1}{12} + \dfrac{1}{24}$
$= \dfrac{4 + 2 + 1}{24} = \dfrac{7}{24}$
अतः वे तीनों मिलकर इस काम को $\dfrac{24}{7}$
$= 3\dfrac{3}{7}$ दिनों में पूरा करेंगे।

37. 8 आदमी किसी काम को 36 दिनों में करते हैं
1 आदमी उसी काम को 36×8 दिनों में करेगा।
24 आदमी उसी काम को $\dfrac{36 \times 8}{24} = 12$
दिनों में करेंगे।

38. 87 अभाज्य संख्या नहीं है क्योंकि यह 3 तथा 29 से विभाजित हो जाता है।

39. एक दिन में राम के द्वारा कुल खाये गये केले की संख्या
$= 5 + 2 + 8 = 15$
$= \dfrac{15}{12}$ दर्जन
$= \dfrac{5}{4} = 1\dfrac{1}{4}$ दर्जन
अतः राम एक दिन में $1\dfrac{1}{4}$ दर्जन केले खाता है।

40. माना कि संख्या $= x$
$\dfrac{x}{9} + 9 = 27 \Rightarrow \dfrac{x}{9} = 27 - 9 = 18$
$\Rightarrow \dfrac{x}{9} = 18 \Rightarrow x = 9 \times 18 = 162$
अतः संख्या $= 162$.

सामान्य ज्ञान

भारत का इतिहास
(History of India)

सिंधु* सभ्यता के प्रमुख स्थल

स्थल	खुदाई वर्ष	नदी/सागर तट	खोजकर्ता
हड़प्पा (मांटगुमरी-पाकिस्तान)	1921	रावी नदी	दयाराम साहनी
मोहनजोदड़ो (लरकाना-पाकिस्तान)	1922	सिन्धु नदी	राखल दास बनर्जी
सुतकागेंडोर (बलूचिस्तान)	1927	दाश्क नदी	ऑरेल स्टीन
चन्हुदड़ो (सिन्ध-पाकिस्तान)	1931	सिन्धु नदी	एन.जी. मजूमदार
आलमगीरपुर (मेरठ-उत्तर प्रदेश)	1952-55	हिन्डन नदी	यज्ञदत्त शर्मा
रोपड़ (पंजाब-सतलज तट)	1953	सतलज नदी	यज्ञदत्त शर्मा
रंगपुर (काठियावाड़-गुजरात)	1953	भाबर नदी	माधोस्वरूप वत्स, रंगनाथ राव
कोटदीजी (सिंध-पाकिस्तान)	1953	सिंधु नदी	फजल अहमद खान
लोथल (अहमदाबाद-गुजरात)	1954	भोगवा नदी	रंगनाथ राव
कालीबंगा (गंगानगर-राजस्थान)	1961	घग्घर नदी	ब्रजवासी लाल
सुरकोतड़ा (कच्छ-गुजरात)	1967	घग्घर नदी	जगपति जोशी
बनवाली (हिसार-हरियाणा)	1973	घग्घर नदी	रविन्द्र सिंह विष्ट
धौलावीरा (गुजरात)	1963-68	—	जे.पी. जोशी

* अब इसे हड़प्पा सभ्यता के नाम से जाना जाता है।

वैदिक काल

- आर्यों की सामाजिक-सांस्कृतिक तथा आर्थिक व्यवस्था वैदिक संस्कृति के रूप में जानी जाती है। आर्यों के बारे में जानकारी मुख्यतः वेदों—ऋग्वेद, यजुर्वेद, सामवेद एवं अथर्ववेद से मिलती है।
- वैदिक काल को दो भागों में विभाजित किया जाता है—ऋग्वैदिक काल (1500-1000 ई.पू.) और उत्तर वैदिक काल (1000-600 ई.पू.)।

महत्त्वपूर्ण कथन

- 'स्वराज्य हमारा जन्म सिद्ध अधिकार है' —**लोकमान्य तिलक**
- 'तुम मुझे खून दो, मैं तुम्हें आजादी दूँगा' —**सुभाष चन्द्र बोस**
- 'इंकलाब जिंदाबाद' —**भगत सिंह**
- 'सारे जहाँ से अच्छा हिन्दुस्ताँ हमारा' —**मुहम्मद इकबाल**
- 'दिल्ली चलो' —**सुभाष चन्द्र बोस**
- 'सरफरोशी की तमन्ना, अब हमारे दिल में है' —**राम प्रसाद बिस्मिल**
- 'मैं स्वभाव से समाजवादी हूँ' —**जवाहर लाल नेहरू**
- 'वेदों की ओर लौटो' —**स्वामी दयानंद**
- 'आराम हराम है' —**जवाहर लाल नेहरू**
- 'जय जवान, जय किसान' —**लाल बहादुर शास्त्री**

- 'जय जवान, जय किसान, जय विज्ञान' **–अटल बिहारी वाजपेयी**
- 'बातें कम काम ज्यादा' **–संजय गांधी**
- 'विजयी विश्व तिरंगा प्यारा' **–श्याम लाल गुप्त**
- 'भारत छोड़ो' **–महात्मा गांधी**
- 'हिन्दी, हिन्दू, हिन्दोस्तान' **–भारतेन्दु हरिश्चन्द्र**
- 'पूर्ण स्वराज' **–जवाहर लाल नेहरू**
- 'मेरे शरीर पर पड़ी एक-एक लाठी ब्रिटिश साम्राज्य के कफन में कील सिद्ध होगी **–लाला लाजपत राय**
- 'जय हिन्द' **–सुभाष चन्द्र बोस**
- 'करो या मरो' **–महात्मा गांधी**
- 'हू लिव्स इफ इण्डिया डाइज़' **–जवाहर लाल नेहरू**
- 'वन्दे मातरम्' **–बंकिम चन्द्र चटर्जी**
- 'जन-गण-मन-अधिनायक जय हे' **–रवीन्द्रनाथ टैगोर**
- 'पाप से डरो, पापी से नहीं' **–महात्मा गांधी**
- 'दीन-दुःखियों की सेवा ही ईश्वर की सच्ची सेवा है **–स्वामी विवेकानन्द**
- 'सत्य और अहिंसा मेरे भगवान हैं' **–महात्मा गांधी**

1857 के विद्रोह के प्रमुख केन्द्र

केन्द्र	भारतीय नेता	अंग्रेज जनरल
दिल्ली	बहादुर शाह जफर (प्रमुख नेता) बख्त खां (सैनिक नेतृत्व)	कैप्टेन हडसन
कानपुर	नाना साहब	जनरल हैवलॉक
फतेहपुर	अजीमुल्ला	रेनर्ड एवं सर कैम्पवेल
लखनऊ	बेगम हजरत महल	जनरल हैवलॉक एवं जनरल आउट्रम
इलाहाबाद	लियाकत अली	जनरल नील
झांसी	रानी लक्ष्मीबाई	जनरल ह्यूरोज
ग्वालियर	तांत्या टोपे	जनरल ह्यूरोज
जगदीशपुर (बिहार)	कुंवर सिंह	जनरल वेन विल/हेमिल्टन एवं जनरल ली ग्रांट

भारतीय इतिहास के प्रमुख युद्ध

युद्ध	वर्ष	परिणाम
कलिंग का युद्ध	261 ई.पू.	अशोक द्वारा कलिंग पर विजय
तराइन का दूसरा युद्ध	1192 ई.	मोहम्मद गौरी से पृथ्वीराज चौहान पराजित
पानीपत का प्रथम युद्ध	1526 ई.	बाबर ने दिल्ली के शासक इब्राहिम लोदी को हराया
खानवाँ का युद्ध	1527 ई.	राणा साँगा बाबर से पराजित हुए
कन्नौज का युद्ध	1540 ई.	शेरशाह से हुमायूँ पराजित हुआ
पानीपत का दूसरा युद्ध	1556 ई.	दिल्ली शासक हेमू को अकबर ने हराया
हल्दी घाटी का युद्ध	1576 ई.	महाराणा प्रताप अकबर से परास्त हुए
प्लासी का युद्ध	1757 ई.	क्लाइव के नेतृत्व में अंग्रेजों की सिराजुद्दौला को हराकर बंगाल विजय
वांडीवाश का युद्ध	1760 ई.	फ्रांसीसी सेना, अंग्रेज सेना से पराजित
पानीपत का तीसरा युद्ध	1761 ई.	अफगान (अहमद शाह अब्दाली) द्वारा मराठा पराजित

युद्ध	वर्ष	परिणाम
बक्सर का युद्ध	1764 ई.	अंग्रेजों ने मुगल शासक, अवध के नवाब एवं मीर कासिम की संयुक्त सेना को हराया
चतुर्थ मैसूर युद्ध	1799 ई.	टीपू सुल्तान अंग्रेजों से पराजित
द्वितीय सिख युद्ध	1849 ई.	पंजाब पर अंग्रेजों का अधिकार
भारत-चीन युद्ध	1962 ई.	चीन का भारत पर आक्रमण
भारत-पाक युद्ध (I)	1965 ई.	सुरक्षा परिषद् के प्रस्ताव से युद्ध विराम
भारत-पाक युद्ध (II)	1971 ई.	बंगला देश का स्वतंत्र अस्तित्व

प्रमुख संस्थाएँ एवं उनके संस्थापक

संस्थाएँ	संस्थापक	संस्थाएँ	संस्थापक
खालसा (1699)	- गुरु गोविंद सिंह	कम्युनिस्ट पार्टी ऑफ इंडिया (1920)	- एम॰ एन॰ रॉय
एशियाटिक सोसाइटी (1784)	- विलियम जोन्स	साबरमती आश्रम (1916)	- महात्मा गांधी
ब्रह्म समाज (1828)	- राजा राममोहन राय	स्वराज पार्टी (1923)	- मोतीलाल नेहरू व चितरंजन दास
साइन्टिफिक सोसाइटी (1862)	- सर सैयद अहमद खां	राष्ट्रीय स्वयं सेवक संघ (1925)	- के॰ बी॰ हेडगेवार
प्रार्थना समाज (1867)	- केशव चंद्र सेन, महादेव रानाडे	हिन्दुस्तान सोशलिस्ट रिपब्लिकन पार्टी (1928)	- चन्द्रशेखर आजाद, भगत सिंह
आर्य समाज (1875)	- दयानन्द सरस्वती	कांग्रेस समाजवादी दल (1934)	- नरेन्द्र देव एवं जयप्रकाश नारायण
सत्य शोधक समाज	- ज्योतिबा फूले	खुदाई खिदमतगार (1937)	- खान अब्दुल गफ्फार खान
भारतीय राष्ट्रीय कांग्रेस (1885)	- ए॰ ओ॰ ह्यूम	फारवर्ड ब्लाक (1939)	- सुभाषचंद्र बोस
राम कृष्ण मिशन (1896)	- स्वामी विवेकानन्द	आजाद हिन्द फौज (1943)	- सुभाषचंद्र बोस
सर्वेंट्स ऑफ इंडिया सोसाइटी (1905)	- गोपाल कृष्ण गोखले		
मुस्लिम लीग (1906)	- सलीमुल्ला खां एवं आगा खां		
गदर पार्टी (1913)	- हरदयाल, सोहनसिंह		
होमरूल लीग (1916)	- बाल गंगाधर तिलक		
विश्व भारती (1918)	- रवीन्द्र नाथ टैगोर		

प्रमुख ब्रिटिश गवर्नर जनरल एवं वायसराय

ब्रिटिश गवर्नर जनरल

लार्ड क्लाइव (1757-60 एवं 1765-67): बंगाल का गवर्नर जनरलः प्लासी का युद्ध (1757) विजय; बक्सर का युद्ध (1764); बंगाल में द्वैध-शासन; इलाहाबाद की संधि; **वारेन हेस्टिंग्ज़ (1772-85)**; एशियाटिक सोसाइटी की स्थापना; बंगाल में द्वैध शासन समाप्त; **लार्ड कार्नवालिस (1786-93)(1805):** स्थायी बंदोबस्त लागू (1793); **कार्नवालिस कोडः** प्रशासनिक सेवा की शुरुआत; **लार्ड वेलेजली (1798-1805):** सहायक संधि लागू (1798); **लार्ड हेस्टिंग्ज़ (1813-23):** मराठा शक्ति का अंत, पिंडारियों का दमन; **लार्ड**

विलियम बैटिंक (1828-35): सती प्रथा समाप्त (1829), भारत का प्रथम गवर्नर जनरल, मैकाले की अनुशंसा (1835); **चार्ल्स मैटकॉफ (1835-36):** प्रेस पर सारे प्रतिबंध समाप्त; **लार्ड डलहौजी (1848-56):** डॉक्ट्रिन ऑफ लैप्स का सिद्धांत, पंजाब और अवध का विलय, रेलवे, टेलीग्राफ, डाकतार की शुरूआत, वुड डिस्पैच' (शिक्षा) आयोग (1854)।

वायसराय

लार्ड कैनिंग (1858-62): प्रथम वायसराय, 1857 की क्रांति, कलकत्ता, मद्रास, बम्बई में विश्वविद्यालय की स्थापना की गई (1857); **लार्ड लिटन (1876-80):** वर्नाक्युलर प्रेस एक्ट (1878), विक्टोरिया को 'कैसरे-हिंद' की उपाधि दी गई तथा दिल्ली दरबार (1877) का आयोजन किया गया; **लार्ड रिपन (1880-84):** वर्नाक्युलर प्रेस एक्ट समाप्त, प्रथम कारखाना अधिनियम (1881), प्रथम जनगणना (1881), 'इल्बर्ट विधेयक' विवाद; **लार्ड डफरिन (1884-88):** भारतीय राष्ट्रीय कांग्रेस की स्थापना (1885); **लार्ड कर्जन (1899-1905):** बंगाल का विभाजन (1905), भारतीय विश्वविद्यालय कानून (1904), प्राचीन स्मारक कानून (1904); **लार्ड हार्डिंग (1910-1916):** इंग्लैंड के राजा-रानी का दिल्ली में दरबार लगा, बंगाल विभाजन वापस लिया गया, वायसराय पर बम फेंका गया, राजधानी कलकत्ता से दिल्ली बनाई गयी; **लार्ड चेम्सफोर्ड (1916-21):** रौलट एक्ट (1919), जलियाँवाला बाग हत्याकांड (13 अप्रैल 1919), कांग्रेस और मुस्लिम लीग के बीच 'लखनऊ पैक्ट' (1916) **लार्ड इरविन (1926-1931):** साइमन कमीशन का बहिष्कार (1927), प्रथम गोल मेज कांफ्रेंस (1930); **लार्ड लिनलिथगो (1936-43):** क्रिप्स मिशन (1942), 'भारत छोड़ो' आंदोलन (9 अगस्त 42); **लार्ड वेवल (1943-47):** कैबिनेट मिशन (1946), संविधान सभा की प्रथम बैठक (9 दिसम्बर 1946); **लार्ड माउंटबेटन (1947-48)** अंतिम ब्रिटिश गवर्नर जनरल, भारत का विभाजन एवं स्वतंत्रता; **चक्रवर्ती राजगोपालाचारी (1948-50):** प्रथम एवं अंतिम भारतीय गवर्नर जनरल।

समाचार–पत्र एवं उसके संस्थापक/संपादक

पेपर/जनरल	(वर्ष)	संस्थापक/संपादक
बंगाल गजट (भारत का प्रथम समाचार पत्र)	(1780)	जेम्स आगस्टस हिक्की
समाचार दर्शन (बंगाली) (भारतीय भाषा में सर्वाधिक प्राचीन)	(1818)	कैरे, मार्शमैन
संवाद कौमुदी, मिरात-उल-अखबार	(1821-22)	राजा राम मोहन राय
बाम्बे टाइम्स, अब टाइम्स ऑफ इंडिया	(1838-1861)	बेनेट कोलमैन एवं कंपनी
रफ्त गोफ्तार	(1861)	दादा भाई नौरोजी
हिन्दू पेट्रियाट	(1853)	हरिश्चन्द्र मुखर्जी
अमृत बाजार पत्रिका	(1868)	मोती लाल घोष, शिशिर कुमार घोष
स्टेट्समैन	(1875)	राबर्ट नाइट, सुनंदा दत्ता रे
हिन्दू	(1878)	वीर राघवाचारी
मराठा, केसरी	(1881)	बाल गंगाधर तिलक
हिन्दुस्तान टाइम्स	(1922)	के॰ एम॰ पणिक्कर
डॉन		मुहम्मद अली जिन्ना
इंडिपेंडेंट	(1919)	मोती लाल नेहरू
कामन वील, न्यू इंडिया	(1914)	एनी बेसेंट
वंदे मातरम्	(1906)	अरविंद घोष
अलहिलाल	(1912)	मौलाना आजाद
यंग इंडिया, हरिजन	(1919-33)	महात्मा गांधी

▼▼▼

भारतीय संविधान एवं राजव्यवस्था
(Indian Constitution & Polity)

भारतीय संविधान की प्रस्तावना

''हम भारत के लोग, भारत को एक सम्पूर्ण प्रभुत्व सम्पन्न समाजवादी', पंथ निरपेक्ष', लोकतांत्रिक गणराज्य बनाने के लिए तथा उसके समस्त नागरिकों को सामाजिक, आर्थिक और राजनीतिक न्याय, विचार, अभिव्यक्ति, विश्वास, धर्म और उपासना की स्वतंत्रता, प्रतिष्ठा और अवसर की समता प्राप्त करने के लिए तथा उन सब में व्यक्ति की गरिमा और राष्ट्र की एकता और अखण्डता सुनिश्चित करने वाली बंधुता बढ़ाने के लिए, दृढ़ संकल्प होकर इस संविधान सभा में आज दिनांक 26 नवम्बर, 1949 ई० को एतद् द्वारा इस संविधान को अंगीकृत, अधिनियमित और आत्मार्पित करते हैं।''

भारतीय संविधान के विदेशी स्रोत

विदेशी संविधान	तत्त्व
ब्रिटेन	संसदीय शासन प्रणाली, मंत्रिमण्डल का सामूहिक उत्तरदायित्व
अमेरिका	मूल अधिकार, स्वतंत्र न्यायपालिका, न्यायिक पुनर्विलोकन, नागरिकता
कनाडा	संघ एवं राज्य की शक्तियों का विभाजन
आयरलैंड	राज्य के नीति निदेशक तत्त्व
जर्मनी	आपात-कालीन उपबंध
सोवियत संघ	मूल कर्त्तव्य
ऑस्ट्रेलिया	समवर्ती सूची

नागरिकों के मौलिक अधिकार

भारतीय संविधान नागरिकों के निम्न अधिकारों की गारन्टी करता है:

1. **समानता का अधिकार:** किसी को कोई विशेषाधिकार नहीं है। धर्म, जाति, विश्वास और लिंग के आधार पर किसी के साथ कोई भेदभाव नहीं किया जाता है।
2. **धार्मिक स्वतंत्रता का अधिकार:** हर नागरिक को अपने धर्म में विश्वास, उसका पालन एवं उसके प्रचार का अधिकार है। केवल सार्वजनिक शान्ति, नैतिकता, स्वास्थ्य की दृष्टि से ही इसमें हस्तक्षेप किया जा सकता है।
3. **संस्कृति एवं शिक्षा सम्बंधी अधिकार:** हर समुदाय के लोग अपनी संस्कृति और भाषा की रक्षा के लिए अपनी संस्थाएँ बना सकते हैं।

4. **शोषण के विरुद्ध अधिकार:** मनुष्यों का क्रय-विक्रय, बेगार प्रथा और कारखानों व खानों में 14 वर्ष से कम आयु के बच्चों को नौकरी में लगाना दण्डनीय अपराध है।
5. **स्वतंत्रता का अधिकार:** ये अधिकार निम्नलिखित हैं: (i) विचार प्रकट करने की स्वतंत्रता, (ii) शान्तिपूर्ण ढंग से सभा करने की स्वतंत्रता, (iii) संगठन या यूनियन बनाने की स्वतंत्रता, (iv) देश के किसी भाग में बसने की स्वतंत्रता, (v) देश के हर भाग में आने-जाने की स्वतंत्रता, (vi) कोई भी काम-धंधा या व्यापार-व्यवसाय करने की स्वतंत्रता।
6. **संवैधानिक उपचारों का अधिकार:** यदि कोई नागरिक समझता है कि उसके किसी मूल अधिकार पर आक्रमण हुआ है, तो वह अपने मूल अधिकार की रक्षा के लिए न्यायालय की सहायता ले सकता है। (अनुच्छेद-32)

नागरिकों के मौलिक कर्त्तव्य

संविधान (42वें संशोधन 1976) कानून के अन्तर्गत संविधान में नागरिकों के लिए दस मूल कर्त्तव्य भी सम्मिलित किए गए थे। 86वें संविधान संशोधन, 2002 के द्वारा इनकी संख्या 11 कर दी गई है।

राज्य के नीति-निदेशक तत्व

राज्य के नीति निदेशक तत्व संविधान में भाग-4 के अनुच्छेद 36 से 51 तक में शामिल किए गए हैं। इन निदेशक तत्त्वों को न्यायालय द्वारा लागू नहीं किया जा सकता है। इनका उद्देश्य लोक-कल्याणकारी राज्य की स्थापना करना है।

संसद

भारतवर्ष के विधानमण्डल अर्थात् संसद में राष्ट्रपति एवं संसद के दोनों सदन-राज्य सभा और लोक सभा सम्मिलित हैं।

- **राज्य सभा:** इसके चुनाव अप्रत्यक्ष रूप से होते हैं। इसमें अधिकतम 250 सदस्य हो सकते हैं, जिनमें से राष्ट्रपति द्वारा नियुक्त 12 सदस्य ऐसे होते हैं जिन्होंने साहित्य, विज्ञान, कला एवं समाज सेवा में विशेष ख्याति अर्जित की हो। इसकी वर्तमान सदस्य संख्या 245 है। राज्य सभा का सदस्य बनने के लिए भारत का नागरिक और 30 वर्ष की आयु का होना आवश्यक है। राज्य सभा को भंग नहीं किया जा सकता, परंतु इसके एक-तिहाई सदस्य प्रति दूसरे वर्ष रिटायर हो जाते हैं।
- **लोक सभा:** लोक सभा की वर्तमान सदस्य संख्या 545 है–543 राज्यों और केन्द्रशासित प्रदेशों से निर्वाचित सदस्य; 2 सदस्य एंग्लो इंडियन समाज का प्रतिनिधित्व करने के लिए राष्ट्रपति द्वारा मनोनीत किए जाते हैं। इसका गठन राज्यों में प्रादेशिक निर्वाचन क्षेत्रों से प्रत्यक्ष निर्वाचन द्वारा चुने गए सदस्यों द्वारा होता है। संसद का मुख्य कार्य देश के लिए कानून बनाना

एवं सरकार के व्यय के लिए आवश्यक धन की स्वीकृति देना है। लोक सभा का सदस्य बनने के लिए भारत का नागरिक तथा 25 वर्ष की आयु होना आवश्यक है। लोकसभा का सामान्य कार्यकाल 5 वर्ष है। इसके सदस्य सीधे जनता द्वारा चुने जाते हैं। लोक सभा के अध्यक्ष तथा उपाध्यक्ष उसके सदस्यों में से ही चुने जाते हैं।

राष्ट्रपति

राष्ट्रपति का पद देश में सर्वोच्च है। वह संघ शासन का प्रधान और सेनाओं का सर्वोच्च कमाण्डर होता है। इस पद के लिए चुनाव अप्रत्यक्ष रूप से होता है। इस चुनाव में संसद की दोनों सभाओं के और राज्यों की विधान सभाओं के निर्वाचित सदस्य भाग लेते हैं। इस पद के प्रत्याशी के लिए अनिवार्य योग्यताएं इस प्रकार हैं: (1) वह भारत का नागरिक होना चाहिए। (2) उसकी आयु 35 वर्ष से कम न हो। (3) वह सरकारी पदाधिकारी न हो। (4) वह लोकसभा सदस्य चुने जाने योग्य हो।

डा॰ राजेन्द्र प्रसाद	26 जनवरी, 1950-13 मई, 1962
डा॰ एस॰ राधाकृष्णन	13 मई, 1962-13 मई, 1967
डा॰ जाकिर हुसैन	13 मई, 1967-3 मई, 1969
वी॰ वी॰ गिरि (कार्यकारी)	3 मई, 1969-20 जुलाई, 1969
एम॰ हिदायतुल्ला (कार्यकारी)	20 जुलाई, 1969-24 अगस्त, 1969
वी॰ वी॰ गिरि	24 अगस्त, 1969-24 अगस्त, 1974
फखरुद्दीन अली अहमद	24 अगस्त, 1974-11 फरवरी, 1977
बी॰ डी॰ जत्ती (कार्यकारी)	11 फरवरी, 1977-25 जुलाई, 1977
नीलम संजीव रेड्डी	25 जुलाई, 1977-25 जुलाई, 1982
ज्ञानी जैल सिंह	25 जुलाई, 1982-25 जुलाई, 1987
आर॰ वेंकटरमन	25 जुलाई, 1987-25 जुलाई, 1992
डा॰ शंकर दयाल शर्मा	25 जुलाई, 1992-25 जुलाई, 1997
के॰ आर॰ नारायणन	25 जुलाई, 1997-25 जुलाई, 2002
डॉ॰ ए॰पी॰जे॰ अब्दुल कलाम	25 जुलाई, 2002-25 जुलाई, 2007
प्रतिभा पाटिल	25 जुलाई, 2007-25 जुलाई, 2012
प्रणब मुखर्जी	25 जुलाई, 2012-आज तक

राष्ट्रपति के अधिकार: राष्ट्रपति राज्यपालों, उच्च न्यायालयों व सर्वोच्च न्यायालय के न्यायाधीशों, विदेशों में राजदूतों एवं अन्य वरिष्ठ सरकारी अधिकारियों की नियुक्ति करते हैं। वे लोक सभा में बहुमत दल के नेता को प्रधानमंत्री नियुक्त करते हैं। संसद में पास समस्त बिल उनकी मंजूरी के बिना कानून नहीं बन सकते तथा प्रत्येक आर्थिक बिल उनकी अनुमति से ही पेश होता है। देश में संकट के मौके पर वे आपातकालीन स्थिति की घोषणा करते हैं और राज्य के शासन की बागडोर अपने हाथ में ले सकते हैं। वे किसी भी अपराधी को क्षमा कर सकते हैं। राष्ट्रपति को 1.50 लाख रु॰ मासिक वेतन, रहने को मुफ्त आवास तथा अन्य भत्ते मिलते हैं।

उप-राष्ट्रपति

अनुच्छेद-66 के अनुसार उप-राष्ट्रपति का निर्वाचन होता है। उप-राष्ट्रपति राज्यसभा का पदेन सभापति होता है। उसका निर्वाचन एक निर्वाचक-मण्डल द्वारा होता है जिसमें संसद की दोनों सभाओं

के सदस्य होते हैं। वह आनुपातिक प्रतिनिधित्व प्रणाली से एकल संक्रमणीय मत द्वारा चुना जाता है। उप-राष्ट्रपति पद के लिए उम्मीदवार भारत का नागरिक, आयु 35 वर्ष से कम नहीं और राज्यसभा का सदस्य चुने जाने के योग्य होना चाहिए। इसके निर्वाचन विवाद का निर्णय उच्चतम न्यायालय द्वारा किया जाता है। उपराष्ट्रपति को राज्य सभा के सभापति के रूप में 1.25 लाख रुपए प्रतिमाह वेतन व अन्य भत्ते मिलते हैं।

डा॰ एस॰ राधाकृष्णन	1952-1962
डा॰ जाकिर हुसैन	1962-1967
वी॰ वी॰ गिरि	1967-1969
गोपाल स्वरूप पाठक	1969-1974
बी॰ डी॰ जत्ती	1974-1979
एम॰ हिदायतुल्ला	1979-1984
आर॰ वेंकटरमन	1984-1987
डा॰ शंकर दयाल शर्मा	1987-1992
के॰ आर॰ नारायणन	1992-1997
कृष्णकान्त	1997-2002
भैरों सिंह शेखावत	2002-2007
मो. हामिद अंसारी	2007-आज तक

प्रधानमंत्री

भारत के संविधान में कहा गया है कि राष्ट्रपति को उसके कार्यों में सहायता और सलाह देने के लिए एक मंत्रिपरिषद् होगी। प्रधानमंत्री मंत्रिमण्डल का मुखिया होता है। अन्य मंत्री प्रधानमंत्री की सिफारिश पर राष्ट्रपति द्वारा नियुक्त किए जाते हैं। प्रधानमंत्री लोकसभा में बहुमत दल का नेता होता है।

जवाहरलाल नेहरू	15 अगस्त, 1947-27 मई, 1964
गुलजारी लाल नंदा (Exe.)	27 मई, 1964-9 जून, 1964
लाल बहादुर शास्त्री	9 जून, 1964-11 जनवरी, 1966
गुलजारी लाल नंदा (Exe.)	11 जनवरी, 1966-24 जनवरी, 1966
इन्दिरा गांधी	24 जनवरी, 1966-24 मार्च, 1977
मोरारजी देसाई	24 मार्च, 1977-28 जुलाई, 1979
चरण सिंह	28 जुलाई, 1979-14 जनवरी, 1980
इन्दिरा गांधी	14 जनवरी, 1980-31 अक्टूबर, 1984
राजीव गांधी	31 अक्टूबर, 1984-1 दिसम्बर, 1989
विश्वनाथ प्रताप सिंह	1 दिसम्बर, 1989-10 नवम्बर, 1990
चन्द्रशेखर	10 नवम्बर, 1990-21 जून, 1991
पी॰ वी॰ नरसिंह राव	21 जून, 1991-15 मई, 1996
अटल बिहारी वाजपेयी	15 मई, 1996-1 जून, 1996
एच॰ डी॰ देवगौड़ा	1 जून, 1996-21 अप्रैल, 1997
इन्द्र कुमार गुजराल	21 अप्रैल, 1997-19 मार्च 1998
अटल बिहारी वाजपेयी	19 मार्च, 1998-17 अप्रैल, 1999
	तथा 13 अक्तूबर, 1999-22 मई, 2004
डॉ॰ मनमोहन सिंह	22 मई, 2004 से अभी तक

महान्यायवादी

इसकी नियुक्ति राष्ट्रपति द्वारा केन्द्रीय मंत्रिमंडल की सलाह पर की जाती है। यह भारत सरकार का सर्वप्रथम विधि अधिकारी है। अतएव, यह राष्ट्रपति के निर्देश पर भारत सरकार को विधि सम्बन्धी मामलों पर सलाह देता है।

नियंत्रक-महालेखा परीक्षक

यह संघ तथा राज्यों दोनों के सभी वित्तीय प्रणाली पर नियंत्रण करता है। इसकी नियुक्ति मंत्रिमंडल की सलाह पर राष्ट्रपति द्वारा की जाती है। इसका कार्यकाल 6 वर्षों के लिए या 65 वर्ष की आयु सीमा तक होता है।

राज्यपाल

राष्ट्रपति द्वारा राज्यों में इसकी नियुक्ति की जाती है। इसकी नियुक्ति पाँच सालों के लिए होती है, लेकिन राष्ट्रपति उसे पांच वर्ष से पूर्व भी हटा सकता है। इसकी नियुक्ति में सरकारिया समिति की अनुशंसा को ध्यान में रखा जाता है। राज्यपाल को 1.10 लाख रुपए मासिक वेतन, अन्य भत्ते और निवास-स्थान मिलता है।

मुख्य कार्य: मुख्यमंत्री की नियुक्ति करता है एवं उसकी सलाह पर अन्य मंत्रियों की नियुक्ति करता है। इसे मुख्यमंत्री से सूचना प्राप्त करने का तथा सांविधानिक तंत्र के अनुसार शासन नहीं करने पर धारा 356 की सिफारिश करने का अधिकार है।

संविधान की अनुसूचियाँ

पहली अनुसूची: 1. राज्य, 2. संघ राज्य क्षेत्र; **दूसरी अनुसूची:** राष्ट्रपति, लोकसभा अध्यक्ष, न्यायालयों के न्यायाधीशों से संबंधित उपबंध; **तीसरी अनुसूची:** शपथ प्रारूप; **चौथी अनुसूची:** राज्य सभा की सीटों का आवंटन; **पांचवीं अनुसूची:** अनुसूचित क्षेत्रों और अनुसूचित जनजातियों से सम्बंधित; **छठी अनुसूची:** असम, मेघालय, त्रिपुरा और मिजोरम राज्यों के जनजाति क्षेत्रों के प्रशासन के बारे में उपबंध; **सातवीं अनुसूची:** 1. संघ सूची, 2. राज्य सूची, 3. समवर्ती सूची; **आठवीं अनुसूची:** भाषायें; **नवीं अनुसूची:** अनुच्छेद 31 'B' द्वारा रक्षित कानून; **दसवीं अनुसूची:** दल बदल से संबंधित प्रावधान; **ग्यारहवीं अनुसूची:** पंचायती-राज; **बारहवीं अनुसूची:** नगरपालिकाओं से सम्बन्धित उपबंध।

सर्वोच्च न्यायालय

सर्वोच्च न्यायालय देश का सबसे बड़ा न्यायालय है। इसमें मुख्य न्यायाधीश के अतिरिक्त 30 न्यायाधीश और होते हैं। इन सबकी नियुक्ति राष्ट्रपति करता है। वे 65 वर्ष की आयु तक कार्य कर सकते हैं। सर्वोच्च न्यायालय में जज के पद पर नियुक्ति के लिए व्यक्ति को भारतीय नागरिक होना आवश्यक है। उसे कम से कम पाँच साल के लिए उच्च न्यायालय का जज या दस साल के लिए उच्च न्यायालय का वकील होना भी आवश्यक है। मुख्य न्यायाधीश को 1 लाख रुपए और अन्य न्यायाधीशों को 90 हजार रुपए मासिक वेतन मिलता है।

अन्तर्राज्यीय परिषद्

इसके संगठन एवं कार्य का प्रावधान अनुच्छेद 263 में है। राष्ट्रपति को इसके गठन का अधिकार है। इसके मुख्य कार्य हैं: राज्य के मध्य विवादों को सुलझाना।

योजना आयोग

इसका कोई संवैधानिक प्रावधान नहीं है। यह देश के संसाधनों के सन्तुलित उपयोग हेतु व्यापक योजना बनाता है। इसका अध्यक्ष-प्रधानमंत्री होता है।

▼▼▼

अर्थव्यवस्था
(Economy)

पंचवर्षीय योजनाएँ: एक दृष्टि में

योजनाएँ	कार्यकाल	राष्ट्रीय लक्ष्य	विकास दर उपलब्धि	प्रमुख उद्देश्य
पहली योजना	1951-56	2.1	3.6	कृषि को प्राथमिकता
दूसरी योजना	1956-61	4.5	4.2	आधारभूत एवं भारी उद्योगों पर बल
तीसरी योजना	1961-66	5.6	2.7	खाद्यान्नों में आत्म निर्भरता प्राप्त करना
चौथी योजना	1969-74	5.7	2.0	स्थिरता के साथ विकास
पांचवीं योजना	1974-79	5.4	4.8	निर्धनता उन्मूलन एवं रोजगार संवर्धन
छठी योजना	1980-85	5.2	5.5	लघु एवं कुटीर उद्योगों को बढ़ावा
सातवीं योजना	1985-90	5.0	6.0	ऊर्जा का विकास, आधुनिकीकरण
आठवीं योजना	1992-97	5.6	6.6	रोजगार संवर्धन, निर्यात में पर्याप्त वृद्धि
नौवीं योजना	1997-2002	6.5	5.5	वृद्धि के साथ सामाजिक न्याय और समानता
दसवीं योजना	2002-07	8.0	7.7	मानव विकास
ग्यारहवीं योजना	2007-12	9.0	—	साक्षरता, रोजगार, ग्राम विकास, परिवहन विकास
बारहवीं योजना	2012-17	8.0	—	त्वरित, सतत् और समावेशी विकास

भारत में उद्योगों की स्थापना

क्र.सं.	उद्योग	स्थापित स्थल (सर्वप्रथम)	क्र.सं.	उद्योग	स्थापित स्थल (सर्वप्रथम)
1.	सूती वस्त्र	कलकत्ता (कोलकाता) (1818)	4.	कागज	सेरामपुर (1812)
2.	जूट	रिशरा (1855)	5.	उर्वरक	तमिलनाडु (1906)
3.	सीमेण्ट	मद्रास (चेन्नई) (1904)	6.	चीनी	मढ़ौरा (बिहार) (1903)

देश के प्रमुख इस्पात कारखाने

कारखाना	स्थल
टाटा आयरन एण्ड स्टील कम्पनी (टिस्को)	जमशेदपुर (निजी क्षेत्र झारखण्ड)
इण्डियन आयरन एण्ड स्टील कम्पनी (इस्को)	बर्नपुर (पश्चिम बंगाल)
विश्वेश्वरैया आयरन एण्ड स्टील कम्पनी	भद्रावती (कर्नाटक)
राउरकेला एकीकृत इस्पात संयन्त्र	राउरकेला (ओडिशा)

हमारा भारत
(Our India)

भारत एक दृष्टि में

राजधानी	– नई दिल्ली
क्षेत्रफल	– 32,87,263 वर्ग कि.मी.
क्षेत्रफल की दृष्टि से विश्व में स्थान	– सातवां
स्थित	– भूमध्य रेखा के उत्तर में 8°4' और 37°6' उत्तरी अक्षांश और 68°7' तथा 97°25' पूर्वी देशांतर के मध्य
विस्तार	– उत्तर से दक्षिण तक 3,214 किमी. पूर्व से पश्चिम तक 2,933 किमी.
भूमि सीमा	– 15,200 किमी.
समुद्री तट	– 7,516.6 किमी.
सीमावर्ती देश	– उत्तर-पश्चिम में पाकिस्तान और अफगानिस्तान, उत्तर में चीन, नेपाल और भूटान, पूर्व में म्यांमार और बंगलादेश, दक्षिण में मन्नार की खाड़ी और पाक-जलडमरूमध्य श्रीलंका से अलग करते हैं।
प्राकृतिक संरचना	– मुख्य भूमि चार भागों में विभक्त–विस्तृत पर्वतीय क्षेत्र, सिंधु और गंगा के मैदान, रेगिस्तानी क्षेत्र, दक्षिणी प्रायद्वीप
प्रमुख नदियाँ	– 16–(क) हिमालय समूह : गंगा, यमुना, सिन्धु तथा ब्रह्मपुत्र; (ख) दक्षिणी नदियाँ : कृष्णा, कावेरी, गोदावरी, महानदी, दामोदर, भारत पुष्पा, नर्मदा, ताप्ती, पम्बा, पेरियार, पेण्णार, शरावती, नेत्रवती
जलवायु	– ऊष्ण कटिबंधीय चार ऋतुएँ–शीत ऋतु, ग्रीष्म ऋतु, वर्षा ऋतु, शरद ऋतु
जीव-जंतु	– लगभग 89,451 किस्म के
राष्ट्रीय उद्यान	– 99
वन्य जीव अभ्यारण्य	– 515
राजभाषा	– हिन्दी
मान्य भाषाएं	– 22
राष्ट्रीय आय (2011–12)	– 73,28,878 करोड़ रुपए
प्रति व्यक्ति वार्षिक आय	– 2011-12 के लिए 60,972 रु.
कुल जिलों की संख्या	– 640
कुल उप-जिलों की संख्या	– 5,924
कुल गाँवों की संख्या	– 6,40,867

कुल आबाद गाँवों की संख्या - 5,93,732
कुल नगरों की संख्या - 7,935
जन्म दर (2010) - 21.3 प्रति हजार जनसंख्या
मृत्यु दर (2010) - 7.5 प्रति हजार जीवित जन्म
उच्च न्यायालयों की संख्या - 24

भारतीय संघ : राज्य व संघीय प्रदेश

संघ राज्य एवं संघीय प्रदेश	राजधानी	क्षेत्रफल (वर्ग कि॰मी॰)	भाषा
भारत	नई दिल्ली	32,87,263	हिन्दी-राजभाषा
		राज्य	
आंध्र प्रदेश*	हैदराबाद	2,75,045	तेलुगू
असम	दिसपुर	78,438	असमिया
ओडिशा	भुवनेश्वर	1,55,707	ओडिया
उत्तर प्रदेश	लखनऊ	2,40,928	हिन्दी
केरल	तिरुवनन्तपुरम्	38,863	मलयालम
गुजरात	गांधीनगर	1,96,024	गुजराती
जम्मू-कश्मीर	श्रीनगर	2,22,236	कश्मीरी, उर्दू, डोगरी
तमिलनाडु	चेन्नई	1,30,058	तमिल
त्रिपुरा	अगरतला	10,492	त्रिपुरी, बंगला
नगालैण्ड	कोहिमा	16,579	अंग्रेजी, सेमा
पंजाब	चण्डीगढ़	50,362	पंजाबी
प. बंगाल	कोलकाता	88,752	बांग्ला
बिहार	पटना	94,163	हिन्दी, मैथिली, भोजपुरी, मगही
मध्य प्रदेश	भोपाल	3,08,000	हिन्दी
महाराष्ट्र	मुम्बई	3,07,713	मराठी
मेघालय	शिलांग	22,429	खासा भारा
मणिपुर	इम्फाल	22,327	मणिपुरी, अंग्रेजी
राजस्थान	जयपुर	3,42,239	हिन्दी, मारवाड़ी
हरियाणा	चण्डीगढ़	44,212	हिन्दी
हिमाचल प्रदेश	शिमला	55,673	हिन्दी, पहाड़ी
कर्नाटक	बंगलुरू	1,91,791	कन्नड़
सिक्किम	गंगटोक	7,096	लेपचा, नेपाली, हिन्दी
मिजोरम	ऐजल	20,987	मिजो, अंग्रेजी
अरुणाचल प्रदेश	ईटानगर	83,743	बिस्सी, वांची
गोवा	पणजी	3,702	कोंकणी, मराठी
छत्तीसगढ़	रायपुर	1,35,191	हिन्दी
झारखण्ड	रांची	79,714	हिन्दी, संथाली, बांग्ला तथा ओडिया
उत्तराखंड	देहरादून	53,483	हिन्दी, गढ़वाली, कुमायुँनी

*आन्ध्रप्रदेश का विभाजन कर देश के 29वें राज्य तेलंगाना के गठन का विधेयक संसद में पारित हो चुका है।

	संघ शासित प्रदेश		
अण्डमान निकोबार द्वीप समूह	पोर्टब्लेयर	8,249	निकोबारी, हिन्दी
चण्डीगढ़	चण्डीगढ़	114	हिन्दी, पंजाबी
दिल्ली	दिल्ली	1,483	हिन्दी, पंजाबी
दमन-दीव	दमन	112	गुजराती
दादरा और नागर हवेली	सिलवासा	491	भीली, गुजराती
पुडुचेरी	पुडुचेरी	480	तमिल, हिन्दी
लक्षद्वीप	कावारत्ती	32	मलयालम

भारत की जनगणना 2011

भारत में जनगणना का विधिवत् कार्य 1881 में आरम्भ हुआ। 2011 की जनगणना के अनुसार भारत की कुल जनसंख्या 121,05,69,573 थी। जबकि 10 वर्ष पूर्व 2001 में कुल जनसंख्या 102,70,15,247 थी। वर्ष 2011 की जनगणना के प्रमुख तथ्य निम्नलिखित हैं:

कुल जनसंख्या	–	121,05,69,573
पुरुष	–	62,31,21,843
महिला	–	58,74,47,730
कुल जनसंख्या में पुरुषों का प्रतिशत	–	51.53%
कुल जनसंख्या में महिलाओं का प्रतिशत	–	48.46%
भारत की जनसंख्या का विश्व जनसंख्या में भाग	–	17.5%
दशकीय वृद्धि दर (2001-2011)	–	17.0%
सर्वाधिक वृद्धि दर	–	मेघालय 27.9%
न्यूनतम वृद्धि दर	–	नगालैंड – 0.6%
सर्वाधिक जनसंख्या वाला राज्य	–	उत्तर प्रदेश (19,98,12,341)
न्यूनतम जनसंख्या वाला राज्य	–	सिक्किम (6,10,577)
स्त्री-पुरुष अनुपात	–	943 : 1000
सर्वाधिक लिंगानुपात	–	केरल, 1084 : 1000
न्यूनतम लिंगानुपात	–	हरियाणा 879 : 1000
जनसंख्या घनत्व	–	382 व्यक्ति प्रति वर्ग किलोमीटर
सर्वाधिक घनत्व	–	बिहार (1,106)
न्यूनतम घनत्व	–	अरुणाचल प्रदेश (17)
केन्द्रशासित प्रदेशों में सर्वाधिक घनत्व	–	दिल्ली (11,320)
केन्द्रशासित प्रदेशों में न्यूनतम घनत्व	–	अण्डमान निकोबार द्वीप समूह (46)
साक्षरता प्रतिशत	–	73%
पुरुष साक्षरता	–	80.9%
महिला साक्षरता	–	64.6%
सर्वाधिक साक्षरता	–	केरल (94%)
न्यूनतम साक्षरता	–	बिहार (61.8%)

भारत में प्रथम

नोबेल पुरस्कार प्राप्तकर्ता	1. साहित्य: रवीन्द्रनाथ टैगोर (1913)
	2. भौतिकी: सी॰वी॰ रमन (1929)
	3. शान्ति: मदर टेरेसा (1979)
	4. अर्थशास्त्र: अमर्त्य सेन (1998)
स्वतंत्र भारत के भारतीय गवर्नर जनरल (अन्तिम भी)	चक्रवर्ती राजगोपालाचारी
महिला राष्ट्रपति	प्रतिभा पाटिल
महिला राज्यपाल	श्रीमती सरोजिनी नायडू
सुप्रीम कोर्ट की महिला न्यायाधीश	श्रीमती मीरा साहिब फातिमा बीबी
महिला प्रधानमंत्री	श्रीमती इंदिरा गांधी
भारतीय सेनापति	जनरल के॰ एम॰ करियप्पा
महिला मुख्यमंत्री	श्रीमती सुचेता कृपलानी
संयुक्त राष्ट्र महासभा की महिला अध्यक्ष	श्रीमती विजयालक्ष्मी पंडित (1954)
अंतर्राष्ट्रीय न्यायालय के भारतीय अध्यक्ष	डॉ॰ नगेन्द्र सिंह
इंगलिश चैनल तैरकर पार करने वाली भारतीय महिला	आरती साहा
इंगलिश चैनल तैरकर पार करने वाला भारतीय पुरुष	मिहिर सेन
ब्रिटिश पार्लियामेंट के भारतीय सदस्य	दादा भाई नौरोजी
फील्ड मार्शल	एस॰एच॰एफ॰जे॰ मानेकशा
विक्टोरिया क्रॉस विजेता	खुदादाद खां
एवरेस्ट शिखर पर चढ़ने वाला भारतीय	शेरपा तेंजिंग (29 मई, 1953)
एवरेस्ट पर चढ़ने वाली भारतीय महिला	कु॰ बचेन्द्रीपाल (23 मई, 1984)
एवरेस्ट पर दो बार विजय प्राप्त करने वाली भारतीय महिला	संतोष यादव (10 मई, 1992; 10 मई, 1993)
भारतीय अंतरिक्ष यात्री (पुरुष)	राकेश शर्मा (3 अप्रैल, 1984)
भारतीय अंतरिक्ष यात्री (महिला)	कल्पना चावला (19 नवम्बर, 1997)
भारत रत्न से विभूषित महिला	श्रीमती इंदिरा गांधी
संयुक्त राष्ट्र संघ की महासभा में हिन्दी में भाषण देने वाला भारतीय	अटल बिहारी वाजपेयी
भारतीय महिला मिस यूनिवर्स	कु॰ सुष्मिता सेन
भारतीय महिला मिस वर्ल्ड	रीता फारिया
समाचार-पत्र	बंगाल गजट (27 जनवरी, 1780)
डाक टिकट	1852
तार लाइन	1851 (कलकत्ता-डायमंड हार्बर)

रेल	16 अप्रैल, 1853 (बम्बई-थाणे)
विद्युत रेल	1925 (बम्बई-कुर्ला)
उपग्रह	आर्यभट्ट (1975)
रॉकेट	रोहिणी (1967)
आणविक रियेक्टर	अप्सरा (1956)
आणविक बिजलीघर	तारापुर आणविक बिजलीघर (1969)
भारतीय वायु सेना की महिला पायलट	हरित कौर देओल
फास्ट ब्रीडर आणविक रियेक्टर	कलपक्कम
बिना ऑक्सीजन एवरेस्ट की चोटी पर पहुंचने वाला भारतीय	फु दोरजी (1987)
मेट्रो रेलवे	कोलकाता (1984)
फिल्म (मूक)	राजा हरिश्चन्द्र (1913)
फीचर फिल्म (बोलती हुई)	आलम आरा (1931)
इंडियन नेशनल कांग्रेस की प्रथम महिला अध्यक्ष	श्रीमती एनी बेसेंट
इंडियन नेशनल कांग्रेस के प्रथम अध्यक्ष	व्योमेशचन्द्र बनर्जी (1888)
आई॰सी॰एस॰ में सफल होने वाला प्रथम भारतीय	सत्येन्द्र नाथ टैगोर

भारत में सबसे बड़ा/लम्बा/ऊँचा आदि

सबसे ऊंची चोटी*	के-2
सर्वाधिक आबादी वाला शहर	मुम्बई
सबसे लम्बी नदी	गंगा (2510 कि॰मी॰)
सबसे बड़ा राज्य (क्षेत्रफल में)	राजस्थान
सबसे बड़ा राज्य (आबादी में)	उत्तर प्रदेश
सबसे बड़ा पुल (सड़क)	पटना में गंगा नदी पर महात्मा गांधी सेतु (5.575 कि॰मी॰)
सबसे बड़ी मूर्ति	ऋषभ नाथ** की मूर्ति (मध्य प्रदेश : 84 फीट)
सर्वाधिक जनसंख्या घनत्व वाला राज्य	बिहार (1,106 प्रति वर्ग कि॰मी॰)
सर्वाधिक साक्षर राज्य	केरल (साक्षरता लगभग 94%)
सबसे बड़ा अजायबघर	इण्डिया म्यूजियम, कोलकाता
सबसे लम्बा नदी पुल (रेल)	नेहरू सेतु (सोन नदी 10,044 फीट)
सबसे लम्बा बांध	हीराकुड (ओडिशा)
सबसे लम्बी सुरंग (रेलवे)	11.2 कि॰मी॰ (पीर पंजाल रेंज जम्मू-कश्मीर)
सबसे बड़ा चिड़ियाघर	जुलोजिकल गार्डन्स, कोलकाता
सबसे लम्बी सड़क	ग्राण्ड ट्रंक रोड (1500 मील)
सबसे ऊंची मीनार	कुतुबमीनार, दिल्ली (72.5 मी॰)

सबसे बड़ी मस्जिद	जामा मस्जिद, दिल्ली
बहादुरी के लिए सबसे बड़ा पुरस्कार	परमवीर चक्र
सबसे बड़ा रेगिस्तान	थार (राजस्थान)
सबसे बड़ा डेल्टा	सुन्दरवन डेल्टा, (75,000 वर्ग कि॰मी॰)
सबसे बड़ा गुम्बज	गोल गुम्बज (बीजापुर-42 मी॰ व्यास)
सबसे ऊँचा बांध	भाखड़ा बांध (740 फीट)
सबसे ऊँचा दरवाजा	बुलंद दरवाजा (फतेहपुर सीकरी: 176 फीट)
सबसे बड़ी झील	वुलर झील (कश्मीर)
सबसे बड़ा प्लेटफार्म***	गोरखपुर (उत्तर प्रदेश, भारत; 1355.4 मी. लम्बा)
सर्वाधिक वर्षा (वार्षिक औसत)	चेरापूंजी के निकट मासिनराम (12,000 मि॰मी॰)
झरना, सबसे ऊँचा	गरसोप्पा (कर्नाटक : 960 फीट)
सबसे बड़ा पशुओं का मेला	सोनपुर (बिहार)
सबसे बड़ा गुफा मंदिर	कैलाश मंदिर (एलोरा)
सबसे अधिक वनों वाला राज्य	मिजोरम (90.68% क्षेत्र)
सबसे बड़ी कृत्रिम झील	गोविन्द सागर (भाखड़ा)

* विश्व की सबसे ऊंची चोटी मांउट एवरेस्ट है जो नेपाल में है। के-2 विश्व की दूसरी सबसे ऊँची और भारत की सबसे ऊँची (8611 मी॰) चोटी है।

** कर्नाटक में गोमतेश्वर की मूर्ति (57 फीट ऊँची) अब दूसरे नम्बर पर है।

*** पश्चिम बंगाल में खड़गपुर प्लेटफार्म (833 मी. लम्बा) अब दूसरे स्थान पर है।

▼▼▼

राष्ट्रीय प्रतीक
(National Symbols)

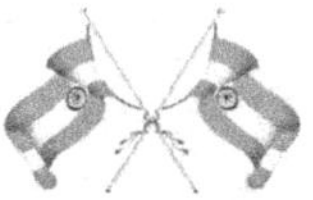

राष्ट्रीय ध्वज : भारत का राष्ट्रीय ध्वज तिरंगा है। यह आयताकार तीन पट्टियों से बना है। इसमें सबसे ऊपर केसरिया, मध्य में श्वेत और नीचे हरा रंग है। केसरिया शक्ति, श्वेत शांति और हरा समृद्धि का प्रतीक माना जाता है। झण्डे की लम्बाई-चौड़ाई का अनुपात 3 : 2 है। श्वेत पट्टी के मध्य नीले रंग का एक चक्र है। चक्र में 24 तीलियाँ हैं। झण्डा फहराने के संबंध में भारत सरकार ने कुछ नियम बनाए हैं जिनका पालन करना अति आवश्यक है। संविधान सभा ने इसे 22 जुलाई 1947 को अंगीकार किया था।

राष्ट्रीय चिह्न : भारत का राष्ट्रीय चिह्न सारनाथ में अशोक निर्मित सिंह स्तम्भ की अनुकृति है। इस चिह्न में चार सिंह हैं, जो एक दूसरे के विपरीत दिशा में घूम कर बैठे हुए हैं। इन चार में से केवल तीन सिंह दिखाई देते हैं, चौथा पीछे की ओर छिपा हुआ है और दिखाई नहीं देता। नीचे चौरस पट्टी के मध्य में उभरी हुई नक्काशी में एक चक्र है, जिसके दाईं ओर एक सांड़ और बाईं ओर एक घोड़ा है। नीचे मुण्डकोपनिषद से लिया गया सूत्र 'सत्यमेव जयते' देवनागरी लिपि में लिखा गया है। इसका अर्थ है 'सत्य की ही विजय होती है'। सरकार ने राष्ट्रीय चिह्न को 26 जनवरी 1950 को स्वीकृत किया।

राष्ट्रीय गीत : श्री बंकिम चन्द्र चटर्जी द्वारा रचित गीत 'वन्दे मातरम्' को राष्ट्रीय गान के समकक्ष स्थान दिया गया है। उनके विख्यात उपन्यास 'आनन्द मठ' से उद्धृत यह गीत राष्ट्रीय आन्दोलन में एक महान प्रेरणा-स्रोत रहा है। इस गीत को सबसे पहले 1896 में भारतीय राष्ट्रीय कांग्रेस के अधिवेशन में गाया गया था।

राष्ट्रीय गान : रवीन्द्र नाथ टैगोर के गीत 'जन गण मन' को 24 जनवरी, 1950 को राष्ट्रीय गान के रूप में स्वीकार किया गया। यह गीत 'भारत-विधाता' शीर्षक से सर्वप्रथम 'तत्व-बोधिनी' पत्रिका के जनवरी 1912 के अंक में प्रकाशित हुआ था। यह गीत पहली बार 27 दिसम्बर 1911 को भारतीय कांग्रेस के कलकत्ता (कोलकाता) अधिवेशन में गाया गया था। पूरे गीत के 5 पद हैं। इसमें से प्रथम पद को राष्ट्रीय गान स्वीकार किया गया है। इसे गाने का निर्धारित समय लगभग 52 सेकण्ड है।

राष्ट्रीय पंचांग : सरकारी कार्यों में प्रयोग हेतु राष्ट्रीय पंचांग 22 मार्च, 1957 से अपनाया गया है। यह पंचांग शक संवत् पर आधारित है। 78 ई. में प्रारम्भ हुए शक संवत् का पहला महीना चैत्र है और वर्ष 365 दिन का है। इस पंचांग के दिन स्थायी रूप से ग्रेगेरियन कैलेंडर से सम्बद्ध दिनों के अनुरूप बैठते हैं। इस प्रकार सामान्य वर्षों में इस पंचांग का पहला दिन 22 मार्च के दिन आता है और लौंद (लीप) वर्ष में 21 मार्च के दिन।

राष्ट्रीय पंचांग के माह इस प्रकार हैं: 1. चैत्र, 2. बैशाख, 3. ज्येष्ठ, 4. आषाढ़, 5. श्रावण, 6. भाद्रपद, 7. आश्विन, 8. कार्तिक, 9. मार्गशीर्ष, 10. पौष, 11. माघ, 12. फाल्गुन।

राष्ट्रीय पशु : बाघ (पैंथरा टाइग्रिस-लिन्नायस); **राष्ट्रीय पक्षी :** मोर (पावो क्रिस्टेटस); **राष्ट्रीय खेल :** हॉकी; **राष्ट्रीय पुष्प :** कमल।

▼▼▼

ब्रह्मांड
(The Universe)

पृथ्वी सूर्य के अलावा आठ अन्य ग्रहों बुध, शुक्र, पृथ्वी, मंगल, बृहस्पति, शनि, यूरेनस और नेपच्यून वाले सौर मण्डल का एक सदस्य ग्रह है। ग्रहों के पास अपना स्वयं का प्रकाश नहीं होता और शुक्र और यूरेनस के अलावा सभी ग्रह अपनी धुरी पर पश्चिम से पूर्व की ओर परिक्रमा करते हैं। अनेक उपग्रह संबंधित ग्रह की परिक्रमा करते हैं। अंतरिक्ष में हजारों पुच्छल तारे और करोड़ों उल्काएं भी मौजूद हैं। पृथ्वी का एक ही उपग्रह है 'चन्द्रमा', शनि के पास 60 उपग्रह हैं जबकि बुध और शुक्र का कोई भी उपग्रह नहीं है। सूर्य से पृथ्वी की औसत दूरी $1,496 \times 10^8$ कि.मी. है। पृथ्वी सूर्य का तीसरा सबसे निकट और पांचवाँ सबसे बड़ा ग्रह है।

पृथ्वी : तथ्य और आँकड़े

पृथ्वी का द्रव्यमान	5.882×10^{21} टन
पृथ्वी का घनत्व	पानी की अपेक्षा 5.517 गुणा
पृथ्वी का आयतन	1.083×10^{11} घन किमी.
भूमध्यरेखीय परिधि	4.007×10^4 किमी.
ध्रुवीय व्यास	12,714 किमी.
विषुवतीय व्यास	12,756 किमी.
ध्रुवीय परिधि	4.0×10^4 किमी.
अनुमानित आयु	लगभग 4600 करोड़ वर्ष
भू-पृष्ठ	148,951,000 वर्ग किमी.
जलीय सतह	361,150,000 वर्ग किमी.
भू-सतह का सबसे उच्च बिन्दु	माउंट एवरेस्ट (8,848 मीटर)
भू-सतह का सबसे निम्न बिन्दु	मृत सागर का तट (समुद्र तल से 396 मीटर नीचे)
महासागर की सर्वाधिक गहराई	फिलीपींस के पूर्व में मेरियाना ट्रेंच (समुद्र तल से 11,033 मीटर नीचे)

सौरमण्डल

सबसे बड़ा ग्रह	बृहस्पति (Jupiter)	सबसे अधिक गर्म ग्रह	शुक्र (Venus)
सबसे छोटा ग्रह	बुध (Mercury)	रात्रि में लाल दिखाई देने वाला ग्रह	मंगल (Mars)
पृथ्वी का उपग्रह	चन्द्रमा (Moon)		
सूर्य के सबसे निकट ग्रह	बुध (Mercury)	सबसे बड़ा उपग्रह	गैनीमेड (Gannymede)
सूर्य से सबसे दूर स्थित ग्रह	वरुण (Neptune)		
पृथ्वी के सबसे निकट स्थित ग्रह	शुक्र (Venus)	सबसे छोटा उपग्रह	डिमोस (Deimos)
		नीला ग्रह	पृथ्वी (Earth)
सबसे अधिक चमकीला ग्रह	शुक्र (Venus)	भोर का तारा	शुक्र (Venus)
सबसे अधिक चमकीला तारा	साइरस (Dog Star)	साँझ का तारा	शुक्र (Venus)
सबसे अधिक उपग्रहों वाला ग्रह	बृहस्पति (Jupiter)	पृथ्वी की बहन	शुक्र (Venus)
		हरा ग्रह	वरुण (Neptune)
सबसे अधिक ठण्डा ग्रह	वरुण (Neptune)	विशाल लाल धब्बे वाला ग्रह	बृहस्पति (Jupiter)

पृथ्वी का आकार : पृथ्वी का आकार पूर्णरूप से वृत्तीय नहीं है बल्कि अंडाकार है। ऐसा इस वजह से है क्योंकि यह ध्रुवों पर चपटी और विषुवत पर उभरी हुई है। पृथ्वी का ध्रुवीय व्यास विषुवतीय व्यास से 42 किलोमीटर छोटा है। अतः पृथ्वी अंडाकार है।

पृथ्वी की गतियाँ : पृथ्वी अपनी धुरी पर किसी लट्टू की भांति घूमती है और 24 घंटे में एक चक्कर पूरा कर लेती है जबकि सूर्य की परिक्रमा करने में उसे 365 दिन, 5 घंटे, 45 मिनट और 46 सेकेंड लगते हैं। पृथ्वी की दैनिक गति के कारण रात और दिन होते हैं जबकि वार्षिक गति (परिक्रमा) के कारण ऋतु परिवर्तन होता है। पृथ्वी गैर-ज्योतिर्मय वृत्त है। पृथ्वी का जो भाग सूर्य के सामने आ जाता है वहाँ दिन होता है और जो भाग सूर्य के सामने नहीं होता वहाँ रात होती है। पृथ्वी का आवर्तन पश्चिम से पूर्व की तरफ होता है। इसी कारणवश हमें यह प्रतीत होता है कि सूर्य, चन्द्रमा और तारे विपरीत दिशा में घूम रहे हैं।

आवर्तन के प्रभाव : (क) दिन और रात होते हैं। (ख) देशांतर और समय में अंतर आ जाता है। (ग) वायु और तरंगों की दिशा में परिवर्तन होता है। (घ) दिन में दो बार समुद्र में लहरें उठती हैं।

परिक्रमा के प्रभाव : पृथ्वी दीर्घवृत्तीय कक्षा में सूर्य की परिक्रमा करती है। पृथ्वी को एक बार सूर्य का चक्कर लगाने में 365.25 दिन लग जाते हैं। एक सामान्य वर्ष 365 दिन का होता है जबकि चार वर्षों में 5 घंटे 45 मिनट और 46 सेकेंड एक दिन बना देते हैं और हर चौथा वर्ष अधि वर्ष (लीप ईयर) बन जाता है, जिसमें 366 दिन होते हैं। ऋतु में परिवर्तन मुख्यतः परिक्रमण की वजह से ही होता है।

21 जून : इस समय उत्तरी गोलार्द्ध में ग्रीष्मकाल होता है जबकि दक्षिणी गोलार्द्ध में शरदकाल होता है। दोपहर में सूर्य की सीधी किरणें कर्क रेखा पर पड़ती हैं।

22 दिसम्बर : इस समय उत्तरी गोलार्द्ध में शरदकाल और दक्षिणी गोलार्द्ध में ग्रीष्मकाल होता है। दोपहर में सूर्य की सीधी किरणें मकर रेखा पर पड़ती हैं।

सम्पात : 21 मार्च और 23 सितम्बर को पृथ्वी का प्रत्येक भाग सूर्य के सामने आ जाता है और सूर्य ठीक भूमध्य रेखा के ऊपर होता है। इन अवस्थाओं में पृथ्वी के प्रत्येक भाग में रात और दिन बराबर होते हैं। 21 मार्च को वसन्त सम्पात (Vernal equinox) और 23 सितम्बर को शरद सम्पात (Autumnal equinox) कहते हैं।

चट्टानों का रूपान्तरण

मूल चट्टान	रूपान्तरित चट्टान	मूल चट्टान	रूपान्तरित चट्टान
शैल	स्लेट	ग्रेनाइट	नीस
चूना पत्थर	संगमरमर	बेसाल्ट	सिस्ट
चॉक तथा डोलोमाइट	संगमरमर	स्लेट	फाइलाइट
बलुआ पत्थर	क्वार्ट्जाइट	कांग्लोमरेट	क्वार्ट्जाइट

विश्व भूगोल
(World Geography)

विभिन्न देशों के राष्ट्रीय प्रतीक

देश	प्रतीक	देश	प्रतीक	देश	प्रतीक
ऑस्ट्रेलिया	कंगारू	कनाडा	सफेद लिली	डेनमार्क	वुलिन
फ्रांस	लिली	जर्मनी	कार्न फ्लावर	भारत	सिंह स्तम्भ
ईरान	गुलाब	आयरलैंड	तीन पत्ती वाली घास	इटली	सफेद लिली
जापान	गुलदाउदी	पाकिस्तान	अर्द्धचंद्र	स्पेन	बाज
यूनाइटेट किंगडम	गुलाब	यू.एस.ए.	सुनहरी छड़ी		

शहरों, राज्यों एवं देशों के परिवर्तित नाम

पुराना नाम	परिवर्तित नाम	पुराना नाम	परिवर्तित नाम	पुराना नाम	परिवर्तित नाम
एबिसीनिया	इथियोपिया	अंगोरा	अंकारा	औरंगाबाद	संभाजी नगर
बनारस	वाराणसी	बड़ौदा	बड़ोदरा	बताविया	जकार्ता
बसुतोलैण्ड	लिसोथो	बेचुआनालैण्ड	बोत्सवाना	बॉम्बे	मुम्बई
ब्रिटिश गुयाना	गुयाना	बर्मा	म्यांमार	कालीकट	कोझीकोड़
कलकत्ता	कोलकाता	केप केनवरल	केप केनेडी	काउनपुर	कानपुर
सेंट्रल प्रोविंसेज	मध्य प्रदेश	अपर बोल्टा	बुर्कीना फासो	जुबुलपोर	जबलपुर
लियोपोलदविले	किन्हास	मेडागास्कर	मालागासी	मद्रास	चेन्नई
मलाया	मलेशिया	जुलन्धर	जालंधर	मंयुक्यो	मंचूरिया
मैसोपोटामिया	इराक	सिलोन	श्रीलंका	क्रिस्टिना	ओस्लो
कांगो	जायरे	कांस्टेटिनपोल	इस्तान्बूल	डाका	ढाका
डहोमे	बेनिन	डच ईस्ट इंडीज	इंडोनेशिया	डच गुयाना	सूरीनाम
लोर सेई	पूर्वी तिमोर	एलिस आइसलैंड	तुवालू	फार्मोसा	ताइवान
गौहाटी	गुवाहाटी	गोल्ड कोस्ट	घाना	हालैण्ड	नीदरलैण्ड
रोडेशिया	जिम्बाब्वे	सैगोन	हो चिन मिन्ह सिटी	सेलिसबरी	हरारे
सैंडविच आइसलैंड	हवाईअन द्वीप	तंजानिका व जंजीबार	तंजानिया	सियाम	थाईलैंड
सिमला	शिमला	साउथ वेस्ट अफ्रीका	नामीबिया	स्पेनिस गुयाना	विषुवतीय गुयाना
न्यू हेब्रिडस	वनुआतु	उत्तरी रोडेशिया	जाम्बिया	न्यासालैण्ड	मालावी
पंजिम	पणजी	पेट्रोगार्ड	लेनिनग्राड	पीकिंग	बीजिंग
पर्शिया	ईरान	पूना	पुणे	स्टालिन ग्राड	वोल्गोगार्ड
सेंट पीट्सबर्ग	लेनिनग्राड	तंजौर	तंजावुर	यूनाइटेड प्रोविंसेज	उत्तर प्रदेश
यू.एस.एस.आर.	सीआईएस	विशाखापट्नम	विशाखापत्तनम	यूगोस्लाविया	सर्बिया
बंगलौर	बेंगलुरु	असम	असोम	उत्तरांचल	उत्तराखंड
पांडिचेरी	पुडुचेरी	पूर्वी पाकिस्तान	बांग्लादेश	रंगून	यांगून
मिस्त्र	संयुक्त अरब गणराज्य	उड़ीसा	ओडिशा		

महत्त्वपूर्ण सीमा रेखाएं

- **डूरंड लाइन :** यह भारत और अफगानिस्तान के बीच सीमा के विभाजन को परिलक्षित करती थी। इसका सीमांकन सर मोर्टीमर डूरंड ने 1896 में किया था। अब यह पाकिस्तान और अफगानिस्तान के बीच की सीमा रेखा है।
- **हिंडेनवर्ग लाइन :** यह वह रेखा है जहां से विश्व युद्ध के दौरान जर्मनी की सेना वापस लौट गई थी। यह रेखा पोलैण्ड और जर्मनी के बीच की सीमा रेखा है।
- **मैकमोहन रेखा :** यह भारत और चीन के बीच सीमा रेखा है जिसका सीमांकन सर हेनरी मैकमोहन ने किया था।
- **मैगिनोट रेखा :** यह फ्रांस और जर्मनी के बीच सीमा रेखा है।
- **रेडक्लिफ रेखा :** यह भारत और पाकिस्तान के बीच सीमा रेखा है जिसका सीमांकन सर सिरिल रेडक्लिफ ने किया था।
- **38वां पैरलल :** यह उत्तर और दक्षिण कोरिया के बीच सीमा रेखा है।
- **49वां पैरलल :** यह यू.एस. और कनाडा के बीच सीमा रेखा है।
- **सिंगफ्रेड रेखा :** प्रथम विश्व युद्ध में फ्रांस और जर्मनी के बीच की सीमा रेखा।

विश्व के प्रमुख जल प्रपात

जल प्रपात	स्थान	ऊँचाई (मी॰)
एंजिल	वेनेजुएला	979 (यह कैरो नदी पर स्थित संसार का सबसे ऊँचा जल प्रपात है।)
योसेमाइट	कैलिफोर्निया	739
दक्षिण-मर्डाल्फोसेन	नार्वे	655
तुगेला	द॰ अफ्रीका	614
कुकवेनन	वेनेजुएला	610
सूथरलैंड	न्यूजीलैंड	580
रिब्बोन	कैलिफोर्निया	491
ग्रेट-कामारना	गुयाना	488
डेल्ला	कनाडा	440
गवार्नी	फ्रांस	422
जोग (गरसोप्पा)	भारत	255 (शरावती नदी पर स्थित इस जल प्रपात को महात्मा गाँधी जल प्रपात भी कहते हैं।)
नियाग्रा	कनाडा एवं अमेरिका की सीमा	120

विश्व की प्रमुख नहरें

नाम	स्थिति	स्थान
ईरी	ईरी झील और मिशीगन झील को जोड़ती है।	अमेरिका
सू नहर	सुपीरियर झील और ह्यूइन झील को जोड़ती है।	अमेरिका
कील नहर	उत्तरी सागर को बाल्टिक सागर से जोड़ती है।	जर्मनी

पनामा नहर	कैरीबियन सागर और प्रशांत महासागर	पनामा
स्वेज नहर	लाल सागर और भूमध्य सागर	मिस्र
मैनचेस्टर नहर	मैनचेस्टर एवं लिवरपूल के बीच	ग्रेट ब्रिटेन

विश्व की प्रमुख नदियाँ

नाम	उद्गम स्थल	गिरने का स्थान	लम्बाई (किमी)	प्रमुख स्थान
नील (विश्व की सबसे लम्बी नदी)	विक्टोरिया झील	भूमध्य सागर	6670	आस्वान बाँध व नासिर झील स्थित है।
अमेजन (आयतन की दृष्टि से विश्व की सबसे बड़ी नदी)	एण्डीज पर्वत	अटलांटिक महासागर	6448	
मिसीसिपी मिसौरी	अलास्का झील	मैक्सिको की खाड़ी	6300	पक्षीपाद डेल्टा बनाती है।
यांग्टिसीक्यांग	तिब्बत का पठार	चीन सागर	5494	
ह्वांग हो	कुललुन पर्वत	चीन की खाड़ी	4840	
कांगो/जायरे	लुआलिया और लुआपुआ का संगम	अटलाण्टिक महासागर	4800	विषुवत् रेखा को दो बार काटती है।
अमूर	शिल्का रूस, आरगून का संगम	टार्टइ स्ट्रेट	4510	चीन और रूस की सीमा बनाती है।
वोल्गा	बल्डाई पठार	कैस्पियन सागर	3700	यूरोप की सबसे लम्बी नदी
डेन्यूब	ब्लैक फॉरेस्ट	काला सागर	2820	बेलग्रेड, बुखारेस्ट, बुडापेस्ट और वियना शहर स्थित है।
सेंट लारेंस	आण्टेरियो झील	सेंट-लॉरेंस की खाड़ी	3058	नियाग्रा जल प्रपात स्थित है।
कोलोरेडो	ग्रैण्ड कंट्री	कैलीफोर्निया की खाड़ी	2333	ह्वूबर बाँध स्थित
नाइजर	गिनी	गिनी की खाड़ी	4800	तेल नदी कहलाती है।
मेकांग	तिब्बत का पठार	दक्षिण चीन सागर	4023	द.पू. एशिया की सबसे लम्बी नदी।
सिन्धु	मानसरोवर झील के पास	अरब सागर	3180	
ब्रह्मपुत्र	मानसरोवर झील	बंगाल की खाड़ी	2900	
डार्लिंग-मर्रे	ऑस्ट्रेलिया आल्पस	हिन्द महासागर	3720	ऑस्ट्रेलिया की सबसे बड़ी नदी।

विश्व की प्रमुख झीलें

झील का नाम	भौगोलिक क्षेत्र	क्षेत्रफल (वर्ग. किमी.)	विशेष तथ्य
कैस्पियन सागर	पूर्व सोवियत संघ तथा ईरान	3,94,299	खारे पानी की सबसे बड़ी झील
सुपीरियर झील	संयुक्त राज्य अमेरिका एवं कनाडा	82,414	ताजे पानी की सबसे बड़ी झील

झील का नाम	भौगोलिक क्षेत्र (वर्ग. किमी.)	क्षेत्रफल	विशेष तथ्य
विक्टोरिया झील	केन्या, युगाण्डा तथा तंजानिया	69,485	
अरल सागर झील	कजाकिस्तान एवं उज्बेकिस्तान	64,457	
ह्यूरन झील	संयुक्त राज्य अमेरिका तथा कनाडा	59,600	
मिशीगन झील	संयुक्त राज्य अमेरिका	57,800	
बैकाल झील	रूस	31,500	यह सबसे गहरी (1940 मी०) झील है।
ग्रेट बेरियर झील	कनाडा	31,080	
ग्रेट स्लेव झील	कनाडा	28,438	
विनीपेग झील	कनाडा	24,341	
ओण्टेरियो झील	सं.रा. अमेरिका तथा कनाडा	19,529	
टिटिकाका	पेरू–बोलीविया	9,065	यह विश्व की सबसे ऊँची (3811 मी०) झील है।
आयर झील	ऑस्ट्रेलिया	9,583	

विश्व की प्रमुख खाड़ियाँ

खाड़ी	क्षेत्रफल (वर्ग.किमी.)	खाड़ी	क्षेत्रफल (वर्ग.किमी.)
मैक्सिको की खाड़ी	15,44,000	हडसन की खाड़ी	12,33,000
अरब की खाड़ी	2,38,000	सेंट लॉरेन्स की खाड़ी	2,37,000
कैलिफोर्निया की खाड़ी	1,62,000		

विश्व की प्रमुख जनजातियाँ

जनजाति	सम्बन्धित क्षेत्र/देश	जनजाति	सम्बन्धित क्षेत्र/देश	जनजाति	सम्बन्धित क्षेत्र/देश
माओरी	न्यूजीलैंड	यूकाधिर	साइबेरिया	खिरगीज	मध्य एशिया
बुशमैन	कालाहारी मरुस्थल	एस्कीमो	ग्रीनलैंड, कनाडा	रेड इंडियन	उ० अमेरिका
	(बोत्सवाना)	मसाई	पूर्वी अफ्रीका	पिग्मीज	कांगो बेसिन
वेद्दा	श्रीलंका	बोरो	ब्राजील	नीग्रो	मध्य एशिया
बद्दू	अरब	सेमांग	मलेशिया	याइ	टुण्ड्रा प्रदेश
आइनू	जापान	जूलू	नेटाल (द. अफ्रीका)		

विश्व की प्रमुख भौगोलिक खोजें

1. क्रिस्टोफर कोलम्बस : प० द्वीप समूह (1492), द० अमेरिका (1498 ई०)
2. जॉन कैवेट : न्यूफाउण्डलैण्ड (1497 ई०)
3. कोपरनिकस : सौरमंडल (1540 ई०)
4. केपलर : ग्रहों की गति नियम (1600 ई०)
5. मैगलन : विश्व का भ्रमण, अटलांटिक के दक्षिण से प्रशांत महासागर की खोज (1519 ई०)
6. वास्को–डि–गामा : केप ऑफ गुड होप होकर भारत आगमन (1498 ई०)

7.	कैप्टन कुक	: हवाई द्वीप समूह (1770 ई०)
8.	फ्रिड्टजौफ नानसेन	: ग्रीनलैंड एवं उत्तरी ध्रुव का पहाड़ी भाग (1888 ई०)
9.	आर. एमण्डसन	: दक्षिणी ध्रुव पर पहुँचने वाला प्रथम व्यक्ति (1911 ई०)
10.	रॉबर्ट पियरे	: उत्तरी ध्रुव की खोज (1909 ई०)

विश्व के प्रसिद्ध स्थान

1. झुकी हुई मीनार	: पीसा (इटली)	2. मर्डेका पैलेस	: जकार्ता (इण्डोनेशिया)
3. रेड स्क्वायर, क्रेमलिन	: मास्को	4. स्फिंक्स, पिरामिड	: मिस्र
5. पोर्सलिन टावर	: नानकिंग (चीन)	6. लोवर, एफिल टावर	: पेरिस (फ्रांस)
7. पोटाला	: ल्हासा (तिब्बत)	8. श्वेत डेगेन पैगोडा	: रंगून
9. ओपेरा हाउस	: सिडनी	10. ब्राडवे स्ट्रीट, स्टेच्यू ऑफ लिबर्टी, एंपायर स्टेट बिल्डिंग	: न्यूयार्क (सं. रा. अमेरिका)
11. अल अक्सा, वेलिंग वाल, टेंपल माउंट	: जेरूसलम (इजरायल)		

विश्व के प्रमुख भौगोलिक उपनाम

उपनाम	देश	उपनाम	देश
एण्टीलीज का मोती	क्यूबा	शुगर बाऊल ऑफ द वर्ल्ड	क्यूबा
गगनचुम्बी इमारतों का नगर	न्यूयॉर्क (सं.रा.अमेरिका)	सात पहाड़ियों का नगर	रोम (इटली)
एटरनल सिटी (होली सिटी)	रोम	पर्ल ऑफ दी ऑरियण्ट	सिंगापुर
क्वेकर सिटी	फिलाडेल्फिया	गार्डन सिटी	शिकागो
चीन का शोक	ह्वांगहो नदी (पीली नदी)	पूर्व का मोती	श्रीलंका
निरंतर-बाही झरनों का शहर	क्विटो (इक्वेडोर)	लैंड ऑफ मॉर्निंग काम	कोरिया
लैंड ऑफ थाउजेण्ड लेक्स	फिनलैंड	लैंड ऑफ मिडनाइट सन	नार्वे
भूमध्यसागर का द्वार	जिब्राल्टर	अरब सागर की रानी	कोच्चि (भारत)
लैंड ऑफ दी थाउजैंड एलीफैन्ट्स	लाओस	लैंड ऑफ ह्वाइट एलीफैंट्स	थाइलैंड
स्वर्णिम पैगोडा का देश	म्यांमार	दक्षिण का ब्रिटेन	न्यूजीलैंड
सिटी ऑफ गोल्डन गेट	सैन फ्रांसिस्को	वेनिस ऑफ द वर्ल्ड	स्टॉकहोम (स्वीडन)
क्वीन ऑफ एड्रियाटिक	वेनिस (इटली)	स्मारकों की नगरी	वियना (ऑस्ट्रिया)
पिलर्स ऑफ हरक्यूलिस	स्ट्रेट ऑफ जिब्राल्टर	पवनचक्कियों की भूमि	नीदरलैण्ड
श्वेत शहर	बेलग्रेड	आइलैंड ऑफ क्लोव्ज	जंजीवार (तंजानिया)
पूर्व का मैनचेस्टर	ओसाका (जापान)	फॉरबिडन सिटी	ल्हासा (तिब्बत)
लिली का देश	कनाडा	नील नदी का देश	मिस्र
होली लैंड	जेरूसलम (इजरायल)	एमराल्ड द्वीप	आयरलैंड
सूर्योदय का देश	जापान	लैंड ऑफ थंडरवोल्ट	भूटान
कॉकपिट ऑफ यूरोप	बेल्जियम	मोतियों का द्वीप	बहरीन
आंसुओं का प्रवेश द्वार	बाब-अल-मंडब जलडमरूमध्य		

नदियों के तट पर बसे विश्व के प्रमुख नगर

नगर	नदी	नगर	नदी	नगर	नदी
लन्दन (इंग्लैंड)	टेम्स	कैन्टन (चीन)	सीक्यांग	मास्को (रूस)	मस्कोवा
न्यूयार्क (सं.रा.अ.)	हडसन	बर्लिन (जर्मनी)	स्प्री	बेलग्रेड	डेन्यूब
पेरिस (फ्रांस)	सीन	बुडापेस्ट (हंगरी)	डेन्यूब	पर्थ (ऑस्ट्रेलिया)	स्वान
वाशिंगटन	पोटोमेक	बगदाद (इराक)	टाइग्रिस	वियाना (ऑस्ट्रिया)	डेन्यूब
आस्वान (मिस्र)	नील	टोकियो (जापान)	अराकावा	सेंट लुईस (अमेरिका)	मिसिसिपी
शंघाई (चीन)	यांग्टिसीक्यांग	रोम (इटली)	टाइबर	रंगून (म्यांमार)	इरावदी
प्राग	विंतावा	ओटावा (कनाडा)	सेंट लारेंस	सिडनी (ऑस्ट्रेलिया)	डार्लिंग
मैड्रिड (स्पेन)	मैजेनसेस	लिस्बन	टेगस	लिस्बन (पुर्तगाल)	टंगस
अंकारा (तुर्की)	किजिल	लाहौर (पाकिस्तान)	रावी	मॉण्ट्रियल (कनाडा)	सेंट लारेंस
कराची (पाकिस्तान)	सिंधु	बोन (जर्मनी)	राइन	डबलिन (आयरलैंड)	लीफें
काहिरा (मिस्र)	नील	दिल्ली (भारत)	यमुना	ब्यूनस आयर्स (अर्जेंटीना)	लाप्लाटा
शिकागो (सं.रा.अ.)	शिकागो	लिवरपुल (इंग्लैंड)	मर्सी	ब्रिस्टल (इंग्लैंड)	एवन्
बसरा (इराक)	दजला एवं फरात	कीव (रूस)	नीपर		

विश्व के प्रमुख खनिज उत्पादक देश

खनिज	उत्पादक देश	खनिज	उत्पादक देश
लौह–अयस्क	चीन, जापान, रूस	टंगस्टन	चीन, रूस, ऑस्ट्रेलिया
बॉक्साइट	ऑस्ट्रेलिया, ब्राजील, चीन	नमक	सं.रा. अमेरिका, चीन, जर्मनी
एल्युमिनियम	चीन, रूस, कनाडा	एस्बेस्टस	रूस, कजाकिस्तान, चीन
एंटिमनी	चीन, ऑस्ट्रेलिया, सं.रा. अमेरिका	क्रोमाइट	द. अफ्रीका, कजाकिस्तान, भारत
सीसा	चीन, ऑस्ट्रेलिया, सं.रा. अमेरिका	कोबाल्ट	कांगो, जाम्बिया, ऑस्ट्रेलिया
मैगनीज	चीन, ब्राजील, ऑस्ट्रेलिया	तांबा	चिली, सं.रा. अमेरिका, इण्डोनेशिया
अभ्रक	भारत, सं.रा. अमेरिका, रूस	हीरा	बोत्सवाना, कांगो, रूस
जस्ता	चीन, ऑस्ट्रेलिया, पेरू	सोना	द० अफ्रीका, ऑस्ट्रेलिया
निकेल	रूस, कनाडा, इटली	ग्रेफाइट	चीन, भारत, ब्राजील
प्लेटिनम	दक्षिण अफ्रीका, रूस, कनाडा	जिप्सम	सं.रा. अमेरिका, स्पेन, ईरान
चाँदी	पेरू, मैक्सिको, चीन	कोयला	चीन, सं.रा. अमेरिका
टिन	चीन, इंडोनेशिया, पेरू	खनिज तेल	सऊदी अरब, सं.रा. अमेरिका, रूस

▼▼▼

संयुक्त राष्ट्र संघ
(United Nations Organisation)

स्थापना: 24 अक्टूबर, 1945; **संस्थापक सदस्य:** 50; **मुख्यालय:** न्यूयार्क; **वर्तमान सदस्य संख्या:** 193 (इस संगठन का सदस्य बनने वाला अन्तिम देश दक्षिण सूडान है)। **लक्ष्य और उद्देश्य:** शान्ति-सुरक्षा, कल्याण और मानव अधिकार; **ध्वज:** ध्वज की पृष्ठभूमि हल्की नीली है और उस पर श्वेत रंग से राष्ट्र संघ का प्रतीक बना हुआ है। **कार्यकारी भाषाएँ:** अंग्रेजी तथा फ्रेंच; **अन्य मान्यता प्राप्त भाषाएँ:** रशियन, अरबी, स्पेनिश तथा चीनी।

संयुक्त राष्ट्र संघ के प्रमुख अंग: प्रमुख अंग 6 हैं–
1. साधारण महासभा
2. सुरक्षा परिषद्
3. आर्थिक व सामाजिक परिषद्
4. अंतर्राष्ट्रीय न्यायालय
5. प्रन्यास परिषद्
6. सचिवालय

संयुक्त राष्ट्रसंघ के महासचिवों की सूची

क्रम	नाम	देश	कार्यकाल	क्रम	नाम	देश	कार्यकाल
1.	त्रिग्वेली	नार्वे	1946-52	5.	जेवियर पेरेज द कुइयार	पेरू	1982-91
2.	डाग हैमरशोल्ड	स्वीडन	1953-61	6.	डॉ॰ बी बुतरस घाली	मिस्र	1992-96
3.	यू॰ थांट	म्यांमार	1961-71	7.	कोफी अन्नान	घाना	1997-06
4.	कुर्त वाल्दहीम	ऑस्ट्रिया	1971-82	8.	बान की-मून	दक्षिण कोरिया	2007 से अब तक

प्रमुख अंतर्राष्ट्रीय संगठनों के मुख्यालय और स्थापना वर्ष

अंतर्राष्ट्रीय संगठन	मुख्यालय	स्थापना वर्ष
संयुक्त राष्ट्र संघ (UNO)	न्यूयार्क	1945
अंतर्राष्ट्रीय मुद्रा कोष (IMF)	वाशिंगटन	1945
विश्व स्वास्थ्य संगठन (WHO)	जेनेवा	1948
खाद्य एवं कृषि संगठन (FAO)	रोम	1943
अंतर्राष्ट्रीय श्रम संगठन (ILO)	जेनेवा	1919
यूनेस्को (UNESCO)	पेरिस	1946
अंतर्राष्ट्रीय न्यायालय	हेग	--
विश्व डाक संघ (WPU)	बर्न	1875
अंतर्राष्ट्रीय नागरिक उड्डयन संगठन (ICAO)	मांट्रियल	1944
सं॰ रा॰ औद्यो॰ विकास संगठन (UNIDO)	वियना	1967
अंतर्राष्ट्रीय परमाणु ऊर्जा अभिकरण (IAEA)	वियना	1957
अंतर्राष्ट्रीय वित्त निगम (IFC)	वाशिंगटन	1956
सं॰ रा॰ विकास कार्यक्रम (UNDP)	--	--

अंतर्राष्ट्रीय संगठन	मुख्यालय	स्थापना वर्ष
यूनिसेफ (UNICEF)	--	1946
अंतर्राष्ट्रीय समुद्री संगठन (IMO)	लंदन	1948
विश्व मौसम विज्ञान संगठन (WMO)	जेनेवा	1950
अंतर्राष्ट्रीय दूर संचार संघ (ITU)	जेनेवा	1932
अरब लीग	कैरो	1945
राष्ट्रमंडल (CHOGAM)	लंदन	1946
विश्व व्यापार संगठन (WTO)	जेनेवा	1995
अंतर्राष्ट्रीय विकास संघ (IDA)	--	1960
अंतर्राष्ट्रीय पुनर्निर्माण एवं विकास बैंक (विश्व बैंक) (IBRD)	वाशिंगटन	1945
विश्व बौद्धिक संपदा संगठन (WIPO)	जेनेवा	1967
मुस्लिम राष्ट्रों का संघ (OIC)	जेद्दा	1969
यूरोपीय आर्थिक समुदाय (EEC)	जेनेवा	1957
रेडक्रास	जेनेवा	1863
इंटरपोल (INTERPOL)	लियोन	1923
एशियाई विकास बैंक (ADB)	मनीला	1966
उत्तरी अटलांटिक संधि संगठन (NATO)	ब्रुसेल्स	1949
आसियान (ASEAN)	जकार्ता	1967

विश्व के अन्य महत्त्वपूर्ण संगठन

- **राष्ट्रमंडल (कॉमनवेल्थ ऑफ नेशन्स):** यह ऐसे 53 देशों का एक स्वतंत्र संगठन है जो किसी समय ब्रिटिश शासन के अन्तर्गत थे और अब स्वतंत्र हैं। प्रमुख सदस्य देशों के नाम हैं—ब्रिटेन, कनाडा, आस्ट्रेलिया, न्यूजीलैंड, भारत, श्रीलंका, बांग्लादेश और पाकिस्तान।
- **यूरोपीय संघ (EU):** यह पुराने संगठन यूरोपीय आर्थिक समुदाय या यूरोपीय साझा बाजार का नया नाम है। यह 28 यूरोपीय देशों का एक संगठन है। क्रोशिया इसका 28वां सदस्य राष्ट्र है।
- **इन्टरपोल:** यह इन्टरनेशनल क्रिमिनल पुलिस ऑर्गेनाइजेशन (आई॰सी॰पी॰ओ) का प्रचलित नाम है। इसका मुख्यालय पेरिस में है। इस संगठन का मुख्य कार्य अन्तर्राष्ट्रीय अपराधों की जांच करना है। इसे 187 देशों का सहयोग प्राप्त है। भारत 1938 से इस संगठन का सदस्य है।
- **रेडक्रॉस:** ''इन्टरनेशनल कमेटी ऑफ द रेड क्रॉस'' और ''द लीग ऑफ रेडक्रास सोसाइटीज़'' के नाम से दो संगठन हैं। इन दोनों के मुख्यालय जेनेवा (स्विट्जरलैंड) में हैं।

▼▼▼

परिवहन
(Transport)

रेलवे

महत्वपूर्ण तथ्य

- रेलवे भारत का सबसे बड़ा उपक्रम है।
- भारत में पहली रेलगाड़ी 16 अप्रैल, 1853 को मुंबई और थाणे के बीच (34 कि॰मी॰) चली।
- भारतीय रेलवे संसार में दूसरी नम्बर की (प्रथम अमेरिका) और एशिया में सबसे बड़ी रेल प्रणाली है।
- स्वतंत्रता मिलने के बाद भाप से चलने वाले रेल इंजन बनाने का कारखाना चितरंजन में स्थापित किया गया (26 जनवरी, 1950)। लेकिन अब इस कारखाने में बिजली से चलने वाले रेल इंजन बनाए जाते हैं।
- रेल वित्त को 1924-25 से सामान्य राजस्व से अलग रखा जाता है।
- भारतीय रेल की पहली विद्युत चालित गाड़ी 3 फरवरी, 1925 को मुंबई और कुर्ला के बीच चली।
- कोलकाता मैट्रो देश की सबसे पहली और एकमात्र भूमिगत रेलवे है।
- दिल्ली में मैट्रो रेल का चालन 24 दिसम्बर, 2002 को तथा बेंगलुरु में 20 अक्टूबर, 2011 को शुरू हुआ।
- गोरखपुर रेलवे स्टेशन का प्लेटफार्म विश्व का सबसे लम्बा प्लेटफॉर्म है। इसकी लम्बाई 1355.4 मीटर है।
- सोन नदी पर बना नेहरू सेतु देश में सबसे लम्बा रेल पुल है।

सड़क परिवहन

महत्वपूर्ण तथ्य

- भारत दुनिया की सबसे बड़ी सड़क प्रणाली वाले देशों में से एक है।
- देश में सड़कों की कुल लंबाई 46.90 लाख किलोमीटर है।
- देश के सड़क नेटवर्क में राष्ट्रीय राजमार्ग, राज्यों के राजमार्ग, प्रमुख/अन्य जिला सड़कें और ग्रामीण/देहाती सड़कें शामिल हैं।
- सीमा सड़क संगठन का गठन 1960 में किया गया था।
- देश में राष्ट्रीय राजमार्गों की लंबाई, सड़कों की कुल लंबाई का मात्र दो प्रतिशत है, मगर 40 प्रतिशत सड़क यातायात इनसे होकर गुजरता है।

जहाजरानी

महत्वपूर्ण तथ्य

- परिवहन क्षेत्र में देश की अर्थव्यवस्था को मजबूत करने में जहाजरानी की प्रमुख भूमिका है। लगभग 95 प्रतिशत माल समुद्री रास्ते से ही ढोया जाता है।
- भारत के संपूर्ण समुद्र तट की लंबाई 7,517 किलोमीटर है।
- विकासशील देशों में भारत के पास व्यापारिक जहाजों का सबसे बड़ा बेड़ा है। भारत व्यापारिक जहाजरानी बेड़े की दृष्टि से विश्व में 16वें स्थान पर है।
- सार्वजनिक क्षेत्र की सरकारी जहाजरानी कंपनी, शिपिंग कारपोरेशन ऑफ इंडिया लिमिटेड की स्थापना 2 अक्टूबर, 1961 को हुई थी।
- भारत में 13 बड़े और 200 अन्य बंदरगाह हैं। बड़े बंदरगाह केन्द्र सरकार के अधीन आते हैं, जबकि अन्य बंदरगाह सम्बद्ध राज्य सरकारों के क्षेत्राधिकार में आते हैं।

देश के बड़े बंदरगाह

1. कोलकाता, 2. मुंबई, 3. न्हावासेवा (जवाहर लाल नेहरू बंदरगाह), 4. तूतीकोरिन, 5. चेन्नई, 6. मझगांव, 7. न्यू मंगलौर, 8. पारा द्वीप, 9. कांडला, 10. विशाखापट्टनम, 11. कोच्चि, 12. एन्नौर, 13. पोर्ट ब्लेयर

वायु परिवहन

वायु परिवहन का प्रारंभ देश में 1911 में हुआ। 1953 के एयर कॉर्पोरेशन अधिनियम के तहत सभी वैमानिक कम्पनियों का राष्ट्रीयकरण कर दो नवनिर्मित निगमों के अधीन रखा गया: (1) इंडियन एयरलाइंस; (2) एयर इंडिया। इंडियन घरेलू उड़ानों के साथ पड़ोसी देशों के लिए सेवा प्रदान करता है। इसका मुख्यालय दिल्ली में है। एयर इंडिया अंतर्राष्ट्रीय उड़ान से संलग्न है, इसका मुख्यालय मुम्बई में स्थित है। वर्ष 2007 में इंडियन एयरलाइंस और एयर इंडिया का आपस में विलय हो गया।

प्रमुख अन्तर्राष्ट्रीय हवाई अड्डे: कोलकाता: दमदम; **मुंबई:** सान्ताक्रूज (छत्रपति शिवाजी एयरपोर्ट); **दिल्ली:** इंदिरा गाँधी एयरपोर्ट, **चेन्नई:** मीनाम्बकम एयरपोर्ट; **तिरूअनंतपुरम:** तिरूअनंतपुरम एयरपोर्ट।

▼▼▼

भारत का भूगोल
(Indian Geography)

प्रसिद्ध पर्वत शिखर

पर्वत शिखर	समुद्र तल से ऊंचाई (मीटर में)	पर्वत शिखर	समुद्र तल से ऊंचाई (मीटर में)
1. K_2	8,611 पाकिस्तान के कब्जे में	2. कंचनजंगा	8,598
3. नंगा पर्वत	8,126	4. गशेर ब्रुम	8,068 पाकिस्तान के कब्जे में
5. ब्रॉड पीक	8,047 पाकिस्तान के कब्जे में	6. डिस्तगिल सर	7,885 पाकिस्तान के कब्जे में
7. माशेर ब्रुम (पूर्वी)	7,821	8. नंदा देवी	7,817
9. माशेर ब्रुम (पश्चिम)	7,806 पाकिस्तान के कब्जे में	10. राकापोशी	7,788 पाकिस्तान के कब्जे में

भारत के प्रमुख दर्रे

दर्रे	राज्य	दर्रे	राज्य	दर्रे	राज्य
काराकोरम	जम्मू-कश्मीर	माना	उत्तराखण्ड	जोजिला	जम्मू-कश्मीर
नीति	उत्तराखण्ड	पीरपंजाल	जम्मू-कश्मीर	नाथूला	सिक्किम
बनिहाल	जम्मू-कश्मीर	जैलेप्ला	सिक्किम	बुर्जिल	जम्मू-कश्मीर
बोम्डिला	अरुणाचल प्रदेश	शिपकी	हिमाचल प्रदेश	यांग्याप	अरुणाचल प्रदेश
रोहतांग	हिमाचल प्रदेश	दिफू	अरुणाचल प्रदेश	बड़ालाचा	हिमाचल प्रदेश
तुजु	मणिपुर	लिपुलेख	उत्तराखण्ड		

भारत की महत्वपूर्ण झीलें

झीलें	राज्य	झीलें	राज्य	झीलें	राज्य
चिल्का	ओडिशा	कोलेरू, पुलीकट	आन्ध्र प्रदेश	लोकटक	मणिपुर
सुकना	चण्डीगढ़	लोनार	महाराष्ट्र	निजाम सागर	हैदराबाद
उमियम झील	मेघालय	नैनीताल, भीमताल	उत्तराखंड	वुलर, डल, पोगांग शो	जम्मू-कश्मीर
पुल्ह झील	उत्तर प्रदेश	अष्टमुदी	केरल	परशुराम कुण्ड	अरुणाचल प्रदेश

भारत की प्रमुख नदियाँ

नदी	उद्‌गम	लम्बाई (किमी.)
सिन्धु	मानसरोवर झील (तिब्बत)	3100 (भारत में 1114)
सतलज	राक्षसताल	1450 (भारत में 1050)

नदी	उद्गम	लम्बाई (किमी.)
गंगा	गंगोत्री के पास गोमुख से	2525
यमुना	यमुनोत्री के पास बंदरपूंछ से	1376
चम्बल	महूँ (जानपाव पहाड़ी)	1050
गण्डक	धौलाधार पर्वत	300
सोन	अमरकंटक पहाड़ी	784
ब्रह्मपुत्र	मानसरोवर झील (तिब्बत)	2900 (भारत में 916)
नर्मदा	अमरकंटक	1290
ताप्ती	मुलताई (बैतूल)	720
महानदी	सिहावा के समीप	890
कृष्णा	पश्चिमी घाट की पहाड़ी (महाबलेश्वर के पास)	1290
गोदावरी	त्रयम्बक गाँव की पहाड़ी	1450
कावेरी	ब्रह्मगिरि की पहाड़ी	760
तुंगभद्रा	कर्नाटक के पश्चिमी घाट	331
माही	विन्ध्याचल पर्वत	533

भारत के महत्वपूर्ण जल प्रपात

जल प्रपात	ऊँचाई (मी.)	नदी	राज्य	जल प्रपात	ऊँचाई (मी.)	नदी	राज्य
शिवसमुद्रम	90	कावेरी	कर्नाटक	गरसोप्पा	260	शरावती	कर्नाटक
हुण्डरू	–	स्वर्णरेखा	झारखण्ड	केवटी	98	महाना	मध्य प्रदेश
रकीमकुण्ड	168	गायघाट	बिहार				

नदियों के किनारे बसे प्रमुख नगर

नगर	नदी	नगर	नदी	नगर	नदी	नगर	नदी
दिल्ली	यमुना	गुवाहाटी	ब्रह्मपुत्र	आगरा	यमुना	जबलपुर	नर्मदा
बद्रीनाथ	अलकनंदा	कोटा	चम्बल	इलाहाबाद	गंगा, यमुना	कटक	महानदी
हरिद्वार	गंगा	नासिक	गोदावरी	कानपुर	गंगा	श्रीरंगपट्टनम	कावेरी
पटना	गंगा	जौनपुर	गोमती	श्रीनगर	झेलम	हैदराबाद	मूसी
अयोध्या	सरयु	मथुरा	यमुना	सूरत	ताप्ती	जमशेदपुर	स्वर्णरेखा
कोलकाता	हुगली	भागलपुर	गंगा	लखनऊ	गोमती	वाराणसी	गंगा
उज्जैन	क्षिप्रा						

प्रमुख बहुउद्देशीय नदी घाटी परियोजनाएँ

परियोजना का नाम	नदी	लाभान्वित राज्य
दामोदर घाटी परियोजना	दामोदर	झारखंड, पश्चिम बंगाल
टिहरी बाँध परियोजना	भागीरथी	उत्तराखंड
नागार्जुन सागर परियोजना	कृष्णा	आन्ध्र प्रदेश
कोसी परियोजना	कोसी	बिहार तथा नेपाल
हीराकुड बाँध परियोजना	महानदी	ओडिशा
व्यास परियोजना	व्यास	राजस्थान, पंजाब, हरियाणा, हिमाचल प्रदेश
चम्बल परियोजना	चम्बल	राजस्थान, मध्य प्रदेश
मयूराक्षी परियोजना	मयूराक्षी	पश्चिम बंगाल
तुंगभद्रा परियोजना	तुंगभद्रा	आन्ध्र प्रदेश, कर्नाटक
गण्डक परियोजना	गण्डक	बिहार, नेपाल
फरक्का परियोजना	गंगा, भागीरथी	पश्चिम बंगाल
काकरापारा परियोजना	ताप्ती	गुजरात
नागपुर शक्तिगृह परियोजना	कोराडी	महाराष्ट्र
इन्दिरा गाँधी नहर परियोजना	सतलज	राजस्थान, पंजाब तथा हरियाणा
रिहन्द परियोजना	रिहन्द	उत्तर प्रदेश
महानदी डेल्टा परियोजना	महानदी	ओडिशा
कुण्डा परियोजना	कुण्डा	तमिलनाडु
इडुक्की परियोजना	पेरियार	केरल
कोयना परियोजना	कोयना	महाराष्ट्र
सतलज परियोजना	चिनाब	जम्मू-कश्मीर
रंजीत सागर बाँध परियोजना	रावी	पंजाब
नाथपा-झाकरी परियोजना	सतलज	हिमाचल प्रदेश
शरावती परियोजना	शरावती	कर्नाटक
नर्मदा सागर परियोजना	नर्मदा	मध्य प्रदेश, गुजरात
जवाहर सागर परियोजना	चम्बल	राजस्थान
तुलबुल परियोजना	झेलम	जम्मू कश्मीर
सरदार सरोवर परियोजना	नर्मदा	गुजरात, मध्य प्रदेश, महाराष्ट्र एवं राजस्थान
दुलहस्ती परियोजना	चिनाब	जम्मू-कश्मीर
तिलैया परियोजना	बराकर	झारखंड

कृषि क्रांतियाँ

क्रांति	क्षेत्र	क्रांति	क्षेत्र	क्रांति	क्षेत्र
हरित क्रांति	खाद्यान्न उत्पादन	लाल क्रांति	टमाटर उत्पादन	श्वेत क्रांति	दुग्ध उत्पादन
गोल क्रांति	आलू उत्पादन	भूरी क्रांति	उर्वरक उत्पादन	रजत क्रांति	अंडा उत्पादन
नीली क्रांति	मत्स्य उत्पादन	सुनहरी क्रांति	बागवानी उत्पादन	पीली क्रांति	तिलहन उत्पादन
गुलाबी क्रांति	झींगा उत्पादन				

महत्त्वपूर्ण उद्योग और उनके केन्द्र

- **सूती वस्त्र उद्योग :** गुजरात, महाराष्ट्र, बिहार, तमिलनाडु, पश्चिम बंगाल, उत्तर प्रदेश, आन्ध्र प्रदेश, कर्नाटक, केरल, मध्य प्रदेश और राजस्थान।
- **सीमेंट उद्योग :** आन्ध्र प्रदेश, बिहार, झारखण्ड, गुजरात, कर्नाटक, मध्य प्रदेश, छत्तीसगढ़, राजस्थान, तमिलनाडु, हरियाणा, उत्तर प्रदेश, ओडिशा।
- **शीशा (कांच) उद्योग :** फिरोजाबाद, नैनी (उ.प्र.), जबलपुर (म.प्र.) अमृतसर (पंजाब), अम्बाला (हरियाणा), पश्चिमी बंगाल और तमिलनाडु।
- **चीनी उद्योग :** बरेली, गोरखपुर, कानपुर, सहारनपुर, मेरठ, लखनऊ (उ.प्र.), समस्तीपुर, चम्पारन, मुजफ्फरपुर (बिहार), पंजाब, तमिलनाडु तथा झारखण्ड।
- **रेशमी वस्त्र उद्योग :** कर्नाटक, बिहार, असोम, ओडिशा, आन्ध्र प्रदेश, उत्तर प्रदेश, महाराष्ट्र, मध्य प्रदेश, मुर्शिदाबाद (पश्चिम बंगाल) और श्रीनगर (जम्मू-कश्मीर)।
- **कागज उद्योग :** टीटागढ़ (पश्चिम बंगाल), मुम्बई, पूना (महाराष्ट्र), सहारनपुर (उ.प्र.), नेपानगर और बहरमपुर (म.प्र.), गंजाम (ओडिशा), कर्नाटक, गुजरात, मध्य प्रदेश, तमिलनाडु, पंजाब।
- **चमड़ा (चर्म) उद्योग :** कानपुर, आगरा (उ.प्र.), बाटा नगर (पश्चिम बंगाल), मोकामा (बिहार), देवनार, चेम्बूर (मुम्बई), चेन्नई, कोयम्बटूर, बंगलौर।
- **दियासलाई उद्योग :** चेन्नई, कोलकाता, बरेली, ग्वालियर, हैदराबाद, कटिहार।
- **ऑटोमोबाइल उद्योग :** ऑटोमोबाइल तथा उसके पुर्जे तैयार करने के ज्यादातर कारखाने महाराष्ट्र तथा दिल्ली में हैं।
- **एयरक्राफ्ट उद्योग :** बंगलौर तथा कानपुर।
- **जूट उद्योग :** पश्चिम बंगाल, बिहार, मध्य प्रदेश, आन्ध्र प्रदेश, उत्तर प्रदेश।
- **जहाज निर्माण :** विशाखापटनम, मझगांव डाक्स, कोचीन, मुम्बई, कोलकाता, काँडला, बंगलौर, हैदराबाद आदि।
- **रेलवे कोच उद्योग :** पेराम्बूर (चेन्नई), कपूरथला, बंगलौर, कोलकाता, अजमेर।
- **उर्वरक :** नांगल (पंजाब), सिंदरी (झारखंड), कलोल (गुजरात), कांडला (गुजरात), मीठापुर (गुजरात), पन्की (कानपुर के समीप), नामरूप काम्पलेक्स (असोम), नेवेली (चेन्नई)।
- **केबिल (टेलीफोन के तार) उद्योग :** रूपनारायणपुर (पश्चिम बंगाल), एर्नाकुलम (केरल)।
- **रसायन और औषधि उद्योग :** दिल्ली (डी.डी.टी. कारखाना), पिम्परी (पूना में एन्टीबायोटिक कारखाना), कोलकाता, मुम्बई, हरिद्वार, चेन्नई।
- **रेलवे इंजन बनाने का उद्योग :** रेलवे इंजन बनाने का कारखाना चितरंजन और रेल के डीजल इंजन बनाने का कारखाना वाराणसी में है। बिजली से चलने वाले रेल इंजन भी चितरंजन में बनते हैं।

राष्ट्रीय उद्यान और अभयारण्य

वर्तमान समय में हमारे देश में 99 राष्ट्रीय उद्यान और 515 वन्यजीव अभयारण्य हैं। कुछ महत्त्वपूर्ण अभयारण्यों और उद्यानों के नाम नीचे दिए गए हैं।

- कान्हा राष्ट्रीय उद्यान (म.प्र.)
- जलदापाड़ा अभयारण्य (प. बंगाल)
- मानस अभयारण्य (असोम)
- पलामू राष्ट्रीय उद्यान (झारखंड)
- सेमलीपाल राष्ट्रीय पार्क (ओडिशा)
- भरतपुर वन्य जीव अभयारण्य (राजस्थान)
- कॉर्बेट राष्ट्रीय उद्यान (उत्तराखंड)
- डाचीगाम अभयारण्य (जम्मू-कश्मीर)
- नन्दा देवी कस्तूरी मृग वन (उत्तराखंड)
- रणथम्भौर वन्य जीव अभयारण्य (राजस्थान)
- रंगथिट्टू पक्षी अभयारण्य (कर्नाटक)
- डंडेली अभयारण्य (कर्नाटक)
- पेरियार अभयारण्य (केरल)
- गिरि वन (गुजरात)
- मोलेम क्रीड़ा अभयारण्य (गोवा)
- नागजीरा वन्य जीव अभयारण्य (महाराष्ट्र)
- घाट प्रभा पक्षी अभयारण्य (कर्नाटक)
- पेंच राष्ट्रीय उद्यान (महाराष्ट्र)
- सुल्तानपुर सरोवर पक्षी अभयारण्य (हरियाणा)
- मुदमलाई अभयारण्य (तमिलनाडु)
- नाल सरोवर पक्षी अभयारण्य (गुजरात)
- तनसा झील वन्य जीव अभयारण्य (महाराष्ट्र)
- ईराविकुलम राजमल्ली राष्ट्रीय उद्यान (केरल)
- शिवपुरी राष्ट्रीय उद्यान (म.प्र.)
- काजीरंगा अभयारण्य (असोम)
- हजारीबाग राष्ट्रीय उद्यान (झारखंड)
- डालमा वन्य जीव अभयारण्य (झारखंड)
- वनकटना वन्य जीव अभयारण्य (उ.प्र.)
- डर्राह वन्य जीव अभयारण्य (राजस्थान)
- चन्द्रप्रभा अभयारण्य (उ.प्र.)
- दुधवा राष्ट्रीय उद्यान (उ.प्र.)
- माउंट आबू वन्य जीव अभयारण्य (राजस्थान)
- सरिस्का क्रीड़ा अभयारण्य (राजस्थान)
- बांदीपुर अभयारण्य (कर्नाटक)
- महावीर अभयारण्य (गोवा-कर्नाटक सीमा)
- वेदान्त-गाल पक्षी अभयारण्य (तमिलनाडु)
- बोरीवल्ली राष्ट्रीय उद्यान (महाराष्ट्र)
- कोट्टीगांव क्रीड़ा अभयारण्य (गोवा)
- वान्धवगढ़ राष्ट्रीय उद्यान (मध्य प्रदेश)
- खगचन्दजेन्दा राष्ट्रीय उद्यान (सिक्किम)
- रोहिया राष्ट्रीय उद्यान (हिमाचल प्रदेश)
- तोदोवा राष्ट्रीय उद्यान (महाराष्ट्र)
- नगर होल अभयारण्य (कर्नाटक)
- बोंडला क्रीड़ा अभयारण्य (गोवा)
- बनारघट्टा राष्ट्रीय उद्यान (कर्नाटक)

भारत के प्रसिद्ध पर्वतीय स्थल

स्थान	राज्य	स्थान	राज्य
अल्मोड़ा	उत्तराखंड	दार्जिलिंग	पश्चिम बंगाल
माउण्ट आबू	राजस्थान	पंचमढ़ी	मध्य प्रदेश
चेरापूंजी	मेघालय	गुलमर्ग	कश्मीर
मसूरी	उत्तराखंड	रानीखेत	उत्तराखंड
कोडईकनाल	तमिलनाडु	कसौली	हिमाचल प्रदेश
नैनीताल	उत्तराखंड	शिलांग	मेघालय
डलहौजी	हिमाचल प्रदेश	महाबलेश्वर	महाराष्ट्र
ऊटकमंड	तमिलनाडु	शिमला	हिमाचल प्रदेश

▼▼▼

रक्षा
(Defence)

भारत की रक्षा सेनाओं का सर्वोच्च कमाण्डर भारत का राष्ट्रपति होता है। भारत की सशस्त्र सेनाओं में तीन मुख्य सेवाएं हैं–थल सेना, नौ सेना और वायु सेना। तीनों सेनाओं के प्रमुख क्रमशः थल सेनाध्यक्ष, नौ सेनाध्यक्ष और वायु सेनाध्यक्ष होते हैं। आज भारत की थल सेना विश्व की सबसे बड़ी थल सेनाओं में चौथे स्थान पर, वायु सेना पांचवें स्थान पर और नौ सेना सातवें स्थान पर हैं।

सेना में कमीशंड पद

थल सेना	वायु सेना	नौ सेना
जनरल	एयर चीफ मार्शल	एडमिरल
लेफ्टिनेंट जनरल	एयर मार्शल	वाइस एडमिरल
मेजर जनरल	एयर वाइस मार्शल	रियर एडमिरल
ब्रिगेडियर	एयर कॉमोडोर	कॉमोडोर
कर्नल	ग्रुप कैप्टन	कैप्टन
लेफ्टिनेंट कर्नल	विंग कमाण्डर	कमाण्डर
मेजर	स्क्वाड्रन लीडर	लेफ्टिनेंट कमाण्डर
कैप्टन	फ्लाइट लेफ्टिनेंट	लेफ्टिनेंट
लेफ्टिनेंट	फ्लाइंग ऑफिसर	सब लेफ्टिनेंट

आंतरिक सुरक्षा के संगठन

संगठन	स्थापना वर्ष	मुख्यालय
असम राइफल्स (AR)	1835	शिलांग
केन्द्रीय रिजर्व पुलिस बल (CRPF)	1939	नई दिल्ली
प्रादेशिक सेना (TA)	1948	विभिन्न राज्यों में
भारत-तिब्बत सीमा पुलिस (ITBP)	1962	नई दिल्ली
होम गार्ड्स (HG)	1962	विभिन्न राज्यों में
सीमा सुरक्षा बल (BSF)	1965	नई दिल्ली
केन्द्रीय औद्योगिक सुरक्षा बल (CISF)	1969	नई दिल्ली
तट रक्षक बल (Coast Guards)	1978	नई दिल्ली
राष्ट्रीय सुरक्षा गार्ड (NSG)	1984	नई दिल्ली
पुलिस		विभिन्न राज्यों में

प्रमुख सैनिक प्रशिक्षण संस्थान

➢नेशनल डिफेन्स एकेडमी, खड़गवासला (पुणे); ➢इंडियन मिलिट्री एकेडमी, देहरादून, ➢एयरफोर्स एकेडमी, हैदराबाद, ➢पैराट्रूपर ट्रेनिंग स्कूल, आगरा, ➢आई॰ एस॰ एस॰ 'चिल्का', भुवनेश्वर, आई॰ एन॰ एस॰ 'शिवाजी', लोनावाला, ➢इंडियन नेवल एकेडमी, कोचीन, डिफेन्स सर्विस स्टाफ कॉलिज, वेलिंगटन (तमिलनाडु)।

▼▼▼

कला एवं साहित्य
(Art & Literature)

साजपरक संगीत के कुछ दिग्गज कलाकार निम्न हैं:–

बाँसुरी	हरि प्रसाद चौरसिया, पन्नालाल घोष, टी.आर. महालिंगम, एन. रमानी, विजय राघव राव, रघुनाथ सेठ, राजेन्द्र कुलकर्णी
जंजीरा	वी. नागराजन
घटाम	टी.एच. विनयाकरम
गिटार	पंडित विष्णु मोहन भट्ट, मोहन भट्ट, बृजभूषण कालरा, श्रीकृष्ण नलिन
हारमोनियम	पुरुषोत्तम वालावाकर, एम. धौलपुरी
मृदंग	पालघात आर. रघु, यू.एस. वर्मन
पखावज	गोविन्द राव, अनोखे लाल, कंठी महाराज
रूद्रवीणा	जिया मोहिउद्दीन डागर, असद अली खान
संतूर	शिव कुमार शर्मा, तरुण भट्टाचार्य
सितार	पंडित रविशंकर, बिलायत खान, देबू चौधरी, अब्दुल हलीम, जफर खान
सरोद	अली अकबर खान, अमजद अली खान, अलाउद्दीन खान, सरेन रानी, बृज नारायण, मुकेश शर्मा, चंदन राय
शहनाई	बिस्मिल्ला खान, सुरबहार इमरत खान, दयाशंकर जगन्नाथ
वायलिन	लालगुडी जयारमण, एल. सुब्रह्मण्यम, एम.एस. गोपालकृष्णन, एस. सुब्रह्मण्यम, वी.जी. जोग, एन. राजन
तबला	अल्लारखा खां, गुदई महाराज, जाकिर हुसैन, लतीफ खाँ, किशन महाराज आदि।

विभिन्न राज्यों के कुछ महत्वपूर्ण लोक-नृत्य निम्नलिखित हैं:

- **महाराष्ट्र :** तमाशा, दही हण्डी, गोफ, दीपक, डिंडी
- **गुजरात :** गरबा, रासलीला, तिप्पनी, डांडिया
- **ओडिशा :** छऊ, माया शवरी, दलचाई
- **राजस्थान :** घूमर, कठपुतली, तेरा ताली
- **मध्य प्रदेश :** लोटा नृत्य, जवारा
- **हिमाचल प्रदेश :** दशहरा नृत्य, हिकत, नेतियो
- **पंजाब :** गिद्धा, भांगड़ा, पणिहारी
- **उत्तर प्रदेश :** रासलीला, नौटंकी, थाली, धुरंग, झुमेला, हुड़का बोल, कजरी
- **नगालैण्ड :** बांस नृत्य, केदोहोह
- **असोम :** बिहू, केली गोपाल, सतरिया
- **बंगाल :** कीर्तन, कालत्री, असुरबध, वृता, काली नाच
- **बिहार :** छऊ, मगही, दुर्गा नृत्य
- **तमिलनाडु :** तेरुकलथु, कबलतम, कर्गम, पुली वेशम
- **केरल :** मोहिनी अट्टम, पदायुनी
- **कर्नाटक :** यक्षगान, कुजीता, कोडवास
- **कश्मीर :** दुम्हल, हिकत, चाकरी
- **त्रिपुरा :** हजागिरि
- **आंध्र प्रदेश :** डंडारिया, बंजारा, घण्टा मरदाला
- **गोवा :** गोडे मोदनी, ढकनी
- **मेघालय :** नोंगकरेम, बांग्ला
- **मणिपुर :** ढोल चोलम, बसंत रस
- **हरियाणा :** धमचाल, लहूर, भांगड़ा, गिद्दा
- **झारखंड :** सरहुल, सोहराई

पुस्तकें और उनके लेखक

पुस्तकें	लेखक
आधे-अधूरे	मोहन राकेश
आग का दरिया	कुर्रतुल-एन-हैदर
ए सूटेबल ब्वाय	विक्रम सेठ
ए पैसेज टू इंग्लैंड	नीरद सी-चौधरी
ए वॉयस ऑफ फ्रीडम	नयनतारा सहगल
एक्सेशन टू इंस्टिंक्शन	डॉ. आर. मनेकर
आदि ग्रंथ	गुरु अर्जुन देव
भगवत गीता, महाभारत	वेदव्यास
भारत भारती	मैथिलीशरण गुप्त
विसर्जन	रवीन्द्रनाथ टैगोर
ब्रोकन विंग	सरोजिनी नायडू
बुद्ध चरित	अश्वघोष
बाय गाड्स डिक्री	कपिल देव
चंडालिका	रवीन्द्रनाथ टैगोर
चैमिन	शिवशंकर पिल्लई
चिदंबरा	सुमित्रानंदन पंत
देवदास	शरत चंद्र
डिस्कवरी ऑफ इंडिया	जवाहरलाल नेहरू
डिवाइन लाइफ	शिवानंद
दुर्गेश नन्दिनी	बंकिम चन्द्र चटर्जी
गीत गोविन्द	जयदेव
घासीराम कोतवाल	विजय तेंदुलकर
गीतांजलि	रवीन्द्रनाथ टैगोर
गोदान	मुंशी प्रेमचंद
गोल्डन गेट	विक्रम सेठ
गोरा	रवीन्द्र नाथ टैगोर
द गाइड	आर.के. नारायण
हर्ष चरित	बाणभट्ट
हिंदू व्यू ऑफ लाइफ	राधाकृष्णन
हितोपदेश	नारायण भट्ट
हंग्री स्टोन्स	रवीन्द्र नाथ टैगोर
आईडोल्स	सुनील गावस्कर
लौरिंगन	वी.के. भट्टाचार्य
जुग बदल गया	सोहन सिंह शीतल
जाब्स फॉर मिलियंस	वी.वी. गिरि
कादंबरी	बाणभट्ट

पुस्तकें	लेखक
कामसूत्र	वात्स्यायन
कामायनी	जयशंकर प्रसाद
कपाल-कुंडला	बंकिम चंद्र चटर्जी
कर्पूर मंजरी	राजशेखर
खाक-ए-दिल	जां निसार अख्तर
किरातार्जुनीयम्	भारवि
द लास्ट फेज	प्यारेलाल
लाइफ डिवाइन	अरविंदो घोष
मिडनाइट्स चिल्ड्रन	सलमान रुश्दी
निशीथ	उमाशंकर जोशी
पदमावत	मलिक मोहम्मद जायसी
पंचग्राम	ताराशंकर बंद्योपाध्याय
पंचतंत्र	विष्णु शर्मा
रामचरित मानस	तुलसीदास
रंगभूमि	मुंशी प्रेमचंद
रंती-अंगझी	टी.एस. पिल्लई
रत्नावली	हर्षवर्धन
रेड लेप एंड ह्वाइट कैप	पी.वी.आर.राव
ऋतु सम्हार	कालिदास
साकेत	मैथिलीशरण गुप्त
सत्यार्थ प्रकाश	स्वामी दयानंद
द स्कोप ऑफ हैप्पीनेस	विजयालक्ष्मी पंडित
शैडो फ्राम लद्दाख	भवानी भट्टाचार्य
नेहरू टु वाजपेयी : प्राइम मिनिस्टर्स	जनार्दन ठाकुर
विंग्स ऑफ फायर	ए.पी.जे. अब्दुल कलाम
रागमाला	पंडित रविशंकर
मजमीन-ए-गुजराल	आई.के. गुजराल
सूरसागर	सूरदास
द नेशंस वॉयस	सी. राजगोपालाचारी
द सिक्ख टुडे	खुशवंत सिंह
टुवर्ड्स टोटल रिवोल्यूशन	जयप्रकाश नारायण
तुलसी का ज्ञानबोध	सूर्यकांत त्रिपाठी ''निराला''

शब्द संक्षेप
(Abbreviation)

AD	एनो डोमिनी (ईसा पश्चात्)
AHQ	आर्मी हैडक्वार्टर्स
AIIMS	ऑल इण्डिया इन्स्टीट्यूट ऑफ मेडिकल साइंसेज
AIR	ऑल इण्डिया रेडियो
am	एण्टी मेरीडियन (दोपहर पूर्व)
ASLV	ऑग्मेंटेड सैटेलाइट लांच व्हीकल
BC	बिफोर क्राइस्ट
BSF	बॉर्डर सिक्योरिटी फोर्स
CBI	सेण्ट्रल ब्यूरो ऑफ इन्वेस्टीगेशन
CIA	सेण्ट्रल इण्टेलीजेन्स एजेन्सी
CID	क्रिमिनल इन्वेस्टीगेशन डिपार्टमेण्ट
CRPF	सेण्ट्रल रिजर्व पुलिस फोर्स
CTBT	कम्प्रेहेन्सिव टेस्ट बैन ट्रीटी
DDS	डॉक्टर ऑफ डेंटल साइंस
E & OE	एरर्स एण्ड ओमीशन्स एक्सेपटेड
FICCI	फेडरेशन ऑफ इण्डियन चैम्बर्स ऑफ कॉमर्स एण्ड इण्डस्ट्री
f.o.b.	फ्री ऑन बोर्ड
GATT	जनरल एग्रीमेंट आन टेरिफ्स एण्ड ट्रेड
GMT	ग्रीनविच मीन टाइम
HUF	हिन्दू अनडिवाइडेड फैमिली
ICAR	इण्डियन कौंसिल ऑफ एग्रीकल्चरल रिसर्च
IMF	इण्टरनेशनल मॉनेटरी फण्ड
ISRO	इण्डियन स्पेस रिसर्च ऑर्गेनाइजेशन
LASER	लाइट एम्प्लीफिकेशन बॉय स्टीमुलेटेड एमीशन ऑफ रेडिएशन
LIC	लाइफ इन्श्योरेन्स कॉरपोरेशन
LPG	लिक्विफाइड पेट्रोलियम गैस
MNF	मिजो नेशनल फ्रण्ट
NASA	नेशनल एयरोनॉटिक्स एण्ड स्पेस एडमिनिस्ट्रेशन
NCC	नेशनल कैडेट कॉर्पस
NCERT	नेशनल काउन्सिल ऑफ एजूकेशनल रिसर्च एण्ड ट्रेनिंग
NDA	नेशनल डिफेन्स एकेडमी
PIN	पोस्टल इण्डेक्स नम्बर
PSC	पब्लिक सर्विस कमीशन
PTI	प्रेस ट्रस्ट ऑफ इण्डिया
PVSM	परम विशिष्ट सेवा मेडल
RBI	रिजर्व बैंक ऑफ इण्डिया
RMS	रेलवे मेल सर्विस
RPF	रेलवे प्रोटेक्शन फोर्स
SLV	सैटेलाइट लांच व्हीकल
SSC	स्टाफ सलेक्शन कमीशन
TIN	टैक्स इन्फॉरमेशन नेटवर्क
UGC	यूनीवर्सिटी ग्राण्ट्स कमीशन
UK	यूनाइटेड किंगडम
UNESCO	यूनाइटेड नेशन्स एजूकेशनल, साइंटिफिक एण्ड कल्चरल आर्गेनाइजेशन
USA	यूनाइटेड स्टेट्स ऑफ अमेरिका
VAT	वैल्यू एडेड टैक्स
WHO	वर्ल्ड हेल्थ ऑर्गेनाइजेशन
WMO	वर्ल्ड मेटेरोलॉजीकल ऑर्गेनाइजेशन
WR	वेस्टर्न रेलवे
WWW	वर्ल्ड वेदर वाच
YHA	यूथ होस्टल एसोसिएशन
ZAP	जीरो एण्ड प्लान
ZIP	जोनल एम्प्रूवमेण्ट प्लान

▼▼▼

महत्वपूर्ण दिवस
(Important Days)

दिवस	महत्व
9 जनवरी	प्रवासी दिवस
15 जनवरी	थल सेना दिवस
25 जनवरी	भारतीय पर्यटन दिवस
26 जनवरी	भारतीय गणतंत्र दिवस
30 जनवरी	शहीद दिवस, विश्व कुष्ठ निवारण दिवस (महात्मा गाँधी की पुण्य तिथि)
1 फरवरी	तटरक्षक दिवस, डाक जीवन बीमा दिवस
4 फरवरी	विश्व कैंसर दिवस
20 फरवरी	विश्व सामाजिक न्याय दिवस
21 फरवरी	विश्व मातृभाषा दिवस
22 फरवरी	पल्स पोलियो दिवस
28 फरवरी	राष्ट्रीय विज्ञान दिवस
8 मार्च	अन्तर्राष्ट्रीय महिला दिवस
15 मार्च	विश्व उपभोक्ता अधिकार दिवस, विश्व विकलांगता दिवस
21 मार्च	विश्व वानिकी दिवस, विश्व रंगभेद उन्मूलन दिवस
22 मार्च	विश्व जल दिवस
23 मार्च	शहीद दिवस, विश्व मौसम विज्ञान दिवस
24 मार्च	विश्व तपेदिक दिवस
7 अप्रैल	विश्व स्वास्थ्य दिवस
18 अप्रैल	विश्व विरासत दिवस
22 अप्रैल	विश्व पृथ्वी दिवस
1 मई	मई दिवस (अन्तर्राष्ट्रीय श्रम दिवस)
8 मई	विश्व रेडक्रॉस दिवस
9 मई	अन्तर्राष्ट्रीय थैलीसीमिया दिवस
11 मई	राष्ट्रीय प्रौद्योगिकी दिवस
24 मई	कॉमनवेल्थ दिवस
31 मई	धूम्रपान विरोध दिवस

दिवस	महत्व
1 जून	अन्तर्राष्ट्रीय बाल दिवस
5 जून	विश्व पर्यावरण दिवस
14 जून	वर्ल्ड ब्लड डोनर डे
20 जून	शरणार्थी दिवस
27 जून	विश्व मधुमेह दिवस
11 जुलाई	विश्व जनसंख्या दिवस
6 अगस्त	विश्व शांति दिवस, हिरोशिमा दिवस
10 अगस्त	अंतर्राष्ट्रीय युवा दिवस
29 अगस्त	राष्ट्रीय खेल दिवस
5 सितम्बर	शिक्षक दिवस
8 सितम्बर	विश्व साक्षरता दिवस
14 सितम्बर	हिन्दी दिवस
16 सितम्बर	विश्व ओजोन दिवस
21 सितम्बर	अन्तर्राष्ट्रीय शांति दिवस
27 सितम्बर	विश्व पर्यटन दिवस
2 अक्टूबर	गाँधी जयन्ती/अन्तर्राष्ट्रीय अहिंसा दिवस
3 अक्टूबर	विश्व पर्यावास दिवस
5 अक्टूबर	विश्व आवास दिवस
9 अक्टूबर	विश्व डाक दिवस
16 अक्टूबर	विश्व खाद्य दिवस
17 अक्टूबर	विश्व गरीबी उन्मूलन दिवस
20 अक्टूबर	राष्ट्रीय एकता दिवस, विश्व सांख्यिकी दिवस
19 नवम्बर	अन्तर्राष्ट्रीय नागरिक दिवस
26 नवम्बर	विश्व पर्यावरण संरक्षण दिवस
1 दिसम्बर	विश्व एड्स दिवस
10 दिसम्बर	अन्तर्राष्ट्रीय मानवाधिकार दिवस
18 दिसम्बर	अन्तर्राष्ट्रीय प्रवास दिवस
29 दिसम्बर	विश्व जैव विविधता दिवस

▼▼▼

खेल जगत
(Sports)

खेलों से जुड़ी शब्दावली

- **एथलेटिक्स:** ऐली, स्प्रॉम, बैटन, बेंड, ब्लाइंड पास, बॉक्स, सर्किल, क्लियरेंस, क्रासबार, हीट्स, फाल्स स्टार्ट, फ्लॉप स्टाइल, फाउल, हर्डलेस, लेन, लैप, डेकाथलॉन, हैप्टेथलॉन, मैराथन, पेंटाथलोन, स्क्रैच, शॉट पुट, स्प्रिंट, जोन।
- **बैडमिंटन:** एश, एली, बैक हैण्ड, ब्लाक, कैरी, चैकिंग द स्मैस, कोर्ट, क्रास कोर्ट, डबल हिट, ड्राप शाट, फाल्ट, फोरहैण्ड, फ्रेम, गेम प्वाइंट, किल, लोब, लव, नेट, रैकेट, रैली, सर्व, शार्ट सर्व, साइड आउट, अंडर हैंड।
- **बेसबॉल:** आर्म थ्रोअर, एराउंड द हार्न, बल्क, बाल, बाल हॉक, बेस ओपन बेस रनर, बैट, बैटर, कैचर, काक्ड आर्म, क्रास फायर, डाउनर, होम, हाट कार्नर, इनफील्ड फ्लाई, की स्टोन सैक, लेट अप, पेग, पिंच हिटर, पॉपी, पंच, रबर।
- **बास्केट बॉल:** बैक डोर, बैंग बोर्ड, बैंक शाट, बाउंस पास, चार्ज, चेस्ट पास, कार्नर प्लेयर, कट, डेड बॉल, डबल फाउल, ड्रिबल, फेक, फील्ड गोल, फाउल, फ्री थ्रो, गोल, हेल्ड बॉल, जम्प बॉल, पायवोट, रिवाइंड, रिस्ट्रेनिंग सर्कल।
- **बिलियर्डस एंड स्नूकर:** एंगल, राउण्ड द टेबल, बल्क, बॉल, ब्रेक, ब्रिज, केनन, क्यू बॉल, कॉप, फॉलो, हजार्ड, पाकेट, पॉट, पिरामिड, रेडबॉल, रेस्ट्स, रन, सेट अप, शार्ट स्विंग, टेबल।
- **बॉक्सिंग:** स्प्रॉन, अटैक, ब्लैक पेडल, बैक हैंड पंच, ब्लाकिंग, बोली, बाउट, बट, चॉप, कम्बीनेशन, कट, डाइव, एलबोइंग, फर्स्ट ब्लड, फ्लोर, फुल काउंट, ग्लोब्स, हीलिंग, होल्डिग, हुक, जब, माउथपीस, पंच, रिंग, स्कोरिंग।
- **क्रिकेट:** ऑल राउण्डर, ऐशेज, बैकफुट, बेल्स, बॉल, बैट, बैटिंग, बैट्समैन, बाउंसर, बाउण्ड्री, बॉलर, बॉलिंग क्रीज, बाई, कॉट एण्ड बोल्ड, कॉल, कैच, कॉट बिहाइंड, सेंचुरी, क्लीन बोल्ड, कवर प्वाइंट, क्रास बैट, कट, डेड बॉल, एक्स्ट्राज, फास्ट मीडियम, फॉलोआन, फ्रंट फुट, फुलटॉस, ग्लास, गुगली, गिल्ली, हैट्रिक, हिट विकेट, हुक, इनस्वींगर, लेटकट, लेग ब्रेक, लेग साइड, मेडन, मिड ऑफ, मिड ऑन, मिड विकेट, प्वांइट, ओपनर, ओवर, ओवर थ्रो, ओवर द विकेट, पिच, पुल-राउण्ड द विकेट, स्क्वायर कट, स्क्वायर लेग, स्वीप, टॉस, अम्पायर, विकेट कीपर।
- **गोल्फ:** एश, एड्रेस, एयर शॉट, एप्रोन, अवे, बॉल मार्क, ब्रिडी, बोगी, बाई, चिप, क्लब, कप, ड्राइव, ईगल, फ्लफ्फ, हाल्वड्, हैण्डीकैप, हजार्ड, होल, ऑनर, हुक, जिग्गर, लाई, पार, पिन, पुट, रन, स्लाइस, स्टांस, स्विंग, टी, वेज।
- **हॉकी:** बैकपास, बुली, कैरिंग द बॉल, सेंटर फारवर्ड, चार्जिंग, कार्नर, डी, डिफेंडर, ड्रिवलिंग, फ्लिक, फारवर्ड, फाउल, फ्रीहिट, फुल बैक्स, गोल, हाब्स, हिट, हुकिंग, लांग कार्नर, शार्ट पेनल्टी स्ट्रोक, पुश, रिवर्स स्टिक, स्कूप, सिक्सटीन यार्ड हिट, स्टिक, स्ट्राइकिंग सर्कल, टैकलिंग, थ्रू पास, ट्रैपिंग, ट्वेन्टी फाइव यार्ड लाइन, अंडरकटिंग।
- **सॉकर:** बाईसाईकिल किक, बाड़ी सर्व, बाक्स या पेनल्टी एरिया, कैरिंग, चेस्टिंग, क्लीयरिंग, कार्नर किक, कार्नर फ्लैग, क्रास, क्रास ओवर, डी, डायरेक्ट फ्री किक, डाइव, डबल फाउल, ड्रिवल, ड्राप वॉल, एक्स्ट्रा टाइम, फिनिशिंग, फ्लैंक, फाउल, गोल किक, गोल पोस्ट, गोल्स, हॉफ वॉली, हैट्रिक, हैडिंग, इनडायरेक्ट फ्री किक, इंटरसेप्सन, किक ऑफ, लाइंस मैन, लिंक मैन, लोब, मार्किंग, न्यूटमैग, ऑफ साइड, पास, पेनल्टी स्पॉट, रिवर्स पास, सीजर्स किक, शैडो मार्किंग, साइड लाइंस, स्ट्राइकर, स्वीपर, टेंकल, थ्रोइन, ड्रिपिंग, विंगर, येलो कार्ड।
- **स्क्वैश:** एंगल, बोर्ड कोर्ट, कट लाइन, ड्राइव, फुट फाउल्ट, हॉफ कोर्ट लाइन, हैमर, हैंड इन, किल, निक, पेनल्टी प्वाइंट, रैली, सर्विस बाक्स, सेट, शार्ट लाइन, वॉली, वेल्स।
- **स्वीमिंग:** बैकस्ट्रोक, बटरफ्लाई, ब्रेस्ट स्ट्रोक, कैसल, क्राउल, फाल्स स्टार्ट, फ्री स्टाइल, किकिंग, लेग, मेडले रिले, पुल, टच।
- **टेबल टेनिस:** एश, बैकहैण्ड, शॉट, ब्लेड, ब्लॉक शॉट, ड्यूस, ड्राप शॉट, गेम, ग्रिप, रैली, सर्विस, स्मैश, टॉप स्पिन, रिवर्स सेंटर लाइन।

- **टेनिसः** एश, एडवांटेज, बैक कोर्ट, बैक हैण्ड, बॉल ब्वाय या बॉल गर्ल, ब्रेक, बाई, सेंट्रल लाइन, चिप, चाप, कोर्ट, डेड, ड्यूस, डबल फाल्ट, डाउन द लाइन, ड्राप शॉट, ड्राप वॉली, गेम प्वाइंट, ग्राउंड स्ट्रोक, लाइन बॉल, नेट बॉल, ओवर हैड, रैली रिटायर, रिटर्न, सर्व, सर्विस, सेट, सेटप्वाइंट, शार्ट बाल, स्मैश, स्ट्रोक, टॉस, अंडरहैंड, वॉली।
- **वॉलीबॉलः** एश, एड ऑन, बैकलाइन, ब्लॉक, बॉडी फाउल, कैरिंग द बॉल, चेस्टपास, कवर, क्रास कोर्ट शाट, ड्यूस, डिग, डबल हिट, फुट फाउल्ट, गेम प्वाइंट, किल, हेल्ड, बॉल, मल्टीपल टचेज, नेट, ओवर नेट, प्वांइट, पावर सर्व, सर्व, सेट, साइड आउट, स्मैश, स्पाइकर टाइम आउट।

विश्व के प्रसिद्ध कप और ट्राफियाँ

● अमेरिकन कप	याच रेसिंग	● मर्डेका कप	सॉकर (पुरुष) (मलेशिया)
● एशेज	क्रिकेट (इंग्लैंड बनाम आस्ट्रेलिया)	● प्रिंस ऑफ वेल्स कप	गोल्फ (इंग्लैंड)
		● रोथमेंस कप	क्रिकेट
● कनाडा कप	गोल्फ (विश्व चैम्पियनशिप)	● रायडर कप	गोल्फ (इंग्लैंड)
● कोलम्बो कप	सॉकर	● स्वेथलिंग कप	विश्व टेबल टेनिस (पुरुष)
● चैम्पियन ट्रॉफी	हॉकी (पुरुष) विश्व की 6 श्रेष्ठ टीमों के मध्य	● थॉमस कप	विश्व बैडमिंटन (पुरुष)
		● टुंकु अब्दुल रहमान कप	बैडमिंटन
● कोरबिलन कप	टेबल टेनिस (महिला) विश्व कप		
● डेविस कप	लॉन टेनिस (पुरुष)	● उबेर कप	विश्व बैडमिंटन (महिला)
✦ डर्बी	घुड़ दौड़ (इंग्लैंड)	● वाकर कप	गोल्फ (इंग्लैंड)
● जुल्स रिमेट कप	सॉकर—विश्व कप (पुरुष)	● विटमैन कप	लॉन टेनिस (महिला)
● किंग्स कप	एयर रेसेज (इंग्लैंड)	● विम्बलडन कप	लॉन टेनिस (इंग्लैंड)

प्रसिद्ध खेल मैदान एवं उनसे सम्बन्धित खेल

खेल-मैदान	खेल	स्थान	खेल-मैदान	खेल	स्थान
इन्द्रप्रस्थ स्टेडियम	इन्डोर गेम	दिल्ली	हेडिंग्ले मानचेस्टर	क्रिकेट	ब्रिटेन
जवाहरलाल नेहरू स्टेडियम	एथलेटिक्स	दिल्ली	लार्ड्स, ओवल, लीड्स	क्रिकेट	ब्रिटेन
फिरोजशाह कोटला मैदान	क्रिकेट	दिल्ली	ब्लैक हीथ	रग्बी फुटबॉल	लन्दन
अम्बेडकर स्टेडियम	फुटबॉल	दिल्ली	विम्बलडन	लॉन टेनिस	लन्दन
शिवाजी स्टेडियम	हॉकी	दिल्ली	वेम्बले स्टेडियम	फुटबॉल	लन्दन
नेशनल स्टेडियम	हॉकी	दिल्ली	ब्रुकलैण्ड	फुटबॉल	इंग्लैंड
हेनले	रेगाटा	इंग्लैंड	टिबंकहम	रग्बी फुटबॉल	इंग्लैंड
नेशनल स्टेडियम	हॉकी	मुम्बई	पटनी मार्टलेक	नौका दौड़	इंग्लैंड
वानखेडे स्टेडियम	क्रिकेट	मुम्बई	टेंट ब्रिज	क्रिकेट	इंग्लैंड
ब्रेबोर्न स्टेडियम	क्रिकेट	मुम्बई	एण्ट्री	घुड़दौड़	इंग्लैंड
ईडन गार्डन	क्रिकेट	कोलकाता	व्हाइट सिटी	कुत्तों की दौड	इंग्लैंड
ग्रीन पार्क स्टेडियम	क्रिकेट	कानपुर	हरलिघम	पोलो	इंग्लैंड
कीनन स्टेडियम	क्रिकेट	जमशेदपुर	पर्थ, ब्रिस्बेन, मेलबोर्न	क्रिकेट	आस्ट्रेलिया
नेहरू (चेपक) स्टेडियम	क्रिकेट	चेन्नई	यांकी स्टेडियम	बॉक्सिंग	न्यूयार्क
वाराबती स्टेडियम	क्रिकेट	कटक	ब्रूकलिन	बेसबॉल	न्यूयार्क
इप्सम	डर्बी घुड़दौड	ब्रिटेन	फोरस्ट हिल	टेनिस	न्यूयार्क

▼▼▼

पुरस्कार
(Awards)

राष्ट्रीय पुरस्कार

- **भारत रत्न:** यह भारत का सर्वोच्च असैनिक सम्मान है। यह कला, साहित्य, विज्ञान एवं खेलकूद के क्षेत्र में अतिविशिष्ट सेवाओं तथा सार्वजनिक क्षेत्र में उत्कृष्टतम योगदान के लिए प्रदान किया जाता है। सरकारी सेवाओं में लगे व्यक्तियों को यह पुरस्कार नहीं दिया जाता।
- **पद्म विभूषण:** यह अलंकरण सभी क्षेत्रों में उल्लेखनीय योगदान के लिए दिया जाता है। सरकारी सेवाओं में लगे व्यक्ति भी इसके पात्र माने जाते हैं।
- **पद्म भूषण:** सभी क्षेत्रों में उल्लेखनीय योगदान के लिए यह उपाधि प्रदान की जाती है। सरकारी सेवाओं में रत व्यक्ति भी इसे पाने के हकदार हैं।
- **पद्म श्री:** विविध क्षेत्रों में उत्तम कार्य करने के उपलक्ष्य में यह उपाधि प्रदान की जाती है। सरकारी सेवा में लगे लोगों को भी इस उपाधि से अलंकृत किया जा सकता है।

शौर्य पदक

- **परमवीर चक्र:** शत्रु के समक्ष दृढ़ता से वीरता-प्रदर्शन के फलस्वरूप दिया जाने वाला यह सबसे बड़ा पुरस्कार है। यह अत्यन्त वीरतापूर्ण कार्य जल, थल तथा नभ में से किसी भी सेना के कर्मचारी द्वारा किये जाने पर दिया जाता है।
- **महावीर चक्र:** यह दूसरा सर्वोच्च पदक है जो शत्रु के समक्ष अद्वितीय शौर्य प्रदर्शन के फलस्वरूप प्रदान किया जाता है। इस प्रकार का वीरतापूर्ण कार्य थल, जल एवं नभ सेनाओं में से किसी के भी द्वारा किया गया हो सकता है।
- **वीर चक्र:** यह तीसरी श्रेणी का सेना पदक है जो शत्रु के समक्ष वीरता-प्रदर्शन करने के उपलक्ष्य में प्रदान किया जाता है। यह पदक जल, थल और नभ सेना के किसी भी वर्ग के कर्मचारी को वीरतापूर्ण कार्य के लिए प्राप्त हो सकता है।
- **अशोक चक्र:** यह ऐसा पदक है जो जल, थल और नभ कहीं पर भी उत्कृष्ट वीरतापूर्ण कार्य करने अथवा आत्म-बलिदान होने के फलस्वरूप प्रदान किया जाता है। लेकिन इस प्रकार का काम शत्रु के समक्ष होना आवश्यक नहीं। गुणों के आधार पर इस पदक के तीन वर्ग हैं—प्रथम, द्वितीय तथा तृतीय। द्वितीय पदक का नाम कीर्ति चक्र तथा तृतीय पदक का नाम शौर्य चक्र है।

अन्य राष्ट्रीय पुरस्कार

- **ज्ञानपीठ पुरस्कार:** यह पुरस्कार सांस्कृतिक एवं साहित्यिक संस्था 'भारतीय ज्ञानपीठ' द्वारा वर्ष 1965 से प्रदान किया जाता है। प्रत्येक वर्ष यह पुरस्कार संविधान की आठवीं अनुसूची में सम्मिलित 22 भारतीय भाषाओं में से चयनित भारतीय लेखकों को प्रदान किया जाता है। इस पुरस्कार से पुरस्कृत साहित्यकार को 11 लाख रुपए नकद, एक स्मृति चिह्न, एक प्रशस्ति-पत्र तथा वाग्देवी (सरस्वती) की प्रतिमा प्रदान की जाती है।

- **दादा साहब फाल्के पुरस्कारः** इस पुरस्कार की स्थापना भारतीय फिल्म उद्योग के संस्थापक दादा साहब फाल्के की याद में भारत सरकार के सूचना एवं प्रसारण मंत्रालय द्वारा की गई है। इस पुरस्कार की धनराशि 10 लाख रुपए है।
- **अर्जुन पुरस्कारः** 1961 में स्थापित यह पुरस्कार भारत सरकार द्वारा विभिन्न खेलों में विशेष उपलब्धि प्राप्त करने वाले खिलड़ियों को प्रदान किया जाता है। इसमें अर्जुन की काँस्य प्रतिमा, प्रशस्ति पत्र तथा 5 लाख रुपये की धनराशि और समारोह परिधान प्रदान किया जाता है।

अंतर्राष्ट्रीय पुरस्कार

- **नोबेल पुरस्कारः** इस पुरस्कार का प्रवर्तन सन् 1901 में डाइनामाइट के आविष्कारक अल्फ्रेड बर्नहर्ड नोबेल (1833-1896 ई०) द्वारा व्यक्त की गई इच्छा के परिणामस्वरूप किया गया था। नोबेल पुरस्कार प्रति वर्ष रसायन शास्त्र, भौतिकी, साहित्य, चिकित्सा, शान्ति-प्रोत्साहन और अर्थशास्त्र (अर्थशास्त्र के लिए यह पुरस्कार 1969 से दिया जाना शुरू किया गया) के क्षेत्र में दिये जाते हैं।
- **रेमन मैग्सेसे पुरस्कारः** एशिया महाद्वीप का सबसे बड़ा पुरस्कार फिलीपीन्स के भूतपूर्व राष्ट्रपति की स्मृति में वर्ष 1957 से प्रदान किया जाता है। इसमें एक स्वर्ण पदक तथा पचास हजार डॉलर प्रदान किये जाते हैं। इसे एशिया का नोबेल पुरस्कार भी कहा जाता है।
- **मैन बुकर पुरस्कारः** ब्रिटेन की संस्था बुकर मैकोनल कंपनी एंड पब्लिशर्स एसोसियेशन के द्वारा यह पुरस्कार 1969 में स्थापित हुआ। यह प्रतिवर्ष राष्ट्रमंडल देशों के किसी लेखक को अंग्रेजी भाषा की उत्कृष्ट रचना हेतु प्रदान किया जाता है। इसकी पुरस्कार राशि 50,000 पाउण्ड है।
- **ऑस्कर पुरस्कारः** संयुक्त राज्य अमेरिका की 'नेशनल एकेडमी ऑफ मोशन पिक्चर आर्ट्स एण्ड साइंसेज' द्वारा फिल्म जगत का अत्यन्त प्रतिष्ठित यह पुरस्कार प्रतिवर्ष प्रदान किया जाता है।
- **महात्मा गांधी अन्तर्राष्ट्रीय शांति पुरस्कारः** एक करोड़ रु० की राशि का यह पुरस्कार भारत सरकार का सर्वोच्च असैनिक अन्तर्राष्ट्रीय पुरस्कार है जो 1995 में शुरू किया गया था। यह पुरस्कार अहिंसा के जरिए सामाजिक, आर्थिक और राजनीतिक परिवर्तन के लिए काम करने वाले व्यक्ति को दिया जाता है।

प्रमुख देशों के सर्वोच्च सम्मान

देश	सर्वोच्च सम्मान	देश	सर्वोच्च सम्मान
भारत	भारत रत्न	ब्रिटेन	मेम्बर ऑफ ब्रिटिश एम्पायर, विक्टोरिया क्रॉस
पाकिस्तान	निशान-ए-पाकिस्तान		
कुवैत	मुबारक अल कबीर पदक	जापान	ऑर्डर ऑफ मौलोवनिश सन
सऊदी अरब	शाह अब्दुल अजीज पदक	डेनमार्क	आर्डर ऑफ द डैने ब्रोग
अर्जेन्टीना	द ऑर्डर ऑफ सॉन मार्टिन	फ्रांस	लेजेण्ड ऑफ ऑनर
निकारागुआ	आगस्टोसीजर सैण्डिनो ऑर्डर	अमेरिका	प्रेसिडेंशियल मेडल ऑफ फ्रीडम
हंगरी	द ऑर्डर ऑफ वैनर	जर्मनी	पोर ली मैरिट आयरन क्रॉस
वियतनाम	द ऑर्डर ऑफ द गोल्डेन स्टार	नीदरलैण्ड्स	नीदरलैण्ड्स लॉयन

▼▼▼

सामान्य विज्ञान
(General Science)

आविष्कार और आविष्कारक

आविष्कार	आविष्कारक	देश	सन्
वायुयान	ओरविल और विलबर राइट	अमेरिका	1903
बॉल-पांइट	जॉन जे॰ लाउड	अमेरिका	1888
बैरोमीटर	इवेंजलिस्ता टौरीसेली	इटली	1644
बाईसिकिल	कर्कपैट्रिक मैकमिलन	इंग्लैंड	1839-40
बाईफोकल लेंस	बेन्जामिन फ्रैंकलिन	अमेरिका	1780
बनसेन बर्नर	आर॰ विल्हेम वोन बनसेन	जर्मनी	1855
कार (पेट्रोल)	कार्ल बेन्ज	जर्मनी	1888
सीमेंट (पोर्टलैंड)	जोसेफ एस्पडिन	इंग्लैंड	1824
सिनेमा	निकोलस और जीन लूमियर	फ्रांस	1895
क्लॉक (मैकेनिकल)	आई-सिंग और लियांग लिंग-तसान	चीन	1725
डीजल इंजन	रूडोल्फ डीजल	जर्मनी	1895
डायनेमो	हाइपोलाइट पिक्सी	फ्रांस	1832
इलैक्ट्रिक लैम्प	थॉमस अल्वा एडिसन	अमेरिका	1879
सेफ्टी पिन	वाल्टर हन्ट	अमेरिका	1849
सिलाई मशीन	बार्थलेमी थिम्मोनियर	फ्रांस	1829
जहाज (भाप)	जे॰सी॰ पेरियर	फ्रांस	1775
जहाज (टरबाइन)	होन॰ सर सी॰ पारसंस	इंग्लैंड	1894
स्लाइड रूल	विलियम ऑग्ट्रेड	इंग्लैंड	1621
भाप का इंजन	जेम्स वॉट	इंग्लैंड	1765
स्टेनलेस स्टील	हेरि ब्रियरले	इंग्लैंड	1913
समुद्री जहाज	डेविड बुशनेल	अमेरिका	1776
टैंक	सर अर्नस्ट स्विनटन	इंग्लैंड	1914
टेलीग्राफ	एम॰ लम्मोंड	फ्रांस	1787
टेलीग्राफ कोड	सैमुअल एफ॰ बी॰ मोर्स	अमेरिका	1837
टेलीफोन (परफैक्टेड)	अलेक्जैण्डर ग्राहम बेल	अमेरिका	1876
टेलीस्कोप	हेन्स लिप्परशे	नीदरलैंड्स	1608
टेलीविजन (मैकेनिकल)	जे॰एल॰ बेयर्ड	इंग्लैंड	1926
टेलीविजन (इलेक्ट्रॉनिक)	पी॰टी॰ फार्न्सवर्थ	अमेरिका	1927
थर्मामीटर	गैलिलियो गैलिली	इटली	1593

आविष्कार	आविष्कारक	देश	सन्
ट्रांसफार्मर	माइकल फैराडे	इंग्लैंड	1831
ट्रांजिस्टर	बरडीन, शोकले तथा ब्राट्टेन	अमेरिका	1948
टाइपराइटर	पेलेग्रिन टेर्री	इटली	1808
कपड़ा धोने की मशीन (विद्युत)	हर्ले मशीन कम्पनी	अमेरिका	1907
घड़ी	बारथोलोम्यू मैनफेडी	इटली	1462

माप/तौल की इकाइयां

वॉट	बिजली की शक्ति की इकाई	ओम	विद्युत प्रतिरोध
हट्र्ज	तरंगों की आवृत्ति	डायन	बल की सापेक्ष इकाई
कैलोरी	ऊष्मा की इकाई	कूलम्ब	विद्युत की मात्रा
एम्पियर	विद्युत धारा	नॉट	समुद्र पोतों की गति
बार	वायुमंडलीय दाब की इकाई	डेसीबल	सापेक्ष ध्वनि की तीव्रता
एंगस्ट्रम	प्रकाश तरंगों की लम्बाई	कैरेट	बहुमूल्य पत्थर की तौल
फैदम	समुद्र की गहराई की इकाई	न्यूटन	बल
कैन्डला	ज्योति तीव्रता	प्रकाश वर्ष	आकाश के ग्रहों आदि की दूरी की इकाई

विटामिन की कमी से होने वाले रोग

विटामिन	रोग	स्रोत	विटामिन	रोग	स्रोत
विटामिन A	रतौंधी	गाजर, दूध, अंडा	विटामिन B_{12}	अरक्तता	कलेजी, अंडा
विटामिन B_1	बेरी-बेरी	दाल, अंडा, मूंगफली	विटामिन C	स्कर्वी	संतरा, टमाटर
विटामिन B_2	मुँह की त्वचा	कलेजी, दूध, मांस	विटामिन D	सूखा रोग	सूर्य का प्रकाश, मछली का तेल
विटामिन B_6	एनीमिया और होंठ फटना	कलेजी, दूध, मांस	विटामिन E	बांझपन	हरी सब्जियाँ, दूध, कलेजी
			विटामिन K	रक्त का थक्का जमने में कमी	हरी सब्जी
विटामिन B_7	पेलाग्रा	मछली, अंडा			

प्रमुख बीमारियों द्वारा प्रभावित अंग

बीमारी	प्रभावित अंग	बीमारी	प्रभावित अंग
निमोनिया	फेफड़े	टायफाइड	आँत
डिप्थीरिया	श्वसन नलिका	सिफलिस	जनन अंग
मेनिनजाइटिस	मस्तिष्क	आर्थ्राइटिस	जोड़ों की सूजन
एग्जीमा	चमड़ी	पीलिया	यकृत
अतिसार	आँत का अग्रभाग	सुजाक, श्वेत प्रदर	मूत्र मार्ग

बीमारी	प्रभावित अंग	बीमारी	प्रभावित अंग
प्लूरिसी	छाती	पायरिया	दाँत तथा मसूड़े
गठिया या ट्यूमैटिज्म	जोड़ों में	टिटनेस	तंत्रिका तंत्र, मांसपेशी
कुष्ठ	त्वचा, तंत्रिकाएं	हैजा	आँत, आहार नाल
रिकेट्स	हड्डियाँ	गोइटर (गण्डमाला)	थाइराइड ग्रंथि
काली खाँसी	श्वसन तंत्र	बॉट्यूलिज्म	तंत्रिका-तंत्र
एड्स	सम्पूर्ण शरीर	प्लेग	फेफड़े, लाल रक्त कणिकाएं
रेबीज या हाइड्रोफोबिया	तंत्रिका तंत्र	खसरा	सम्पूर्ण शरीर
कालाजार	रुधिर, प्लीहा व	हरपीस	त्वचा, श्लेष्मकला
	अस्थि मज्जा	क्षय रोग	शरीर का कोई भी अंग, विशेषकर फेफड़े
केटेरेक्ट, ग्लाइकोमा, ट्रेकोमा, मायोपिया	आँख	चेचक	सम्पूर्ण शरीर, विशेषकर चेहरा तथा हाथ-पैर

विज्ञान की विविध शाखाएं

नाम	अध्ययन	नाम	अध्ययन
एरोनॉटिक्स	वैमानिकी का अध्ययन	फिलाटेली	टिकट संग्रह कला
एनाटोमी	मानव शरीर की रचना	हार्टीकल्चर	बागवानी
आर्कियोलॉजी	पुरातत्व अध्ययन	सीस्मोलॉजी	भूकंप का अध्ययन
एकॉस्टिक	ध्वनि से संबंधित अध्ययन	ऑस्टोलॉजी	हड्डियों का अध्ययन
एस्ट्रोनामी	खगोल अध्ययन	जेनेटिक्स	आनुवंशिकी का अध्ययन
एण्टोमोलॉजी	कीटाणुओं का अध्ययन	जूलॉजी	जन्तु विज्ञान
एस्ट्रोफिजिक्स	ग्रह-मंडल का अध्ययन	बायलॉजी	प्राणी विज्ञान
कैलिस्थेनिक्स	व्यायाम विद्या का अध्ययन	जिओलॉजी	भूगर्भ की बनावट का अध्ययन
क्रोनोलॉजी	ऐतिहासिक क्रम का अध्ययन	पैथॉलाजी	रोगों का अध्ययन
बॉटनी	वनस्पति का अध्ययन	फिजिक्स	भौतिक विज्ञान
केमिस्ट्री	रसायन का अध्ययन	बायोकेमिस्ट्री	प्राणी का रासायनिक अध्ययन
सेरामिक्स	चीनी के बर्तनों के निर्माण का अध्ययन	युजेनिक्स	नस्ल सुधार का अध्ययन
इकोलॉजी	जीव एवं पर्यावरण संबंधों का अध्ययन	एटिमोलॉजी	शब्द व्युत्पत्ति का अध्ययन

▼▼▼

मॉडल प्रश्नपत्र संख्या-1

1. प्रधानमंत्री बनने के लिए निम्नतम आयु सीमा कितनी होनी चाहिए?
   A. 30 वर्ष   B. 25 वर्ष
   C. 35 वर्ष   D. 40 वर्ष

2. राज्य सभा के सदस्यों का कार्यकाल कितना होता है?
   A. 5 वर्ष   B. 6 वर्ष
   C. 7 वर्ष   D. 4 वर्ष

3. विश्व का सबसे बड़ा मरुस्थल कौन है?
   A. सहारा मरुस्थल
   B. गोबी मरुस्थल
   C. थार मरुस्थल
   D. इनमें से कोई नहीं

4. मानवाधिकार दिवस कब मनाया जाता है?
   A. 10 दिसम्बर   B. 10 जनवरी
   C. 10 जून   D. 10 नवम्बर

5. 'लाल ग्रह' के नाम से कौन-सा ग्रह जाना जाता है?
   A. मंगल   B. शुक्र
   C. पृथ्वी   D. बुध

6. पंचवर्षीय योजना का प्रारम्भ कब से हुआ?
   A. 1951   B. 1952
   C. 1953   D. 1950

7. पोंगल किस राज्य का चर्चित पर्व है?
   A. तमिलनाडु   B. कर्नाटक
   C. केरल   D. आंध्र प्रदेश

8. SEBI का पूरा रूप है–
   A. सेविंग्स एण्ड एक्सचेन्ज बैंक ऑफ इण्डिया
   B. सिक्यूरिटीज एण्ड एक्सचेन्ज बैंक ऑफ इण्डिया
   C. सर्वे ऑफ इसेन्शल बिजनेस इन इण्डिया
   D. सिक्यूरिटीज एण्ड एक्सचेन्ज बोर्ड ऑफ इण्डिया

9. भारत का राष्ट्रीय पक्षी है–
   A. मोर   B. कोयल
   C. बुलबुल   D. मोनाल

10. भारत का संविधान कब लागू हुआ?
    A. 26 जनवरी, 1950
    B. 26 दिसम्बर, 1950
    C. 15 अगस्त, 1947
    D. 26 अगस्त, 1947

11. सुब्रतो कप कौन-से खेल से संबंधित है?
    A. फुटबाल   B. हॉकी
    C. बैडमिंटन   D. टेनिस

12. भारत में श्वेत क्रांति के जनक हैं–
    A. डॉ. वर्गीज कुरियन
    B. एम.एस. स्वामीनाथन
    C. डॉ. राजा रामन्ना
    D. जगदीश चन्द्र बसु

13. बक्सर का युद्ध कब हुआ था?
    A. 1765   B. 1768
    C. 1764   D. 1763

14. रिजर्व बैंक की स्थापना कब की गई थी?
    A. 1 अप्रैल, 1935 को
    B. 1 अप्रैल, 1936 को
    C. 1 अप्रैल, 1937 को
    D. 1 अप्रैल, 1938 को

15. स्वर्ण मंदिर कहाँ स्थित है?
    A. अमृतसर   B. लुधियाना
    C. चंडीगढ़   D. भटिंडा

16. कत्थक किस राज्य का लोकनृत्य है?
    A. तमिलनाडु   B. केरल
    C. उत्तर प्रदेश   D. असम

17. 'सत्यमेव जयते' कहाँ से लिया गया है?
    A. मुंडक उपनिषद से
    B. अर्थशास्त्र से
    C. रामायण से
    D. महाभारत से

18. सिखों के अन्तिम गुरु कौन थे?
    A. गुरु रामदास
    B. गुरु गोविन्द सिंह
    C. गुरु अर्जुन देव
    D. गुरु तेग बहादुर

19. विटामिन K की कमी से कौन-सा रोग होता है?
    A. स्कर्वी
    B. रक्त का थक्का न बनना
    C. रतौंधी
    D. बेरी-बेरी

20. विक्रम साराभाई अनुसंधान केंद्र कहाँ स्थित है?
    A. चेन्नई में
    B. दिल्ली में
    C. तिरुवनन्तपुरम् में
    D. कोलकाता में

21. लोकपाल बिल किससे संबंधित है?
    A. भ्रष्टाचार
    B. चोरी
    C. छद्म रूप धारण करना
    D. चुनाव

22. भेल (BHEL) का पूर्ण रूप क्या है?
    A. भारत हैवी इलेक्ट्रिकल लिमिटेड
    B. भाभा हीलियम इमीशन लिमिटेड
    C. भारत हैवी इलेक्ट्रॉनिक्स लिमिटेड
    D. भारत हॉलैंड इलेक्ट्रिकल लिमिटेड

23. उच्च न्यायालय के मुख्य न्यायाधीश और अन्य न्यायाधीश कितनी आयु तक पद पर बने रहते हैं?
    A. 64 वर्ष   B. 65 वर्ष
    C. 60 वर्ष   D. 62 वर्ष

24. 'टका' कहाँ की मुद्रा (करेंसी) है?
    A. कम्बोडिया   B. श्रीलंका
    C. भूटान   D. बांग्लादेश

25. नैसेट कहाँ की संसद है?
    A. इजराइल   B. टर्की
    C. जापान   D. पोलैंड

26. सूर्य के सबसे पास कौन-सा ग्रह है?
    A. बुध   B. बृहस्पति
    C. शुक्र   D. मंगल

27. भारतीय सेना का सर्वोच्च पद कौन-सा है?
    A. लेफ्टिनेंट जनरल B. ब्रिगेडियर
    C. जनरल   D. मेजर जनरल

28. निम्नलिखित में से कौन-सा खेल टीम खेल नहीं है?
    A. हॉकी   B. कुश्ती
    C. खो-खो   D. कबड्डी

29. महात्मा गांधी ने अपनी दांडी यात्रा कहाँ से शुरू की थी?
   A. दांडी
   B. पोरबंदर
   C. अहमदाबाद
   D. साबरमती आश्रम

30. हास्य गैस है—
   A. नाइट्रिक ऑक्साइड
   B. नाइट्रस ऑक्साइड
   C. नाइट्रोजन ट्राइऑक्साइड
   D. नाइट्रोजन पेन्टॉक्साइड

31. गुरु शिखर चोटी किस राज्य में स्थित है?
   A. राजस्थान   B. गुजरात
   C. मध्य प्रदेश   D. महाराष्ट्र

32. भारत में पहली महिला राष्ट्रपति बनने का श्रेय किसे प्राप्त है?
   A. ममता बनर्जी   B. प्रतिभा पाटिल
   C. सुषमा स्वराज   D. जयललिता

33. सुनीता विलियम्स हैं—
   A. अन्तरिक्ष यात्री
   B. राजनीतिक नेता
   C. अभिनेत्री
   D. टेनिस खिलाड़ी

34. महात्मा गांधी के राजनैतिक गुरु कौन थे?
   A. गोपाल कृष्ण गोखले
   B. रबीन्द्र नाथ टैगोर
   C. बाल गंगाधर तिलक
   D. दादाभाई नौरोजी

35. 'अर्थशास्त्र' के लेखक कौन थे?
   A. कालीदास   B. कार्ल मार्क्स
   C. कौटिल्य   D. एडम स्मिथ

36. शिक्षक दिवस कब मनाया जाता है?
   A. 7 सितम्बर को   B. 14 नवम्बर को
   C. 5 सितम्बर को   D. 8 मार्च को

37. 'ऑपरेशन फ्लड' संबंधित है—
   A. दूध से   B. वर्षा से
   C. बांध से   D. नदी से

38. उस्ताद अमजद अली खाँ संबंधित हैं—
   A. सरोद से   B. सितार से
   C. तबला से   D. सन्तूर से

39. 'डेविस कप' किस खेल से संबंधित है?
   A. मुक्केबाजी से   B. हॉकी से
   C. फुटबाल से   D. टेनिस से

40. 'बटरफ्लाई' शब्द किस खेल से संबंधित है?
   A. हॉकी   B. फुटबाल
   C. गोताखोरी   D. तैराकी

41. विटामिन 'ए' की कमी को पूरा किया जा सकता है?
   A. गाजर से   B. मूली से
   C. शलजम से   D. सन्तरे से

42. बाबर का मकबरा कहाँ स्थित है?
   A. लाहौर में   B. काबुल में
   C. दिल्ली में   D. अयोध्या में

43. हमारे शरीर को ऊर्जा निम्नलिखित में से कौन देता है?
   A. विटामिन   B. जल
   C. कार्बोहाइड्रेट   D. प्रोटीन

44. 'करो या मरो' का प्रसिद्ध नारा किसने दिया था?
   A. महात्मा गांधी
   B. वल्लभभाई पटेल
   C. जवाहर लाल नेहरू
   D. राजीव गांधी

45. 'खालसा पंथ' के संस्थापक कौन थे?
   A. गुरुनानक
   B. गुरु रामदास
   C. गुरुगोविन्द सिंह
   D. गुरु तेग बहादुर

46. 'कवितावली' किसकी कृति है?
   A. सूरदास   B. रसखान
   C. तुलसीदास   D. मीराबाई

47. विश्व बैंक का मुख्यालय कहाँ पर है?
   A. मनीला
   B. वाशिंगटन डी.सी.
   C. न्यूयार्क
   D. लन्दन

48. भारत की प्रथम महिला आई.पी.एस. अफसर कौन है?
   A. किरण बेदी   B. अन्ना चाँदनी
   C. लैला सेठ   D. पी.के. थ्रेसीया

49. भारत का राष्ट्रीय फूल क्या है?
   A. कमल   B. गुलाब
   C. गेंदा   D. लिली

50. भारत का सबसे पुराना अखबार कौन-सा है?
   A. मुंबई समाचार
   B. बंगाल गजेट
   C. द टाइम्स ऑफ इंडिया
   D. मलयाला मनोरमा

उत्तरमाला

1	2	3	4	5	6	7	8	9	10
B	B	A	A	A	A	A	D	A	A
11	12	13	14	15	16	17	18	19	20
A	A	C	A	A	C	A	B	B	C
21	22	23	24	25	26	27	28	29	30
A	A	D	D	A	A	C	B	D	B
31	32	33	34	35	36	37	38	39	40
B	B	A	A	C	C	A	A	D	D
41	42	43	44	45	46	47	48	49	50
A	B	C	A	C	C	B	A	A	B

मॉडल प्रश्नपत्र संख्या–2

1. उस्ताद अल्लारक्खा क्या बजाते हैं?

A. सरोद B. तबला

C. वायलिन D. सितार

2. माउण्ट एवरेस्ट पर चढ़ने वाली प्रथम भारतीय महिला कौन थी?

A. आरती साहा B. सन्तोष यादव

C. बुला चौधरी D. बछेन्द्री पाल

3. भारत की प्रथम महिला प्रधानमंत्री कौन थीं?

A. इन्दिरा गांधी

B. सुचेता कृपलानी

C. सरोजिनी नायडू

D. विजयलक्ष्मी पंडित

4. 'सानिया मिर्जा' किस खेल से संबंधित हैं?

A. क्रिकेट B. लॉन टेनिस

C. शूटिंग D. बैडमिण्टन

5. गीतांजलि के लेखक कौन हैं?

A. सत्येन्द्र नाथ टैगोर

B. अरविन्द घोष

C. सरोजनी नायडू

D. रबीन्द्रनाथ टैगोर

6. कौन-सा देश 'उगते सूर्य की भूमि' कहलाता है?

A. कनाडा B. नॉर्वे

C. जापान D. फिनलैंड

7. हिमाचल प्रदेश की राजधानी है–

A. मण्डी B. शिमला

C. कुल्लू D. मनाली

8. इटली की राजधानी है–

A. मिलान B. रोम

C. तुरीन D. फ्लोरेन्स

9. ध्वनि की गति सबसे तेज होती है–

A. पानी में B. लोहा में

C. हवा में D. केरोसिन तेल में

10. 'सिक मैन ऑफ यूरोप' किसका उपनाम है?

A. रोम B. तुर्की

C. इटली D. ऑक्सफोर्ड

11. किस देश की संसद का नाम शोरा है?

A. पाकिस्तान B. ईरान

C. अफगानिस्तान D. बांग्लादेश

12. कथकली, मोहनीअट्टम और ओट्टम किस राज्य के प्रख्यात नृत्य हैं?

A. केरल B. कर्नाटक

C. ओडिशा D. तमिलनाडु

13. पीलिया किस अंग की बीमारी है?

A. गुर्दा B. अग्नाशय

C. यकृत D. ग्रहणी

14. भगवान बुद्ध की मृत्यु कहाँ पर हुई थी?

A. कपिलवस्तु B. सारनाथ

C. बोधगया D. कुशीनगर

15. जलियाँवाला बाग हत्याकांड कौन-से शहर में हुआ था?
    A. आगरा B. मेरठ
    C. अमृतसर D. लाहौर

16. 'जय जवान जय किसान' का नारा किसने दिया था?
    A. महात्मा गांधी
    B. जवाहरलाल नेहरू
    C. लाल बहादुर शास्त्री
    D. सरदार पटेल

17. निम्नलिखित में से किसमें कानून बनाने की शक्ति है?
    A. राष्ट्रपति B. संसद
    C. प्रधानमंत्री D. गवर्नर

18. भारत के राष्ट्रीय चिह्न में स्थित चक्र में तीलियों की संख्या होती है–
    A. 12 B. 16
    C. 24 D. 20

19. विधान परिषद् के सदस्य का कार्यकाल है–
    A. 6 वर्ष B. 5 वर्ष
    C. 2 वर्ष D. 7 वर्ष

20. बेरी-बेरी रोग किस विटामिन की कमी से होता है?
    A. C B. D
    C. B_1 D. A

21. न्यूटन किसकी इकाई है?
    A. कार्य B. ऊर्जा
    C. बल D. त्वरण

22. 'इन्कलाब जिन्दाबाद' का नारा किसने दिया था?
    A. चन्द्रशेखर आजाद
    B. सुभाषचन्द्र बोस
    C. सरदार भगत सिंह
    D. इकबाल

23. एक विद्युत बल्ब का तन्तु बना होता है–
    A. कॉपर (ताँबा) B. लोहा
    C. सीसा D. टंगस्टन

24. सबसे पुराना वेद कौन-सा है?
    A. यजुर्वेद B. ऋग्वेद
    C. सामवेद D. अथर्ववेद

25. 'ईवनिंग स्टार' के नाम से किसे जाना जाता है?
    A. बुध B. शुक्र
    C. शनि D. मंगल

26. रेडक्रॉस की स्थापना किसने की थी?
    A. हेनरी ड्यूनान्ट B. बेडेन पावेल
    C. फ्रेडरिक मैसी D. यू-थान्ट

27. 'अग्नि गृह' किस धर्म का पूजास्थल है?
    A. ईसाई B. यहूदी
    C. मुस्लिम D. पारसी

28. शिवाजी की माताजी का क्या नाम था?
    A. अहिल्या बाई B. जोधाबाई
    C. जीजाबाई D. पन्ना बाई

29. 'झीलों का शहर' किसे कहा जाता है?
    A. उदयपुर B. जबलपुर
    C. जम्मू D. मुम्बई

30. निम्नलिखित में से कौन-सी नदी अरब सागर में गिरती है?
    A. कृष्णा B. सिन्धु
    C. यमुना D. गोमती

31. 'उबेर कप' किस खेल से संबंधित है?
    A. बेसबाल   B. बैडमिंटन
    C. फुटबाल   D. बास्केटबाल

32. लोकसभा के प्रथम अध्यक्ष कौन थे?
    A. हुकुम सिंह
    B. जी.वी. मावलंकर
    C. के.एम. मुंशी
    D. यू.एन. ढेबर

33. किसकी कमी से मधुमेह का रोग होता है?
    A. चीनी   B. इन्सुलिन
    C. कैल्सियम   D. आयरन

34. 'मिसाइल मैन ऑफ इंडिया' किसे कहा जाता है?
    A. अर्जुन सिंह
    B. डॉ. सी.वी. रमन
    C. डॉ. एपीजे अब्दुल कलाम
    D. एच. जे. भाभा

35. शरीर की सबसे बड़ी ग्रन्थि कौन-सी है?
    A. यकृत   B. अग्नाशय
    C. पिट्यूटरी   D. एड्रीनल

36. काजीरंगा सैन्चुरी (अभयारण्य) किस प्राणी को बचाने के लिए है?
    A. पक्षी   B. चीता
    C. गैंडा   D. हाथी

37. एफिल टॉवर कहाँ स्थित है?
    A. लंदन   B. बर्लिन
    C. पेरिस   D. वाशिंगटन

38. भगवान बुद्ध का जन्म कहाँ हुआ था?
    A. वैशाली   B. लुम्बिनी
    C. कपिलवस्तु   D. पाटलीपुत्र

39. 'कम्प्यूटर का जनक' किसे कहा जाता है?
    A. ब्लेज पास्कल
    B. चार्ल्स बैवेज
    C. ए.पी.जे. अब्दुल कलाम
    D. होमी भाभा

40. 'लेडी विद द लैम्प' के नाम से किस महिला को जाना जाता है?
    A. सरोजनी नायडू
    B. जोन ऑफ ऑर्क
    C. मदर टेरेसा
    D. फ्लोरेंस नाइटेंगिल

41. 'गरबा' किस राज्य का प्रतिनिधि नृत्य है?
    A. पंजाब   B. हरियाणा
    C. गुजरात   D. ओडिशा

42. 'अल्फ्रेड नोबेल' किस योगदान के लिए जाने जाते हैं?
    A. माइक्रोफोन   B. टाइप-राइटर
    C. डाइनामाइट   D. ग्रामोफोन

43. 'संयुक्त राष्ट्र संघ' किस वर्ष में अस्तित्व में आया?
    A. 1946   B. 1945
    C. 1947   D. 1950

44. 'ग्रान्ड ओल्ड मैन ऑफ इंडिया' के नाम से कौन प्रसिद्ध है?
    A. सुभाषचन्द्र बोस
    B. गोपाल कृष्ण गोखले
    C. दादाभाई नौरोजी
    D. महात्मा गांधी

45. कम्प्यूटर शब्दावली में सी.डी. से तात्पर्य है—
   A. कम्पैक्ट डिस्क
   B. कम्प्रैस्ड डिस्क
   C. कम्प्यूटराइज्ड डाटा
   D. कम्प्रैस्ड डाटा

46. टेलीविजन का आविष्कार किसने किया?
   A. एडीसन   B. गैलीलियो
   C. बेयर्ड   D. फ्रेंकलिन

47. विश्वनाथन आनंद किस खेल के प्रसिद्ध खिलाड़ी हैं?
   A. क्रिकेट   B. शतरंज
   C. हॉकी   D. गोल्फ

48. भारत में विकसित टैंक का नाम निम्नलिखित में से कौन-सा है?
   A. अग्नि   B. अर्जुन
   C. शक्ति   D. बसंत

49. ऑस्कर पुरस्कार किस क्षेत्र में दिए जाते हैं?
   A. अर्थशास्त्र   B. समाजसेवा
   C. साहित्य   D. फिल्म

50. चन्द्रमा पर कदम रखने वाला पहला व्यक्ति कौन था?
   A. नील आर्मस्ट्राँग   B. एडविन
   C. गैगेरीन   D. जॉन कोलिन्स

उत्तरमाला

1	2	3	4	5	6	7	8	9	10
B	D	A	B	D	C	B	B	B	B
11	12	13	14	15	16	17	18	19	20
C	A	C	D	C	C	B	C	A	C
21	22	23	24	25	26	27	28	29	30
C	C	D	B	B	B	B	C	A	B
31	32	33	34	35	36	37	38	39	40
B	B	B	C	A	C	C	B	B	D
41	42	43	44	45	46	47	48	49	50
C	C	B	C	A	C	B	B	D	A

मॉडल प्रश्नपत्र संख्या–3

1. भारत में जनगणना की जाती है, हर—
   A. 10 साल बाद B. 5 साल बाद
   C. 7 साल बाद   D. 2 साल बाद

2. चिल्का झील किस राज्य में स्थित है?
   A. पश्चिम बंगाल B. आंध्र प्रदेश
   C. ओडिशा   D. तमिलनाडु

3. रामकृष्ण मिशन की स्थापना किसने की थी?
   A. रामकृष्ण परमहंस
   B. स्वामी दयानन्द सरस्वती
   C. स्वामी विवेकानन्द
   D. शंकराचार्य

4. सिखों के प्रथम गुरु कौन थे?
   A. गुरु अमरदास B. गुरु नानक देव
   C. गुरु अर्जुन देव D. गुरु तेग बहादुर

5. भारत की प्रथम महिला शासक कौन थी?
   A. नूरजहाँ   B. रजिया सुल्तान
   C. चाँदबीबी   D. दुर्गावती

6. विश्व की सबसे बड़ी खाड़ी कौन-सी है?
   A. कैम्बे की खाड़ी
   B. मैक्सिको की खाड़ी
   C. फारस की खाड़ी
   D. होर्मुज जलडमरू

7. अरुणाचल प्रदेश की राजधानी कहाँ है?
   A. ईटानगर   B. दिसपुर
   C. हैदराबाद D. भुवनेश्वर

8. भारत में थल सेना दिवस किस तिथि को मनाया जाता है?
   A. 15 जनवरी B. 15 फरवरी
   C. 15 मार्च   D. 15 अप्रैल

9. 'त्रिपिटक' किस धर्म का प्रसिद्ध धर्मग्रन्थ है?
   A. जैन   B. बौद्ध
   C. यहूदी D. हिंदू

10. सबसे छोटा ग्रह कौन-सा है?
    A. बुध   B. शुक्र
    C. मंगल D. शनि

11. विश्व की सबसे बड़ी नदी कौन-सी है?
    A. नील B. ह्वांगहो
    C. कांगो D. लीना

12. लखनऊ किस नदी के किनारे बसा है?
    A. गंगा   B. यमुना
    C. गोमती D. शारदा

13. क्षेत्रफल के हिसाब से विश्व का सबसे छोटा देश कौन-सा है?
    A. वेटिकन सिटी B. मोनाको
    C. नौरू   D. टुवालु

14. विश्व का सबसे बड़ा महाद्वीप कौन है?
    A. एशिया B. अफ्रीका
    C. यूरोप   D. उत्तरी अमेरिका

15. क्षेत्रफल के हिसाब से भारत का सबसे बड़ा राज्य कौन है?
    A. उत्तर प्रदेश B. मध्य प्रदेश
    C. राजस्थान   D. महाराष्ट्र

16. जनसंख्या के हिसाब से भारत का सबसे छोटा राज्य कौन-सा है?
    A. गोवा   B. सिक्किम
    C. नगालैंड   D. मिजोरम

17. भारत के राष्ट्रीय गान 'जन गण मन' के रचयिता कौन हैं?
    A. रबीन्द्र नाथ टैगोर
    B. बंकिम चंद चटर्जी
    C. भारतेन्दु हरिश्चन्द्र
    D. श्यामलाल गुप्त

18. दादा साहेब फाल्के पुरस्कार किस क्षेत्र में दिया जाता है?
    A. खेल   B. फिल्म
    C. साहित्य   D. पत्रकारिता

19. भारत का सर्वोच्च नागरिक सम्मान कौन है?
    A. भारत-रत्न   B. पद्म विभूषण
    C. पद्म भूषण   D. पद्मश्री

20. 'ई.वी.एम.' किसको कहते हैं?
    A. इलेक्ट्रिक वेंडिंग मशीन
    B. इलेक्ट्रॉनिक वेंडिंग मशीन
    C. इलेक्ट्रॉनिक वोटिंग मशीन
    D. उपर्युक्त में से कोई नहीं

21. सायना नेहवाल संबंधित है—
    A. ब्रिज से   B. गोल्फ से
    C. टेनिस से   D. बैडमिंटन से

22. द्रोणाचार्य पुरस्कार प्रदान किया जाता है—
    A. खिलाड़ी को   B. संस्था को
    C. निर्णायक को   D. प्रशिक्षक को

23. आर्य समाज के संस्थापक कौन थे?
    A. राजा राममोहन राय
    B. स्वामी दयानन्द सरस्वती
    C. महादेव गोविंद रानाडे
    D. ज्योतिबा फूले

24. भारतीय राष्ट्रीय कांग्रेस के संस्थापक थे—
    A. ए.ओ. ह्यूम
    B. एस.एन. बनर्जी
    C. डब्ल्यू.सी. बनर्जी
    D. दादाभाई नौरोजी

25. देशबन्धु किसे कहा जाता है?
    A. आचार्य नरेन्द्र देव
    B. राजेन्द्र प्रसाद
    C. चितरंजन दास
    D. जी.एस. खारपड़े

26. भारत-पाकिस्तान सीमा किस नाम से जानी जाती है?
    A. डुरण्ड लाइन
    B. मैकमोहन लाइन
    C. रेडक्लिफ लाइन
    D. इनमें से कोई नहीं

27. दुर्योधन की माँ कौन थी?
    A. कुन्ती   B. गांधारी
    C. सत्यवती   D. माद्री

28. 'गायत्री मंत्र' किस वेद में लिखित है?
    A. ऋग्वेद   B. सामवेद
    C. यजुर्वेद   D. अथर्ववेद

29. राज्यपाल की नियुक्ति कौन करता है?
    A. राष्ट्रपति   B. प्रधानमंत्री
    C. मुख्यमंत्री   D. गृहमंत्री

30. विश्व का सबसे बड़ा महासागर है–
A. प्रशान्त B. हिन्द
C. आर्कटिक D. अटलांटिक

31. भारत का केन्द्रीय बैंक है–
A. स्टेट बैंक ऑफ इंडिया
B. सेंट्रल बैंक ऑफ इंडिया
C. आई.सी.आई.सी.आई. बैंक
D. रिजर्व बैंक ऑफ इंडिया

32. 'हिटलर' का उपनाम क्या था?
A. नेता जी
B. फ्यूहरर
C. द किलर
D. इनमें से कोई नहीं

33. भारत का 'लौह पुरुष' किसे कहा जाता है?
A. सरदार वल्लभ भाई पटेल
B. सरदार स्वर्ण सिंह
C. लाला लाजपत राय
D. बाल गंगाधर तिलक

34. एक रुपए के नोट पर किसके हस्ताक्षर होते हैं?
A. वित्तमंत्री
B. भारतीय रिजर्व बैंक के गवर्नर
C. वाणिज्य मंत्री
D. वित्त सचिव

35. कुतुब मीनार कहाँ स्थित है?
A. नई दिल्ली B. लखनऊ
C. हैदराबाद D. बेंगलुरु

36. पूरे राष्ट्रगान को गाने में सामान्यतः कितना समय लगता है?
A. 2 मिनट B. 1 मिनट
C. 52 सेकेण्ड D. 50 सेकेण्ड

37. भूकम्प की तीव्रता को नापने की इकाई क्या है?
A. अर्थक्वेक स्केल
B. फैराडे स्केल
C. सीस्मोग्राफ स्केल
D. रिएक्टर स्केल

38. आयोडीन की कमी से कौन-सी बीमारी हो जाती है?
A. घेंघा रोग B. फाइलेरिया
C. टी.बी. D. रिकेट्स

39. यूरिया उर्वरक से पौधों को क्या प्राप्त होता है?
A. पोटैशियम B. फॉस्फोरस
C. नाइट्रोजन D. जिंक

40. 'नीली क्रान्ति' किससे संबंधित है?
A. दुग्ध उत्पादन B. मत्स्य उत्पादन
C. गेहूँ उत्पादन D. अण्डा उत्पादन

41. लोकसभा का कार्यकाल होता है–
A. 5 वर्ष B. 6 वर्ष
C. 7 वर्ष D. 8 वर्ष

42. भारत का राष्ट्रीय पशु क्या है?
A. हाथी B. घोड़ा
C. बाघ D. मोर

43. भारत के प्रथम प्रधानमंत्री कौन थे?
A. जवाहर लाल नेहरू
B. गुलजारी लाल नंदा
C. लालबहादुर शास्त्री
D. डॉ. जाकिर हुसैन

44. पहली भारतीय फिल्म का क्या नाम था?
A. राजा रामचन्द्र
B. राजा सुरेशचन्द्र
C. राजा शिवछत्रपती
D. राजा हरिश्चन्द्र

45. महात्मा गांधी के समाधि स्थल का क्या नाम है?
    A. शान्ति वन   B. विजय घाट
    C. राजघाट   D. शक्ति स्थल

46. भारत में सबसे लम्बे बाँध का क्या नाम है?
    A. रिहंद   B. तुंगभद्रा
    C. हीराकुड   D. मेट्टूर

47. भारत में राष्ट्रपति के कार्यकाल की अवधि कितनी होती है?
    A. दो वर्ष   B. पाँच वर्ष
    C. सात वर्ष   D. नौ वर्ष

48. विश्व में सबसे अधिक सोना उत्पादन करने वाला देश कौन है?
    A. जिम्बाब्वे   B. रूस
    C. दक्षिण अफ्रीका   D. अमेरिका

49. ताजमहल किस शहर में स्थित है?
    A. आगरा   B. जयपुर
    C. लखनऊ   D. हैदराबाद

50. भारत में पहली रेलगाड़ी किस वर्ष चली थी?
    A. 1850   B. 1853
    C. 1860   D. 1863

उत्तरमाला

1	2	3	4	5	6	7	8	9	10
A	C	C	B	B	B	A	A	B	A
11	12	13	14	15	16	17	18	19	20
A	C	A	A	C	B	A	B	A	C
21	22	23	24	25	26	27	28	29	30
D	D	B	A	C	C	B	A	A	A
31	32	33	34	35	36	37	38	39	40
D	B	A	D	A	C	D	A	C	B
41	42	43	44	45	46	47	48	49	50
A	C	A	D	C	C	B	C	A	B

मॉडल प्रश्नपत्र संख्या–4

1. बाल दिवस कब मनाया जाता है?
A. 10 नवंबर B. 14 नवंबर
C. 8 अक्टूबर D. 14 दिसम्बर

2. शहादत दिवस कब होता है?
A. 15 जनवरी B. 30 जनवरी
C. 15 फरवरी D. 28 फरवरी

3. पंजाब की राजधानी क्या है?
A. चंडीगढ़ B. शिमला
C. जयपुर D. लखनऊ

4. जनसंख्या की दृष्टि से कौन-सा राज्य सबसे बड़ा है?
A. उत्तर प्रदेश B. बिहार
C. महाराष्ट्र D. आन्ध्र प्रदेश

5. भारत में सबसे ऊँचा जलप्रपात कौन है?
A. हुँडरू B. शिवसमुद्रम
C. जोग (गरसोपा) D. रकीमकुंड

6. रूस की मुद्रा का क्या नाम है?
A. रूबल B. यूरो
C. दिरहम D. डोंग

7. सबसे बड़ा ग्रह कौन-सा है?
A. बुध B. मंगल
C. बृहस्पति D. शनि

8. किस शहर को 'महलों का शहर' कहा जाता है?
A. लखनऊ B. कोलकाता
C. जयपुर D. हैदराबाद

9. 'गुलाबी शहर' के नाम से कौन प्रसिद्ध है?
A. जयपुर B. भोपाल
C. पटना D. रायपुर

10. 'गेटवे ऑफ इंडिया' कहाँ स्थित है?
A. दिल्ली B. मुंबई
C. बेंगलुरु D. चेन्नई

11. किस स्थान पर भारत का प्रथम भूमिगत परमाणु परीक्षण किया गया था?
A. पोखरण B. जोधपुर
C. उदयपुर D. चुरू

12. टेलीफोन का आविष्कार किसने किया था?
A. जी. मारकोनी B. ओवसी
C. ग्राहम बेल D. आइंसटीन

13. रेडियम की खोज किसने की थी?
A. मैडम क्यूरी B. न्यूटन
C. गैलिलियो D. क्लेपोर्थ

14. 'थामस कप' किस खेल में प्रदान किया जाता है?
A. क्रिकेट B. बैडमिंटन
C. हॉकी D. फुटबाल

15. 'डूरंड कप' किस खेल से संबंधित है?
A. फुटबाल B. टेनिस
C. बिलियर्ड्स D. वाटर पोलो

16. मानव शरीर में कितनी हड्डियाँ होती हैं?
    A. 200 B. 206
    C. 216 D. 225

17. मानव शरीर में रक्त की मात्रा कितनी होती है?
    A. लगभग 4.5 लीटर
    B. लगभग 5 लीटर
    C. लगभग 5.5 लीटर
    D. लगभग 6 लीटर

18. अहमदाबाद शहर किस नदी के किनारे स्थित है?
    A. ताप्ती B. तावी
    C. ब्यास D. साबरमती

19. जबलपुर शहर किस नदी के किनारे स्थित है?
    A. नर्मदा B. मूसी
    C. ब्रह्मपुत्र D. सतलज

20. भारत के प्रथम राष्ट्रपति कौन थे?
    A. डॉ. राजेन्द्र प्रसाद
    B. डॉ. राधाकृष्णन
    C. सी. राजगोपालाचारी
    D. सरदार पटेल

21. किसी भारतीय राज्य की पहली महिला राज्यपाल कौन थीं?
    A. सरोजनी नायडू
    B. राजकुमारी अमृतकौर
    C. इन्दिरा गांधी
    D. विजय लक्ष्मी पंडित

22. भारत में सबसे लम्बा प्लेटफार्म कहाँ स्थित है?
    A. जबलपुर B. इलाहाबाद
    C. गोरखपुर D. कोलकाता

23. जॉर्ज वाशिंगटन कौन थे?
    A. अमेरिका के प्रथम राष्ट्रपति
    B. रूस के प्रथम राष्ट्रपति
    C. चीन के प्रथम राष्ट्रपति
    D. ब्रिटेन के प्रथम राष्ट्रपति

24. भारत कब गणतंत्र बना?
    A. 15 अगस्त 1947
    B. 26 जनवरी, 1950
    C. 26 नवम्बर, 1949
    D. 15 नवम्बर, 1950

25. भारत का प्रथम मुगल शासक कौन था?
    A. बाबर B. हुमायूँ
    C. जहाँगीर D. अकबर

26. ब्रह्म समाज की स्थापना किसने की थी?
    A. राजा राममोहन राय
    B. स्वामी विवेकानन्द
    C. स्वामी दयानन्द
    D. स्वामी परमानन्द

27. उच्चतम न्यायालय कहाँ स्थित है?
    A. नई दिल्ली B. चंडीगढ़
    C. जयपुर D. कोलकाता

28. भारत में वयस्क मतदान की आयु कितनी है?
    A. 18 वर्ष B. 19 वर्ष
    C. 20 वर्ष D. 21 वर्ष

29. किस नदी को 'राष्ट्रीय नदी' घोषित किया गया है?
    A. ब्रह्मपुत्र B. महानदी
    C. गंगा D. कोसी

30. भारत की पहली बोलती फीचर फिल्म कौन थी?
    A. आलमआरा B. क्रान्ति
    C. बरसात D. ताजमहल

31. विराट कोहली किससे संबंधित हैं?
A. फुटबाल B. क्रिकेट
C. बैडमिन्टन D. तीरंदाजी

32. विश्व की पहली महिला प्रधानमंत्री कौन थीं?
A. इंदिरा गांधी
B. मारग्रेट थैचर
C. श्रीमावो भण्डारनायके
D. गोल्डामायर

33. लोकप्रिय गाना 'सारे जहाँ से अच्छा' किसने लिखा था?
A. मिर्जा गालिब
B. मोहम्मद इकबाल
C. नक्श लायलपुरी
D. शकील बदायूँनी

34. भारत का पहला मुख्य चुनाव आयुक्त कौन था?
A. एस.पी. सेन वर्मा
B. सुकुमार सेन
C. डॉ. नागेन्द्र सिंह
D. के.वी.के. सुंदरम

35. क्रिकेट टीम में कितने खिलाड़ी होते हैं?
A. नौ B. दस
C. ग्यारह D. बारह

36. अभिनव बिन्द्रा किस खेल से संबंधित हैं?
A. वॉलीबाल B. कुश्ती
C. शतरंज D. निशानेबाजी

37. पायरिया रोग शरीर के किस अंग में होता है?
A. दाँत B. गला
C. आँख D. कान

38. ध्यानचंद किस खेल के प्रसिद्ध खिलाड़ी थे?
A. वॉलीबाल B. फुटबाल
C. क्रिकेट D. हॉकी

39. निम्नलिखित में से किसने दिल्ली में लालकिला बनवाया था?
A. अकबर B. जहाँगीर
C. शाहजहाँ D. औरंगजेब

40. भारतीय रिजर्व बैंक (RBI) का मुख्यालय कहाँ स्थित है?
A. दिल्ली B. मुंबई
C. कोलकाता D. चेन्नई

41. बौद्ध धर्म का संस्थापक कौन था?
A. महात्मा बुद्ध
B. अशोक
C. आनंद
D. इनमें से कोई नहीं

42. सेरेना विलियम्स किस खेल की प्रसिद्ध खिलाड़ी हैं?
A. बैडमिंटन B. शूटिंग
C. टेनिस D. शतरंज

43. निम्नलिखित में से कौन एंटी टैंक मिसाइल है?
A. अग्नि B. नाग
C. पृथ्वी D. त्रिशूल

44. किसका जन्मदिन शिक्षक दिवस के रूप में मनाया जाता है?
A. जवाहरलाल नेहरू
B. एस. राधाकृष्णन
C. राजेन्द्र प्रसाद
D. महात्मा गांधी

45. निम्नलिखित में से कौन भारत का पड़ोसी देश नहीं है?
   A. चीन   B. पाकिस्तान
   C. नेपाल   D. ईरान

46. हरारे किस देश की राजधानी है?
   A. न्यूजीलैण्ड   B. जिम्बाब्वे
   C. नाइजीरिया   D. नामीबिया

47. विम्बलडन कप का संबंध किस खेल से है?
   A. क्रिकेट   B. फुटबाल
   C. हॉकी   D. लॉन टेनिस

48. निम्न में से कौन प्रसिद्ध क्रिकेटर नहीं है?
   A. विराट कोहली B. गौतम गंभीर
   C. एम.एस. धोनी D. पंकज अडवाणी

49. 'बड़ा इमामबाड़ा' कहाँ स्थित है?
   A. आगरा   B. लखनऊ
   C. पटना   D. इलाहाबाद

50. 'कॉर्बेट नेशनल पार्क' स्थित है?
   A. मध्य प्रदेश में   B. गुजरात में
   C. उत्तराखंड में   D. असम में

उत्तरमाला

1	2	3	4	5	6	7	8	9	10
B	B	A	A	C	A	C	B	A	B
11	12	13	14	15	16	17	18	19	20
A	C	A	B	A	B	C	D	A	A
21	22	23	24	25	26	27	28	29	30
A	C	A	B	A	A	A	A	C	A
31	32	33	34	35	36	37	38	39	40
B	C	B	B	C	D	A	D	C	B
41	42	43	44	45	46	47	48	49	50
A	C	B	B	D	B	D	D	B	C

मॉडल प्रश्नपत्र संख्या-5

1. भारत के किसी राज्य की प्रथम महिला मुख्यमंत्री कौन थीं?
   A. सुचेता कृपलानी
   B. विजयलक्ष्मी पंडित
   C. शीला दीक्षित
   D. नन्दिनी सत्पथी

2. रक्त शुद्ध करने वाला अंग कौन है?
   A. यकृत   B. वृक्क
   C. हृदय   D. फेफड़े

3. "तुम मुझे खून दो, मैं तुम्हें आजादी दूँगा" यह नारा किसने दिया था?
   A. सुभाषचन्द्र बोस
   B. भगत सिंह
   C. रासबिहारी बोस
   D. बटुकेश्वर दत्त

4. लिएण्डर पेस किस खेल से संबंधित हैं?
   A. टेनिस   B. क्रिकेट
   C. बिलियर्ड   D. हॉकी

5. नगालैंड की राजधानी क्या है?
   A. आइजोल   B. इम्फाल
   C. अगरतला   D. कोहिमा

6. बांग्लादेश किस वर्ष अस्तित्व में आया था?
   A. 1970   B. 1971
   C. 1972   D. 1973

7. एक वर्ष में कितने महीने होते हैं?
   A. 9   B. 10
   C. 11   D. 12

8. किस पशु को 'रेगिस्तान का जहाज' कहा जाता है?
   A. हाथी   B. घोड़ा
   C. ऊँट   D. हिरण

9. कौन-सा पशु मानव का सबसे अच्छा मित्र माना जाता है?
   A. हाथी   B. घोड़ा
   C. कुत्ता   D. बिल्ली

10. 'बाईबल' किस धर्म का प्रसिद्ध ग्रन्थ है?
    A. हिन्दू   B. इस्लाम
    C. ईसाई   D. सिख

11. कांडला बन्दरगाह किस राज्य में स्थित है?
    A. गुजरात   B. महाराष्ट्र
    C. आन्ध्र प्रदेश D. तमिलनाडु

12. निम्नलिखित में से कौन-सा नगर किसी भी राज्य की राजधानी नहीं है?
    A. लखनऊ   B. मेरठ
    C. भोपाल   D. दिसपुर

13. 'नासिक' शहर किस राज्य में स्थित है?
    A. महाराष्ट्र   B. केरल
    C. कर्नाटक   D. आन्ध्रप्रदेश

14. चित्तरंजन किस राज्य में स्थित है?
    A. तमिलनाडु   B. पश्चिम बंगाल
    C. गोवा   D. मिजोरम

15. 'लोकनायक' किस महान विभूति को कहा जाता है?
    A. जयप्रकाश नारायण

B. राजनारायण
C. सरदार पटेल
D. चितरंजन दास

16. हिटलर किस देश का निवासी था?
A. इटली B. रूस
C. जर्मनी D. जापान

17. न्यूयॉर्क किस देश में स्थित है?
A. रूस B. अमेरिका
C. ब्रिटेन D. फ्रांस

18. ईसाई धर्म के संस्थापक कौन थे?
A. ईसा मसीह B. नाजरेथ
C. पोप फ्रांसिस D. ईसा मूसा

19. सबसे तेज भागने वाला जानवर कौन है?
A. हिरण B. चीता
C. घोड़ा D. शेर

20. हॉकी की टीम में कितने सदस्य होते हैं?
A. 9 B. 10
C. 11 D. 12

21. निम्न में से किसका उपनाम 'नेताजी' था?
A. जवाहरलाल नेहरू
B. महात्मा गांधी
C. सुभाषचन्द्र बोस
D. मदनमोहन मालवीय

22. भाखड़ा नांगल बांध किस राज्य में स्थित है?
A. पश्चिम बंगाल B. पंजाब
C. महाराष्ट्र D. ओडिशा

23. भारत के द्वितीय प्रधानमंत्री कौन थे?
A. लाल बहादुर शास्त्री
B. इन्दिरा गांधी
C. मोरारजी देसाई
D. जयप्रकाश नारायण

24. राजस्थान की राजधानी का क्या नाम है?
A. जयपुर B. जोधपुर
C. उदयपुर D. जैसलमेर

25. भारत के प्रथम उपराष्ट्रपति कौन थे?
A. डॉ. एस. राधाकृष्णन
B. सी. राजगोपालाचारी
C. जे.बी. कृपलानी
D. वी.वी. गिरि

26. भूदान आन्दोलन के संस्थापक कौन थे?
A. विनोबा भावे
B. रबीन्द्रनाथ टैगोर
C. चौ. चरण सिंह
D. लाल बहादुर शास्त्री

27. अयोध्या किस नदी के किनारे बसा है?
A. गंगा B. यमुना
C. सरयू D. गोमती

28. महाभारत की रचना किसने की है?
A. वेदव्यास B. तुलसीदास
C. सूरदास D. कालीदास

29. रामायण का रचनाकार कौन है?
A. वाल्मीकि B. कबीरदास
C. कालीदास D. सूरदास

30. भारत का राष्ट्रपिता किसे कहा जाता है?
A. महात्मा गांधी
B. जवाहरलाल नेहरू
C. सरदार पटेल
D. सुभाष चन्द्र बोस

31. बराक ओबामा किस देश के हैं?
A. अमेरिका B. ब्रिटेन
C. रूस D. जर्मनी

32. कौन-सा देश भारत की पूर्व दिशा में स्थित है?

A. म्यांमार B. नेपाल
C. पाकिस्तान D. चीन

33. भारत के किस राज्य में राउरकेला स्टील कारखाना अवस्थित है?

A. झारखंड B. ओडिशा
C. पंजाब D. मध्य प्रदेश

34. श्री लाल बहादुर शास्त्री की समाधि का क्या नाम है?

A. शक्ति स्थल B. वीर भूमि
C. राजघाट D. विजय घाट

35. लैग बिफोर विकेट (LBW) किस खेल से संबद्ध है?

A. क्रिकेट B. हॉकी
C. फुटबाल D. टेनिस

36. गांधी जयंती किस तिथि को मनाई जाती है?

A. 2 अक्टूबर B. 14 नवम्बर
C. 15 अगस्त D. 26 जनवरी

37. संसद भवन कहाँ स्थित है?

A. लखनऊ B. पटना
C. जयपुर D. नई दिल्ली

38. 'माउण्ट आबू' किस राज्य में स्थित है?

A. तमिलनाडु B. राजस्थान
C. मध्य प्रदेश D. गोवा

39. भारतीय राष्ट्रीय कांग्रेस के प्रथम अध्यक्ष कौन थे?

A. व्योमेश चन्द्र बनर्जी
B. दादाभाई नौरोजी
C. बरकत अली
D. मदनमोहन मालवीय

40. 'मिस वर्ल्ड' बनने वाली प्रथम भारतीय महिला कौन थी?

A. कु. रीता फारिया
B. ऐश्वर्या राय
C. सुष्मिता सेन
D. युक्ता मुखी

41. 'बेंगलुरु' किस राज्य की राजधानी है?

A. कर्नाटक B. आन्ध्र प्रदेश
C. तमिलनाडु D. महाराष्ट्र

42. मिल्खा सिंह ने किस खेल में प्रसिद्धि पाई है?

A. क्रिकेट B. कुश्ती
C. दौड़ D. हॉकी

43. 'एरियल' किस उत्पाद का प्रसिद्ध ब्रान्ड है?

A. धुलाई का पाउडर व टिकिया
B. सेल्युलर फोन
C. बाल पेन
D. इलेक्ट्रॉनिकी उत्पाद

44. फ्रांस की राजधानी का क्या नाम है?

A. पेरिस B. बर्लिन
C. स्टॉकहोम D. फ्रीटाऊन

45. भारत के किस राज्य का समुद्री तट सबसे लम्बा है?

A. गुजरात B. आन्ध्रप्रदेश
C. महाराष्ट्र D. तमिलनाडु

46. "भारत कोकिला" (Nightingale of India) किसको कहा जाता है?

A. लता मंगेशकर
B. सुचेता कृपलानी
C. सरोजनी नायडू
D. इन्दिरा गांधी

47. अजन्ता और एलोरा की गुफाएँ किस राज्य में अवस्थित हैं?
    A. मध्यप्रदेश B. महाराष्ट्र
    C. छत्तीसगढ़ D. राजस्थान

48. किस देश को "विश्व का चीनी का कटोरा" कहा जाता है?
    A. क्यूबा B. भारत
    C. अमेरिका D. डेनमार्क

49. सरसों के फूल का क्या रंग होता है?
    A. लाल B. पीला
    C. हरा D. नीला

50. फुटबाल के खेल की अवधि क्या होती है?
    A. 30 मिनट B. 45 मिनट
    C. 60 मिनट D. 90 मिनट

उत्तरमाला

1	2	3	4	5	6	7	8	9	10
A	B	A	A	D	B	D	C	C	C
11	12	13	14	15	16	17	18	19	20
A	B	A	B	A	C	B	A	B	C
21	22	23	24	25	26	27	28	29	30
C	B	A	A	A	A	C	A	A	A
31	32	33	34	35	36	37	38	39	40
A	A	B	D	A	A	D	B	A	A
41	42	43	44	45	46	47	48	49	50
A	C	A	A	A	C	B	A	B	D

मॉडल प्रश्नपत्र संख्या-6

1. किसने कहा था, "स्वराज मेरा जन्मसिद्ध अधिकार है?"

A. महात्मा गांधी

B. लोकमान्य तिलक

C. लाला लाजपत राय

D. मदनमोहन मालवीय

2. सूर्य से पृथ्वी पर प्रकाश के पहुँचने में लगभग कितना समय लगता है?

A. 1 दिन B. 12 दिन

C. 8 मिनट D. 1 घण्टा

3. राष्ट्रीय रक्षा अकादमी (NDA) कहाँ स्थित है?

A. देहरादून में

B. खड़कवासला में

C. बैरकपुर में

D. बेंगलुरु में

4. भारत की सबसे ऊँची पर्वत चोटी कौन है?

A. के-2 B. कंचनजंघा

C. मैकालू D. धौलागिरि

5. जनसंख्या की दृष्टि से विश्व में भारत का कौन-सा स्थान है?

A. प्रथम B. द्वितीय

C. तृतीय D. चतुर्थ

6. विश्व में दूध का सबसे बड़ा उत्पादक देश कौन है?

A. डेनमार्क B. स्कॉटलैण्ड

C. ब्राजील D. भारत

7. सौरमण्डल का सबसे चमकीला ग्रह कौन है?

A. शुक्र B. मंगल

C. यूरेनस D. बुध

8. 'काला सोना' के नाम से किसे जाना जाता है?

A. नरम लोहा B. खनिज तेल

C. यूरेनियम D. कोयला

9. संसार का सबसे छोटा महाद्वीप कौन है?

A. अफ्रीका B. दक्षिण अमेरिका

C. यूरोप D. ऑस्ट्रेलिया

10. शंकराचार्य कौन थे?

A. महान गणितज्ञ

B. महान दार्शनिक

C. महान विजेता

D. महाभारत के रचयिता

11. सिख धर्म के पवित्र ग्रंथ का क्या नाम है?

A. बाइबिल

B. धमपद

C. गुरु ग्रंथ साहिब

D. महाभारत

12. भाखड़ा नांगल परियोजना का निर्माण किस नदी पर किया गया है?

A. व्यास B. महानदी

C. झेलम D. सतलज

13. प्रधानमंत्री की नियुक्ति कौन करता है?

A. राज्यपाल

B. संसद
C. राष्ट्रपति
D. सर्वोच्च न्यायालय के मुख्य न्यायाधीश

14. जिले का शासन चलाता है—
   A. वरिष्ठ पुलिस अधीक्षक
   B. जिला एवं सत्र न्यायाधीश
   C. जिला विद्यालय निरीक्षक
   D. जिलाधिकारी

15. भारत में राज्य सभा का सभापति कौन होता है?
   A. उपराष्ट्रपति
   B. राष्ट्रपति
   C. विपक्षी दल का नेता
   D. राज्यसभा द्वारा निर्वाचित व्यक्ति

16. 'दिल्ली चलो' का नारा किसने दिया था?
   A. जवाहरलाल नेहरू
   B. सुभाष चन्द्र बोस
   C. लाल बहादुर शास्त्री
   D. महात्मा गांधी

17. निम्नलिखित में से किसे 'प्राण वायु' कहा जाता है?
   A. कार्बन डाइऑक्साइड
   B. ऑक्सीजन
   C. हाइड्रोजन
   D. नाइट्रोजन

18. भारतीय उड़न सिख किसका उपनाम है?
   A. करतार सिंह   B. बूटा सिंह
   C. बहादुर सिंह   D. मिल्खा सिंह

19. निम्नलिखित में से किसमें विटामिन 'सी' है?
   A. आलू   B. प्याज
   C. हरी मिर्च D. अदरक

20. भारत के प्रथम उप-प्रधानमंत्री कौन थे?
   A. मोरारजी देसाई B. सरदार पटेल
   C. देवीलाल   D. चरण सिंह

21. भारत का 'राष्ट्रीय वृक्ष' कौन-सा है?
   A. नीम   B. वटवृक्ष
   C. पीपल   D. आम

22. खजुराहो किस राज्य में स्थित है?
   A. राजस्थान   B. मध्य प्रदेश
   C. ओडिशा   D. महाराष्ट्र

23. किस वर्ष में मनुष्य चन्द्रमा पर उतरा था?
   A. 1968   B. 1969
   C. 1970   D. 1971

24. थीन बांध जिसे रणजीत सागर बांध भी कहते हैं किस नदी पर है?
   A. व्यास   B. चिनाब
   C. रावी   D. सतलज

25. भारत का राष्ट्रगान कौन-सा है?
   A. वन्देमातरम्
   B. जन गण मन
   C. सारे जहाँ से अच्छा हिन्दोस्तां हमारा
   D. झण्डा ऊँचा रहे हमारा

26. भारत की सबसे बड़ी खाड़ी है–
   A. खम्भात
   B. मन्नार
   C. कच्छ
   D. बंगाल की खाड़ी

27. मणिपुर राज्य की राजधानी कौन है?
   A. शिलांग   B. कोहिमा
   C. इटानगर   D. इम्फाल

28. भारतीय संविधान सभा के अध्यक्ष कौन थे?
   A. डॉ. राजेन्द्र प्रसाद

B. इन्दिरा गांधी
C. महात्मा गांधी
D. डॉ. भीमराव अम्बेडकर

29. नारायण कार्तिकेयन का सम्बन्ध किस खेल से है?
A. फॉर्मूला वन रेस
B. टेनिस
C. बैडमिंटन
D. टेबल टेनिस

30. ऐश्वर्या राय निम्नलिखित में से किससे जुड़ी हुई हैं?
A. पेंटिंग B. नृत्य
C. फिल्म उद्योग D. फाइन आर्ट

31. पं. रविशंकर कौन-सा वाद्ययंत्र बजाते थे?
A. सितार B. तबला
C. शहनाई D. सरोद

32. निम्न में से कौन भारत के किसी राज्य की राजधानी नहीं है?
A. लखनऊ B. जयपुर
C. जबलपुर D. रायपुर

33. 'कैटेरेक्ट' बीमारी शरीर के किस अंग से संबंधित है?
A. आँख B. फेफड़े
C. यकृत D. नाक

34. भारत का कौन-सा स्मारक दुनिया के सात अजूबों में शामिल है?
A. कुतुब मीनार B. ताजमहल
C. जन्तर-मन्तर D. हवामहल

35. दिल्ली शहर से कौन-सी नदी गुजरती है?
A. गंगा B. यमुना
C. व्यास D. सतलज

36. भारत में किस राज्य की साक्षरता दर सबसे ज्यादा है?
A. दिल्ली B. महाराष्ट्र
C. तमिलनाडु D. केरल

37. हमारे राष्ट्रीय ध्वज में 'धर्म चक्र' का रंग कौन-सा है?
A. काला B. हरा
C. नीला D. लाल

38. गुरुदेव के नाम से कौन व्यक्ति प्रसिद्ध है?
A. गोलवलकर
B. वीर सावरकर
C. रवीन्द्रनाथ टैगोर
D. दादाभाई नौरोजी

39. सबसे बुद्धिमान जानवर कौन-सा माना जाता है?
A. घोड़ा
B. जिराफ
C. लोमड़ी
D. चिम्पैजी (बन्दर)

40. महात्मा गांधी की पत्नी का नाम क्या था?
A. कस्तूरबा B. रम्भा देवी
C. मेनका देवी D. उर्वशी देवी

41. महात्मा बुद्ध को कहाँ ज्ञान प्राप्त हुआ था?
A. बोधगया B. वैशाली
C. सारनाथ D. लुम्बिनी

42. अनुच्छेद 370 किस राज्य से संबंधित है?
A. हिमाचल प्रदेश
B. अरुणाचल प्रदेश
C. जम्मू और कश्मीर
D. मणिपुर

43. भारतीय रक्षा सेनाओं का सुप्रीम कमांडर कौन है?
   A. प्रधानमंत्री
   B. राष्ट्रपति
   C. रक्षामंत्री
   D. कमांडर-इन-चीफ

44. राष्ट्रपति का मासिक वेतन कितना है?
   A. ₹ एक लाख
   B. ₹ एक लाख पचास हजार
   C. ₹ एक लाख बीस हजार
   D. ₹ एक लाख दस हजार

45. 'ज्ञानपीठ पुरस्कार' किस कार्य के लिए दिया जाता है?
   A. खेल   B. सामाजिक कार्य
   C. साहित्य   D. संगीत

46. पंचतंत्र के लेखक कौन थे?
   A. विष्णु शर्मा   B. रघुवंश
   C. अश्वघोष   D. पतंजलि

47. 'मधुशाला' किसकी कृति है?
   A. मैथिलीशरण गुप्त
   B. रबीन्द्र नाथ टैगोर
   C. हरिवंश राय बच्चन
   D. जयशंकर प्रसाद

48. देश में निर्मित पहली परमाणु पनडुब्बी का क्या नाम है?
   A. नाग   B. पृथ्वी
   C. परम   D. अरिहंत

49. क्षेत्रफल की दृष्टि से विश्व का सबसे बड़ा देश कौन है?
   A. रूस   B. चीन
   C. कनाडा   D. भारत

50. भारत के किस राज्य से सबसे ज्यादा लोकसभा सदस्य चुने जाते हैं?
   A. बिहार   B. महाराष्ट्र
   C. उत्तर प्रदेश D. तमिलनाडु

उत्तरमाला

1	2	3	4	5	6	7	8	9	10
B	C	B	A	B	D	A	D	D	B
11	12	13	14	15	16	17	18	19	20
C	D	C	D	A	B	B	D	C	B
21	22	23	24	25	26	27	28	29	30
B	B	B	C	B	D	D	A	A	C
31	32	33	34	35	36	37	38	39	40
A	C	A	B	B	D	C	C	D	A
41	42	43	44	45	46	47	48	49	50
A	C	B	B	C	A	C	D	A	C

मॉडल प्रश्नपत्र संख्या–7

1. निम्न में से किसे 'कंगारू का देश' कहा जाता है?
A. ऑस्ट्रेलिया B. कनाडा
C. जापान D. नॉर्वे

2. 'सीलोन' किस देश का पुराना नाम है?
A. म्यांमार B. श्रीलंका
C. थाईलैंड D. इण्डोनेशिया

3. 'मद्रास' किस शहर का पुराना नाम है?
A. चेन्नई B. कोच्चि
C. पुडुचेरी D. तिरुअनन्तपुरम

4. किस नेता का उपनाम 'चाचा जी' था?
A. लालबहादुर शास्त्री
B. जवाहरलाल नेहरू
C. सुभाषचन्द्र बोस
D. महात्मा गांधी

5. भारत में स्वतंत्रता दिवस किस तिथि को मनाया जाता है?
A. 14 अगस्त B. 15 अगस्त
C. 10 अगस्त D. 20 अगस्त

6. सिखों के पूजा स्थल को क्या कहा जाता है?
A. मंदिर B. गुरुद्वारा
C. सिनेगॉंव D. चर्च

7. किस ग्रह को 'हरा ग्रह' कहा जाता है?
A. पृथ्वी B. शुक्र
C. मंगल D. बुध

8. भारत का राष्ट्रीय चिह्न क्या है?
A. अशोक चक्र B. शेर
C. चाँद-तारा D. गरुड़ पक्षी

9. सफेद झंडा किसका प्रतीक है?
A. क्रान्ति
B. खतरा
C. संधि या समर्पण
D. प्रगति

10. झारखण्ड राज्य की राजधानी कहाँ है?
A. पटना B. देहरादून
C. रांची D. रायपुर

11. भारत की राजभाषा कौन है?
A. हिन्दी B. संस्कृत
C. मैथिली D. अंग्रेजी

12. ''सरफरोशी की तमन्ना, अब हमारे दिल में है? किसने कहा था?
A. सुभाष चन्द्र बोस
B. भगत सिंह
C. मुहम्मद इकबाल
D. राम प्रसाद बिस्मिल

13. हल्दीघाटी का प्रसिद्ध युद्ध किसके मध्य लड़ा गया था?
A. महाराणा प्रताप–अकबर
B. शेरशाह–हुमायूँ
C. बाबर–इब्राहीम लोदी
D. हेमू–अकबर

14. चिपको आन्दोलन से कौन जुड़ा हुआ है?
    A. हेमवतीनन्दन बहुगुणा
    B. जयप्रकाश नारायण
    C. सुन्दर लाल बहुगुणा
    D. आचार्य नरेन्द्र देव

15. 'मिस यूनिवर्स' चुनी जाने वाली पहली भारतीय महिला कौन हैं?
    A. सुष्मिता सेन   B. लारा दत्ता
    C. नेहा धूपिया   D. प्रियंका चोपड़ा

16. निम्न में से कौन राष्ट्रपति द्वारा नियुक्त नहीं होता—
    A. चुनाव आयुक्त   B. राज्यपाल
    C. प्रधानमंत्री   D. मुख्यमंत्री

17. वायुसेना में सर्वोच्च पद कौन-सा होता है?
    A. एयर चीफ मार्शल
    B. एयर मार्शल
    C. एयर कॉमोडोर
    D. कैप्टन

18. नौसेना का सर्वोच्च पद कौन-सा होता है?
    A. एडमिरल   B. कमाण्डर
    C. रियर एडमिरल D. कैप्टन

19. राजीव गांधी के समाधि स्थल का क्या नाम है?
    A. अभय घाट   B. नारायण घाट
    C. एकता स्थल   D. वीरभूमि

20. वाराणसी शहर किस नदी के किनारे बसा हुआ है?
    A. गंगा   B. यमुना
    C. गोमती   D. सरयू

21. अन्तरिक्ष में जाने वाला प्रथम भारतीय कौन था?
    A. राकेश शर्मा   B. राजेश शर्मा
    C. रमेश शर्मा   D. रत्नेश शर्मा

22. भारत के पहले उपग्रह का क्या नाम था?
    A. आर्यभट्ट   B. भास्कर-1
    C. रोहिणी   D. एप्पल

23. निमोनिया किस अंग की बीमारी है?
    A. फेफड़े   B. आँत
    C. मस्तिष्क   D. दाँत

24. 'टायफाइड' से हमारे शरीर का कौन-सा अंग प्रभावित होता है?
    A. श्वसन नलिका   B. आँत
    C. चमड़ी   D. यकृत

25. भारत की खोज किसने किया था?
    A. वास्कोडिगामा   B. कोलम्बस
    C. मार्कोपोलो   D. रॉबर्ट पियरे

26. प्रसिद्ध पुस्तक 'भगवद्गीता' का लेखक कौन है?
    A. तुलसीदास   B. वेदव्यास
    C. सूरदास   D. कबीरदास

27. रणजी ट्रॉफी किस खेल से संबंधित है?
    A. क्रिकेट   B. हॉकी
    C. फुटबाल   D. बैडमिंटन

28. क्रिकेट का प्रसिद्ध वानखेड़े स्टेडियम कहाँ स्थित है?
    A. दिल्ली   B. मुंबई
    C. चेन्नई   D. कानपुर

29. ईडन गार्डन (कोलकाता) किस खेल का प्रसिद्ध मैदान है?

A. क्रिकेट B. हॉकी
C. फुटबाल D. टेनिस

30. मारिया शारापोवा किस खेल से संबंधित हैं?
    A. हॉकी B. फुटबॉल
    C. टेनिस D. क्रिकेट

31. निम्नलिखित में से किसे पीली धातु कहा जाता है?
    A. ताँबा B. सोना
    C. चाँदी D. प्लैटिनम

32. भारत में निम्नलिखित में से किस स्थल को 'संतरों का शहर' कहा जाता है?
    A. मुम्बई B. जयपुर
    C. लखनऊ D. नागपुर

33. निम्नलिखित में से कौन एक प्रसिद्ध क्रिकेट खिलाड़ी है?
    A. रवीन्द्र जडेजा
    B. गगन नारंग
    C. महेश भूपति
    D. पंकज आडवाणी

34. 'ब्लैक बॉक्स' उपकरण कहाँ लगा होता है?
    A. रडार में
    B. वायुयान में
    C. एक्स-रे मशीन में
    D. रेल इंजन में

35. निम्नलिखित में से कौन-सी नदी भारत में नहीं बहती है?
    A. यमुना B. गोमती
    C. सरयू D. नील

36. निम्नलिखित में से कौन भारतीय फिल्मों की प्रसिद्ध अदाकारा हैं?

A. इंद्रा नूयी
B. प्रियंका चोपड़ा
C. सायना नेहवाल
D. झूलन गोस्वामी

37. अंतर्राष्ट्रीय अहिंसा दिवस किस तिथि को मनाया जाता है?
    A. 2 अक्टूबर B. 29 अगस्त
    C. 16 सितम्बर D. 7 दिसम्बर

38. निम्नलिखित में से कौन राष्ट्र नहीं है?
    A. पाकिस्तान B. नेपाल
    C. सिक्किम D. श्रीलंका

39. तुलसीदास किसके लेखक थे?
    A. रामचरितमानस B. आदिग्रन्थ
    C. सूरसागर D. भागवत पुराण

40. 'सीमान्त गांधी' के नाम से मशहूर व्यक्ति का वास्तविक नाम क्या है?
    A. सरदार पटेल
    B. महात्मा गांधी
    C. खान अब्दुल गफ्फार खान
    D. राजीव गांधी

41. क्रिकेट में एकदिवसीय मैचों में सर्वाधिक रन बनाने का विश्व रिकॉर्ड किसके नाम पर है?
    A. सचिन तेन्दुलकर
    B. कपिल देव
    C. राहुल द्रविड़
    D. वीरेन्द्र सहवाग

42. निम्नलिखित में से कौन किसी राज्य का मुख्यमंत्री नहीं रहा है?
    A. मायावती B. जयललिता
    C. ममता बनर्जी D. प्रतिभा पाटिल

43. 'जय जवान जय किसान' का नारा किसके द्वारा दिया गया था?

A. महात्मा गांधी
B. जवाहरलाल नेहरू
C. लाल बहादुर शास्त्री
D. जयप्रकाश नारायण

44. अमरनाथ कहाँ स्थित है?
   A. जम्मू एवं कश्मीर
   B. हिमाचल प्रदेश
   C. उत्तर प्रदेश
   D. उत्तराखंड

45. भारत में कितने वर्ष के अन्तराल पर जनगणना की जाती है?
   A. 5 वर्ष   B. 10 वर्ष
   C. 12 वर्ष   D. 15 वर्ष

46. प्रथम दादा साहेब फाल्के पुरस्कार विजेता कौन था?
   A. सत्यजीत रे   B. दिलीप कुमार
   C. संजीव कुमार D. देविका रानी

47. 'नवाबों का शहर' नाम से किसे जाना जाता है?
   A. लखनऊ   B. हैदराबाद
   C. श्रीनगर   D. मुर्शिदाबाद

48. 'शान्तिनिकेतन' के जन्मदाता कौन हैं?
   A. रबीन्द्रनाथ टैगोर
   B. महात्मा गांधी
   C. विवेकानन्द
   D. अरविन्द घोष

49. ताजमहल का निर्माण किसकी यादगार में किया गया था?
   A. नूरजहाँ   B. अनारकली
   C. मुमताज महल D. शाहजहाँ

50. भारत में पहली मेट्रो रेलवे का संचालन किस शहर में शुरू हुआ?
   A. कोलकाता   B. मुंबई
   C. नई दिल्ली D. चेन्नई

उत्तरमाला

1	2	3	4	5	6	7	8	9	10
A	B	A	B	B	B	A	A	C	C
11	12	13	14	15	16	17	18	19	20
A	D	A	C	A	D	A	A	D	A
21	22	23	24	25	26	27	28	29	30
A	A	A	B	A	B	A	B	A	C
31	32	33	34	35	36	37	38	39	40
B	D	A	B	D	B	A	C	A	C
41	42	43	44	45	46	47	48	49	50
A	D	C	A	B	D	A	A	C	A

मॉडल प्रश्नपत्र संख्या–8

1. 'गुगली' किस खेल से सम्बद्ध है?

A. फुटबाल B. क्रिकेट
C. हॉकी D. वॉलीबाल

2. 'वन्दे मातरम्' गीत किस पुस्तक से लिया गया है?

A. गीत गोविन्द B. आनन्दमठ
C. गीतांजलि D. देशप्रेम

3. काशी हिन्दू विश्वविद्यालय की स्थापना किसने की थी?

A. सर तेजबहादुर सप्रू
B. गोपालकृष्ण गोखले
C. वीर सावरकर
D. मदन मोहन मालवीय

4. 'सती प्रथा' उन्मूलन का श्रेय किसको जाता है?

A. बी.जी. तिलक
B. गोपाल कृष्ण गोखले
C. राजा राममोहन राय
D. महात्मा गांधी

5. लोकसभा के सदस्यों की अधिकतम संख्या क्या है?

A. 530 B. 552
C. 450 D. 535

6. भारतीय संविधान के अनुसार प्रदत्त मूल अधिकार हैं

A. आठ B. सात
C. छः D. चार

7. 'पंचशील' किन दो देशों के बीच का समझौता है?

A. भारत-नेपाल
B. भारत-पाकिस्तान
C. भारत-चीन
D. भारत-श्रीलंका

8. निम्नलिखित में कौन-सी खाद्य फसल नहीं है?

A. चावल B. गेहूँ
C. चाय D. मकई

9. 'दीन-ए-इलाही' धर्म किसने चलाया था?

A. शाहजहाँ B. औरंगजेब
C. अकबर D. जहाँगीर

10. 'रेडियो' का आविष्कार किसने किया था?

A. जी. मार्कोनी B. माइकल फैराडे
C. जेम्स डेवर D. ग्राहम बेल

11. अमेरिका की खोज किसने की थी?

A. वास्को-डि-गामा B. कोलम्बस
C. जॉर्ज वाशिंगटन D. अलेक्जेंडर

12. किस खेल के लिए सबसे बड़े मैदान की आवश्यकता होती है?

A. क्रिकेट B. हैण्डबाल
C. फुटबाल D. पोलो

13. हमारे राष्ट्रीय चिह्न के नीचे कौन-सा आदर्श वाक्य लिखा है?

A. सत्यं, शिवं

B. सत्यं, सर्वत्र, सुदरं
C. सत्यमेव जयते
D. जय हिंद

14. ''पवनार आश्रम'' संबंधित है–
A. विनोबा भावे से
B. रवीन्द्रनाथ टैगोर से
C. महावीर स्वामी से
D. गौतम बुद्ध से

15. अकबर के दरबार के प्रसिद्ध कवि कौन थे?
A. बीरबल
B. तुलसीदास
C. बैरमखाँ
D. अब्दुर्रहीम खानखाना

16. लक्षद्वीप की राजधानी क्या है?
A. कावारत्ती B. सिलवासा
C. गंगटोक D. ईटानगर

17. भारत की राजधानी का क्या नाम है?
A. नई दिल्ली B. चंडीगढ़
C. लखनऊ D. पटना

18. क्षेत्रफल की दृष्टि से भारत का विश्व में कौन-सा स्थान है?
A. दूसरा B. चौथा
C. सातवाँ D. आठवाँ

19. अमेरिका के राष्ट्रपति आवास का क्या नाम है?
A. एलेसी पैलेस
B. राष्ट्रपति भवन
C. व्हाइट हाउस
D. 10, डाउनिंग स्ट्रीट

20. पारसी धर्म का संस्थापक कौन था?
A. जरथ्रुस्ट्र B. मूसा
C. मुहम्मद साहब D. जीसस क्राइस्ट

21. 'हवा महल' कहाँ स्थित है?
A. जयपुर B. जोधपुर
C. कोलकाता D. मुंबई

22. निम्न में से किसे 'पोप का शहर' कहते हैं?
A. रोम B. लंदन
C. येरुशलम D. बेलग्रेड

23. पेरिस किस देश की राजधानी है?
A. अमेरिका B. फ्रांस
C. चीन D. जापान

24. बांग्लादेश का पुराना नाम क्या था?
A. पूर्वी पाकिस्तान
B. पश्चिमी पाकिस्तान
C. उत्तरी पाकिस्तान
D. दक्षिणी पाकिस्तान

25. भारत में शिक्षक दिवस कब मनाया जाता है?
A. 5 सितम्बर B. 5 अक्टूबर
C. 5 नवम्बर D. 5 दिसम्बर

26. आई.एस.आई. किस देश की गुप्तचर एजेंसी का नाम है?
A. भारत B. पाकिस्तान
C. श्रीलंका D. अमेरिका

27. 'महामना' किस लोकप्रिय नेता का उपनाम है?
A. गोपालकृष्ण गोखले
B. मदन मोहन मालवीय
C. लालबहादुर शास्त्री
D. दादाभाई नौरोजी

28. ब्रिटेन की राजधानी का क्या नाम है?
A. लंदन B. वाशिंगटन
C. टोकियो D. मांट्रियल

29. अमेरिका के पहले अश्वेत राष्ट्रपति कौन हैं?
    A. बराक ओबामा
    B. मार्टिन लूथर किंग
    C. माइकल जॉर्ज
    D. कोंडालिजा राइज

30. अन्तर्राष्ट्रीय न्यायालय का मुख्यालय कहाँ स्थित है?
    A. न्यूयॉर्क   B. जेनेवा
    C. द हेग   D. वियना

31. भारत का सबसे बड़ा बैंक कौन है?
    A. पंजाब नेशनल बैंक
    B. बैंक ऑफ बड़ौदा
    C. भारतीय स्टेट बैंक
    D. यूनाइटेड बैंक ऑफ इंडिया

32. शंघाई नगर किस देश में स्थित है?
    A. जापान   B. रूस
    C. भारत   D. चीन

33. हमारे सौरमंडल में कितने ग्रह हैं?
    A. 7   B. 8
    C. 10   D. 12

34. 'भोर का तारा' किसे कहते हैं?
    A. शुक्र   B. बुध
    C. शनि   D. मंगल

35. 'आराम हराम है' का नारा किसने दिया था?
    A. जवाहरलाल नेहरू
    B. महात्मा गांधी
    C. लालबहादुर शास्त्री
    D. सरदार पटेल

36. पंकज आडवाणी किस खेल के प्रसिद्ध खिलाड़ी हैं?
    A. बिलियर्ड्स   B. गोल्फ
    C. स्क्वैश   D. शतरंज

37. फुटबॉल की एक टीम में कितने खिलाड़ी होते हैं?
    A. 9   B. 10
    C. 11   D. 12

38. पहला ओलंपिक खेल कहाँ हुआ था?
    A. एथेन्स   B. पेरिस
    C. सेंटलुइस   D. लंदन

39. निम्न में से कौन भारत का राष्ट्रपति नहीं रहा है?
    A. राजेन्द्र प्रसाद
    B. भीमराव अम्बेडकर
    C. प्रतिभा पाटिल
    D. वी.वी. गिरि

40. निम्न में से कौन भारत का उपराष्ट्रपति नहीं रहा है?
    A. डॉ. जाकिर हुसैन
    B. बी.डी. जत्ती
    C. लालकृष्ण आडवाणी
    D. कृष्णकांत

41. हरिप्रसाद चौरसिया का संबंध किस वाद्य यंत्र से है?
    A. बांसुरी   B. तबला
    C. वायलिन   D. शहनाई

42. पं. जवाहरलाल नेहरू का पैतृक घर 'आनंद भवन' कहाँ स्थित है?
    A. लखनऊ   B. इलाहाबाद
    C. नई दिल्ली   D. देहरादून

43. साबरमती आश्रम किस प्रसिद्ध नेता से संबंधित है?
    A. महात्मा गांधी
    B. सरदार पटेल
    C. जवाहरलाल नेहरू
    D. विनोबा भावे

44. प्रसिद्ध पर्वतीय स्थल 'मसूरी' किस राज्य में स्थित है?
   A. हिमाचल प्रदेश   B. मेघालय
   C. महाराष्ट्र   D. उत्तराखंड

45. अमजद अली खाँ किस वाद्ययंत्र से संबंधित हैं?
   A. सरोद   B. सितार
   C. वीणा   D. तबला

46. एम.सी. मैरीकॉम का संबंध किस खेल से है?
   A. मुक्केबाजी   B. टेनिस
   C. हॉकी   D. क्रिकेट

47. भोजन में लोहे की कमी से कौन-सा रोग हो जाता है?
   A. एनीमिया   B. बेरी-बेरी
   C. स्कर्वी   D. टाइफाइड

48. राष्ट्रपति का रिक्त स्थान कितने समय में भर लिया जाना चाहिए?
   A. एक वर्ष में   B. 90 दिनों में
   C. छः माह में   D. नौ माह में

49. 'न्यूमोनिया' रोग मानव शरीर के किस अंग को ग्रसित करता है?
   A. आंत   B. अस्थि संधि
   C. यकृत   D. फेफड़ा

50. सर्वाधिक लिंगानुपात वाला राज्य कौन है?
   A. केरल   B. पश्चिम बंगाल
   C. उत्तरप्रदेश   D. मिजोरम

उत्तरमाला

1	2	3	4	5	6	7	8	9	10
B	B	D	C	B	C	C	C	C	A
11	12	13	14	15	16	17	18	19	20
B	D	C	A	D	A	A	C	C	A
21	22	23	24	25	26	27	28	29	30
A	A	B	A	A	B	B	A	A	C
31	32	33	34	35	36	37	38	39	40
C	D	B	A	A	A	C	A	B	C
41	42	43	44	45	46	47	48	49	50
A	B	A	D	A	A	A	C	D	A

साक्षात्कार

साक्षात्कार में सफलता कैसे प्राप्त की जाए

प्रस्तावना

पहले विद्यार्थियों के सामान्य ज्ञान, अंकगणित, अंग्रेजी और सामान्य बुद्धि का परीक्षण किया जाता है तत्पश्चात् साक्षात्कार बोर्ड के अध्यक्ष द्वारा उनका साक्षात्कार लिया जाता है। इस साक्षात्कार के जरिए अध्यक्ष परीक्षार्थी के व्यक्तित्व का आकलन करते हैं। साक्षात्कार में बहुत ही सामान्य किस्म के प्रश्न पूछे जाते हैं जिनका उत्तर कोई भी औसत विद्यार्थी दे सकता है। परीक्षार्थी से उसके परिवार, उसके स्कूल, उसके कैरियर के बारे में पूछा जाता है। उससे उसके शौकों के बारे में पूछा जाता है—मसलन कौन-सा खेल खेलना पसंद आता है। एक अभ्यर्थी को अपने पिता के व्यवसाय, आय आदि की, भाई-बहन, स्कूल का नाम, प्रधानाचार्य या कक्षा अध्यापक का नाम आदि की भी जानकारी होनी चाहिए। साथ ही होना चाहिए सफल होने का विश्वास।

जिन परीक्षार्थियों को अब तक साक्षात्कार समिति के समक्ष जाने का अवसर नहीं प्राप्त हुआ है हम उनके मार्गदर्शन हेतु नीचे कुछ महत्त्वपूर्ण संकेत दे रहे हैं।

साक्षात्कार हेतु मार्ग निर्देशन

1. आपके कपड़े साफ-सुथरे तथा आयरन किए होने चाहिएं।
2. आपको नर्वस नहीं होना चाहिए और पूरे विश्वास के साथ बोर्ड के सम्मुख उपस्थित होना चाहिए।
3. आपको तत्परता से साक्षात्कार कक्ष में प्रवेश करना चाहिए और चुस्ती से विनम्र तथा सम्मानजनक शब्दों में उनका 'सुप्रभात महोदय' कह कर अभिवादन करना चाहिए।
4. यदि साक्षात्कार ले रहा व्यक्ति (अधिकारी) आपकी ओर अपना हाथ बढ़ाए तो हाथ मिलाने में संकोच न करें।
5. हाथ मिलाने के बाद यदि अधिकारी कुर्सी पर बैठ जाने का आग्रह करता है तो 'धन्यवाद महोदय' कहते हुए शिष्टता से बैठ जाएं। यदि आपको बैठने हेतु नहीं कहा जाए तो खड़े रहें।
6. आपको प्रश्नों को ध्यान से सुनना चाहिए और प्रश्न संदर्भ में ही उत्तर देने चाहिएं।
7. आपको साफ-साफ बोलना चाहिए तथा कम शब्दों में अपना उत्तर देना चाहिए।
8. आपको अपने उत्तर आदरपूर्ण तरीके से देने चाहिएं। जहाँ कहीं भी आवश्यक समझें 'जी महोदय', 'कृपया', 'क्षमा करें' जैसे शब्दों का उपयोग करें।

9. आपके उत्तर संदर्भित और संशयहीन होने चाहिएं।
10. आपको कुर्सी पर सीधे होकर बैठना चाहिए तथा अधिकारी के चेहरे की ओर देखना चाहिए और आंखें मिलाने में भी नहीं हिचकना चाहिए।
11. यदि आपको कोई प्रश्न समझ में न आए तो कहें "महोदय, आप प्रश्न को पुनः बता दें।"
12. यदि आपको किसी प्रश्न का उत्तर पता न हो तो स्पष्ट रूप से कहें "क्षमा करें महोदय, मुझे इस प्रश्न का उत्तर नहीं पता।"

नमूना साक्षात्कार-1

जैसे कि पहले कहा गया है, परीक्षार्थियों के समक्ष बहुत ही सामान्य किस्म के प्रश्न रखे जाते हैं और उनमें से अधिकांश उनके व्यक्तिगत जीवन के बारे में ही पूछा जाता है। आपके मार्ग निर्देशन हेतु प्रश्नों एवं उनके संभावित उत्तरों से युक्त साक्षात्कार के दो नमूने दिए जा रहे हैं।

(एक अभ्यर्थी कमरे में चुस्ती से प्रवेश करता है तथा मुस्कुराते हुए और हल्का-सा झुकते हुए कहता है) :

परीक्षार्थी : सुप्रभात, महोदय।

अध्यक्ष : आपको भी सुप्रभात! (परीक्षार्थी अध्यक्ष का धन्यवाद ज्ञापित करते हुए कुर्सी पर बैठ जाता है)। आपका नाम क्या है?

परीक्षार्थी : महोदय! मेरा नाम अखिलेश चौधरी है।

अध्यक्ष : आपके पिताजी का क्या नाम है?

परीक्षार्थी : जी, मेरे पिताजी का नाम श्री रामप्रकाश चौधरी है।

अध्यक्ष : आप किस कक्षा में पढ़ते हैं?

परीक्षार्थी : मैं पांचवीं कक्षा का विद्यार्थी हूँ।

अध्यक्ष : आप किस विद्यालय में पढ़ते हैं?

परीक्षार्थी : महोदय, में गवर्नमेंट सीनियर सेकेंडरी स्कूल, पलवल का छात्र हूँ।

अध्यक्ष : आपके प्रधानाचार्य का क्या नाम है?

परीक्षार्थी : महोदय, हमारे प्रधानाचार्य का नाम श्री नारायण मिश्रा है।

अध्यक्ष : आपके पिताजी क्या करते हैं?

परीक्षार्थी : महोदय, मेरे पिताजी कनिष्ठ अभियंता हैं।

अध्यक्ष : वे किस विभाग में काम करते हैं?

परीक्षार्थी : महोदय, वे फरीदाबाद टेलीफोन में कार्य करते हैं।

अध्यक्ष : आप कौन-सा खेल खेलते हैं?

परीक्षार्थी : महोदय, मैं क्रिकेट और वालीबॉल खेलता हूँ।

अध्यक्ष	:	आप कितने भाई-बहन हैं?
परीक्षार्थी	:	महोदय, मेरा एक भाई है तथा दो बहनें हैं।
अध्यक्ष	:	आपका घरेलू नगर कौन-सा है?
परीक्षार्थी	:	महोदय, मैं पलवल में ही रहता हूँ।
अध्यक्ष	:	आपके जिले का क्या नाम है?
परीक्षार्थी	:	महोदय, मेरे जिले का नाम पलवल है।
अध्यक्ष	:	आपका शहर दिल्ली से कितनी दूर है?
परीक्षार्थी	:	महोदय, आईएसबीटी से पलवल 50 किलोमीटर दूर पड़ता है?
अध्यक्ष	:	हमारे राष्ट्रीय ध्वज में कितने रंग हैं?
परीक्षार्थी	:	महोदय, इसमें तीन रंग होते हैं?
अध्यक्ष	:	रंगों का संयोजन क्या होता है?
परीक्षार्थी	:	महोदय ध्वज के ऊपरी भाग पर केसरिया रंग की पट्टी होती है। सफेद रंग बीच में होता है और नीचे की पट्टी हरे रंग की होती है।
अध्यक्ष	:	हमारे राष्ट्रीय ध्वज के बीच में बने चक्र में कितनी तीलियाँ हैं?
परीक्षार्थी	:	महोदय, इसमें 24 तीलियाँ हैं।
अध्यक्ष	:	अखिलेश, आपकी शिक्षा का क्या लक्ष्य है?
परीक्षार्थी	:	महोदय, मेरी शिक्षा का उद्देश्य अधिक चैतन्य व्यक्ति बनना है।
अध्यक्ष	:	आप अपने पिताजी के बारे में क्या कहेंगे?
परीक्षार्थी	:	महोदय, मेरे पिताजी एक सरकारी अधिकारी हैं। वे कठिन श्रम करते हैं तथा पारिवारिक आवश्यकताओं की पूर्ति करते हैं।
अध्यक्ष	:	क्या आप उनकी तरह टेलीफोन विभाग में काम करना चाहेंगे?
परीक्षार्थी	:	नहीं महोदय, मैं शिक्षक बनना चाहता हूँ।
अध्यक्ष	:	क्यों?
परीक्षार्थी	:	महोदय, मुझे पढ़ाना अच्छा लगता है। अपना ज्ञान दूसरों को बांटना बहुत अच्छा है।
अध्यक्ष	:	भारत के प्रथम राष्ट्रपति कौन थे?
परीक्षार्थी	:	डॉ. राजेन्द्र प्रसाद।
अध्यक्ष	:	आयोडीन किसमें पाया जाता है?
परीक्षार्थी	:	नमक में।
अध्यक्ष	:	लोकमान्य के नाम से कौन विख्यात है?
परीक्षार्थी	:	बाल गंगाधर तिलक।
अध्यक्ष	:	धन्यवाद अखिलेश, अब आप जा सकते हैं।
परीक्षार्थी	:	(खड़ा हो जाता है) बहुत-बहुत धन्यवाद महोदय।

(अध्यक्ष का अभिवादन करते हुए पूरे विश्वास के साथ कमरे से बाहर आ जाता है।)

नमूना साक्षात्कार–2

(परीक्षार्थी आकर्षक ढंग से कमरे में प्रवेश करता है परन्तु पाता है कि साक्षात्कार समिति के सदस्य व्यस्त हैं और किसी विषय पर चर्चा कर रहे हैं। अध्यक्ष अपनी दाहिनी तरफ बैठे सदस्य से बातचीत कर रहे हैं)।

परीक्षार्थी : क्या मैं अन्दर आ सकता हूँ, महोदय!

(अध्यक्ष का ध्यान परीक्षार्थी की ओर जाता है और वे कहते हैं) :

अध्यक्ष : हां! कृपया अन्दर आइए।

(परीक्षार्थी कमरे में दाखिल होकर कुर्सी के पास खड़ा हो जाता है पर बैठता नहीं)।

अध्यक्ष : आपका शुभ नाम क्या है?

परीक्षार्थी : महोदय, मेरा नाम विनित भडाना है।

अध्यक्ष : अच्छी बात है विनित। कृपया बैठ जाइए।

परीक्षार्थी : धन्यवाद, महोदय।

(परीक्षार्थी कुर्सी पर चौकन्ना होकर बैठ जाता है)

अध्यक्ष : विनित, अपने बारे में कुछ बताइए।

परीक्षार्थी : महोदय मेरा नाम विनित भडाना है। मैं श्री नरेन्द्र सिंह भडाना का पुत्र हूँ। मैं मुजफ्फरनगर से आया हूँ।

अध्यक्ष : आपके पिताजी क्या करते हैं?

परीक्षार्थी : महोदय, मेरे पिताजी किसान हैं।

अध्यक्ष : आपके खेत कहाँ हैं?

परीक्षार्थी : महोदय, हमारे खेत मुजफ्फरनगर में तकयाल गांव में हैं।

अध्यक्ष : आपकी माता जी का क्या नाम है?

परीक्षार्थी : महोदय, मेरी माता जी का नाम श्रीमती कौशल्या देवी है।

अध्यक्ष : आपके कितने भाई-बहन हैं?

परीक्षार्थी : महोदय, हम लोग तीन भाई हैं। मैं सबसे छोटा हूँ।

अध्यक्ष : आप किस कक्षा में पढ़ते हैं?

परीक्षार्थी : महोदय, मैं पांचवीं कक्षा में पढ़ता हूँ।

अध्यक्ष : आप किस विद्यालय में पढ़ते हो?

परीक्षार्थी : महोदय, मैं गवर्नमेंट हाई स्कूल, डिवीजन न. 2, कोतवाली बाजार, मुजफ्फरनगर का विद्यार्थी हूँ।

अध्यक्ष : आपको गांव पसंद है या शहर?

परीक्षार्थी : महोदय, मैं चाहता हूँ कि मेरा घर मुजफ्फरनगर में भी हो परन्तु मैं गांव में रहना अधिक पसन्द करता हूँ।

अध्यक्ष : क्यों?

परीक्षार्थी	:	वहाँ की वायु शुद्ध होती है एवं प्रदूषण नहीं होता। मैं गांव में निर्विघ्न अध्ययन कर सकता हूँ।
अध्यक्ष	:	आप कौन-सा खेल खेलते हैं?
परीक्षार्थी	:	जी, मुझे शतरंज खेलना आता है।
अध्यक्ष	:	लेकिन यह तो इंडोर गेम है?
परीक्षार्थी	:	जी महोदय, मुझे अपने मवेशियों की देखभाल करनी पड़ती है अतः मैदान में जाकर खेलने का वक्त नहीं मिल पाता।
अध्यक्ष	:	आपको शतरंज खेलना किसने सिखाया?
परीक्षार्थी	:	महोदय, मुझे शतरंज खेलना मेरे चाचाजी ने सिखाया।
अध्यक्ष	:	आप भविष्य में क्या बनना चाहते हैं?
परीक्षार्थी	:	महोदय, मैं सेना में अधिकारी बनना चाहता हूँ।
अध्यक्ष	:	दीन-ए-इलाही धर्म किसने चलाया था?
परीक्षार्थी	:	अकबर ने।
अध्यक्ष	:	ताजमहल कहाँ स्थित है?
परीक्षार्थी	:	आगरा में।
अध्यक्ष	:	भारत का प्रथम स्वतंत्रता संग्राम किस वर्ष हुआ?
परीक्षार्थी	:	1857 में।
अध्यक्ष	:	महात्मा गाँधी की हत्या किस वर्ष हुई?
परीक्षार्थी	:	30 जनवरी, 1948 को।
अध्यक्ष	:	भारत कब गणतंत्र बना।
परीक्षार्थी	:	26 जनवरी, 1950 को।
अध्यक्ष	:	"भारत छोड़ो" का नारा किसने दिया।
परीक्षार्थी	:	महात्मा गाँधी ने।
अध्यक्ष	:	मदर टेरेसा कौन थीं?
परीक्षार्थी	:	समाज सेविका।
अध्यक्ष	:	भारत की खोज किसने की थी?
परीक्षार्थी	:	वास्कोडिगामा ने।
अध्यक्ष	:	नेपाल की राजधानी है?
परीक्षार्थी	:	काठमाण्डू।
अध्यक्ष	:	भारत में सबसे बड़ी मस्जिद कौन-सी है?
परीक्षार्थी	:	जामा मस्जिद (दिल्ली)।
अध्यक्ष	:	प्राण वायु किसे कहते हैं?
परीक्षार्थी	:	ऑक्सीजन को।

अध्यक्ष	:	हमारा राष्ट्रीय पक्षी कौन-सा है?
परीक्षार्थी	:	मोर हमारा राष्ट्रीय पक्षी है।
अध्यक्ष	:	हमें जीवित रहने के लिए किन चीजों की जरूरत है?
परीक्षार्थी	:	हमें जीवित रहने के लिए वायु, जल और भोजन की जरूरत है।
अध्यक्ष	:	आप मिलिट्री स्कूल में प्रवेश क्यों लेना चाहते हो?
परीक्षार्थी	:	महोदय, मैं मिलिट्री स्कूल में इसलिए प्रवेश लेना चाहता हूँ क्योंकि यह सशस्त्र सेनाओं में उज्ज्वल भविष्य की ओर अग्रसर करता है। स्कूल विद्यार्थी के व्यक्तित्व को संवारने पर जोर देता है। एक कारण यह भी है कि एक सैनिक के जीवन से मैं सदा प्रभावित हुआ हूँ। मैं एक साहसिक जीवन बिताना चाहता हूँ। यह देश-भक्ति की भावना को मन में बिठा देता है।
अध्यक्ष	:	हमारा राष्ट्रीय गीत क्या है?
परीक्षार्थी	:	'वन्दे मातरम्'।
अध्यक्ष	:	हमारा राष्ट्रीय गान क्या है
परीक्षार्थी	:	'जन गण मन'।
अध्यक्ष	:	धन्यवाद विनित, अब आप जा सकते हैं।
परीक्षार्थी	:	धन्यवाद, महोदय!

अध्यक्ष परीक्षार्थी की तरफ अपना हाथ बढ़ाते हैं और परीक्षार्थी उनसे हाथ मिलाता है। इसके बाद परीक्षार्थी चेहरे पर मुस्कान लिए उनका पुनः अभिवादन करते हुए बोर्ड रूम से बाहर निकल आता है।

✻ ❐❐❐ ✻